Recht – schnell erfasst

Stefan Lorenzmeier

Europarecht – Schnell erfasst

Vierte, vollständig aktualisierte und überarbeitete Auflage

Reihenherausgeber
Dr. iur. Detlef Kröger
Dipl.-Jur. Claas Hanken

Autor
Dr. Stefan Lorenzmeier
Konrad-Adenauer-Allee 45
86150 Augsburg
Deutschland
stefan.lorenzmeier@jura.uni-augsburg.de

Grafiken
Stefan Zimmermann

ISSN 1431-7559
ISBN 978-3-642-13133-2   e-ISBN 978-3-642-13134-9
DOI 10.1007/978-3-642-13134-9
Springer Heidelberg Dordrecht London New York

Die Deutsche Nationalbibliothek verzeichnet diese Publikation in der Deutschen Nationalbibliografie; detaillierte bibliografische Daten sind im Internet über http://dnb.d-nb.de abrufbar.

© Springer-Verlag Berlin Heidelberg 1995, 1999, 2005, 2011
Dieses Werk ist urheberrechtlich geschützt. Die dadurch begründeten Rechte, insbesondere die der Übersetzung, des Nachdrucks, des Vortrags, der Entnahme von Abbildungen und Tabellen, der Funksendung, der Mikroverfilmung oder der Vervielfältigung auf anderen Wegen und der Speicherung in Datenverarbeitungsanlagen, bleiben, auch bei nur auszugsweiser Verwertung, vorbehalten. Eine Vervielfältigung dieses Werkes oder von Teilen dieses Werkes ist auch im Einzelfall nur in den Grenzen der gesetzlichen Bestimmungen des Urheberrechtsgesetzes der Bundesrepublik Deutschland vom 9. September 1965 in der jeweils geltenden Fassung zulässig. Sie ist grundsätzlich vergütungspflichtig. Zuwiderhandlungen unterliegen den Strafbestimmungen des Urheberrechtsgesetzes.
Die Wiedergabe von Gebrauchsnamen, Handelsnamen, Warenbezeichnungen usw. in diesem Werk berechtigt auch ohne besondere Kennzeichnung nicht zu der Annahme, dass solche Namen im Sinne der Warenzeichen- und Markenschutz-Gesetzgebung als frei zu betrachten wären und daher von jedermann benutzt werden dürften.

Einbandentwurf: WMXDesign GmbH, Heidelberg

Gedruckt auf säurefreiem Papier

Springer ist Teil der Fachverlagsgruppe Springer Science+Business Media (www.springer.com)

Vorwort zur 4. Auflage

Die vierte Auflage stellt eine umfassende Neubearbeitung des Lehrbuches dar, welche aufgrund des Inkrafttretens des Vertrags von Lissabon am 1. Dezember 2009 erforderlich wurde. Mit dem Vertrag von Lissabon ist eine neue Ära des Europarechts Realität geworden, dessen weitere Entwicklung noch nicht absehbar ist.

Das Europarecht hat sich seit der letzten Auflage im Jahre 2005 rasant weiterentwickelt und dies ist auch in Zukunft zu erwarten. Neue Regelungsmaterien werden vom EUV und AEUV umfasst und das Beschwerdesystem des Europäischen Gerichtshofs für Menschenrechte ist das erfolgreichste System zum Schutz der Menschenrechte weltweit geworden. Insofern sei an die im Vorwort zur ersten Auflage erwähnte Parabel »Hase und Igel« erinnert.

Inhaltlich wurde das Lehrbuch komplett auf den Vertrag von Lissabon umgestellt, neue Rechtsentwicklungen werden nachvollzogen und erläutert. Das wegweisende Urteil des Bundesverfassungsgerichts zum Vertrag von Lissabon wird ebenfalls erörtert.

An dieser Auflage hat Christian Rohde nicht mehr mitgewirkt, da er sich beruflich anders orientiert hat. Der Autor der vorliegenden Auflage dankt im herzlich für die Begründung des Werkes.

Für vielfältige Anregungen, wissenschaftliche Vor- und redaktionelle Arbeiten im Allgemeinen habe ich an erster Stelle Frau wissenschaftliche Hilfskraft Sarah Honegg zu danken. Daneben gebührt Dank den wissenschaftlichen Mitarbeitern Manuel Indlekofer und Klaus Schwichtenberg, sowie den studentischen Hilfskräften Désirée Rühle und Daniela Gerstlauer.

Zu ganz besonderem Dank für die geleistete logistische Unterstützung, ohne die die Neuauflage nicht möglich gewesen wäre, bin ich Herrn Prof. Dr. Christoph Vedder und Herrn Rechtsanwalt Bernd Paschek verpflichtet.

Augsburg, im Oktober 2010　　　　　　　　　　　　　　　　　Dr. Stefan Lorenzmeier, LL.M.

Vorwort der 1. Auflage

Europarecht – man kann gar nicht so schnell etwas darüber schreiben, wie es sich entwickelt. Es ist wie mit der alten Parabel »Hase und Igel«, wenn man »eine Strecke geschrieben hat« und sich im Besitz eines Vorsprungs wähnt, ist das Europarecht immer schon da und zum Aufbruch zu neuen Konstellationen bereit.

Trotz dieser Lage und der Publikationsdichte auf diesem Rechtsgebiet haben Autor, Herausgeber und Verlag der Buchreihe »Recht – schnell erfaßt« Bedarf gesehen, einen kurzen Überblick über das Europarecht zu veröffentlichen.

»Europarecht – schnell erfaßt« verfolgt das Ziel, auf andere als bisher bekannte Weise in das Rechtsgebiet einzuführen. Strukturen, Zusammenhänge und Eckpunkte komprimiert in entspannter und nicht ermüdender Weise herüberzubringen und sich nicht in einzelnen juristischen Problemen zu verlieren, das ist das Hauptanliegen des Buches.

Dabei wird im Auge behalten, daß das Europarecht für JurastudentInnen inzwischen zum Pflichtfach geworden ist. Prüfungsrelevanter Stoff mit Fall- und Lösungsbeispielen sowie Prüfungsschemata sorgen für juristische Trittsicherheit.

Das Unternehmen, eine komplizierte Sache wie das Europarecht einfach darzustellen, birgt viel Aufwand in sich. Die Verwirklichung des Buches wäre ohne die Unterstützung von Prof. Dr. Ulrich Fastenrath, Prof. Dr. Bruno Simma, Reinhard Müller und Jürgen Borsch so nicht denkbar gewesen. Für vielfältige Anregungen danke ich sehr herzlich Dr. Mathias Schmoeckel, Sybilla Fries und Thomas D. Graf, für Korrekturen Philipp Wassenberg.

Januar 1995   Christian Rohde
München/Dresden

Inhaltsübersicht

Einführung 1
• Europarecht auf einen Blick • Die Stellung des Europarechts • Die Idee Europa • Die Falllösung und ihre Schritte •

Europäische Organisationen 27
• Die Europäische Union • Die Europäischen Gemeinschaften • Der Europäische Rat • Die EFTA und der EWR • Die OECD • Die NATO • Die WEU und Art. 42 VII EUV • Die OSZE • Der Europarat •

Der Europarat und die EMRK 45
• Mitglieder und Organe des Europarates • Die EMRK • Zulässigkeit und Begründetheit einer Beschwerde •

Die Europäische Union 81
• Grundlagen der Union • Zuständigkeiten der Union • Grundrechte und allgemeine Rechtsgrundsätze • Demokratische Grundsätze der Union • Organe der Union • Suspendierung der Mitgliedschaft • Auswärtiges Handeln der Union • Aufnahme und Austritt aus der Union •

Grundlagen des EU-Rechts 155
• Rechtsquellen des EU-Rechts • Allgemeine Bestimmungen des AEUV • Sekundärrechtsetzung • Der Vollzug des Unionsrechts • Der Binnenmarkt •

Materielles Recht und Rechtsschutz in der EU 191
• Die Politiken der Union • Die Unionsbürgerschaft • Die Grundfreiheiten der Union • Der freie Warenverkehr • Die Freizügigkeit • Die Dienstleistungsfreiheit • Kapital- und Zahlungsverkehr • Generelles zur Prüfung der Grundfreiheiten • Die weiteren Politiken der EU • Der Rechtsschutz gegen Unionsrecht • Die EU als internationaler Akteur •

Vom Grundgesetz zum Europarecht 303

Klausurfall 321
• Tipps für Klausuren und Hausarbeiten • Fall: »Rückforderung von Beihilfen« • Deutsches Verwaltungsrecht und Unionsrecht •

Register 341

Internetadressen 359

Einführung

1.	Europarecht auf einen Blick	2
2.	Die Stellung des Europarechts	7
3.	Die Idee Europa	10
4.	Die Falllösung und ihre Schritte	12
4.1.	Den Sachverhalt erfassen	14
4.2.	Anwendbare Normen suchen	15
4.3.	Der Tatbestand einer Norm	16
4.4.	Normexterne Voraussetzungen	18
4.5.	Rechtsfolge	19
5.	Ein Übungsfall	20
6.	Wiederholungsfragen	25

1. Europarecht auf einen Blick

Einheitliches Europa, Währungsunion, Binnenmarkt, Außenminister, Europa ohne Grenzen, Brüsseler Zentralismus contra Europa der Regionen, EU-Agrarmarktordnung, Anbauprämien, Subventionen, EU-Gipfel – Tag für Tag hört und liest man zum Thema Europa jede Menge Schlagwörter und Begriffe. Man muss gar nicht erst auf die Bedeutung des Europarechts hinweisen oder auf die ständig wachsende Wichtigkeit internationaler Verflechtungen. Das europäische Recht wird immer raumgreifender. Sie haben es wahrscheinlich längst selbst in Ihrer Umgebung gemerkt: Alle reden über und von Europa, nur wenige können aber ganz konkret etwas damit anfangen.

Das vorliegende Buch soll Ihnen helfen, wenn Sie sich einen schnellen und klaren Überblick über das europäische Recht verschaffen wollen. Sei es zur Vorbereitung auf eine Prüfung, sei es aus persönlichem Interesse. So verwirrend die Fakten und Hintergründe des Themas Europa manchmal sind, so interessant kann es doch sein: Was ist das eigentlich, »Europa-Recht«?

WAS IST EUROPARECHT?

Europa

Wer, was oder wo Europa ist, weiß wohl jeder, der schon mal eine Landkarte gesehen hat. Geografisch gesehen reicht der Kontinent Europa vom Nordkap über den Ural zum Mittelmeer, und dann bis zum Atlantik, herauf nach Island, Irland, dem Vereinigten Königreich und Grönland. Aus politischer Sicht ist Europa noch größer, es geht östlich über den Kontinent hinaus.

Recht

Die Erfassung des Begriffes »Recht« gestaltet sich schon schwieriger. Objektiv gesehen ist Recht die Summe von Regeln, die für Privatpersonen und Staat verbindlich sind. Diese Regeln werden allgemein auch »Normen« genannt. Im subjektiven Sinne dagegen enthält das Recht auch Normen, die Privatpersonen oder staatlichen Körperschaften spezielle Rechte verleihen. Für Privatpersonen nennt man sie subjektive Rechte.

Objektives Recht ist eine Summe von Normen.

Subjektive Rechte sind Individualrechte, einem privaten Rechtsträger zugeordnet.

Das objektive Recht umfasst wiederum, da es die Summe aller Normen ist, auch die einzelnen rechtlichen Grundlagen aller speziellen und subjektiven Rechte.

Europarecht

Unter dem zusammengesetzten Begriff »Europarecht« versteht man das nur spezifisch im europäischen Raum geltende objektive Recht, also die Summe von dort wirksamen zwischenstaatlichen, nicht nationalen Normen. »Europarecht« ist ein Sammelbegriff. Es ist keine geschlossene Kodifikation (Zusammenfassung von Normen eines Rechtsgebiets) wie etwa das Bürgerliche Gesetzbuch (BGB), sondern ein Oberbegriff für Normen, die europaweit gelten und deshalb unter den Begriffen »Europarecht« oder »Europäisches Recht« zusammengefasst werden. Diese Normen sind meistens Teil internationaler Verträge zwischen Staaten oder einem Staat mit einer Internationalen Organisation wie beispielsweise der EU.

Europarecht als Sammelbegriff

Internationales und nationales Recht

Das Europarecht ist internationales Recht, weil es die rechtlichen (nicht die politischen) Beziehungen und Bindungen zwischen den (europäischen) Staaten regelt. Abzugrenzen ist das Europarecht vom nationalen, nur innerstaatlich wirksamen Recht.

Europarecht ist internationales Recht.

Das nationale Recht gilt im Grundsatz nur im Hoheitsbereich des jeweiligen Staates, also innerhalb seiner Staatsgrenzen.

Der Begriff »internationales Recht« umfasst aber noch weitere Normen, etwa diejenigen, die den Privatrechtsverkehr betreffen, der sich über Staatsgrenzen hinweg erstreckt. Das Internationale Privatrecht sind nationale Normen, die auf internationale privatrechtliche Sachverhalte Anwendung finden, so zum Beispiel welche Gerichte zuständig sind und welches nationale Recht angewandt wird.

Beispiel: W aus Italien kauft von M aus Deutschland ein Auto. Später stellt sich heraus, dass das Auto einen Unfallschaden hatte. W will sein Geld zurück. Das IPR regelt, ob italienisches oder deutsches Recht für die Rückabwicklung greift. Die Grundlagen des IPR finden sich in völkerrechtlichen Verträgen oder in nationalen Rechtsordnungen.

Enger wird demgegenüber der Begriff »Völkerrecht« verstanden. Völkerrecht sind die Normen, die zwischen den Völkern bzw. den Staaten, aber auch den internationalen Organisationen gelten. Der größte Teil des europäischen Rechts ist auch Völkerrecht – zur Vertiefung siehe *Lorenzmeier/Rohde(L/R)*, Völkerrecht (VölkerR), 2002.

Bei diesen Definitionen muss man im Hinterkopf behalten, dass sie nur grober Natur sind. Auch internationales Recht entfaltet mitunter innerstaatliche Wirkung. Dazu aber mehr im Laufe des Buches und bei *L/R*, VölkerR, S. 249 ff.

Supranationales Recht

Es gibt auch Normen des internationalen Rechts, die nicht nur zwischenstaatlich, sondern supranational über die Staaten hinweg etwas regeln.

»Supranational« bezeichnet in der juristischen Sprache solches internationale Recht, welches von einer überstaatlichen Institution gesetzt wird und die rechtsunterworfenen Staaten auch gegen ihren Willen ohne einen weiteren nationalen Umsetzungsakt zu binden vermag. Das ist im internationalen Recht kaum der Fall. Das Recht der Europäischen Union und des Euratom dagegen ist supranationales Recht. Die Supranationalität des Unionsrechts kann nur anhand von Hilfskriterien bestimmt werden, wie dessen Unabhängigkeit von den nationalen Rechtsordnungen, seinem Anwendungsvorrang vor dem Recht der Mitgliedstaaten, der Möglichkeit von Mehrheitsentscheidungen gegen den Willen einzelner Mitgliedstaaten und dem unmittelbaren Verleihen subjektiver Rechte an die Bürger der Mitgliedstaaten. Den Normen, die z.B. der Ministerrat der EU erlässt, sind die Mitgliedstaaten der Gemeinschaft(en) ohne Wenn und Aber unterworfen. Als Begriff ist der Ausdruck jedoch wenig weiterführend.

Nun zurück zu dem eigentlichen »Europarecht«. Das Europarecht umfasst alles internationale, supranationale oder Völkerrecht, das nur speziell in Europa gilt. Dabei ist zu beachten, dass sich diese drei Begriffe zum Teil überschneiden.

»Völkerrecht – schnell erfasst« in dieser Reihe

Das Völkerrecht ist die Rechtsordnung der Staatengemeinschaft und der Internationalen Organisationen. Es regelt deren Pflichten und Rechte.

Supranationales Recht steht über dem nationalen Recht.

Abgrenzung Europarecht – Internationales Recht

Die Abgrenzung Europarecht – internationales Recht ist anhand der beteiligten Völkerrechtssubjekte vorzunehmen. Mehrheitlich von europäischen Staaten unterzeichnete internationale Verträge kann man unter den Begriff Europarecht fassen, wenn auch einige nichteuropäische Staaten Vertragspartner sind. Ein Beispiel dafür ist der NATO-Vertrag. Neben vielen europäischen Staaten sind auch die USA und Kanada Mitglied der NATO, gleichwohl ist der NATO-Vertrag europäisches Recht.

Entscheidend ist die regionale Herkunft der Vertragsparteien. Ein zwischenstaatlicher, internationaler Vertrag muss mithin nicht unbedingt für alle europäischen Staaten gelten, um Europarecht zu sein. Auch wenn einige Staaten Europas ihn nicht unterzeichnet haben, bezeichnet man den Vertrag als Europarecht.

Internationale Verträge, die neben europäischen Staaten auch von einigen wenigen anderen Staaten unterzeichnet wurden, fasst man ebenfalls unter den Begriff Europarecht.

Folgende Beispiele veranschaulichen die Einstufung als Europarecht oder internationales Recht: Nicht alle europäischen Staaten sind Mitglieder der Europäischen Union. Gleichwohl ist das Unionsrecht ein Teil des Europarechts.

Anderes allgemeines internationales Recht, wie z.B. die Charta der Vereinten Nationen (UNO-Charta), die auch ein internationaler Vertrag ist, gilt zwar auch für die europäischen Staaten, wenn sie den entsprechenden internationalen Vertrag unterzeichnet haben. Die Charta gilt aber auch für fast alle anderen Staaten der Erde. Deshalb fasst man sie nicht unter den Begriff Europarecht.

Die UNO-Charta: Ein universeller völkerrechtlicher Vertrag.

Internationales Recht, das nicht speziell in Europa gilt, wie etwa die Charta oder die sog. Seerechtskonvention der Vereinten Nationen, bezeichnet man demnach nicht als Europarecht.

Europarecht und Europäisches Unionsrecht

Der praktisch wichtigste Teil des Europarechts umfasst die Gründungsverträge und Rechtsakte der Europäischen Union und des Euratom. Daher wird bisweilen das Recht der Union, welches natürlich auch Europarecht ist, ganz mit dem Begriff Europarecht gleichgesetzt. Das ist nicht unüblich, aber etwas ungenau. Korrekt wäre es, »Recht der Europäischen Union« zu sagen. Das Unionsrecht ist nur ein Teil im Katalog des Europarechts.

Europäisches Unionsrecht ist das Recht der EU und das Euratom.

Einführung

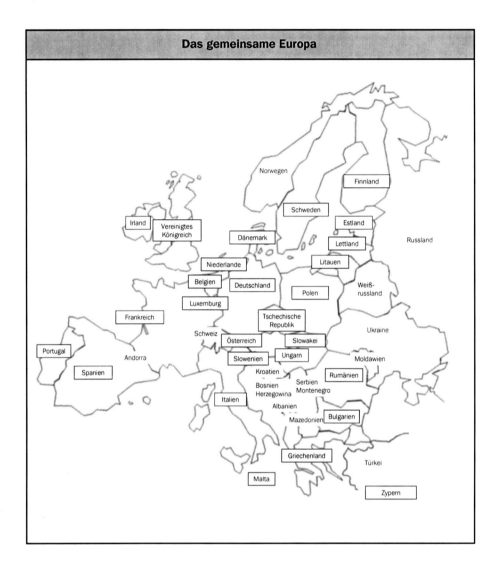

2. Die Stellung des Europarechts

Das Europarecht macht die Einordnung in die Rechtsgebiete der Übersicht vor der Seite 1 nicht leicht. Das kommt vor allem daher, dass »Europarecht« ein Sammelbegriff für eine Vielzahl von Normen ist. Die Einordnung unter das internationale Recht, genauer das Völkerrecht, trifft aber am ehesten zu. Soweit das Europarecht aus internationalen Verträgen besteht, passt die Einordnung nahtlos.

Internationale Verträge sind etwa die Satzung des Europarates (BGBl. 1950, 263), die Europäische Menschenrechtskonvention (EMRK, BGBl. 2002 II, 1054), der Vertrag über die Europäische Union (EUV, ABl. EU 2008 C 115) oder der Vertrag über die Arbeitsweise der Europäischen Union (AEUV, ABl. EU 2008 C 115). Das Recht der Europäischen Union ist jedoch aufzuteilen: Die Gründungsverträge der Europäischen Union (sog. Primärrecht) sind völkerrechtlicher Natur. Die darauf basierenden Verordnungen und Richtlinien der Europäischen Union (sog. Sekundärrecht) wirken auf der einen Seite wie internationales Recht, also von der übergeordneten Union zu den Mitgliedstaaten. Auf der anderen Seite wirken sie auch wie nationales Recht, weil sie teilweise direkt Rechte und Pflichten für die Bürger erzeugen. Auch der AEUV selbst, der eigentlich zum Völkerrecht zählt, enthält vereinzelt Normen, die auch direkt zwischen Privatpersonen, also horizontal wirken (siehe z. B. Art. 45 AEUV).

Das Unionsrecht umfasst: Primärrecht, Sekundärrecht und völkerrechtliche Verträge der EU.

Ein anderes Beispiel: Die Europäische Menschenrechtskonvention gilt zwischen den Staaten als Völkerrecht. Sie ist aber zugleich durch ein nationales Gesetz in unser innerstaatliches Recht übernommen, so dass sie als nationales öffentliches Recht zwischen Staat und Bürger gilt (vgl. BVerfG , 111, 307, 315 f.).

Völkerrechtliche Verträge können Doppelwirkung entfalten.

Wie man sieht, ist die Einordnung teilweise knifflig. Wichtig ist, dass man die Normen einzeln unter die Lupe nimmt, sich fragt, zwischen welchen Rechtspersonen sie gelten, und dann erst festlegt, zu welchem Gebiet sie gehören.

Wichtig ist: Man muss die Norm erfassen, um sie in ein Rechtsgebiet einordnen zu können. Mit der Einordnung gewinnt man eine Systematisierung der verschiedenen Normen und der einzelnen Rechtsgebiete. Anhand der Systematisierung lässt sich leichter erkennen, welche Normen bei welchen Sachverhalten gelten. So gilt zwischen den europäischen Staaten als Rechtspersonen keinesfalls nationales Recht, sondern nur internationales.

Überdies ist die Einordnung einer Norm in ein Rechtsgebiet auch innerstaatlich wichtig für die Rechtswege zum Zivilgericht (Zivilrecht) oder zum Verwaltungsgericht (Öffentliches Recht).

Rechtsgebiete:
- *Zivilrecht*
- *Öffentliches Recht*
- *Internationales Recht*

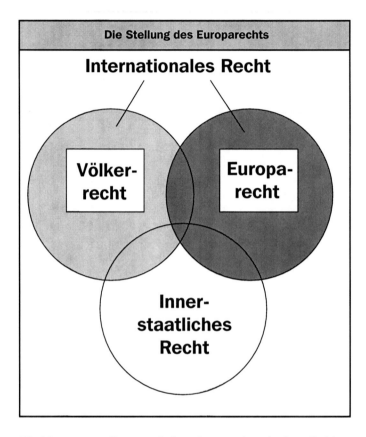

Die Literatur zum Europarecht ist nahezu unüberschaubar, die Literaturauswahl ist aus diesem Grund nicht allumfassend. Auf die Nennung französischer oder englischsprachiger Lehrbücher wurde ganz verzichtet:

Literatur zum Europarecht

1. Lehrbücher zum Europarecht

Ahlt/Deisenhofer, Europarecht, 4. Aufl. 2010
Bieber/Epiney/Haag, Die Europäische Union, 8. Aufl. 2009
Dörfert, Europarecht, 4. Aufl. 2010
Frenz, Handbuch Europarecht, 6 Bände, ab 2004
Hakenberg, Europarecht, 5. Aufl., 2010
Herdegen, Europarecht, 12. Aufl. 2010
Hobe, Europarecht, 5. Aufl. 2010
Haratsch/König/Pechstein, Europarecht, 7. Aufl. 2010
Lecheler/Gundel, Einführung in das Europarecht, 3. Aufl., 2010
Oppermann/Classen/Nettesheim, Europarecht, 4. Aufl. 2009
Streinz, Europarecht, 9. Aufl., 2010

2. Fallsammlungen

Hummer/Vedder, Europarecht in Fällen, 5. Aufl. 2010
Mager/Herrmann, Höchstrichterliche Rechtsprechung zum Europarecht, 2004
Pechstein/Koenig, Entscheidungen des EuGH, 5. Aufl. 2010
Pieper/Schollmeier/Krimphove, Europarecht – Das Casebook, 2. Aufl. 2000

3. Übungsbücher zum Europarecht

Arndt/Fischer, Fälle zum Europarecht, 7. Aufl. 2010
Lorz, Fallrepetitorium Europarecht, 2006
Pieper, Fälle und Lösungen zum Europarecht, 2. Aufl. 2004
Weber/Gas, Fälle zum Europarecht, 2. Aufl. 2003
Weiß, Fälle mit Lösungen aus dem Europa- und Völkerrecht, 2. Aufl. 2005
Zacker/Wernicke, Examinatorium Europarecht, 3. Aufl. 2003

4. Kommentare zum EU-/EG-Vertrag

Calliess/Ruffert (Hrsg.), Kommentar des Vertrages über die Europäische Union und des Vertrages zur Gründung der Europäischen Gemeinschaft, 3. Aufl. 2007
Grabitz/Hilf (Hrsg.), Das Recht der Europäischen Union – Band 1-5, Loseblatt
Groeben/Schwarze (Hrsg.), Kommentar zum Vertrag über die Europäische Union und zur Gründung der Europäischen Gemeinschaft – Band 1-4, 6. Aufl. 2003 (zitiert G/S-Autor)
Lenz/Borchardt (Hrsg.), EU-Vertrag, 5. Aufl. 2010
Schwarze (Hrsg.), EU-Kommentar, 2. Aufl. 2009
Streinz (Hrsg.), EUV, 2. Aufl. 2010

3. Die Idee Europa

Greifen wir nun kurz in den Fundus der Geschichte und forschen der Frage nach: Woher kommt eigentlich Europa? Fest steht, dass der Name aus dem Griechischen stammt. Ursprünglich, d.h. seit etwa 500 v. Chr. (Zeit der Perserkriege), bezeichnete man mit Europa das heutige griechische Festland. Mit der Entstehung des Römischen Reiches und später der Völkerwanderung nach Germanien dehnte sich der Begriff sozusagen von selbst Richtung Westen und Norden aus. Heute bezeichnet Europa eine Vielfalt von differenzierten nationalen und regionalen Kulturen und Sprachen.

Europäische Einigung

Die europäische Einigung ist eine politische und wirtschaftliche Notwendigkeit.

Seit dem Ende des römischen Reiches um ca. 500 n. Chr. träumte die europäische Kulturgemeinschaft davon, Europa wieder zu einer politischen Einheit zusammenzufügen. Als Christenheit sah sich die mittelalterliche Gesellschaft in einer res publica christiana unter der weltlichen Leitung des Kaisers und der spirituellen des Papstes vereint. Durch das Erstarken der nationalstaatlichen Königreiche entstanden Pläne, die eine Vereinigung nicht durch die Oberhoheit des Herrschers, sondern durch einen Fürstenbund entwarfen. Auf der politischen Ebene versuchten die Reiche, Vorherrschaften (Hegemonien) zu errichten (England, Frankreich und Spanien). Der letzte Versuch dazu durch das nationalsozialistische Deutschland verursachte eine Katastrophe, die die Notwendigkeit der Schaffung eines gemeinsamen Europas deutlich machte. Die Vereinheitlichung geschah durch die Römischen Verträge, welche die Europäische Wirtschaftsgemeinschaft (EWG) und die Europäische Atomgemeinschaft (EURATOM) begründeten. Die EWG wurde durch den EU-Vertrag 1993 in Europäische Gemeinschaft (EG) umbenannt. Durch den Vertrag von Lissabon endete die rechtliche Existenz der EG und es gibt, neben dem Euratom, nur noch die Europäische Union (EU).

Nach dem 2. Weltkrieg war Europa zwar dividiert, aber die Trennung in Sieger und Besiegte, in Gute und Böse wurde schnell überwunden. Man war davon geleitet, Kriege in Zukunft zu verhindern und wieder Einfluss in der Welt zu gewinnen. Der Ost-West-Konflikt hat die westliche Europäische Integration dann entscheidend beschleunigt. Nach dem Zusammenbruch des Ostblocks wurde die Idee eines Zusammenschlusses auch für die mittel- und osteuropäischen Staaten attraktiv.

Europa und der Stier

Genauso spannend wie diese historischen Fakten ist aber die Sage, die sich um die Namensgeberin Europas rankt. Schon beim griechischen

Ursprung des Wortes »Europa« hat sich der eine oder die andere an Europa und den Stier erinnert.

Europa war eine phönizische Königstochter. Zufälligerweise traf sie eines Tages beim Spiel am Strand auf einen prächtigen weißen Stier. Der Stier näherte sich Europa und ihren Freundinnen und legte sich neben sie. Europa konnte es sich nicht verkneifen, den Stier zu tätscheln und schließlich auf seinen Rücken zu steigen. Das hätte sie besser nicht tun sollen, denn der Stier hatte eine Überraschung parat und entführte sie übers Meer.

Aus Phönizien wurde die Namensgeberin Europas unfreiwillig, aber zollfrei nach Europa importiert.

Nach der Flucht, die auf Kreta endete, entpuppte sich der Stier als ein gewisser Zeus, kurz gesagt der Chefgott der Griechen. Die Entführung lohnte sich letztlich für beide, denn Zeus und Europa liebten sich und Europa wurde Mutter des Minos, des Rhadamanthys und des Sarpedon. Zeus machte ihr auch drei Geschenke: einen immer treffenden Speer; Lailaps, den schnellsten Hund der Welt, und den Bronzemann, der täglich einmal um Kreta lief und Eindringlinge verjagte.

Die drei Söhne verstanden sich nicht gut und gerieten in Streit. Der erste wurde König und erster Gesetzgeber von Kreta und machte später, nach seinem Tod, Karriere als Totenrichter in der Unterwelt. Rhadamanthys wurde ebenfalls Gesetzgeber auf Kreta, aber dann von seinem Bruder Minos verjagt. Er wurde später auch Totenrichter. Der dritte der Söhne Europas, Sarpedon, lebte zunächst wie seine Brüder auf Kreta. Nach einem Streit mit Minos floh er von Kreta.

Europas Vater, der phönizische König Agenor, war nicht sehr erfreut über das Verschwinden seiner Tochter. Er wollte sie um jeden Preis wiederfinden und sandte wiederum seine drei Söhne Kadmos, Kilix und Phoenix zur Suche nach ihr aus. Er verbot ihnen, ohne Europa zurückzukehren. Sie konnten sie aber nirgendwo finden und so sah Agenor seine Söhne nie wieder.

4. Die Falllösung und ihre Schritte

Die juristische Rechtsanwendung und Falllösung folgt einer strikten Methode, um willkürliche Ergebnisse zu vermeiden.

Subsumtionstechnik

Der wichtigste Gesichtspunkt der Methodik ist die Subsumtion. Diese ist das A und O der Juristerei. Subsumtion bedeutet, man prüft einen Lebenssachverhalt anhand einer Norm, um festzustellen, was das objektive Recht über den Sachverhalt aussagt, ob und welche Rechtsfolge es anordnet. Die Voraussetzung dafür, dass die Norm eine Rechtsfolge vorgibt, ist aber, dass der Lebenssachverhalt und die Norm zusammenpassen, dass sie sich decken. Nur dann ist die Norm anwendbar.

Vom Lebenssachverhalt zur Norm durch Subsumtion unter ihren Tatbestand zur Rechtsfolge.

Man muss sich die Norm als Automaten vorstellen: Oben wirft man in den Schlitz einen Sachverhalt ein. Es rattert und knackt. Fällt der Sachverhalt durch in die Rückgabeschale, so passt die Norm nicht. Wirft der Automat unten eine Rechtsfolge aus, dann ist die Norm auf den Sachverhalt anwendbar. Das Rattern und Knacken ist die Subsumtion.

Die Subsumtion ist folglich die Technik der richtigen Gesetzesanwendung. Mit dieser Technik stellt man Lebenssachverhalt und Norm (Vertrag, Gesetz, Verordnung etc.) gegenüber, um zu einer Rechtsfolge für den Lebenssachverhalt zu kommen. Dabei sind nacheinander bestimmte Schritte, immer in derselben technischen Reihenfolge, zu gehen.

Dies ist das schrittweise Vorgehen:
- Sachverhalt gründlich erfassen
- Zur Anwendung in Frage kommende Normen suchen
- Exakt prüfen, ob eine Norm auf den Sachverhalt anwendbar ist, d.h., ob der von der Norm verlangte Tatbestand erfüllt ist
- Überlegen, ob es für die Norm Anwendbarkeitsvoraussetzungen gibt, die außerhalb der Norm selbst liegen, etwa in anderen Normen
- Wie ist die Rechtsfolge, was ordnet die Norm an, wenn der Tatbestand erfüllt ist?
- Schreibt der Rechtsfolgenteil der Norm irgendwelche Sanktionen vor, d.h. eine Strafe oder Wiedergutmachung?

Einführung 13

Wie löst man ein rechtliches Problem?
Die Methodik der Fallbearbeitung

1. Schritt	**Sachverhalt**	Was sind die Fakten, was will man prüfen?
2. Schritt	**Normensuche**	Gibt es eine Norm (Gesetz, Vertrag, Verordnung etc.), die auf die Fakten anwendbar sein könnte?
3. Schritt	**Prüfung**	Passen die Tatbestandsmerkmale der Norm, also ihre Tatsachenteile auf die Fakten?
4. Schritt	**Alternativen**	Wenn nein: Gibt es eine andere Norm, die passen könnte? Falls nein, gibt es für den Sachverhalt auch keine Rechtsfolge.
5. Schritt	**Ergebnis**	Wenn ja: Welche Rechtsfolge bestimmt die gefundene Norm?

4.1. Den Sachverhalt erfassen

Und nun Schritt für Schritt: Zunächst ist der Sachverhalt zu erfassen. Die Fakten des Streitfalls müssen absolut klar sein. Bevor man überhaupt eine Norm suchen kann, muss man wissen, welcher Sachverhalt vorliegt. Auch Gerichte verfahren so und müssen erst die Tatsachen feststellen, bevor sie das Recht anwenden.

Ein Beispiel: Der fiktive europäische Staat Diktatoria hat die EMRK (Europäische Menschenrechtskonvention) und auch das Protokoll Nr. 6 zur EMRK (Abschaffung der Todesstrafe) unterzeichnet. Sowohl die EMRK als auch das Protokoll sind völkerrechtliche Verträge. Im Polizeigefängnis der Hauptstadt Diktatorias wird an einem Inhaftierten das Todesurteil eines staatlichen Gerichts vollstreckt.

Dieser Sachverhalt ist kurz und klar und auch nicht sehr kompliziert. Andere Sachverhalte sind so komplex, dass man zehn Seiten benötigt, um sie vollständig darzustellen. Hat man einen komplizierteren Sachverhalt vorliegen, so muss man ganz besonders darauf achten, dass man die Kernpunkte des Sachverhaltes vom Beiwerk trennt. Bei einer Prüfung ist es wichtig, sich den Sachverhalt vollkommen klar gemacht zu haben, bevor man an die rechtliche Prüfung herangeht.

Hat man eine Prüfungsaufgabe zu bearbeiten, kann man davon ausgehen, dass jede gegebene Information des Sachverhaltes wichtig ist. Es ist ratsam, den Sachverhalt mehrmals zu lesen. Zuerst, um zu verstehen, worum es geht, und dann noch einmal, um die Details aufzunehmen.

> Stichwortartige Notizen zum Sachverhalt erleichtern das Verständnis des Textes und man findet die Fakten leichter als in den geschlossenen Absätzen des Textes.

Es kann bei unübersichtlichen Sachverhalten sinnvoll sein, sich die Fakten stichwortartig und chronologisch zu notieren. Es bewährt sich auch, die Schlüsselfakten und etwaige Daten und Zahlen des Sachverhalts anzustreichen. Beim Sachverhalt ist noch ein extrem wichtiger Punkt zu beachten: Wenn man den Sachverhalt liest, dann muss man seine eigene Phantasie im Zaum halten. Man kommt ins Schlingern, wenn man etwas zum Sachverhalt dazu erfindet. Immer nur die Fakten so pur nehmen, wie sie sind! Nichts unterstellen! Unterstellen darf man nur gesicherte Erfahrungssätze, wie etwa, dass Wasser nass ist oder dass Feuer heiß ist. Selbst, wenn es den Sachverhalt auch noch so schön abrunden sollte, nichts hinzudichten!

4.2. Anwendbare Normen suchen

Der erste Schritt ist getan. Den Sachverhalt haben Sie nun verinnerlicht. Jetzt begeben Sie sich auf die Suche nach der Norm, die sagt, wie dieser Sachverhalt rechtlich zu beurteilen ist.

In Prüfungsaufgaben findet sich am Ende immer eine sog. Fallfrage, auch Bearbeitervermerk genannt. Diese Fallfrage gibt vor, was Sie zu prüfen haben. Die allgemeinste Fallfrage lautet »Wie ist die Rechtslage«? Rechtslage bedeutet, dass man den Sachverhalt unter allen rechtlichen Gesichtspunkten zu prüfen hat. Also Ansprüche etwaiger Streitender gegeneinander, die Rechtmäßigkeit eines Handelns, die Rechtswirksamkeit etwaiger Handlungen, eben einfach alles, was juristisch zu dem Fall zu sagen ist.

Die Fallfrage kann aber auch spezieller formuliert sein. Es kann gefragt sein, ob ein bestimmtes Handeln oder Unterlassen eines Staates oder einer Einzelperson rechtswidrig ist. Fraglich kann sein, ob jemand etwa gegen die Union einen Anspruch auf eine Agrarbeihilfe in Form einer Geldsumme hat.

Prüft man trotz einer konkreten Fallfrage die gesamte Rechtslage, so ist das sogar ein Fehler und wirkt sich negativ auf die Bewertung aus.

Immer im Auge zu behalten ist: Wenn nicht nach der Rechtslage gefragt ist, dann ist nur die Fallfrage zu prüfen und auf keinen Fall alle rechtlichen Aspekte des Falles.

Aber von der Theorie jetzt zurück zum praktischen Fall: Fraglich ist zweierlei, erstens, ob das Verhalten des Staates rechtswidrig war und zweitens, ob sich daraus rechtliche Konsequenzen ergeben.

Für die Lösung kommt entweder eine Norm des internationalen Rechts oder eine Norm des innerstaatlichen Rechts in Frage. Das innerstaatliche Recht Diktatorias, das den Verurteilten getötet hat, kennen wir nicht. Es ist aber nicht davon auszugehen, dass Verurteilung und Vollzug der Strafe innerstaatlich rechtswidrig waren, denn ein staatliches Gericht hat verurteilt und die Polizei hat dieses Urteil vollstreckt. In Frage kommt hier also nur eine Norm aus dem internationalen Recht. Bei der Hinrichtung dürfte es sich um eine Menschenrechtsverletzung handeln. Die dafür passende Norm könnte in der Europäischen Menschenrechtskonvention oder in den dazugehörigen Zusatzprotokollen zu finden sein. Der Art. 1 des 6. Zusatzprotokolls (ZP) zur EMRK lautet: »Die Todesstrafe ist abgeschafft. Niemand darf zu dieser Strafe verurteilt oder hingerichtet werden.«

4.3. Der Tatbestand einer Norm

Sachverhalt klar, Norm gefunden, und schon befinden Sie sich mitten in der Subsumtion. Weiter kommen Sie aber nur, wenn Sachverhalt und Norm aufeinander passen. Eine Norm ist dann auf einen Sachverhalt anwendbar, wenn der sog. »Tatbestand« der Norm passt, d.h., wenn die Norm abstrakt, also für unbestimmt viele Fälle einen solchen Sachverhalt regeln will. Ob das der Fall ist, entnimmt man aus ihrem Tatbestand. Das ist der Teil der Norm, der die Fakten, für die die Norm gilt, umreißt.

Eine Norm setzt sich zusammen aus:
- Tatbestand und
- Rechtsfolge

Bei Art. 1 ZP 6 zur EMRK ist der Tatbestand »Die Todesstrafe«. Aus diesen Worten ergibt sich, auf welche Lebensfälle die Norm bezogen ist, nämlich auf jegliche Verurteilungen von natürlichen Personen zum Tode. Die EMRK richtet sich an die Unterzeichnerstaaten. Art. 1 erfasst daher staatliche Verurteilungen und Vollstreckungen Diktatorias.

Juristische Personen, das sind Rechtspersönlichkeiten aufgrund Gesetzes, sind logischerweise vom Schutzbereich des Art. 1 nicht erfasst, denn man kann sie nicht zum Tode verurteilen.

Art. 1 ZP 6 EMRK regelt also unseren Sachverhalt, das bedeutet, der Tatbestand ist soweit erfüllt. Ein Widerspruch zum Art. 2 I 2 EMRK ergibt sich nicht. Nach diesem Art. 2 I 1 ist zwar die Todesstrafe erlaubt. Diese Norm ist jedoch durch das Zusatzprotokoll nachträglich abgeändert worden.

Ein wichtiger rechtlicher Grundsatz: lex posterior derogat legi priori.

Die dieser abändernden Wirkung zugrunde liegende Regel heißt »lex posterior derogat legi priori«, wonach die spätere Norm die früheren Normen bricht, soweit die Regelungsbereiche der beiden Normen auch dieselben sind.

Der Tatbestand einer Norm ist allerdings nicht immer so kurz und übersichtlich wie bei Art. 1 des 6. ZP. Greifen wir ein ganz anderes Beispiel auf, das schwieriger und auch materiell sehr interessant ist.

Es geht um die Kompetenzen der Europäischen Union, Recht zu setzen, obwohl im AEUV keine ausdrückliche Kompetenz der supranationalen Organisation festgelegt ist.

Art. 352 AEUV **Verwirklichung der Ziele des Gemeinsamen Marktes**

Erscheint ein Tätigwerden der Union im Rahmen der in den Verträgen festgelegten Politikbereiche erforderlich, um eines der Ziele der Verträge zu verwirklichen, und sind in den Verträgen die hierfür erforderlichen Befugnisse nicht vorgesehen, so erlässt der Rat einstimmig auf Vorschlag der Kommission und nach Zustimmung des Europäischen Parlaments die geeigneten Vorschriften. [...]

Dies sind die Tatbestandsmerkmale:
- Erscheint ein Tätigwerden der Union erforderlich
- um im Rahmen der in den Verträgen festgelegten Politikbereiche
- eines ihrer Ziele zu verwirklichen
- und sind in den Verträgen die erforderlichen Befugnisse nicht vorgesehen

Dies ist der Tatbestand des Art. 352 AEUV. Es ist sehr wichtig, den Tatbestand von der Rechtsfolge und die Tatbestandsmerkmale untereinander sauber voneinander zu trennen. So weiß man immer genau, was man gerade prüft. Dies kommt auch dem Korrektor entgegen, insofern sie oder er sich leichter in der Gedankenführung des Prüflings zurechtfindet. Man muss dieser Gedankenführung unbedingt problemlos folgen können.

> Die Subsumtion steht und fällt mit der sauberen Trennung der Tatbestandsmerkmale.

Auch für das eigene Denken ist die Trennung wichtig. Wenn man einen Tatbestand »andenkt«, sollte man immer die Tatbestandsmerkmale trennen, sonst kommt man selbst leicht durcheinander.

Art. 352 AEUV wird später noch genauer besprochen (s. u. S. 89). An dieser Stelle nur so viel: Art. 352 AEUV bezeichnet man als »Kompetenzergänzungsklausel«. Wann immer es sinnvoll erscheint, dass die Union etwas regelt, sie aber keine Kompetenz aus den Verträgen dafür hat, kann Art. 352 AEUV bei Vorliegen der Tatbestandsvoraussetzungen und der erforderlichen Mehrheit greifen, so dass eine Kompetenz der Union gegeben ist.

Aber jetzt zurück zu unserem Beispiel aus der EMRK. Dem Art. 352 AEUV werden wir uns später im Rahmen der Kompetenzgrundlagen der Union wieder zuwenden.

4.4. Normexterne Voraussetzungen

Leider existieren neben den Merkmalen, die ausdrücklich im Tatbestand stehen, auch noch außerhalb der passenden Normen Voraussetzungen der Anwendung dieser Normen. Man könnte sie als normexterne Voraussetzungen bezeichnen.

Nicht alle Voraussetzungen einer Rechtsfolge sind immer in ein- und derselben Norm versammelt.

Insbesondere im internationalen Recht ist dementsprechend nicht nur zu prüfen, ob der eigentliche Tatbestand einer Norm erfüllt ist, sondern auch, ob ein Staat überhaupt an die Norm gebunden ist. Im Bürgerlichen Recht etwa ist das kein Problem, weil alle Privatpersonen daran gebunden sind. Im Völkerrecht ist es etwas anders. Damit Diktatoria durch die EMRK und die ZP rechtlich betroffen ist, muss ein völkerrechtlicher Bindungsakt vorliegen. Das heißt, die EMRK und Art. 1 ZP 6 EMRK sind nur anwendbar, wenn Diktatoria die EMRK und auch das 6. ZP ratifiziert, sich also zur Einhaltung beider Verträge verpflichtet hat. Diktatoria hat sowohl die EMRK als auch das 6. ZP ratifiziert. Daher ist der Staat an das Verbot der Todesstrafe gebunden.

Zu unterscheiden von den normexternen Voraussetzungen sind die sog. ungeschriebenen Voraussetzungen einer Norm. Ungeschriebene Voraussetzungen beziehen sich speziell auf eine Norm. Dabei hat sich durch Rechtsprechung und/oder Lehre ergeben, dass der Tatbestand der Norm unvollständig ist, sei es durch ein Redaktionsversehen bei ihrer Formulierung, sei es durch eine nachträgliche Änderung benachbarter Normen. Diese Unvollständigkeit des Tatbestandes gleicht dann insbesondere die Rechtsprechung dadurch aus, dass sie in ihren Urteilen ungeschriebene Tatbestandsmerkmale innerhalb der Norm festlegt, die die betreffende Lücke schließen. Der Tatbestand der Norm wird dann um das ungeschriebene Merkmal ergänzt.

Ein ungeschriebenes Tatbestandsmerkmal beinhaltet Art. 1 ZP 6 EMRK allerdings nicht.

Damit ist die eigentliche Subsumtion beendet. Unser Tatbestand ist erfüllt. Auch in unserem theoretischen Beispiel, dem Art. 352 AEUV, gibt es keine ungeschriebenen Tatbestandsmerkmale.

Damit ist aber immer noch nicht klar, was die rechtliche Folge ist. Die ganze Subsumtion soll ja letztendlich dazu führen, dass man eine Rechtsfolge für einen Lebenssachverhalt erhält.

4.5. Rechtsfolge

In Normen muss man die Rechtsfolge erst suchen. Normalerweise wird die Rechtsfolge mit Worten wie »hat zu«, »soll«, »muss«, »kann« oder »darf« eingeleitet. Damit wird eröffnet, welche rechtlichen Konsequenzen die Erfüllung des Tatbestandes hat.

Bei Art. 1 ZP 6 EMRK ist es nicht ganz einfach, die Rechtsfolge zu erkennen. Dort steht nur, dass ein Staat keine Todesstrafe verhängen oder vollstrecken darf, nicht aber, was dem Staat passiert, wenn er es trotzdem tut. Das ist auch nicht nötig. Art. 1 ZP 6 enthält trotzdem eine Rechtsfolge: Der Staat Diktatoria hat gegen die EMRK und das 6. ZP verstoßen. Dies allein ist die Rechtsfolge.

Die Rechtsfolge wird eingeleitet mit Worten wie:
- *Hat*
- *Soll*
- *Muss*
- *Kann*
- *Darf*
- *Ist*

Greifen wir nun noch einmal Art. 352 AEUV auf, die so genannte »Kompetenzergänzungsklausel«. Wenn die Kompetenzen der Union an einer Stelle lückenhaft sind, aber das Tätigwerden der Union sinnvoll erscheint, greift möglicherweise Art. 352 AEUV.

Suchen wir also seine Rechtsfolge. Nach dem sprachlichen Aufbau des Art. 352 AEUV fängt die Rechtsfolge bei »..., so erlässt der Rat...« an. Mit dem Wort »so« wird die Konsequenz der Tatbestandserfüllung angekündigt.

Was ist aber nun die Rechtsfolge? Sie ist: Der Rat erlässt einstimmig auf Vorschlag der Kommission und nach Zustimmung des Europäischen Parlaments die geeigneten Vorschriften.

Die Elemente der Rechtsfolge des Art. 352 AEUV:
- der Rat
- erlässt einstimmig
- auf Vorschlag der Kommission
- und nach Zustimmung des Parlaments
- die geeigneten Vorschriften

Diese Rechtsfolge kurz erläutert: Der Rat ist der Ministerrat der Europäischen Union, »Rat der Union« genannt. Einstimmigkeit bedeutet nach Art. 238 IV AEUV, dass von den 27 Ratsmitgliedern keines gegen eine neue geeignete Vorschrift stimmt. Die Enthaltung schadet dem Zustandekommen des Beschlusses nicht. Die EU-Kommission arbeitet einen Vorschlag aus und legt diesen dem Rat vor. Das Parlament muss dem Beschluss zustimmen.

Auch die Elemente der Rechtsfolge muss man sauber auseinanderhalten.

5. Ein Übungsfall

Ob man die Theorie der juristischen Subsumtion verstanden hat, zeigt erst die Anwendung an einem praktischen Fall. Das Begreifen der reinen Technik macht noch nicht den Meister. Erst wenn man auch bei der Lösung eines bisher unbekannten Falles mit dem Erlernten umgehen kann, hat man das eigentliche Ziel erreicht. Nun aber ans Werk. Folgender Fall soll bearbeitet werden:

Die Apothekerin M betreibt eine Apotheke in Schwäbisch-Hall. Sie möchte auf der Straße vor ihrer Apotheke große Werbeschilder für die Sonnenkosmetik »Schoko-Schnell« aufstellen. M fragt bei der Landesapothekerkammer an, ob dies denn zulässig sei. Sie habe von Freunden gehört, es könne damit Schwierigkeiten geben.

Eine Standesregel der Landesapothekerkammer als Verstoß gegen das Gemeinschaftsrecht?

Die Landesapothekerkammer Baden-Württemberg ist eine sog. Körperschaft des öffentlichen Rechts, also eine mit begrenzten staatlichen Befugnissen ausgestattete Organisation. Eine von der Apothekerkammer erlassene Standesregel (§ 10 Nr. 15 Berufsordnung) sieht vor, dass Apotheker und Apothekerinnen, die ihren Beruf in B.-W. ausüben, außerhalb ihrer Apotheke keinerlei Werbung für apothekenübliche Waren, die sie zum Verkauf anbieten, machen dürfen. Apothekenübliche Waren sind solche, die neben den Arzneimitteln verkauft werden, wie etwa Zahnbürsten, Kosmetika oder Vitaminbonbons.

Der zuständige Mitarbeiter der Kammer teilt M mit, ihr Vorhaben sei unzulässig wegen § 10 Nr. 15 der Berufsordnung für Apotheker. Daraufhin wendet M sich an eine Rechtsanwältin. Diese meint, der § 10 Nr. 15 verstoße gegen das Europäische Gemeinschaftsrecht.

Wie ist die Rechtslage?

Das Hünermund-Urteil beleuchtet einen Ausschnitt der Problematik der Warenverkehrsfreiheit, Art. 34, 36 AEUV.

Zur Information: Dieser Sachverhalt ist eng an den sog. Hünermund-Fall (Slg. 1993 I-6787) des EuGH angelehnt.

Jetzt gilt es, systematisch vorzugehen und ganz ruhig das gespeicherte Lösungsprogramm durchzuziehen.

Sachverhalt und Fallfrage erfassen

1. Schritt: Den Sachverhalt noch einmal lesen und sich vergewissern, dass man alles aufgenommen hat. Dann die Frage zur Bearbeitung genau anschauen. Nicht mehr und nicht weniger als das, was gefragt ist, prüfen! Hier ist ausschließlich zu untersuchen, ob die Berufsregelung gegen das Recht der Europäischen Union verstößt.

Normensuche

2. Schritt: Welche Normen des Gemeinschaftsrechts könnten einschlägig sein? In Frage kommen der AEUV und der Euratom und das Sekundärrecht der Union, also Recht, das die Union aufgrund einer Kompetenz aus den Verträgen erlassen hat.

Wo könnte sich eine anwendbare Norm finden?

Der EURATOM-Vertrag scheidet schnell aus, da er nur die gemeinsame Erforschung und Nutzung der Kernenergie regelt. Bleibt also der Vertrag über die Arbeitsweise der Europäischen Union (AEUV) und das auf seiner Grundlage ergangene Sekundärrecht.

Das Sekundärrecht, also etwa Verordnungen und Richtlinien, ist grundsätzlich logischerweise feiner ausgeprägt als der zugrunde liegende Vertrag. Deshalb ist zuerst festzustellen, ob es solches Sekundärrecht gibt, denn die speziellere Norm geht der allgemeineren immer vor. Außerdem lassen sich mit dem konkreteren Recht Sachverhalte viel leichter lösen.

Das Unionsrecht enthält aber keine Sekundärrechtsnorm, die etwas über ein Werbeverbot für apothekenübliche Waren aussagt. Es gibt beispielsweise keine Verordnung über die Apothekenwerbung. Also muss man im Primärrecht, dem AEUV, eine passende Norm suchen.

Wo im AEUV nun könnte diese Norm zu suchen sein? Der AEUV regelt im Dritten Teil (Politiken und Maßnahmen der Union) in Titel II den freien Warenverkehr. Nun fragt man sich, was der freie Warenverkehr in der Union mit Werbeschildern von Apotheken zu tun haben könnte.

Die Warenverkehrsfreiheit soll sämtliche Wettbewerbsverzerrungen eliminieren.

Die Werbung für Produkte betrifft wesentlich ihre Marktchancen. Wird die Werbung für apothekenübliche Waren national untersagt, so werden davon in aller Regel auch Produkte aus anderen Staaten der Union betroffen. Das bedeutet, es ist nicht von vornherein auszuschließen, dass das Verbot ausländische Waren diskriminiert. Das Verbot einer solchen Diskriminierung ist ein Hauptanliegen des AEUV.

In Frage kommt nun eine Bestimmung aus dem Kapitel 3 (Beseitigung der mengenmäßigen Beschränkungen) des Titels II (freier Warenverkehr).

Indirekte Handelshemmnisse

Mengenmäßige Einfuhrbeschränkungen sowie alle Maßnahmen gleicher Wirkung sind zwischen den Mitgliedstaaten verboten.

Art. 34 AEUV

Prüfung

Zum 3. Schritt der Abfolge: die eigentliche Prüfung der Norm. Zu trennen sind Tatbestand und Rechtsfolge.

Der Tatbestand enthält die Merkmale:
- Mengenmäßige Einfuhrbeschränkungen
- sowie alle Maßnahmen gleicher Wirkung
- zwischen den Mitgliedstaaten

> Die Kosmetikartikel sind Waren im Sinne des AEUV.

Zu Art. 34 AEUV gibt es auch normexterne Voraussetzungen: Bei den Beschränkungen kann es sich nur um Beschränkungen für den Handel mit Waren handeln, denn der AEUV regelt den freien Warenverkehr. Außerdem darf es keine Spezialregelung geben. Letzteres wurde oben bereits geklärt.

Weiter gibt es auch im Art. 34 AEUV selbst eine, quasi zwischen den Zeilen liegende Beschränkungen seiner Anwendung, die sog. immanenten Schranken. Diese führen eine Art rechtlichen Ausgleich herbei.

> Immanente Schranken sind Grenzen des Anwendungsbereiches einer Norm, die sich aus dem Sinn der Norm ergeben, aber dort nicht ausdrücklich festgehalten sind.

Der Umfang immanenter Schranken orientiert sich an Rechten anderer, bei Art. 34 AEUV an den Rechten der Mitgliedstaaten, Warenverkehrsregelungen zu bestimmten Zwecken zu erlassen (etwa Gesundheitsschutz).

Diese Schranken wären allerdings nur zu prüfen, wenn der Tatbestand des Art. 34 AEUV erfüllt ist. Die Rechtsfolge greift ein, wenn die Tatbestandsmerkmale und die normexternen Voraussetzungen des Art. 34 AEUV erfüllt sind.

Rechtsfolge ist:
- »... sind ... verboten«

> Tatbestandsmerkmale sind nicht immer eindeutig umrissen, teilweise muss man sie durch Auslegung definieren. Die Auslegung der Norm ist eine der wichtigsten Facetten der Rechtsanwendung.

Wenn man eine Norm auf diesem Wege transparent macht, ist man der weiteren Lösung schon ein gutes Stück näher gekommen. Bei der weiteren Prüfung muss man, bevor man den Sachverhalt unter die Norm subsumiert, die Tatbestandsmerkmale unter Umständen näher konkretisieren, sprich definieren. Die Definition ist nötig, wenn Merkmale nicht absolut klar sind.

Greifen wir zuerst das letztgenannte Tatbestandsmerkmal des Art. 34 AEUV auf, die Zwischenstaatlichkeit. Diese Voraussetzung ist allgemein für die Anwendung des AEUV erforderlich. Auf den Warenverkehr bezogen meint sie: Die Regeln über den Warenverkehr sind nur auf grenzüberschreitende Sachverhalte anwendbar. Der AEUV betrifft nur die Fälle, in denen irgendwie der Grenzübertritt einer Ware gehemmt wird. Das Schicksal einer Ware, die in einem Mitgliedstaat produziert und vertrieben wird, regelt er nicht. Ob deutsche Apotheken für apothekenübliche Produkte deutscher Herkunft Außenwerbung machen dürfen, ist ausschließlich eine Frage des nationalen deutschen Rechts. Dabei darf das deutsche Recht inländische Waren gegenüber ausländischen Waren benachteiligen, umgekehrt verbietet das der AEUV (Inländerdiskriminierung, s. S. 104).

Daher können wir im Rahmen des Art.34 AEUV nur nach einer Maßnahme suchen, die ausländische Waren diskriminiert.

Zur zweiten Voraussetzung, der »mengenmäßigen Einfuhrbeschränkung«. Hier gibt es wenig zu definieren, denn das Merkmal ist ziemlich eindeutig. Mengenmäßige Einfuhrbeschränkungen sind alle zahlenmäßigen Einfuhrbegrenzungen bis zum vollständigen Einfuhrverbot. Eine solche gezielte Beschränkung liegt aber in unserem Fall nicht vor.

Problematischer wird es bei den Maßnahmen gleicher Wirkung. Da denkt man sich, das könne ja fast alles sein.

Dieser Gedanke ist auch richtig, man muss ihn für eine saubere und tragfähige Prüfung aber in eine Definition verpacken.

Nach der Auslegung des EuGH sind Maßnahmen gleicher Wirkung:
- Solche staatlichen Maßnahmen
- die geeignet sind
- den innergemeinschaftlichen Handel mit Waren
- unmittelbar oder mittelbar
- tatsächlich oder potentiell
- zu behindern

Diese sehr weite Definition hat der Europäische Gerichtshof (EuGH) zuerst im Fall *Dassonville* verwendet, deshalb heißt sie »Dassonville-Formel« (Slg. 1974, 837).

Was bedeutet das nun für unseren Fall? Die Maßnahme, um die es hier geht, ist die Norm der Berufsordnung für Apotheker. Die Norm wurde von der Apothekerkammer erlassen. Diese Kammer ist eine Körperschaft des öffentlichen Rechts, der alle in Baden-Württemberg niedergelassenen Apotheker zwangsläufig angehören. Alle geltenden Standesregelungen, wie auch die Berufsordnung, erlässt die Kammer. Daher liegt im Erlass der Normen der Berufsordnung eine staatliche Maßnahme im Sinne des Art. 34 AEUV.

Zu untersuchen ist nun, ob die Maßnahme die gleiche Wirkung wie mengenmäßige Einfuhrbeschränkungen hat. Durch das Werbeverbot für apothekenübliche Waren wäre es theoretisch möglich, dass ausländische Warenproduzenten davon abgehalten werden, ihre Produkte in baden-württembergischen Apotheken anzubieten, oder dass sie wegen des Verbots eine geringere Menge ihrer Produkte absetzen können.

Das Werbeverbot ist aber trotzdem keine Handelsbeschränkung im Sinne des Art.34 AEUV. Die Argumente dafür kann man sich alleine

Die Dassonville-Formel des EuGH gilt seit dem Keck-Urteil (s. S. 206) eingeschränkt nur noch für produktbezogene Regelungen; vertriebsbezogene staatliche Maßnahmen fallen nicht mehr unter Dassonville.

erarbeiten, oder man kann sich auch ganz einfach an den EuGH anlehnen:

Das Werbeverbot hat zum einen nicht den Zweck, den innergemeinschaftlichen Handel zu beschränken. Zum anderen, und das ist wichtiger, handelt es sich bei dem Verbot nur um eine Regelung der Verkaufsmodalität, es liegt kein Verkaufsverbot vor.

Das Verbot betrifft rechtlich und tatsächlich unterschiedslos aus- und inländische Güter. Die Verkaufsmöglichkeit besteht für ausländische Waren. Es handelt sich aber um eine vertriebsbezogene Regelung.

Diese Einschränkung des Art. 34 AEUV und damit auch der Dassonville-Formel hat der EuGH im Urteil *Keck*, Slg. 1993-I, 6097, vorgenommen.

Somit kann man als Ergebnis dieses Prüfungsschritts festhalten, dass der Fall der Apothekerin M nicht unter den Art. 34 AEUV fällt.

<small>Staatliche Warenverkehrsbeschränkungen, die gegen Art. 34 AEUV verstoßen und nicht gerechtfertigt sind, dürfen nicht angewendet werden.</small>

Nach alldem ergibt sich die Schlussfolgerung, dass Art. 34 AEUV hier nicht greift und daher auch keine Rechtsfolge anordnet. Lediglich hypothetisch: Eine solche Rechtsfolge wäre etwa die Erklärung, dass das Verbots nicht mit dem Art. 34 AEUV vereinbar ist. Daraus würde die Nichtanwendbarkeit des Werbeverbotes resultieren.

Alternativen

Eine andere Norm, die anwendbar sein könnte, ist nicht vorhanden.

Ergebnis

Der letzte Schritt: Die Formulierung des Ergebnisses, die Beantwortung der aufgeworfenen Frage.

Das Werbeverbot der Berufsordnung verstößt nicht gegen das Gemeinschaftsrecht, insbesondere nicht gegen Art. 34 AEUV.

6. Wiederholungsfragen

- 1. Was bedeutet objektives Recht und was ist ein subjektives Recht? Lösung S. 3
- 2. Was ist eine Norm und was für Normen gibt es? Lösung S. 3
- 3. Ist das Europarecht eine geschlossene Kodifikation wie etwa das Strafgesetzbuch? Lösung S. 3
- 4. Wo liegt der Unterschied zwischen internationalem und supranationalem Recht? Lösung S. 4
- 5. Ist Völkerrecht internationales Recht? Wie wird Völkerrecht definiert? Lösung S. 5
- 6. Gehört der AEUV zum Europarecht? Lösung S. 5
- 7. Ist die Charta der Vereinten Nationen ein Bestandteil des europäischen Rechts? Lösung S. 5
- 8. Was bedeutet der Begriff »Sekundärrecht«? Lösung S. 7
- 9. Wirken Verordnungen der EU nur auf zwischenstaatlicher Ebene oder auch ähnlich wie nationale Gesetze? Lösung S. 7
- 10. Kann die EMRK auch innerstaatlich gelten? Lösung S. 7
- 11. Wo gilt das öffentliche Recht? Lösung S. 8
- 12. Gibt es für zivilrechtliche und öffentlich-rechtliche Streitigkeiten verschiedene Rechtswege? Lösung S. 8
- 13. Was ist ein Lebenssachverhalt? Lösung S. 12
- 14. Wann greift eine Rechtsfolge ein? Lösung S. 12
- 15. Was meint Subsumtion? Lösung S. 12
- 16. Wie sind Normen aufgebaut? Lösung S. 16
- 17. Sind alle Voraussetzungen für eine Rechtsfolge immer in einer Norm zusammengefasst? Lösung S. 18

Europäische Organisationen

1. Die Europäische Union — 28
2. Die Europäischen Gemeinschaften — 29
3. Der Europäische Rat — 32
4. Die EFTA und der EWR — 34
5. Die OECD — 36
6. Die NATO — 38
7. Die WEU und Art. 42 VII EUV — 40
8. Die OSZE — 41
9. Der Europarat — 43
10. Wiederholungsfragen — 44

1. Die Europäische Union

Die Europäische Union (EU) ist eine internationale Organisation und somit Träger völkerrechtlicher Rechte und Pflichten, Art. 47 EUV. Sie wurde mit dem Maastrichter Unionsvertrag (EUV) vom Februar 1992, einem völkerrechtlichen Vertrag, zwischen den Mitgliedstaaten der Europäischen Gemeinschaften gegründet. Der EUV, mittlerweile mehrfach durch die Verträge von Amsterdam, Nizza und zuletzt grundlegend durch den Vertrag von Lissabon (sog. »Reformvertrag«) modifiziert, war das Ergebnis zweier Regierungskonferenzen zur Wirtschafts- und Währungsunion und zur politischen Union. Seit dem 01. Dezember 2009, dem Datum des Inkrafttretens des Reformvertrags, ist die früher neben der EU bestehende Europäische Gemeinschaft in der Union aufgegangen; die EU ist Rechtsnachfolgerin der EG (Art. 1 III 3 EUV). Neben der EU besteht nur noch der Euratom.

Tempelmodell:
Dach EU, Säulen EG / Euratom, GASP und PJZS

Bis zum Inkrafttreten des Vertrags von Lissabon wurde die Konstruktion EUV/EGV als Tempelmodell erklärt. Danach war sie das Dach über den drei Säulen EG, der gemeinsamen Außen- und Sicherheitspolitik (GASP) und der polizeilichen und justiziellen Zusammenarbeit in Strafsachen. Das Säulenmodell wurde nunmehr durch ein einheitliches Modell abgelöst, wobei zu beachten ist, dass Besonderheiten des Vorgängersystems, wie die Nichtjustiziabilität von Akten der GASP, zum Teil beibehalten wurden. Ansonsten sind alle Rechtsakte der EU gerichtlich vor dem EuGH überprüfbar.

EWGV: Vorläufer des EGV

Der EGV hieß bis zum Inkrafttreten des Maastrichter Vertrages EWGV. Das Herausnehmen der Silbe »Wirtschafts-« erscheint linguistisch nicht gravierend, politisch ist es aber umso schwerwiegender. Europa soll nach dem wirtschaftlichen Zusammenschluss des EWGV nun auch politisch zusammenwachsen. Die Union ist nunmehr eine weitere Stufe der engeren Zusammenarbeit, auch Integration genannt.

Der deutschen Ratifikation war ein Streit vor dem Bundesverfassungsgericht (BVerfG) über die Vereinbarkeit des Maastrichter Unionsvertrages mit dem Grundgesetz vorausgegangen. Das BVerfG hielt den EUV in der Maastrichter Fassung für mit dem Grundgesetz vereinbar (BVerfGE 89, 155 ff.). Die deutschen Gesetze zum Vertrag von Lissabon wurden ebenfalls vor dem BVerfG angegriffen. In seiner Entscheidung vom 30. Juni 2009 machte das BVerfG wiederum den Weg für die Ratifizierung des Vertrages frei, indem es das Zustimmungsgesetz als verfassungsgemäß einstufte (s. u. S. 312).

2. Die Europäischen Gemeinschaften

Bis zum 01. Dezember 2009 existierten noch mehrere Europäische Gemeinschaften, zum einen die Europäische Gemeinschaft (EG) und zum anderen der Euratom. Nunmehr ist die EG in der EU aufgegangen und es gibt nur noch eine Gemeinschaft, den Euratom, dessen Organe mit denen der Union größtenteils identisch sind.

Mehr über die Europäischen Gemeinschaften: www.europa.eu

Bei der Gründung der EWG im Jahre 1957 existierten drei Gemeinschaften, die EWG, der Euratom und die bereits 1952 gegründete Europäische Gemeinschaft für Kohle und Stahl (EGKS), deren Vertrag 2002 auslief. Kohle- und Stahlprodukte werden seitdem vom Anwendungsbereich des EGV bzw. des AEUV umfasst.

Die Europäische Union und der Euratom haben ihren Sitz in Brüssel, Luxemburg und Straßburg. Die Organe residieren in diesen drei Städten (s. Protokoll über die Sitze der Organe und bestimmter Einrichtungen und Dienststellen, ABl. 1997 C 340/112).

EU und Euratom haben gemeinsame Organe.

Kurz zum historischen Abriss: Jede der Gemeinschaften wurde durch einen internationalen Gründungsvertrag sechs europäischer Staaten ins Leben gerufen. Die Atomgemeinschaft, oft als EURATOM bezeichnet, und die Europäische Gemeinschaft (früher: Europäische Wirtschaftsgemeinschaft) wurden 1957 gegründet. Man nennt EURATOM und EWG-Vertrag auch die »Römischen Verträge«, weil sie in Rom unterzeichnet wurden.

EWG und Euratom sind die Römischen Verträge.

Die Gründungsmitglieder der Gemeinschaft sind Belgien, Frankreich, Italien, Luxemburg, die Niederlande und die Bundesrepublik Deutschland. Im Jahre 1973 sind Dänemark, das Vereinigte Königreich und Irland beigetreten. Griechenland wurde 1981 Mitglied der Gemeinschaften, Portugal und Spanien 1986. Finnland, Österreich und Schweden wurden nach zeitaufwendigen und teilweise problematischen Verhandlungen am 1.1.1995 in die Union aufgenommen. Der geplante Beitritt Norwegens scheiterte an einem ablehnenden Referendum der Bevölkerung (28.11.1994). Die vorerst letzte Beitrittswelle von zehn mittel- und osteuropäischer Staaten geschah am 1. Mai 2004 (zu den Bedingungen siehe die Beitrittsakte vom 14. April 2003, ABl. 2003 L 236/33). Der Beitritt von Bulgarien und Rumänien geschah 2007. Als nächster Beitrittskandidat steht Island »vor der Tür«.

Seit 2007 gibt es das Europa der 27. Mit dem Beitritt übernehmen die Neumitglieder das gesamte EU-Recht, den sog. acquis communautaire.

Die Türkei ist mit der Union assoziiert. Assoziierung bedeutet die Herstellung besonderer und privilegierter Beziehungen zu einem Drittstaat und soll häufig – aber nicht zwangsläufig – den späteren Beitritt vorbereiten. Assoziationsabkommen sind zum Beispiel auch mit Tunesien (ABl. 1998 L 97/2) und dem EWR (ABl. 1994 L 1/2) geschlossen worden.

Die EG unterhält zahlreiche Assoziierungsbeziehungen.

Eckpunkte der Gemeinschaften und der Union:
- Einheitliche Europäische Akte 1986
- Maastrichter Unionsvertrag 1992, in Kraft November 1993
- Amsterdamer Vertrag 1997, in Kraft Mai 1999
- Vertrag von Nizza 2001, in Kraft Februar 2003
- Grundrechtecharta, bis zum Inkrafttreten des Reformvertrages nur eine unverbindliche politische Proklamation (ABl. 2000 C 364/1)
- Verfassungsvertrag (2003/4)
- Reformvertrag (2007)

Ein wichtiger Eckpunkt für die Entwicklung der Gemeinschaften war die »Einheitliche Europäische Akte« von 1986. Die EEA ist ein internationaler, völkerrechtlicher Vertrag zwischen den Mitgliedstaaten der drei Gemeinschaften. Die EEA war vor dem Unionsvertrag die umfassendste nachträgliche Änderung der drei Gemeinschaftsverträge. Die EEA passte den EGV dem Stand der fortschreitenden Integration an und stellte die Europäische Politische Zusammenarbeit (EPZ) der Mitgliedstaaten auf eine rechtliche Grundlage.

Die EPZ war die europäische Zusammenarbeit in der Außenpolitik. Die Staaten der Gemeinschaften verpflichteten sich, sich in außenpolitischen Fragen gegenseitig zu unterrichten und abzustimmen. Sinn der EPZ war es, den Einfluss der Mitgliedstaaten nach außen zu konzentrieren. Außerdem wurden die Errichtung der Europäischen Union und die Vollendung des Binnenmarktes vereinbart. Neben vielen weiteren Änderungen wurde außerdem die Zuständigkeit der Europäischen Wirtschaftsgemeinschaft (nun: EU) auf dem Gebiet des Umweltschutzes erweitert.

Das aber wohl bedeutendste Schlagwort für die Entwicklung der drei Gemeinschaften blieb »Maastricht«. Mit dem im Februar 1992 geschlossenen Maastrichter Vertrag zur Gründung der Europäischen Union war die Absicht verbunden, die europäische Integration auf eine neue Stufe zu heben. Der Unionsvertrag sah u. a. einen europäischen Raum ohne Binnengrenzen, eine gemeinsame Außen- und Verteidigungspolitik (GASP) sowie die Zusammenarbeit in der Justiz- und Innenpolitik der Mitglieder der Union vor. Der damalige Art. G des Unionsvertrages bestimmt die Umbenennung der Europäischen Wirtschaftsgemeinschaft in »Europäische Gemeinschaft«. Der Unionsvertrag ist nach der Ratifikation durch Deutschland am 1.11.1993 in Kraft getreten und rechtlich wirksam geworden. Die späteren Verträge von Amsterdam und Nizza nahmen auch im EGV wesentliche Änderungen vor.

Der im Juni 2004 von den Vertretern der Regierungen der Mitgliedstaaten angenommene »Vertrag über eine Verfassung für Europa«

(Verfassungsvertrag) fasste die bisher bestehenden Vertragsregime in einem Regelungswerk zusammen. Der Verfassungsvertrag wurde dem Europäischen Rat (dazu siehe sogleich) am 20. Juni 2003 vom Europäischen Konvent überreicht und bis Mitte 2004 überarbeitet und trat nicht in Kraft. Der Europäische Konvent selbst wurde vom Europäischen Rat von Laeken am 15. Dezember 2001 einberufen und sollte Vorschläge zu drei Anliegen unterbreiten: den Bürgern das europäische Projekt und die europäischen Organe näher zu bringen, das politische Leben und den politischen Raum in einer erweiterten Union zu strukturieren und die Union zu einem Stabilitätsfaktor und zu einem Vorbild der neuen Weltordnung zu machen. Diese hehren Ziele versuchte der Konvent im Verfassungsentwurf zu verwirklichen. Der Vorsitzende des Konvents war der frühere französische Staatspräsident Valéry Giscard d'Estaing.

Der Verfassungsvertrag trat nicht in Kraft.

Aufgrund der politischen Probleme mit der Ratifizierung des Verfassungsvertrages wurde der »Reformvertrag« in Lissabon am 13.12.2007 unterzeichnet (»Vertrag von Lissabon«, ABl. 2007 C 306/1, in Kraft seit dem 1.12.2009), um die dringend notwendige Reform der Institutionen der EU durchzuführen. Der VvL behält im Kern die Änderungen des Verfassungsvertrages bei. Um den Anstrich der Staatlichkeit zu vermeiden wurden alle staatsähnliche Symbole des Verfassungsvertrages nicht übernommen. Der EUV wird inhaltlich geändert, der EGV wird in AEUV umbenannt. Die Grundrechte-Charta wird rechtsverbindlich, aber nicht Bestandteil des Vertrages. Wichtige Ausnahmebestimmungen bestehen für GB, Polen, Tschechien und Irland. Geschaffen werden die neuen Positionen des Präsidenten des Europäischen Rates (Art. 15 II EUV) und des Hohen Vertreters für Außen- und Sicherheitspolitik (Art. 18 EUV). Der EuGH heißt nunmehr »Gerichtshof der Europäischen Union«, das Gericht erster Instanz nurmehr »Gericht«.

Reformvertrag

3. Der Europäische Rat

Der Europäische Rat: das politische Schlüsselorgan

Den Europäischen Rat gibt es seit der EEA von 1986. Die EEA beinhaltete, wie schon angesprochen, Änderungen der drei Gemeinschaftsverträge und setzte die EPZ auf ein vertragliches Fundament.

Der Europäische Rat ist in Art. 15 EUV geregelt und ein Organ der Europäischen Union. Er ist eine jährlich mehrmals tagende Konferenz der EU-Staats- und Regierungschefs, dem Präsidenten des Europäischen Rates (Herman van Rompuy) und dem Präsidenten der Kommission (Die Kommission ist ein Organ der Europäischen Union.). Die Hohe Vertreterin der Union für Außen- und Sicherheitspolitik nimmt an den den Arbeiten des Europäischen Rates teil.

Art. 15 EUV

Europäischer Rat

(1) Der Europäische Rat gibt der Union die für ihre Entwicklung erforderlichen Impulse und legt die allgemeinen politischen Zielvorstellungen und Prioritäten hierfür fest. Er wird nicht gesetzgeberisch tätig. [...].

Durch den Vertrag von Lissabon wird der Europäische Rat umfassend kodifiziert. Der Europäische Rat ist demnach eine Gipfelkonferenz, die ideal ist für richtungweisende Entscheidungen und Zielsetzungen im Rahmen der Union. Anstöße für die Schaffung der Wirtschafts- und Währungsunion und für die Durchführung von Direktwahlen zum Europäischen Parlament kamen aus dem Europäischen Rat.

Der Europäische Rat tritt (mindestens) zweimal pro Halbjahr zusammen; die Einberufung wird vom Präsidenten vorgenommen. Entscheidungen werden laut Art. 15 IV EUV im Konsens getroffen, d. h. ein Beschluss gilt als gefasst, wenn kein Mitglied dagegen stimmt.

Präsident des Europäischen Rates

Durch den VvL neu geschaffen wurde das Amt des Präsidenten der Europäischen Rates. Er wird für zweieinhalb Jahre gewählt und darf kein anderes einzelstaatliches Amt ausüben. Idee dahinter war, die bis dahin alle sechs Monate rotierende Präsidentschaft zu institutionalisieren und mit einem längeren Zeitraum geeigneter für die politische Leitung der Union als Impulsgeber zu machen. Die Aufgaben des Präsidenten sind in Abs. 6 niedergelegt. Zu ihnen zählen die Führung des Vorsitzes bei den Beratungen, die Schaffung von Kontinuität, Förderung von Zusammenhalt und Konsens und die Vorlage eines Berichts an das Europäische Parlament im Anschluss an jede Tagung.

Es stellt sich die Frage, warum das Organ Europäischer Rat geschaffen wurde, wenn es doch schon einen Ministerrat der Union (Art. 16 EUV) gibt? Der Ministerrat ist schließlich auch mit Vertretern der Regierungen besetzt und könnte Union und Gemeinschaften die Impulse geben.

Man muss diese Frage aus politischer und praktischer Sicht beantworten. Im Europäischen Rat sind die Mitgliedstaaten der Gemeinschaften nicht an die rechtlichen Entscheidungs- und Handlungsvorgaben des Gesetzgebungsverfahrens gebunden. So können sie frei von den institutionellen »Fesseln« gemeinsame Politik betreiben. Der Europäische Rat kann aber auch schlagartig sein Gesicht verändern und zum Ministerrat der Europäischen Union mutieren, denn: Die Teilnehmer eines Treffens des Europäischen Rates können sowohl in der Funktion als Regierungschefs als auch als Mitglieder des Ministerrates handeln. Der Ministerrat setzt sich normalerweise aus 27 von den Regierungen entsandten Fachministern zusammen, je nachdem, welche Themen auf der Tagesordnung stehen. Die Regierungschefs können aber auch den Ministerrat bilden. Daher kann ein Treffen der Regierungschefs, zumindest theoretisch, zwei Gesichter haben.

Die Vertreter der Mitgliedstaaten müssen nur ein anderes Schild in die Tischmitte stellen und schon sind sie nicht mehr Europäischer Rat, sondern Ministerrat.

Außerdem sind die Regierungschefs der Mitgliedstaaten durch ihre Teilnahme am Europäischen Rat politisch mit der Union verbunden. Konflikte, die im Ministerrat vielleicht nicht lösbar sind, können im Europäischen Rat durch die Regierungschefs selbst beigelegt werden.

4. Die EFTA und der EWR

Die Vorteile einer grenzüberschreitenden Zusammenarbeit für prosperierende Staaten sind bestechend, aber nicht alle Staaten konnten oder wollten gleich partizipieren. Die europäischen Staaten, die nicht Mitglieder der damals noch drei Gemeinschaften waren, versuchten auf andere Weise, die Vorteile eines freieren grenzüberschreitenden Handels zu erlangen, ohne allerdings eine weitergehende Integration, wie bei der Europäischen Union, voranzutreiben.

»Freier« Warenverkehr durch:
- Europäische Freihandelsassoziation – EFTA
- Europäische Union
- Europäischen Wirtschaftsraum – EWR (Verbindung EFTA-EU)

Die EFTA ist keine Zollunion sondern eine Freihandelszone.

Dänemark, Großbritannien, Portugal (damals noch nicht Mitglieder der Gemeinschaften), Norwegen, Österreich, Schweden und die Schweiz haben 1960 die EFTA (European Free Trade Association) mit einem völkerrechtlichen Vertrag gegründet.

Dieser Vertrag schreibt insbesondere Handelserleichterungen wie Zollreduzierungen und das Verbot von Ein- und Ausfuhrbeschränkungen vor. Die Europäische Freihandelsassoziation (oder auch Freihandelszone) wird treffenderweise auch als »Handelsclub« bezeichnet.

Die EFTA ist ein eher lockerer wirtschaftlicher Zusammenschluss. Ihr wichtigstes Organ ist der EFTA-Rat. Er beobachtet hauptsächlich die Durchführung der Vertragsbestimmungen und schlichtet handelspolitische Streitfälle zwischen den Mitgliedern, hat aber keine bedeutenden Entscheidungskompetenzen.Rechtsprobleme werden von dem EFTA-Gerichtshof gelöst. Der EFTA-Vertrag hat im Verhältnis zum AEUV, der eine gemeinsame Gestaltung der Wirtschafts- und anderer Politiken festlegt, nur einen geringen Regelungsbereich, hauptsächlich im Bereich Warenverkehr und Wettbewerbsrecht.

Zurzeit sind neben Norwegen und der Schweiz auch Island und Liechtenstein EFTA-Mitglieder. Sitz der EFTA ist Genf. Die institutionelle Verbindung zwischen EG und EFTA wird durch 13 Organe gewährleistet. Diese Gremien bemühen sich, die Fusion der Wirtschaftsräume friktionsfrei zu gestalten. Verschiedene mitteleuropäische Staaten haben ihren eigenen Wirtschaftsraum in Anlehnung an die EFTA geschaffen, die sog. CEFTA.

Der EWR dehnt die vier Grundfreiheiten (s. u. S. 198) auf seine Mitglieder aus.

Nach längeren Verhandlungen zwischen einerseits EWG, EGKS (beide waren juristische Personen), ihren Mitgliedstaaten, und andererseits den EFTA-Mitgliedstaaten wurde am 14.5.1992 der EWR-Vertrag (EWRV), ein völkerrechtlicher Vertrag, geschlossen (in Kraft seit

1994, ABl. 1994 L 1/2). Der EWRV ist primär ein Assoziationsverhältnis zwischen der EG und der EFTA mit dem Ziel einer Freihandelszone mit binnenmarktähnlichen Verhältnissen. Die EWR-Staaten verpflichten sich, alle vier Freiheiten des Unionsrechts (Personen, Dienste, Kapital, Waren) und einige begleitende Politiken der EU zu übernehmen. Folglich gilt ein großer Teil des Rechts der EU seit 1994 auch im EWR. Durch den EWR ist es möglich, Nichtmitgliedstaaten eine Art »EU light-Mitgliedschaft« zu gewähren. Von den EFTA-Staaten ist nur die Schweiz nicht dem EWR beigetreten.

Schaffung des EWR verlief seitens der Gemeinschaft nicht reibungslos. Erst nach zwei Gutachten des EuGH (Slg. 1991. I-6079; Slg. 1992, I-2821) entsprach der EWR-Vertragsentwurf dem Gemeinschaftsrecht.

5. Die OECD

Die OEEC (Organization for European Economic Cooperation), die Vorläuferin der OECD, wurde 1948 von 16 europäischen Staaten mit einem völkerrechtlichen Vertrag gegründet. Damals, direkt nach dem Zweiten Weltkrieg, wurde eine internationale Organisation benötigt, die in der Lage war, zentral die Verteilung der amerikanischen Wirtschaftshilfe des Marshall-Planes für Europa zu organisieren.

Die OEEC hat mit der Erfüllung dieser Aufgabe sehr erfolgreich zum Wiederaufbau Europas beigetragen. In den fünfziger Jahren hat die OEEC ihr Arbeitsgebiet auf die Abschaffung von sog. »nichttarifären Handelshemmnissen« verlegt, das sind insbesondere Mengenbeschränkungen beim Import bzw. Export. Tarifäre Handelshemmnisse, also Zölle, wurden dagegen damals nur durch das GATT (Allgemeines Zoll- und Handelsabkommen) geregelt. Zölle sind staatliche Abgaben, die rein aus dem Anlass des Grenzübertritts einer Ware erhoben werden.

Die OECD: Beispiel für die Wandlung einer Internationalen Organisation.

Nach der Gründung der EWG (heute EU) im Jahre 1957 (Römische Verträge) musste für die OEEC eine Neuorientierung stattfinden. Der EWG-Vertrag regelte nämlich neben den Zöllen auch die nichttarifären Handelshemmnisse, also insbesondere Mengenbeschränkungen, umfassend. Der OEEC wurde damit quasi das Arbeitsfeld unter den Füßen weggezogen.

Im Jahre 1960 gründeten die Mitglieder der OEEC eine neue internationale Organisation, die OECD (Organization for Economic Cooperation and Development, BGBl. 1961 II, 1151). Dazu bedienten sie sich wiederum eines internationalen Vertrages. Die OEEC gab es damit nicht mehr.

Europäische wirtschaftliche Zusammenarbeit:
- Früher: OEEC – Organisation für europäische wirtschaftliche Zusammenarbeit
- Jetzt: OECD – Organisation für wirtschaftliche Zusammenarbeit und Entwicklung

Auch nichteuropäische Staaten können laut Vertragstext Mitglieder der OECD werden. Australien, Japan, die USA, Kanada, Neuseeland, Mexiko und Südkorea sind neben 22 europäischen Staaten Mitglieder der OECD geworden. Die EU hat einen quasi-mitgliedschaftlichen Status. Die OECD ist damit eigentlich keine richtige europäische Organisation, sondern hat schon fast internationalen Charakter. Wegen ihrer europäischen Wurzeln gehört sie aber in unseren Überblick.

Die Aufgaben der OECD sind im Gründungsvertrag nicht gerade präzise beschrieben. Dort ist die Rede von der Förderung finanzieller Stabilität, optimaler und nachhaltiger Wirtschaftsentwicklung, optimaler Beschäftigung der Arbeitnehmer, gesundem Wachstum und steigendem Lebensstandard. Diesen allgemeinen Zielen gegenüber hat die OECD nur schwach ausgebildete Kompetenzen, vorwiegend Unterrichtung, Konsultation und freiwillige Koordination.

Aufgaben der OECD

Gleichwohl hat die OECD sehr große politische und ökonomische Bedeutung. Die 30 Mitgliedstaaten nutzen sie als informellen Arbeitsstab. Sie ist ein ständiges Gesprächsforum. Die aktuellen Arbeitsgebiete der Organisation sind vor allem Länderwirtschaftsgutachten, die Pflege der Beziehungen zu Entwicklungsländern sowie Umwelt- und Energieprobleme. Der Rat ist das wichtigste Organ der OECD. Ihr Sitz ist Paris.

6. Die NATO

> Der organisatorische Pfeiler des Nordatlantikvertrages, die NATO (North Atlantic Treaty Organization) wurde nicht sofort 1949 errichtet, sondern erst zwei Jahre nach Vertragsschluss, 1951.

Die NATO (»North Atlantic Treaty Organization«) beruht, wiederum auf einem 1949 geschlossenen internationalen, völkerrechtlichen Vertrag (BGBl. 1955 II, 289) mit zurzeit 28 Vertragsparteien. Sitz der NATO ist Brüssel.

Die Nordatlantikvertragsorganisation ist ein System der kollektiven, d.h. gemeinsamen Selbstverteidigung gegen bewaffnete Angriffe von außen. Die Charta der Vereinten Nationen, der universellste internationale Vertrag zwischen Staaten, lässt die Gründung derartiger kollektiver Verteidigungsbündnisse in ihrem Art. 51SVN ausdrücklich zu (s. L/R, VölkerR, S. 105 ff.).

Die NATO-Verwaltung gliedert sich in zwei Teile:

- zivil (NATO-Rat, 15 Ausschüsse, Generalsekretär, Stab)
- militärisch (Militärausschuss, Stab, 3 Kommandobereichsleitungen)

> Das Hauptkonsultationsorgan der NATO ist der NATO bzw. Nordatlantikrat. Er tagt wöchentlich auf Botschafterebene, zweimal jährlich auf Außenminister- und Regierungschefebene. Der Rat hat viel in Sachen Abrüstung getan, etwa die erfolgreichen MBFR (Mutual and Balanced Force Reductions)-Verhandlungen über die Truppenreduzierungen mit den Warschauer Pakt-Staaten ging auf seine Initiative zurück.

Der zivile Teil, dem der Generalsekretär der NATO vorsteht, konzentriert seine Arbeit auf die Verhinderung von militärischen Auseinandersetzungen. Der militärische Teil ist eine Art internationaler Kopf, der den NATO-Streitkräften bei einem bewaffneten Angriff aufgesetzt wird und sie dann führt. Truppenteile der Mitgliedsländer der NATO stehen grundsätzlich nur im Falle einer bewaffneten Auseinandersetzung, die das Bündnis betrifft, unter NATO-Kommando, ansonsten nicht. Um auf neue Bedrohungen angemessen reagieren zu können, hat sich die NATO im April 1999 bei einer Gipfelkonferenz der Staats- und Regierungschefs der Mitgliedstaaten ein neues strategisches Konzept gegeben, welches jedoch nach richtiger Ansicht nicht zu einer Änderung des NATO-Vertrages führte (so auch BVerfGE 104, 151/199 ff.). Der bestehende Vertrag wurde jedoch einer (teilweise sehr weitgehenden) neuen Interpretation durch die Vertragsstaaten zugeführt, was völkerrechtlich möglich ist. Falls durch rechtserhebliches Handeln unterhalb der Schwelle der förmlichen Vertragsänderungen seitens der Bundesregierung jedoch eine schleichende Veränderung des Vertragsinhalts eintreten sollte, bestehen zum einen Kontrollrechte des Bundestages nach Art. 43 II GG und zum anderen der vom BVerfG aus der Verfassung abgeleitete parlamentarische Vorbehalt bei Auslandseinsätzen der Bundeswehr (BVerfGE 90, 286, 357 ff.). Diese sind danach nur bei Vorliegen einer (in der Regel vorherigen) Zustimmung des Bundestages zulässig. Eine der getroffenen Änderungen ist beispielsweise, dass NATO-Truppen im Rahmen des »Kampfes gegen den Terror« eingesetzt werden können. Beispielsweise übernahm die

Allianz am 11. August 2003 das Kommando und die Koordination des ISAF-Einsatzes in Afghanistan oder die Sicherung der Olympischen Spiele 2004 in Athen. Auch wurde am 4. 10. 2001 als Antwort auf die Anschläge in den USA zum ersten Mal seit Bestehen der Allianz der Bündnisfall nach Art. 5 NATO-Vertrag ausgerufen.

Art. 5 NATO-Vertrag
Die Parteien vereinbaren, dass ein bewaffneter Angriff gegen eine oder mehrere von ihnen in Europa oder Nordamerika als ein Angriff gegen alle angesehen wird; sie vereinbaren daher, dass im Falle eines solchen bewaffneten Angriffs jede von ihnen in Ausübung des in Artikel 51 der Satzung der Vereinten Nationen anerkannten Rechts der individuellen oder kollektiven Selbstverteidigung der Partei oder den Parteien, die angegriffen werden, Beistand leistet, indem jede von ihnen unverzüglich von sich und im Zusammenwirken mit den anderen Parteien die Maßnahmen, einschließlich der Anwendung von Waffengewalt, trifft, die sie für erforderlich erachtet, um die Sicherheit des nordatlantischen Gebiets wiederherzustellen oder zu erhalten.

Dies war eine juristisch nicht unumstrittene Maßnahme, da Art. 5 nach klassischem Verständnis nur Angriffe seitens eines Staates umfasst und gerade nicht die von privaten Terroristen. Mehr zur Problematik bei L/R, VölkerR, S. 102 ff.

NATO und Terrorismus

7. Die WEU und Art. 42 VII EUV

Tragende Prinzipien von NATO und WEU sind:
- *Politische Solidarität*
- *Ausreichende militärische Stärke*
- *Rüstungskontrolle, Entspannung, Abrüstung*

Die Westeuropäische Union (WEU) ist ein neben der NATO formal (weiter)bestehendes Verteidigungsbündnis, obwohl sein Sicherheitssystem weitgehend in Art. 42 EUV aufgenommen wurde. Das Ende der WEU wurde nunmehr von den MS zum 31.12.2010 beschlossen.

Die Gründung der WEU ist aus ihrem geschichtlichen Kontext heraus verständlich. Die sechs EGKS-Mitgliedstaaten waren 1954 mit ihrem Versuch, auch eine Europäische Verteidigungsgemeinschaft (EVG) zu gründen, politisch an der Zustimmung der französischen Nationalversammlung gescheitert. Die EVG sah ähnliche Organe wie die EGKS und daneben eine Europaarmee vor, die der NATO unterstellt sein sollte. Das Projekt EVG war vor allem zur Abschreckung in Richtung Osten gedacht.

Der Brüsseler Vertrag war ursprünglich zur Abwehr einer neuerlichen deutschen Aggression geschaffen worden. Nun wurde er in kreativer Weise unter Einbindung der früheren Achsenmächte Deutschland und Italien zu einem europäischen Bündnis mit östlicher Abwehrrichtung umgegossen.

Die WEU ist eine regionale Organisation im Sinne von Art. 52 UNO-Charta.

Die EGKS-Staaten sahen aber auch nach dem Scheitern der EVG Handlungsbedarf. Daher wandelten die Benelux-Staaten, Frankreich, Deutschland, Italien und das Vereinigte Königreich den Brüsseler Verteidigungsvertrag von 1948 mit einem neuen Vertrag in die WEU um. Ihr schlossen sich später auch Griechenland, Portugal und Spanien an. Die WEU hat nunmehr 28 ordentlichen und assoziierte Mitglieder, allerdings seit 2000 ihre Arbeit praktisch eingestellt. Die WEU hat ihren Sitz in London und Paris.

Kern des WEU-Vertrages (BGBl. 1955 II, 283) ist wiederum der Art. V, wonach dann, wenn eine Vertragspartei Ziel eines bewaffneten Angriffs in Europa wird, ihm die anderen Vertragsparteien im Einklang mit den Bestimmungen des Artikels 51 UNO-Charta alle in ihrer Macht stehende militärische und sonstige Hilfe und Unterstützung leisten. Die Vorschrift geht in ihrer Verbindlichkeit über Art. V NATO-V hinaus.

Seit dem Inkrafttreten des Vertrags von Lissabon gilt zwischen den EU-Mitgliedstaaten die Solidaritätsklausel des Art. 42 VII EUV, wonach die Mitgliedstaaten im Falle eines bewaffneten Angriffs auf das Hoheitsgebiet eines Mitgliedstaates einander »alle in ihrer Macht stehende Hilfe und Unterstützung schulden«. Die Formulierung ist mit Rücksicht auf die neutralen Unionsmitglieder so vorsichtig gewählt worden, dürfte jedoch im Falle eines Angriffes zu einer militärischen Beistandspflicht erstarken.

Im Verhältnis zur NATO kommt der WEU nur eine Ergänzungsfunktion zu; im Übrigen soll die WEU der NATO nachstehen.

8. Die OSZE

OSZE ist die Abkürzung für Organisation für Sicherheit und Zusammenarbeit in Europa. Ihr Vorgänger war die Konferenz für Sicherheit und Zusammenarbeit in Europa (KSZE). Die KSZE war, wie der Name schon sagt, eine Konferenz. Der KSZE-Prozess nahm 1973 mit der ersten Tagung seinen Ausgangspunkt. Ein Vorschlag der früheren Warschauer-Pakt-Staaten hat den Stein 1966 ins Rollen gebracht. Im Osten hatte man die Deutschlandfrage auf dem Herzen, der Westen war von der Situation der Menschenrechte in den Warschauer-Pakt-Staaten betroffen. Beide Seiten wollten die Möglichkeit eines bewaffneten Konfliktes minimieren. Daher wollte man unverbindlich miteinander reden, um in diesen Fragen einen modus vivendi zu finden.

Die erste KSZE-Tagung fand von 1973-1975 in Helsinki statt. Die Diskussionsthemen wurden in drei »Körbe« eingeteilt: Sicherheit, wirtschaftliche und wissenschaftliche Zusammenarbeit und humanitäre Zusammenarbeit. Die »Helsinki-Schlussakte« war das Ergebnis der Konferenz. Obwohl die Außenminister dieses Papier unterzeichnet haben, ist es kein völkerrechtlicher Vertrag. Die Schlussakte ist nicht bindend.

Der Inhalt der Schlussakte ist der sog. »Prinzipiendekalog«. Er enthält, wie schon der Name treffend sagt, zehn Prinzipien, die die Konferenzteilnehmer untereinander beachten wollen.

Alle Prinzipien sind wichtig. Tragend sind:

- die gegenseitige Respektierung der Souveränität und
- der territorialen Integrität anderer Staaten
- das Gewaltverbot
- die Wahrung der Menschenrechte

Souveränität meint die lediglich vom Völkerrecht eingeschränkte Herrschafts- und Handlungsgewalt einer Staatsmacht, die keine höhere Autorität über sich hat. Die territoriale Integrität bedeutet das Ausschlussrecht anderer Staaten von der Souveränität über ein bestimmtes Gebiet.

Das Gewaltverbot besagt, dass zwischen den Staaten keinerlei Anwendung bewaffneter Gewalt zulässig ist. Es ist verankert in Art. 2 Ziffer 4 SVN und im völkerrechtlichen Gewohnheitsrecht. Die Menschenrechte beruhen auf internationalen Verträgen und ebenfalls auf dem Gewohnheitsrecht.

Die nächsten Folgetreffen fanden in Belgrad (1977-78), Madrid (1980-83) und Wien (1986-89) statt. Dabei wurden jeweils Erklärungen zu

---

Seit dem 1.1.1995 heißt die KSZE OSZE (Organisation für Sicherheit und Zusammenarbeit in Europa).

Die OSZE – vom Konferenznetz zu einer regionalen Internationalen Organisation gemäß Art. 52 SVN. Durch die Umbenennung von KSZE in OSZE wurde die Organisation nicht mit Rechtspersönlichkeit ausgestattet.

Hemmschuh einer effizienten OSZE-Politik ist das Prinzip der Einstimmigkeit bei Beschlüssen. So hat praktisch jedes Mitglied eine Vetomöglichkeit.

verschiedenen speziellen Themen aus den drei Körben verabschiedet, wie etwa Religions- oder Gewerkschaftsfreiheit.

In Wien wurde der sog. »Mechanismus der menschlichen Dimension« auf die politischen Beine gestellt, ein Verfahren zur Nachfrage bei anderen Staaten im Falle vermuteter Menschenrechtsverletzungen. Die Einrichtung eines solchen Verfahrens ist ein wichtiger Schritt für die Menschenrechte, denn einem Staat wird es politisch schwer fallen, eine solche Nachfrage zu ignorieren, auch wenn er sich nicht vertraglich zum »Mechanismus« verpflichtet hat.

Mit dem »Vertrag über Konventionelle Streitkräfte in Europa« (KSE 1990) und dem »Open-skies-Vertrag« (1992) hat die KSZE zwei völkerrechtliche Verträge hervorgebracht. Sie binden die Teilnehmer rechtlich. Vertragsinhalte sind u. a. gegenseitige Truppeninspektionen und Beobachtungsflüge.

Einen großen Schritt hat die KSZE mit der »Charta von Paris für ein neues Europa« (1990) getan. Auf diese unverbindliche Erklärung hin haben die Mitglieder der KSZE einen eigenen Verwaltungsapparat gegeben. Mit Hilfe dieses Apparates kann die OSZE, die nun den Mutationsprozess zu einer regionalen Organisation begonnen hat, die Aufgaben der Konfliktverhütung und Krisenbewältigung besser ausfüllen. Bei dem Treffen der Staats- und Regierungschefs im November 1999 in Istanbul wurde eine Plattform für gegenseitige Sicherheit geschaffen, deren Aufgabe es ist die Kooperation zwischen verschiedenen, die Sicherheit der Staaten betreffenden Internationalen Organisationen zu verbessern.

Zur Verhütung von Konflikten verfügt die OSZE über folgende Instrumente: Den Hochkommissar für nationale Minderheiten, die OSZE-Missionen (Einwirkung auf Gaststaaten, gesellschaftliche Gegensätze zu mildern und die Saaten zu stabilisieren) und das Büro für demokratische Institutionen und Menschenrechte (Feldforschung und Faktensammlung).

Die wichtigsten Gremien der OSZE sind der Außenministerrat (jährliche Treffen), der Hohe Rat (Senior Council, mehrere Treffen im Jahr) und der Ständige Rat (Botschafter der OSZE-Mitgliedstaaten, wöchentliche Treffen). Der »OSZE-Vorsitzende« (Chairman-in office) ist der Kopf der täglichen Exekutivtätigkeit der OSZE; er wird dabei vom Generalsekretär der OSZE unterstützt. Die OSZE hat Missionen in eine Reihe von Ländern entsandt, darunter Bosnien und Herzegowina. Das Sekretariat, also die Verwaltung der OSZE, hat seinen Sitz in Wien und Prag. Die Organisation unterhält ein Kooperationsprogramm mit den Mittelmeeranrainerstaaten und ein spezielles Verhältnis mit vier asiatischen Staaten, darunter Afghanistan.

9. Der Europarat

Der Europarat wurde 1949 von zehn europäischen Staaten durch einen internationalen, völkerrechtlichen Vertrag (BGBl. 1950, 263) gegründet. Mittlerweile sind 47 Staaten Mitglieder des Europarates. Sein Sitz ist Straßburg in Frankreich. Zweck der Gründung des Europarates war gemäß der Präambel des Vertrages, die gemeinsamen geistigen und moralischen Wertvorstellungen der europäischen Staaten zu bekräftigen. Zu diesen Wertvorstellungen zählen insbesondere die individuelle und politische Freiheit, die Rechtsstaatlichkeit und das Demokratieprinzip.

Eine Präambel findet sich vor jedem bedeutsamen Rechtsakt. Auch der EU-Vertrag und das Grundgesetz haben eine. Mit der Präambel drücken die Schöpfer eines Rechtsaktes aus, von welchen Zielen sie bei der Schaffung und Gestaltung geleitet wurden. Die Präambel hat stets Bedeutung für die Auslegung des Rechtsaktes. Dieser ist im Geiste der Präambel zu interpretieren. Aus diesem Grunde sind Streitigkeiten wie über den (nicht vorhandenen) Gottesbezug in der Präambel des ehemaligen Verfassungsvertrages juristisch nicht bedeutungslos.

Präambel

Der Europarat hat keine nennenswerten Kompetenzen, d.h. rechtlichen Befugnisse. Es handelt sich eher um eine Art politische Diskussionsrunde der Mitgliedstaaten, die thematisch der Zusammenarbeit im Sinne gemeinsamer europäischer Werte gewidmet ist. Man könnte auch sagen: Der Europarat kann sich mit allem befassen, aber nichts entscheiden. Allerdings bringt er immer wieder rechtlich bedeutsame Dokumente hervor, wie z. B. die Konvention zum Schutze der Menschenrechte und Grundfreiheiten (EMRK, s. u S. 48), das europäische Übereinkommen zur friedlichen Beilegung von Streitigkeiten (BGBl. 1961 II, 82), die europäische Sozialcharta (BGBl. 1964 II, 1261) oder das Rahmenübereinkommen zum Schutz nationaler Minderheiten [BGBl. 1997 II, 1408]. Heute widmet sich der Europarat insbesondere sozialen, kulturellen und wissenschaftlichen Fragen.

Der Europarat ist strikt zu unterscheiden vom:
- Ministerrat der Union und vom
- Europäischen Rat

Aufgrund der großen Verwechslungsgefahr ist höchste Vorsicht geboten! Der Ministerrat und der Europäische Rat sind Organe der Europäischen Union (s. o. S. 32).

Der Europarat ist nicht der Ministerrat der Europäischen Union oder der Europäische Rat.

10. Wiederholungsfragen

- 1. Was ist der EUV? Lösung S. 28
- 2. Wieso heißt die frühere EWG jetzt EU? Lösung S. 29
- 3. Was ist ein Assoziierungsverhältnis? Lösung S. 29
- 4. Wofür steht EEA? Gibt es die EPZ noch? Lösung S. 30
- 5. Welche Aufgaben hat der Europäische Rat? Lösung S. 32
- 6. Welche Aufgaben hat die EFTA? Wie hängt die EFTA mit dem EWR zusammen? Lösung S. 34
- 7. Welche sind die »vier Freiheiten« des EU-Rechts? Lösung S. 35
- 8. Was regelt die OECD? Lösung S. 36
- 9. Wie hängen Nordatlantikvertrag und NATO zusammen? Lösung S. 38
- 10. Welche Aufgaben hat die WEU? Lösung S. 40
- 11. Wie hängen NATO, WEU und EU zusammen? Lösung S. 40
- 12. Wann begann die KSZE? Was hat sie bisher erreicht? Lösung S. 41
- 13. Welche Bedeutung hat die Charta von Paris für die OSZE? Lösung S. 42
- 14. Welche Räte gibt es auf dem europäischen politischen Parkett? Lösung S. 43

Der Europarat und die EMRK

1.	Mitglieder und Organe des Europarates	46
2.	Die EMRK	48
2.1.	Die EMRK als unmittelbar für den Bürger geltendes Recht	52
2.2.	Prüfungsschema der Konvention	54
2.3.	Der Anwendungsbereich der EMRK	56
2.4.	Die wichtigsten Menschenrechte	57
2.5.	Die Durchsetzung der europäischen Menschenrechte	72
3.	Zulässigkeit und Begründetheit einer Beschwerde	76
4.	Ein Übungsfall	78
5.	Wiederholungsfragen	80

1. Mitglieder und Organe des Europarates

Nach der OSZE ist der Europarat die mitgliederstärkste europäische Organisation.

Der Europarat fußt, wie in der Organisationenübersicht ausgeführt, auf einem völkerrechtlichen Vertrag europäischer Staaten. Mittlerweile sind 47 Staaten Mitglieder des Europarates. Die Aufnahmen einiger Staaten, wie z. B. den Nachfolgestaaten der Sowjetunion, waren besonders umstritten, weil diese Länder in Bezug auf Demokratie und Menschenrechte noch vergleichsweise schwach strukturiert sind.

Beitritt der EU zum Europarat

Immer wiederkehrend ist die Diskussion über einen Beitritt der EU zum Europarat. Dann könnte sie auch Mitglied der Europäischen Menschenrechtskonvention (EMRK) werden.

Nach der Europaratssatzung können zwar nur Staaten Mitglied werden, dieser Vertrag könnte jedoch hinsichtlich eines Beitritts Internationaler Organisationen, wie der EU, geändert werden. Für die EMRK wurde der Beitritt der EU durch die Ratifizierung des 14. Zusatzprotokolls möglich gemacht. Die EU besitzt gemäß Art. 47 EUV völkerrechtliche Rechtspersönlichkeit und ist ein Völkerrechtssubjekt, also Träger von Rechten und Pflichten. Mithin kann sie völkerrechtliche Verträge abschließen und Mitglied in anderen internationalen Organisationen werden.

Der Beitritt der EU zur EMRK ist in Art. 218 VI lit. a) ii) AEUV vorgesehen. Würde nun die EU der EMRK beitreten, so übernähme sie den Grundrechtskatalog der EMRK als EU-Recht. Damit träten die Grundrechte der EMRK neben die Verbürgungen der Grundrechtecharta (s. u. S. 99) und dem allgemeinen Grundrechtsschutz der Union (s. u. S. 99), Art. 6 EUV.

Gutachten 2/94 des EuGH

Die Generalklausel des Art. 352 AEUV deckt einen Beitritt nicht ab.

Bezüglich der Möglichkeit eines Beitritts der (damaligen) EG zur EMRK hatte sich der EuGH negativ geäußert. In seinem Gutachten 2/94 (Slg. 1996, I-1763) stellte er fest, dass ein Beitritt nur im Wege einer Vertragsänderung des EGV möglich sei, da nach dem Grundsatz der begrenzten Einzelermächtigung (nunmehr Art. 5 II EUV) die EG nur innerhalb ihrer Befugnisse handeln kann. Eine solche Befugnis für den Beitritt zur EMRK fand der Gerichtshof im EGV nicht, weil der Beitritt einen tiefen Einschnitt in die bestehenden Kompetenzen bedeuten würde und ein solch tiefgehender Einschnitt nur im Wege einer Änderung des EGV vorgenommen werden könne. Darauf antwortend schreibt Art. 6 II 2 EUV nunmehr vor, dass ein Beitritt zur EMRK nicht die in den Verträgen festgelegten Zuständigkeiten der Union ändert.

Nach der feierlichen Proklamation einer eigenen, nunmehr neben dem EUV rechtsverbindlichen Grundrechtecharta der Europäischen Union (ABl. 2000 C 364/1, Art. 6 I EUV) besteht eine dritte Säule des Grundrechtsschutzes für die EU.

Die Organe des Europarates sind:
- das Ministerkomitee
- die Parlamentarische Versammlung
- und das Sekretariat

Die beiden ersteren haben die Aufgabe, die Themen, denen sich der Europarat gewidmet hat, zu diskutieren und gegebenenfalls Empfehlungen dazu zu verabschieden. Das Sekretariat unterstützt Komitee und Versammlung dabei. Die Organe haben allerdings in der Praxis keine besondere Bedeutung erlangt. Lediglich das Ministerkomitee spielt im Rahmen der EMRK eine Rolle.

Neu geschaffen wurde im Jahre 1999 der Posten eines Kommissars für Menschenrechte. Die Aufgabe des Kommissars besteht darin, das Bewusstsein für Menschenrechte in den einzelnen Mitgliedstaaten zu schärfen. Ihm kommen, anders als dem Europäischen Gerichtshof für Menschenrechte (EGMR, s. u. S. 73), keine juristischen Kompetenzen zu, er kann nur präventiv tätig werden und veröffentlicht alljährlich einen Bericht.

Kommissar für Menschenrechte

2. Die EMRK

Im Jahre 1953 trat der völkerrechtliche Vertrag zur Begründung der EMRK in Kraft (BGBl. 2002 II, 1054). Der Konventionstext ist vom Europarat ausgearbeitet worden. Mittlerweile haben alle 47 Mitglieder des Europarates die Konvention ratifiziert.

Die EMRK gliedert sich in einen eigentlichen Konventionstext und mehreren Zusatzprotokollen (ZP), die als Zusatzartikel zur Konvention gelten und zu beachten sind. Die ZP regeln so unterschiedliche Bereiche wie Schutz von Eigentum, Bildung, Wahlrecht, Schutz der persönlichen Bewegungsfreiheit, vor Ausweisung und Ausreiseverbot, Abschaffung der Todesstrafe, Anspruch auf mehrere Instanzen bei Strafprozessen, Verbrauch der Strafklage bei Rechtskraft eines Urteils für die betreffende Tat, Gleichheit von Ehegatten und Ausländerrechte.

Die ZP sind zwar Ergänzungen der EMRK, aber trotzdem eigenständige völkerrechtliche Verträge, die ein bestimmtes Sachgebiet der Menschenrechte oder eine allgemeine Änderung oder Ergänzung der EMRK betreffen. Während die EMRK selbst von allen Mitgliedstaaten des Europarates ratifiziert worden ist, haben die Staaten die Zusatzprotokolle dagegen nur teilweise bzw. gar nicht ratifiziert, sondern nur höchstens unterzeichnet (Deutschland hat das 7. und 12. ZP nur unterzeichnet, bei Protokoll 14bis nicht einmal das). Man muss also, wenn man eine Menschenrechtsverletzung eines EMRK-Staates untersucht, immer auch bedenken, welche ZP der betreffende Staat denn überhaupt unterzeichnet und ratifiziert hat. Außerdem gibt es für die Staaten auch die Möglichkeit eines Vorbehalts zur EMRK (Art. 57). Der Vorbehalt ist ein Rechtsinstitut des Völkerrechts. Legt ein Staat bei der Unterzeichnung oder Ratifikation eines internationalen Vertrags einen Vorbehalt ein, so ist er, von Ausnahmen abgesehen, an den Teil des Vertrages, für den der Vorbehalt eingelegt wird, nicht gebunden (Art. 2 lit. d, 19 ff WVK; L/R, VölkerR, S. 37 ff.). Somit muss auch das Vorhandensein von Vorbehalten geprüft werden, bevor festgestellt werden kann, dass ein Staat an eine Norm gebunden ist. Die Bundesrepublik hat beispielsweise die EMRK nur unter dem Vorbehalt ratifiziert, dass Art. 7 II EMRK nur in den Grenzen des Art. 103 II GG angewendet wird.

Der Vorbehalt zu völkerrechtlichen Verträgen ist in Art. 19 WVK geregelt. Er ist zulässig, soweit der Text des Vertrages Vorbehalte nicht oder nicht generell verbietet.

Als völkerrechtlicher Vertrag sind zur Auslegung der Konvention die völkerrechtlichen Auslegungsgrundsätze, wie sie in Art. 31 f. Wiener Übereinkommen über das Recht der Verträge (WVK) niedergelegt sind (Wortlaut, Systematik und Telos), heranzuziehen (EGMR, *Golder*, Ser. A no. 18, S. 14, Rz. 29). Authentische Sprachen der Konvention sind Englisch und Französisch. Im Rahmen der teleologischen Auslegung ist zum einen zu beachten, dass der EGMR auf den jeweils aktuellen

Auslegung der EMRK

Sinn der Vorschrift abstellt, der mit dem Sinn des Jahres 1953 nicht identisch sein muss (sog. dynamische Auslegung, EGMR, *Selmouni*, 1999-V, 149 ff, Rz. 101). Zum anderen wendet er auch den Grundsatz der größtmöglichen Effektivität (effet utile) des Konventionsrechts an (s. EGMR, *Loizidou*, Serie A, 1995, Rz. 72). Wichtig ist: Die in der EMRK enthaltenen Begriffe sind autonom (eigenständig) zu bestimmen, gleichlautenden Begriffen des nationalen Rechts muss nicht die gleiche Bedeutung zukommen.

EUROPÄISCHE MENSCHENRECHTSKONVENTION

Den steigenden Stellenwert der EMRK erkennt man gut an der deutlich steigenden Zahl an Veröffentlichungen zu diesem Thema. Zu erwähnen sind insbesondere

- Frowein/Peukert, EMRK-Kommentar, 3. Aufl. 2009,
- Grabenwarter, Europäische Menschenrechtskonvention, 4. Aufl. 2009,
- Meyer-Ladewig, EMRK-Handkommentar, 2. Aufl. 2006 und
- Peters, Einführung in die Europäische Menschenrechtskonvention, 2003.

Verhältnis EMRK – EU/EG

Umstritten und fraglich war lange Zeit, ob die EMRK auch gegenüber Rechtsakten der Unionsorgane oder auf Unionsrecht basierenden nationalen Rechtsakten ins Feld geführt werden kann. Das ist problematisch, weil die MS der EU die entsprechenden Hoheitsrechte an die EU als internationale Organisation übertragen haben, diese aber nicht di-

MS = Mitgliedstaat(en)

rekt an die Rechte der EMRK gebunden ist. Die Leitentscheidung ist die noch zum EGV ergangene Rechtssache *Matthews* (EGMRE 1999-I, 251).

Frau Matthews (M) war Britin mit Wohnsitz in Gibraltar (G). G ist nicht Teil Großbritanniens, dennoch sind die dort lebenden Briten Staatsangehörige im Sinne des EGV. M beantragte ihre Eintragung als Wählerin für die Wahlen zum Europäischen Parlament (EP) im Jahre 1994. Nach Anhang II des Beschlusses zur Einführung allgemeiner und unmittelbarer Wahlen der Abgeordneten des EP (BGBl. 1998 II, 387) gilt dieser auf G nicht. Folglich lehnten die zuständigen britischen Stellen den Antrag ab. Nach Erschöpfung des Rechtsweges rügte M vor dem EGMR, durch die Ablehnung in ihrem Recht aus Art. 3 1. ZP EMRK, welches das Abhalten freier Wahlen sicherstellen soll, verletzt worden zu sein.

Die Mitgliedstaaten der EMRK können sich ihren Verpflichtungen nicht entziehen.

Die fragliche Rechtsverletzung ging von der EU und nicht von Großbritannien aus. Die EU ist aber nicht Mitglied der EMRK. In dem Verfahren stellte der EGMR fest, dass sich ein Mitgliedstaat der EMRK, hier Großbritannien, durch Abschluss eines anderen völkerrechtlichen Vertrages, hier des EGV, nicht seinen aus der EMRK erwachsenden Verpflichtungen entziehen darf. Eine Flucht in anderes Völkerrecht ist nicht möglich. Im Ergebnis können unionsrechtliche Akte vor dem EGMR auf ihre Vereinbarkeit mit den Rechten der EMRK hin überprüft werden. Diese Rechtsprechung des EGMR ist sehr zu begrüßen, da sie gewährleistet, dass die Anwendbarkeit der von der Konvention geschützten Menschenrechte seitens der Mitgliedstaaten nicht umgangen werden kann. In der Sache selbst bekam M Recht, da die Verzerrung des Erfolgswertes der Stimmen durch die Nichtzulassung einen nicht zu rechtfertigenden Eingriff darstellte.

Aus der Anwendung zweier Rechtsordnungen erwachsen Rechtsprobleme.

Der Matthews-Grundsatz schafft als praktisches Ergebnis einen rechtlichen Zwiespalt für die Staaten, die sowohl Mitglied der EU als auch der EMRK sind. Das Unionsrecht geht dem jeweiligen nationalen Recht vor, jeder EU-MS ist verpflichtet dieses zu befolgen (Anwendungsvorrang des Unionsrechts, s. u. S. 94). Im Falle der Unvereinbarkeit der fraglichen unionsrechtlichen Vorschrift mit der EMRK müsste derselbe EU-MS aus konventionsrechtlichen Gründen die Rechtsvorschrift unangewendet lassen. Wie der MS sich auch verhält, er verstößt entweder gegen die eine oder gegen die andere Rechtsordnung mit dem Risiko einer Verurteilung zu Schadensersatzzahlungen wegen rechtswidrigen Verhaltens (Art. 41 EMRK, Art. 260 II UAbs. 2 AEUV). Aufgrund der völkerrechtlichen Selbständigkeit der beiden Vertragswerke ist dieses Dilemma nur durch eine Kooperation der beiden zuständigen Gerichtshöfe (EuGH und EGMR) dergestalt zu lösen, dass sie divergierende Rechtsauslegungen vermeiden und in Konfliktfällen zurückhaltend urteilen (vgl. das Kooperationsverhältnis zwischen EuGH und BVerfG, s. u. S. 96).

Illustriert werden soll die sehr wichtige und prüfungsrelevante Problematik anhand des Wettbewerbsrechtes (s. u. S. 249). *Das Reedereiunternehmen Senator Lines (S) hatte mit anderen Reedereien kartellrechtswidrige Preisabsprachen getroffen. Daraufhin wurden gegen diese Unternehmen durch eine Entscheidung (nunmehr: Beschluss, vgl. Art. 288 IV AEUV) der EU-Kommission (ABl. 1999 L 95/1 ff.) Geldbußen verhängt, S sollte 13,75 Millionen Euro bezahlen. Entscheidungen im Kartellrecht werden in der Regel sofort vollstreckt, die dagegen eingereichten Klagen auf Aussetzung des Sofortvollzugs wurden im Verfahren des einstweiligen Rechtsschutzes (Art. 279, 263 IV AEUV), trotz des Vorbringens seitens S, dass der Vollzug die Insolvenz des Unternehmens zur Folge hätte, zurückgewiesen (Slg. 1999, I-8733; II-2531). Am 30.9.2003, fünf Jahre nach der Verhängung der Geldbuße hat das EuG diese aufgehoben (EuG, T-191/98). Gegen die Entscheidungen im einstweiligen Rechtsschutz rief S am 31. 3. 2000 den EGMR wegen Verletzung von Art. 6 II und 13 EMRK an (Senator Lines ./. alle 15 EU-Staaten, Beschwerde Nr. 56672/00; EuGRZ 2000, 334). Aufgrund der endgültigen Entscheidung des Gerichts hat der EGMR die Klage am 10. 3. 2004 für unzulässig erklärt (EuGRZ 2004, 279). Im Falle einer positiven Entscheidung seitens des EGMR hätte der betroffene MS, hier Deutschland, also die Wahl, ob er die Entscheidung des Gerichts und damit das dem nationalen Recht vorrangige Unionsrecht außer Acht lässt oder die aus der EMRK folgende Verpflichtung. Ferner war das Verfahren noch aus einem anderen Aspekt heraus sehr interessant. S machte geltend, dass die im Kartellverfahren verhängte Geldbuße dem Wesen nach eine strafrechtliche Sanktion nach Art. 6 II EMRK darstelle (Geldstrafe), die nicht sofort vollstreckt werden dürfe, da die strafrechtliche Unschuldsvermutung eingreife. Eine überaus spannende, bislang ungeklärte Rechtsfrage.*

Gericht = Gericht der EU, Art. 19 EUV (s. u. S. 137).

Mit Urteil vom 30.6.2005 hat der EGMR in der Rechtssache *Bosphorus* (NJW 2006, 197) die beschriebene Problematik im Sinne einer Solange-Rechtsprechung (s. u. S. 96) gelöst. Danach verletzt ein MS die EMRK nicht, solange er Rechtsakte einer internationalen Organisation wie der EU befolgt, wenn diese Organisation einen dem EMRK-Standard vergleichbaren (nicht identischen!) Grundrechtsschutz gewährleistet. Das EU-Recht erfüllt diese Voraussetzung. Ein Beschwerdeführer müsste vortragen, dass der Schutz der EMRK offensichtlich man-

Der Europarat und die EMRK

gelhaft von der EU durchgeführt würde, um eine erfolgreiche Beschwerde einlegen zu können.

Verhältnis EMRK – EU-Grundrechte

Eine der weitreichenden Zukunftsfragen ist auch das Verhältnis der in der EMRK gewährten Rechte zu den EU-Grundrechten der EU-Grundrechtecharta (GC). Viele Rechte der GC sind mit der EMRK zumindest teilidentisch. Die entscheidende Vorschrift ist die Transferklausel des Art. 52 III GC, wonach den in GC und EMRK identischen Rechten die gleiche Tragweite zugemessen wird wie den in der EMRK enthaltenen. Folglich ist die Rechtsprechung des EGMR in seiner jeweils aktuellen Fassung für die Bestimmung der identischen Rechte maßgeblich. Diese Lösung gewährleistet die Vermeidung von Unterschieden in der Rechtsprechung von EGMR und EuGH. Die gewährleistete Kohärenz ist jedoch nicht mehr gesichert, wenn das Recht der Union einen weitergehenden Schutz gewährt, Art. 53 II 2 GC. Nach der gebotenen restriktiven Auslegung dieser Ausnahmeklausel, die die Selbständigkeit des Unionsrechts betont, sind nur Rechts-, aber keine Rechtsprechungsänderungen des EuGH von ihr umfasst. Dennoch führt die Zusammenschau der Vorschriften zu einer dreifachen Günstigkeit für den EU-Bürger. Dem Bürger stehen im Verhältnis zur EU zum einen die Unionsgrundrechte, zum anderen die EMRK und drittens noch die Grundrechte der Mitgliedstaaten zur Verfügung, wobei jeweils das höchste Schutzniveau anzuwenden ist.

2.1. Die EMRK als unmittelbar für den Bürger geltendes Recht

Durch Bundesgesetz werden völkerrechtliche Verträge wie die EMRK und die ZP in das Bundesrecht übernommen.

Die EMRK als Vertragsvölkerrecht und ihre von der Bundesrepublik unterzeichneten ZP erhalten ihre innerstaatliche Wirksamkeit durch Art. 59 II 1 GG. Durch die Übernahme erhalten sie den Rang eines Bundesgesetzes, somit stehen sie direkt unter der Verfassung, dem GG. Das bedeutet, dass die EMRK auch wie ein normales Bundesgesetz anzuwenden und zu beachten ist.

Das spätere Gesetz verdrängt das frühere.

Wichtig ist: Die EMRK und die Protokolle werden, weil sie in der Bundesrepublik grundsätzlich nur Gesetzesrang haben, durch zeitlich nachfolgende deutsche Gesetze innerstaatlich abgelöst. Die EMRK behält dann zwar weiter denselben Inhalt. In der Bundesrepublik gilt die EMRK aber nur über das deutsche Zustimmungsgesetz nach Art. 59 II 1 GG. Nach der »lex posterior-Regel« kann dann das Zustimmungsgesetz zur EMRK, das den Befehl zur innerstaatlichen Anwendung der EMRK enthält, durch ein nachfolgendes Bundesgesetz geändert werden. Diese Rechtslage ist wegen der menschenrechtlichen Bedeutsamkeit der Konvention nicht gerade glücklich.

Jedoch gilt der gerade erläuterte Grundsatz nicht uneingeschränkt. Auch das »spätere Gesetz« muss im Zweifel völkerrechts- und vertragskonform ausgelegt werden, weil die Bundesrepublik sich keinen völkerrechtlichen Vertragsverstoß zuschulden kommen lassen will. Das spätere Gesetz wird dann so gelesen, als habe der Gesetzgeber nicht von der völkerrechtlichen Verpflichtung abweichen wollen. Das ist die sog. völkerrechtskonforme Auslegung von innerstaatlichen Gesetzen (s. BVerfGE 74, 358/370). Im Ergebnis führt dies zu einer mittelbaren Geltung der EMRK für das einfache Gesetzesrecht in Deutschland, die der mittelbaren Drittwirkung von Grundrechten (s. dazu *Ehlers*, Europäische Grundrechte, 3. Aufl. 2009, § 2 I, Rz. 6) nicht unähnlich ist.

Völkerrechtskonforme Auslegung

In seiner neueren Rechtsprechung geht das BVerfG wegen des sich aus Art. 23 bis 25, 59 I GG ergebenden Grundsatzes der Völkerrechtsfreundlichkeit des Grundgesetzes darüber hinaus und spricht der EMRK wegen ihrer Bedeutung einen quasi-Verfassungsrang zu, da die EMRK als Auslegungshilfe bei der Auslegung deutscher Grundrechte und rechtsstaatlicher Grundsätze heranzuziehen ist (BVerfGE 111, 307 – *Görgülü*). Ansonsten würde das Rechtsstaatsprinzip (Art. 20 III GG) seitens deutscher Staatsorgane verletzt. Danach ist eine Verfassungsbeschwerde zulässig, wenn ein deutsches staatliches Organ eine Konventionsbestimmung oder eine Entscheidung des EGMR missachtet oder nicht berücksichtigt (vgl. BVerfGE 111, 307/328 ff.). Hierbei sind die Gerichte verpflichtet, bei der Auslegung der einschlägigen Konventionsbestimmungen die Rechtsprechung des EGMR zu berücksichtigen, weil sich in ihr der aktuelle Entwicklungsstand der Konvention und ihrer Protokolle niederschlägt. Urteile, die gegenüber anderen Vertragsstaaten ergangen sind, binden zwar nicht die Bundesrepublik Deutschland (vgl. Art. 46 EMRK). Der Auslegung der Konvention durch den Gerichtshof ist jedoch über den entschiedenen Einzelfall hinaus eine normative Leitfunktion beizumessen, an der sich die Vertragsparteien zu orientieren haben (vgl. BVerfGE 111, 307 /320; BVerwGE 110, 203/210). So sind die vom EGMR in seiner Abwägung berücksichtigten Aspekte in die rechtliche Würdigung, namentlich in die Verhältnismäßigkeitsprüfung, einzubeziehen und es hat eine Auseinandersetzung mit den vom Gerichtshof gefundenen Abwägungsergebnissen stattzufinden. Zu beachten ist, dass das BVerfG nur über Verfassungsrecht entscheiden kann, eine Stellung, die dem Recht der EMRK gerade nicht zukommt. Dennoch werden die Rechte der EMRK durch ihr Hineinlesen in die Grundrechte juristisch aufgewertet und erhalten einen verfassungsähnlichen Status.

EMRK und ZP haben nur Gesetzesrang und können deshalb nicht vom BVerfG geprüft werden.

In anderen Mitgliedstaaten kann die EMRK einen anderen Rang in der Rechtsquellenhierarchie einnehmen, je nachdem, an welcher Stelle das nationale Recht die völkerrechtlichen Verträge einordnet. In Österreich kommt ihr Verfassungsrang zu, in den Niederlanden ein Übergesetzesrang, d.h., sie steht zwischen der Verfassung und den Gesetzen. Spätere Gesetze können dann nicht die sich aus der EMRK ergebenden Verpflichtungen ändern.

In Einzelfällen sind die Bestimmungen der EMRK/ZP eine Kodifizierung von Völkergewohnheitsrecht. Hierzu zählen z. B. das Folterverbot des Art. 3 EMRK oder das Sklavereiverbot, Art. 4 EMRK. In diesem Fall gelangt der Inhalt dieses Rechtssatzes, der auch in der EMRK/ZP steht, über Art. 25 GG nochmals ins Grundgesetz und geht laut Art. 25 S. 2 GG rangmäßig den Bundesgesetzen vor!

In der Bundesrepublik wird die EMRK leider auch von höheren Gerichten bisweilen stiefmütterlich behandelt, und die Prüfung des Sachverhaltes anhand der EMRK folgt erst nach der Prüfung des deutschen Rechts, sozusagen unter »ferner liefen«, obwohl sie Gesetzen gleichrangig ist. Dies ist zum einen bedauerlich, andererseits ist es auch nur die Aufgabe der Konvention einen menschenrechtlichen Mindeststandard zu schaffen, der in der Bundesrepublik häufig – aber nicht immer, wie die Verurteilungen Deutschlands vor dem EGMR belegen – bereits durch die Geltung der Grundrechte gewährleistet wird (siehe z. B. bzgl. DDR-Bodenreform und die Verletzung von Art. 1 ZP I; *Jahn u. a.*, NJW 2005, 2907).

2.2. Prüfungsschema der Konvention

Für den mit der Prüfung deutscher Grundrechte versierten Studenten wirft die Prüfung der EMRK keine größeren Probleme auf. Jedoch ist bei völkerrechtlichen Verträgen zuerst die Eröffnung des Anwendungsbereiches (Art. 1, 56, 57 EMRK) zu überprüfen. In der Regel ist der Anwendungsbereich unproblematisch gegeben, dann sollte man ihn nur in einem Satz erwähnen.

Für die weitere Prüfung ist zwischen Freiheits- und Gleichheitsrechten zu unterscheiden. Bei den Freiheitsrechten ist zuerst der sachliche und persönliche Schutzbereich der Norm zu untersuchen. Der persönliche Schutzbereich betrifft die Frage, welche Rechtssubjekte von der Norm geschützt werden: etwa natürliche Personen, juristische Personen, nur bestimmte Gruppen etc. Der materielle Schutzbereich eines Rechtssatzes umfasst die geschützten Rechtspositionen. Als zweites muss ein Eingriff, d. h. jede Verkürzung des Schutzbereiches aufgrund staatlichen Handelns, gegeben sein. Der dritte Prüfungsschritt ist die Rechtfertigung des Eingriffs. Hier ist zwischen allgemeinen und speziellen

Schutzbereich, Eingriff, Rechtfertigung: Die Prüfung eines EMRK-Rechtes erfolgt analog zu der eines deutschen Grundrechtes.

Rechtfertigungsgründen zu unterscheiden. Die speziellen Rechtfertigungsgründe finden sich in der jeweils einschlägigen Vorschrift, z. B. Art. 9 II EMRK und sind nach dem Grundsatz des lex specialis derogat legi generali (das speziellere Recht verdrängt das allgemeinere) zuerst zu untersuchen. Anschließend sind die in den Art. 15 bis 17 EMRK enthaltenen allgemeinen Rechtfertigungsgründe zu prüfen, wobei Art. 16 nur für einige Konventionsrechte gilt. Sehr wichtig ist die Vorschrift des Art. 15 EMRK. Gemäß Absatz 2 darf von einigen, dort genannten Konventionsrechten in keinem Fall abgewichen werden. Absatz 1 lässt ein besonderes Abweichen im Kriegs- oder Notstandsfall zu, als Ausnahmebestimmung ist der »öffentliche Notstand« eng auszulegen. Der öffentliche Notstand muss das Leben der Nation oder das geregelte Zusammenleben der Gemeinschaft gefährden. Ob diese Vorschrift im Rahmen des Kampfes gegen den Terrorismus geltend gemacht werden kann, hängt sehr vom Einzelfall ab und verschließt sich einer pauschalen Beurteilung. Die meisten Antiterrorgesetze erfüllen diesen strikten Standard eher nicht (ähnlich bzgl. Bosnien-Herzegowina und der Auslieferung mehrerer Personen nach Guantanamo-Bay, MrK B/H, HRLJ 2002, 435, Rz. 267; Richtlinien des Ministerkomitees des Europarates bezüglich Menschenrechten und des Kampfes gegen den Terror vom 15. 7. 2002, HRLJ, 2002, 413).

Nicht vergessen: Art. 15 EMRK

MrK B/H: Menschenrechtskammer für Bosnien / Herzegowina; ein international besetzter Spruchkörper.

Das Gleichheitsrecht des Art. 14 EMRK ist ein unselbständiges Recht und immer in Verbindung mit einem anderen Konventionsrecht zu prüfen. Ferner ist es bei Vorliegen der Verletzung eines Freiheitsrechtes nur zu prüfen, wenn die Verletzung des Gleichheitsrechtes gegenüber dem Freiheitsrecht einen eigenständigen Charakter aufweist. Zuerst ist auch hier der Schutzbereich der Norm zu prüfen. Danach muss eine sachliche Ungleichbehandlung von gleichen Sachverhalten oder eine sachliche Gleichbehandlung von ungleichen Sachverhalten gegeben sein (zur Vereinbarkeit der allgemeinen Wehrpflicht für Männer mit Art. 14 EMRK s. BVerwG, NJW 2006, 2871).

Art. 14 ist ein unselbständiges Recht.

Als Menschenrechte sind die in der EMRK gewährleisteten Rechte klassische Abwehrrechte gegenüber dem Staat (negative Schutzpflichten). Der EGMR nimmt bei einigen Konventionsrechten überdies eine positive Verpflichtung des Staates, diese zu schützen, an. Zu den positiven Schutzpflichten gehören nach der (nicht abschließenden) Rechtsprechung, Art. 2 I, 3, 8, 10, Art. 1 und 2 ZP I EMRK. Die MS müssen also alles tun, um das Leben der Personen zu schützen, ansonsten läge ein Verstoß gegen Art. 2 I EMRK vor. Ein bloßes Untätigbleiben reicht zur Erfüllung der Verpflichtung nicht aus. Davon zu trennen ist die positive Verpflichtung aller Mitgliedstaaten, mit allen Mitteln die Ein-

Negative und positive Gewährleistungen

haltung der Konventionsrechte zu garantieren (hierzu: EGMR, *Ilascu*, Urt. v. 9. 7. 2004, Rz. 332 ff.).

2.3. Der Anwendungsbereich der EMRK

»Anwendungsbereich« ist ein juristischer Terminus für den Geltungsumfang eines Vertrages.

Persönlicher, sachlicher, räumlicher und zeitlicher Anwendungsbereich

Er wird häufig noch in die Bereiche sachlich (ratione materiae), persönlich (ratione personae), räumlich (ratione loci) und zeitlich (ratione temporae) unterteilt. Zeitlich gilt die Konvention erst ab Inkrafttreten des Vertrages für den betreffenden Mitgliedstaat. Räumlich gilt sie auf dem Territorium des betreffenden Staates (und eventuell auch auf abhängigen Gebieten), Art. 56 EMRK. Persönlich sind zum einen natürliche und juristische Personen und zum anderen Personengruppen (d.h. Firmen, Vereine, Gesellschaften etc.) umfasst, Art. 1, 34 EMRK, allerdings nur, wenn ihnen nach den materiellen Bestimmungen Rechte zustehen können. Ein Verein kann etwa kein Recht auf Leben haben; eine Firma kann kein Recht auf Gleichheit in der Ehe haben. Der sachliche Anwendungsbereich ist laut Art. 1 EMRK gegeben, wenn die Personen der Hoheitsgewalt eines Konventionsstaates unterstehen. Verpflichtete der EMRK sind somit alle staatlichen Stellen und Träger von Staatsgewalt (in Deutschland auch die Beliehenen) eines MS; jeder Staat ist für das Handeln seiner Organe verantwortlich. Ein Unterstehen der Hoheitsgewalt ist zum einen auf dem Territorium eines MS gegeben (es fehlt bei Akten innerhalb einer Organisation, s. EGMR, *Boivin*, Urt. v. 9.9.2008), zum anderen aber auch ausnahmsweise bei extraterritorialen Akten, wenn der Konventionsstaat die tatsächliche Kontrolle über das Gebiet ausübt, sei es durch militärische Kontrolle (bejaht für die türkische Kontrolle in Nordzypern; EGMR, *Loizidou*, HRLJ 1995, 15, Rz. 62; bestätigt durch *Medvedew*, Urteil vom 29.3.2010, Rz. 64), oder durch Zustimmung einer anderen Regierung zu einem hoheitlichen Tätigwerden (EGMR, *Bankovic*, EGMRE 2002-XII, 333, Rz. 71). Im Rahmen des Kosovo-Einsatzes der NATO hat der EGMR die tatsächliche Kontrolle der NATO-Staaten über das jugoslawische Territorium unter Heranziehung eines strikten Standards verneint, da die Annahme einer extraterritorialen Herrschaftsausübung die Ausnahme sei und die Voraussetzungen im Falle eines Bombardements nicht vorlägen (EGMR, *Bankovic*, a. a. O. Rz. 80).

Herrschaftsgewalt

Im Falle eines abhängigen de-facto-Regimes reicht schon der entscheidende Einfluss (decisive influence) der wirkliche Hoheitsgewalt ausübenden Macht aus (Verpflichtung Russlands zur Einhaltung der Konventionsrechte in Transnistrien, EGMR, *Ilascu*, Urt. v. 9. 7. 2004, Rz. 392 ff.).

Nach der neueren Rechtsprechung ist der Anwendungsbereich aus teleologischen Erwägungen heraus nicht eröffnet, wenn die MS aufgrund eines UN-Mandats tätig werden (EGMR, *Behrami u. a.*, Urt. v. 2.5.2007, Rdnr. 146 ff.), da dem UN-System grundlegende Bedeutung für die Friedenssicherung zukomme, welches die MS aufgrund Art. 103 SVN befolgen müssten. Das Verhalten von im Rahmen eines UN-Mandates entsendeten Truppen eines EMRK-MS ist demnach nicht überprüfbar. Wichtig ist: die sachliche Eröffnungsnorm des Art. 1 EMRK gewährt keine materiellen Rechte.

2.4. Die wichtigsten Menschenrechte

Nun zu den materiellen Rechten der EMRK, den Menschenrechten.

Recht auf Leben

Das Recht auf Leben wird von Art. 2 EMRK und Art. 1 ZP VI geschützt. Nach Art. 2 I EMRK wird das Recht auf Leben gesetzlich geschützt, die Vollstreckung der Todesstrafe bleibt nach Satz 2 der Vorschrift dennoch möglich. Dies gilt nicht für die Staaten, die das ZP VI ratifiziert haben, da danach die Todesstrafe mit Ausnahme von Kriegszeiten abgeschafft ist. Ausnahmen vom ZP VI sind, anders als bei Art. 2 EMRK, nicht möglich.

Art. 2 EMRK und Art. 1 ZP VI schützen das Recht auf Leben.

Umstritten ist, inwieweit Art. 2 EMRK auch das ungeborene Leben schützt. Nach Ansicht des EGMR sind Embryo und Fötus nicht geschützt, da sie keine Personen im Sinne der Vorschrift darstellen (EGMR, *Vo*, NJW 2005, 727). Dem Fötus könne jedoch die Menschenwürde zustehen. In jedem Fall ist die deutsche Abtreibungsregelung des § 218 StGB mit Art. 2 I EMRK vereinbar.

Laut Art. 2 II EMRK wird eine Tötung nicht als Verletzung des Artikels betrachtet, wenn sie sich aus einer unbedingt erforderlichen Gewaltanwendung ergibt: a) um jemanden gegen rechtswidrige Gewalt zu verteidigen; oder b) um jemanden rechtmäßig festzunehmen oder das Entkommen einer ordnungsgemäß festgehaltenen Person zu verhindern; oder c) um einen Aufruhr oder einen Aufstand rechtmäßig niederzuschlagen. Aufruhr ist eine Situation, in der von einer Menschenmenge Gewalttaten begangen werden oder unmittelbar bevorstehen. Die Gründe sind abschließend und alternativ. Unbedingt erforderlich ist die Gewaltanwendung, wenn sie verhältnismäßig ist.

Rechtfertigungsgründe

Fraglich ist, ob der finale Todesschuss nach Art. 2 II EMRK gerechtfertigt werden kann. Der finale Todesschuss ist die absichtliche Tötung eines Menschen durch die Staatsgewalt zur Rettung eines anderen. Problematisch ist hier Art. 2 I 2 EMRK, der die absichtliche Tötung untersagt und somit gegen die Anwendbarkeit der Vorschrift sprechen könnte. Jedoch trennt Abs. 2 nicht mehr zwischen absichtlicher und unabsichtlicher Tötung, sondern stellt nur auf den Zweck des Tätig-

Finaler Todesschuss

werdens ab, so dass die Norm auch bei absichtlichem Töten eingreift. Aufgrund der Schwere des Eingriffs ist der finale Todesschuss nur als ultima ratio (letztes Mittel) heranzuziehen. Somit lässt Art. 2 II lit. a EMRK z.B. den gezielten Todesschuss auf Geiselnehmer zu, deren Geiseln sich in unmittelbarer Gefahr befinden. Problematisch ist dagegen, wie sich Art. 2 II lit. a EMRK mit § 32 StGB (Notwehr) verträgt. Art. 2 EMRK erlaubt Organen der Staatsgewalt (Polizei etc.) nur eine Notwehr mit Tötung einer anderen Person, wenn durch die Notwehr zumindest ein ähnlich überragendes Rechtsgut wie das Leben eines Menschen verteidigt wird. § 32 StGB dagegen verlangt eine solche Güterabwägung nicht und lässt theoretisch auch eine Tötung bei einem Eigentumsdelikt zu. Daher widersprechen sich die EMRK und das deutsche Strafgesetzbuch.

Im deutschen Recht kann das Rechtsgut »Leben« nicht abgewogen werden.

Ins Blickfeld rückte auch, ob aus Art. 2 EMRK ein Recht auf Sterbehilfe abgeleitet werden kann. In dem hohe Wellen schlagenden und sehr lesenswerten Urteil *Pretty* entschied der EGMR, dass Art. 2 EMRK keinen negativen, lebensbeendenden Aspekt enthalte (*Pretty*, EGMRE 2002-III, 155, Rz. 40). Art. 2 umfasst als negative Freiheitsausprägung nicht das Recht unter Mithilfe einer anderen Person zu sterben (anders bei Art. 8 EMRK, s. S. 65).

Recht auf Sterbehilfe

Folterverbot

Zu den absolut gewährleisteten Rechten gehört das Folterverbot. Laut Art. 3 EMRK darf niemand der Folter oder unmenschlicher oder erniedrigender Strafe oder Behandlung unterworfen werden. Geschützt wird die physische und psychische Identität von Personen. Folter definiert man als eine unmenschliche Behandlung, die Leiden von besonderer Intensität und Grausamkeit verursacht (s. a. Art. 1 Antifolterkonvention), auch die Androhung ist untersagt (*Gäfgen*, Urt. v. 30.6.2008 – 22978/05). Unmenschliche oder erniedrigende Behandlung meint absichtliche Zufügung unangemessener (Abwägung, was noch angemessen ist) schwerer psychischer oder physischer Leiden, z.B. besondere Verhörmethoden. Die Unterscheidung zwischen Folter und unmenschlicher Behandlung liegt in der Schwere der gegenständlichen Handlung. Art. 3 EMRK verbietet unmenschliche Haftbedingungen und steht der Abschiebung in Staaten entgegen, die nicht in Einklang mit der Vorschrift handeln. Dies erfordert eine Prognose seitens des auslieferungswilligen Staates. In Deutschland ist das Abschiebehindernis des Art. 3 EMRK über § 53 IV AuslG inkorporiert worden, wobei nur staatliche Verfolgung umfasst ist. Die Verfolgung durch nichtstaatliche Organisationen wie Terroristengruppen gehört nicht dazu. Even-

Art. 3 EMRK unterliegt keinen Beschränkungen.

Unterschied Folter – unmenschliche Behandlung

tuell entstehende Lücken können nach § 53 VI AuslG geschlossen werden (so auch EGMR, *T.I.*, EGMRE 2001-III, 435). Die Verhängung der Todesstrafe in einem unfairen Verfahren, d. h. einem Verfahren, welches nicht in Einklang mit Art. 6 EMRK steht, stellt auch eine unmenschliche Behandlung im Sinne von Art. 3 dar (EGMR, *Öcalan*, EuGRZ 2003, 472, Rz. 213; in Dtld.: § 53 II AuslG i.V.m. § 8 IRG). Die Verweigerung der Sterbehilfe für einen Todkranken ist keine erniedrigende oder unmenschliche Behandlung im Sinne der Vorschrift (EGMR, *Pretty*, EGMRE 2002-III, 155, Rz. 56).

Verbot von Sklaverei und Zwangsarbeit

Art. 4 verbietet absolut die Sklaverei oder Leibeigenschaft. Laut Abs. 2 darf niemand darf gezwungen werden, Zwangs- oder Pflichtarbeit zu verrichten, was in Abs. 3 näher bestimmt ist. Danach gelten als »Zwangs- oder Pflichtarbeit« nicht:

a) jede Arbeit, die normalerweise von einer Person verlangt wird, die unter den von Artikel 5 der vorliegenden Konvention vorgesehenen Bedingungen in Haft gehalten oder bedingt freigelassen worden ist;

b) jede Dienstleistung militärischen Charakters, oder im Falle der Verweigerung aus Gewissensgründen in Ländern, wo diese als berechtigt anerkannt ist, eine sonstige anstelle der militärischen Dienstpflicht tretende Dienstleistung; [...]

d) jede Arbeit oder Dienstleistung, die zu den normalen Bürgerpflichten gehört.

Zwangs- und Pflichtarbeit sind ebenfalls absolut geschützt. Sklaverei ist die zumindest teilweise Ausübung von Eigentümerbefugnissen über eine andere Person (s. *Siladin*, Urt. v. 26.7.2005, Nr. 73316/01). Zwangsarbeit ist die Verpflichtung zu einer höchstpersönlichen Dienstleistung gleich welcher Art (*van der Mussele*, EuGRZ 1985, 477). Die Frage war hier vor allem, ob Angehörige eines bestimmten Berufes im Rahmen dieses Berufes zur Arbeit verpflichtet werden können. Nicht unter Art. 4 fallen die Arbeit während der Haft, Militärdienst und »normale« Bürgerpflichten. Eine Gewährleistung der Berufs- oder Gewerbefreiheit, d. h. dass jedermann den Beruf seiner Wahl erlernen und ausüben bzw. das Gewerbe seiner Wahl betreiben kann, beinhaltet Art. 4 nicht. Zu den normalen Bürgerpflichten des Buchstaben d) gehört z. B. der Wehr- oder Ersatzdienst.

Eine Beschwerde eines deutschen Anwalts gegen die zwangsweise Bestellung (Zuteilung) eines Mandanten gemäß dem früheren Armenrecht (heute: Prozesskostenhilfe), dem Anwaltsschutz für Mittellose wurde von der MrK zurückgewiesen. Die Bestellung erfolgte zwar unfreiwillig, aber sie sei nicht ungerecht oder unterdrückend.

Recht auf Freiheit und Sicherheit, Art. 5 EMRK

Artikel 5 EMRK sichert das Recht auf die persönliche (Fortbewegungs-)Freiheit. Die Norm gehört zu den am häufigsten vor dem EGMR gerügten Vorschriften. Garantiert werden der Schutz vor willkürlicher, d.h. rechtsmissbräuchlicher und nicht verhältnismäßiger Festnahme und Haft (s. a. *Gussinsky*, Urt. v. 19. 5. 2004). Eine Freiheitsentziehung ist eine staatliche Maßnahme, durch die eine Person gegen oder ohne ihren Willen an einem bestimmten und räumlich begrenzten Ort für eine gewisse Zeit festgehalten wird. Nicht vereinbar mit Art. 5 I EMRK sind, auch wenn dies im Wortlaut nicht ausdrücklich angelegt ist, völkerrechtswidrige Festnahmen (*Öcalan*, s. o.). Im deutschen Recht regeln die StPO und einige Artikel des GG diese Materie. Die aufgrund von § 66 StGB nachträglich angeordnete Sicherungsverwahrung verstößt gegen Art. 5 I EMRK (*M.*, Urt. v. 17.12.2009). Abzugrenzen ist Art. 5 von Art. 2 ZP IV, der auch die Bewegungsfreiheit schützt. Art. 5 EMRK ist bei Haft lex specialis.

Rechtfertigungsgründe für das staatliche Tätigwerden enthalten die Buchstaben a) – f) von Art. 5 I 2 EMRK. Gesetzlich vorgeschriebene Weise meint nach h. M. das materielle Gesetz. Ein Parlamentsgesetz verlangt die Konvention nicht. Das Gesetz muss jedoch hinreichend genau sein, damit der Betroffene die Folgen seines Handelns vorhersehen kann.

- Lit. a): Rechtmäßige Freiheitsentziehung nach Verurteilung durch ein zuständiges Gericht: »Gericht« ist ein unabhängiges Organ, das zur Einhaltung von Verfahrensrechten verpflichtet ist. [...]
- Lit. c): Rechtmäßige Festnahme oder Freiheitsentziehung zur Vorführung vor die zuständige Gerichtsbehörde, wenn hinreichender Verdacht dafür besteht, dass der Betreffende eine strafbare Handlung begangen hat, oder [...] dass es notwendig ist, den Betreffenden [...] an der Flucht [...] zu hindern: Hier ist die Untersuchungshaft gemeint, hinreichender Tatverdacht liegt vor, wenn die Umstände objektiv darauf schließen lassen, dass der Betroffene die strafbare Handlung begangen hat. Die Vorschrift ist i.V. m. Art. 5 III zu sehen. Nach Abs. 3 muss jede nach der Vorschrift des Absatzes 1 lit. c dieses Artikels festgenommene oder in Haft genommene oder in Haft gehaltene Person [...] unverzüglich einem Richter oder einem anderen, gesetzlich zur Ausübung richterlicher Funktionen ermächtigten Beamten vorgeführt werden. Er hat Anspruch auf Aburteilung innerhalb einer

angemessenen Frist oder auf Haftentlassung während des Verfahrens [...]. »Unverzüglich« meint i. d. R. bis zu 48 Stunden, im Einzelfall auch länger. »Erforderlich« ist eine inhaltliche Prüfung durch staatliche Stellen. Der Betroffene muss persönlich angehört werden. Art. 5 III 2 enthält, trotz des leicht missglückten Wortlautes (dem Staat steht kein Wahlrecht zu) einen Anspruch auf Haftentlassung, wenn die Haftgründe nicht mehr vorliegen. Das »Urteil« ist das Strafurteil oder ein Urteil zur Haftüberprüfung.

- Lit. f): Rechtmäßige Festnahme oder Freiheitsentziehung zur Verhinderung der unerlaubten Einreise sowie bei Personen, gegen die ein Ausweisungs- oder Auslieferungsverfahren im Gange ist. »Im Gange sein« bedeutet ein schwebendes, noch nicht abgeschlossenes, Verfahren.

Nach Abs. 2 muss jeder Festgenommene unverzüglich und in einer ihm verständlichen Sprache über die Gründe seiner Festnahme und über die [...] Beschuldigungen unterrichtet werden. Art und Weise der Unterrichtung richtet sich nach den Umständen des Einzelfalls. »Unverzüglich« bedeutet auch hier ohne unnötigen Zeitverlust; eine Aufklärung auf dem Polizeirevier steht mit der Vorschrift in Einklang. Das Aussageverweigerungsrecht wird von der Norm nicht geschützt, dieses ist in Art. 6 I EMRK enthalten.

In Abs. 4 wird auf das »habeas corpus-Recht« Bezug genommen. Danach hat jedermann, dem seine Freiheit durch Festnahme oder Haft entzogen wird, das Recht, ein Verfahren zu beantragen, in dem von einem Gericht unverzüglich über die Rechtmäßigkeit der Haft entschieden und im Falle der Widerrechtlichkeit seine Entlassung angeordnet wird. Art. 5 IV EMRK gilt für alle in Abs. 1 genannten Arten der Freiheitsentziehung. Im Gegensatz zu Abs. 3 ist bei Abs. 4 ein Antrag des Betroffenen erforderlich und die Regelung beinhaltet nur eine Verfahrensgarantie auf Haftüberprüfung. Beide Rechte können nebeneinander geltend gemacht werden.

Habeas Corpus kommt aus der englischen »Bill of Rights« und gehört zu den frühesten verbürgten Grundrechten.

Verfahrensgarantien, Art. 6 EMRK

Zu den wichtigsten Normen der Konvention gehört Art. 6. Die dort geschützten Verfahrens- und Justizgarantien gehören zu den elementaren rechtsstaatlichen Verbürgungen. Gegen die Regelung wird, wie sich der Rechtsprechung des EGMR entnehmen lässt, sehr häufig verstoßen. Der Schutzbereich von Art. 6 I EMRK umfasst Zivil- und

Strafverfahren, die Absätze 2 und 3 gelten nur für Strafverfahren. Das Zivilverfahren wird weit ausgelegt und umfasst Streitigkeiten zwischen Privatpersonen (die klassische zivilrechtliche Streitigkeit), aber auch zwischen einer Privatperson und einer öffentlichen Stelle, wenn es um einen Anspruch geht, der zivilrechtlichen Charakter aufweist. Dies umfasst das Baurecht, die Enteignung (enteignender und enteignungsgleicher Eingriff) und das Staatshaftungsrecht (Art. 34 GG / § 839 BGB). Nicht unter Art. 6 I EMRK fallen Streitigkeiten des öffentlichen Rechts, soweit es sich nicht um Strafrecht handelt. Strafrecht im Sinne der Norm liegt vor, wenn die Natur der innerstaatlichen Vorschrift eine Kriminalvorschrift darstellt, also eine generell-abstrakte Verhaltensvorschrift ist. Hierzu gehört auch das deutsche Ordnungswidrigkeitenrecht.

Prinzip des »fair trial« (gerechten Verfahrens)

Der wohl wichtigste in Art. 6 EMRK enthaltene Grundsatz ist das sog. »fair trial«. Die Erklärung dieser Regel ist kaum in eine Definition zu fassen. Das »fair trial«, ein faires Verfahren, spielt in vielen Bereichen zivil- und strafrechtlicher Verfahren eine Rolle. Ein wichtiges Element des Grundsatzes ist, dass einer Partei im Zivilprozess oder einem Angeklagten im Strafverfahren ausreichende, angemessene und gleichberechtigte Gelegenheit zur Stellungnahme zu Tatsachen und Rechtsfragen gegeben werden muss (*Le Compte*, EuGRZ 1981, 551 ff.). Ein weiterer Teil des »fair trial« ist der Grundsatz der Waffen- und Chancengleichheit. Danach hat insbesondere der Angeklagte im Strafprozess ein Recht auf die gleichen prozessualen Mittel, d.h. Waffen, wie die anklagende Staatsanwaltschaft. Außerdem hat der Angeklagte Anspruch auf persönliche Teilnahme an der Hauptverhandlung seiner Strafsache und das Recht zu Schweigen (Aussageverweigerungsrecht). Daneben gehören auch noch Aspekte des Beweisrechts und das rechtliche Gehör zum fairen Verfahren. Beweise müssen danach grundsätzlich in Anwesenheit des Angeklagten während der mündlichen Verhandlung erhoben werden. Ausnahmen hiervon sind nur unter sehr engen Grenzen möglich (vgl. *Haas*, NJW 2006, 2753).

Das gesetzlich vorgesehene Gericht muss unabhängig sein, jegliche Art von Beeinflussung ist untersagt. Dies ist regelmäßig problematisch bei Militärtribunalen, in denen die Richter auch Armeeangehörige sind (*Morris*, EGMRE 2002-I, 387). »Unparteilichkeit« liegt vor, wenn die Richter objektiv und subjektiv der Sache gegenüber unvoreingenommen sind. Das Verfahren muss öffentlich sein, nach Art. 6 I 2 EMRK kann die Öffentlichkeit unter bestimmten, dort genannten Gründen ausgeschlossen werden.

Angemessene Frist

Das Urteil muss in angemessener Frist ergehen. Dies ist die am häufigsten gerügte Konventionsnorm. Die Frist für ein zeitlich angemessenes Strafverfahren beginnt mit der Festnahme oder mit der Eröffnung gegenüber einer Person, dass gegen sie ein Strafverfahren läuft. Das Ende der Frist fällt auf den Zeitpunkt der letztinstanzlichen Entscheidung. Der Grundsatz gilt aber auch für zivilrechtliche Verfahren. Ob die Dauer eines Verfahrens angemessen gewesen ist, beurteilt der EGMR nicht schematisch, sondern nach Abwägung aller Umstände des Einzelfalles (z. B. abgelehnt bei: *Eckle u. Eckle*, EuGRZ 1983, 371: angenommen bei: *Sürmeli*, NJW 2006, 2389). Verschiedene Faktoren sind bei der Abwägung zu berücksichtigen, vor allem die juristische Komplexität des Falles, die Schwere eines Vergehens, die betroffenen Werte, die Kooperation des/r Betroffenen, um den Prozess zu beschleunigen, etc.

Geschützt wird auch das Recht auf Zugang zu einem Gericht und als Unterfall, der effektive Rechtsschutz, wozu auch die Durchsetzung eines Urteils gehört. Ein Recht auf einen Instanzenzug lässt sich der Konvention nicht entnehmen, wenn er gewährleistet wird, ist er allerdings einzuhalten. Dies wird im Strafrecht für die MS durch Art. 2 ZP VII sichergestellt.

_{Recht auf Zugang zu einem Gericht}

Jedoch gilt das Recht auf Zugang zu einem Gericht nicht uneingeschränkt, es unterliegt Schranken. Diese ergeben sich hauptsächlich aus dem Völkerrecht, weil die Konvention nicht gegen völkerrechtliche Regeln verstoßen soll. Wichtig ist zum einen die sog. Staatenimmunität, wonach ein Staat nicht über einem anderen zu Gericht sitzen soll (dazu: *Al-Adsani*, EGMRE 2001-XI, 79, 403; L/R, VölkerR, S. 73 f.) und zum anderen aus völkerrechtlichem Vertrag kommende Begrenzungen (instruktiv hierzu *Hans-Adam II*, EGMRE 2001 -VIII, 1). Andere Fälle von Zugangsbeschränkungen sind der Anwaltszwang sowie Form- und Fristerfordernisse.

_{Problem der Staatenimmunität}

Die Unschuldsvermutung des Art. 6 II EMRK bedeutet, dass eine strafrechtlich verfolgte Person erst mit dem Urteil als Straftäter angesehen wird; bis zum Urteil wird unterstellt, dass die strafrechtlich verfolgte Person unschuldig ist. Das Prinzip bindet Gerichte und auch andere Staatsorgane wie Polizei und Staatsanwaltschaft. Die Presse ist nicht Staatsorgan und damit nicht verpflichtet, die Unschuldsvermutung zu beachten. Allerdings besteht eine staatliche Schutzpflicht, vorverurteilende Pressekampagnen zu unterbinden.

_{Art. 6 II EMRK gehörte zu den von Senator Lines gerügten Rechten (s. o. S. 51).}

Absatz 3 des Art. 6 EMRK legt gewisse rechtsstaatliche Mindeststandards für ein Strafverfahren fest, wobei es sich um aufgezählte Ausformungen von bestimmten Grundsätzen des »fair trial« handelt. Dabei geht es um Rechte einer angeklagten Person und seines/r Verteidigers/in, die aus sich selbst heraus verständlich sind. Art. 6 III lit. e EMRK ist als endgültige Kostenfreistellung zu verstehen. Auch im Falle einer Verurteilung muss der Angeklagte die Dolmetscherkosten nicht tragen (*Luedicke*, EuGRZ 1979, S. 34). Die vorherige Praxis deutscher Gerichte, wonach die Norm nur eine vorläufige Kostenfreistellung meine, dass also die Angeklagten im Falle einer Verurteilung die Dolmetscherkosten zu tragen hätten, war rechtswidrig.

Noch einmal die Grundsätze des Art. 6 EMRK:

- faires Verfahren
- Waffengleichheit
- schnelles Verfahren
- öffentliches Verfahren
- Recht auf ein unabhängiges gesetzliches Gericht
- Unschuldsvermutung.

Nulla poena/Nullum crimen sine lege

Art. 7 I EMRK schützt fundamentale Grundsätze des nationalen und internationalen Strafprozessrechts. Hierzu gehören:

- *Nulla poena sine lege* – keine Bestrafung ohne vorher bestehendes entsprechendes Gesetz. Analogien sind untersagt.
- *Nullum crimen sine lege* – ein menschliches Verhalten kann nur bestraft werden, wenn erkennbar klar gesetzlich niedergelegt ist, dass es sich bei einem bestimmten Verhalten um eine Straftat handelt. Niemand kann also wegen einer Tat bestraft werden, wenn die Tat zum Zeitpunkt der Begehung nicht gesetzlich mit Strafe bedroht war (sog. »Rückwirkungsverbot«).

<small>Schießbefehl an der innerdeutschen Grenze

Problematisch ist auch die von § 67 d StGB angeordnete Sicherungsverwahrung, vgl. EGMR, Urteil vom 17.12.2009, Az.: 19359/04</small>

Besondere Bedeutung für Deutschland erlangte Art. 7 I EMRK in dem Verfahren über die Schießbefehle an der innerdeutschen Grenze. Der EGMR kam u. a. zu dem Ergebnis, dass der Schießbefehl völkerrechtswidrig war und die Verantwortlichkeit für die handelnden Personen zum Tatzeitpunkt vorhersehbar war (*Krenz u. a.*, EGMRE 2001-II, 409; eine andere Begründung findet sich in dem vorangegangenen Urteil des BVerfG in der gleichen Sache, BVerfGE 95, 96).

Art. 7 II EMRK

(2) Durch diesen Artikel darf die Verurteilung oder Bestrafung einer Person nicht ausgeschlossen werden, die sich einer Handlung oder Unterlassung schuldig gemacht hat, welche im Zeitpunkt ihrer Begehung nach den allgemeinen von den zivilisierten Völkern anerkannten Rechtsgrundsätzen strafbar war.

Die Ausnahme des Absatz 2 ist durch die Nürnberger Kriegsverbrecherprozesse motiviert. Mit der Ausnahme soll ausgeschlossen werden, dass sich Angeklagte auf den nulla poena- Grundsatz als nur geschriebenes Recht umfassend berufen. Z. B. wurden die in Nürnberg angeklagten Straftatbestände aus ungeschriebenem Recht, dem Völkergewohnheitsrecht, hergeleitet. Durch das Straftribunal für Jugoslawien (ICTY) und den neugeschaffenen Internationalen Strafgerichtshof (ICC) hat die Klausel wieder an Aktualität gewonnen.

Gebot der Achtung der privaten Sphäre

Art. 8 EMRK ist die zentrale Vorschrift für den Schutz der privaten Lebensgestaltung und ihr kommt überdies eine Auffangfunktion zu. Aus diesem Grunde wird sie sehr häufig als verletzt gerügt. Die Norm schützt den Lebensbereich, den ein Individuum zur Entfaltung seiner Persönlichkeit benötigt, so weit, wie dieser Bereich nicht in Konflikt mit öffentlichen oder anderen geschützten Interessen kommt. Geschützt sind u. a. die geschlechtliche Identität, der Name, die sexuelle Orientierung, das Sexualleben, das Recht auf persönliche Entwicklung, das Recht am eigenen Bild (*Caroline von Monaco*, NJW 2004, 2648) und das Recht auf Selbsttötung (*Pretty*, a.a.O., Rz. 239 f.). Art. 8 EMRK schützt auch die Unverletzlichkeit der Wohnung, die Freiheit des Briefverkehrs und, gemeinsam mit Art. 12, auch das Familienleben. Die Unverletzlichkeit der Wohnung umfasst ebenfalls das Recht auf ungestörte Nutzung der Wohnung, wogegen materiell (Betreten) oder immateriell (Lärm) verstoßen werden kann.

Ein staatlicher Eingriff, der auch in einem Unterlassen vom Ergreifen von Schutzmassnahmen liegen kann, in dieses Recht ist nicht immer rechtswidrig. Der Eingriff kann nach Abs. 2 gerechtfertigt sein.

Rechtfertigung Art. 8 EMRK

(2) Eine Behörde darf in dieses Recht nur eingreifen, soweit der Eingriff gesetzlich vorgesehen und in einer demokratischen Gesellschaft notwendig ist für die nationale oder öffentliche Sicherheit, für das wirtschaftliche Wohl des Landes, zur Aufrechterhaltung der Ordnung, zur Verhütung von Straftaten, zum Schutz der Gesundheit oder der Moral oder zum Schutz der Rechte und Freiheiten anderer.

Die Notwendigkeit richtet sich danach, ob eine staatliche Maßnahme »vernünftig, sorgfältig und gutgläubig« war (*Sunday Times*, EuGRZ 1980, 209), was anhand der Umstände des jeweiligen Einzelfalles zu

Bei der Einschätzung der Verhältnismäßigkeit einer Maßnahme kommt dem Staat ein gewisser Beurteilungsspielraum zu.

beurteilen ist. Dabei hat der jeweilige Staat einen gewissen Einschätzungs- oder Beurteilungsspielraum (»margin of appreciation«). Der Begriff »verhältnismäßig« bedeutet, die mit dem Eingriff vertretenen Rechtspositionen müssen gegen die vom Eingriff betroffenen abgewogen werden. Im Rahmen des Beurteilungsspielraums der Staaten liegende nationale Gesetze sind verhältnismäßig und mithin konventionsgemäß.

Der Eingriff muss verhältnismäßig im weiteren Sinne sein:
- geeignet, das mit ihm vertretene Recht oder Interesse zu schützen
- erforderlich, um dieses Interesse zu schützen, d.h., er muss das mildeste Erfolg versprechende Mittel sein, um das Recht zu schützen
- schließlich auch verhältnismäßig im engeren Sinne, das bedeutet, bei Abwägung aller Interessen und Rechte, die für und gegen den Eingriff sprechen, muss das mit dem Eingriff geschützte Recht überwiegen, und das individuelle Recht, in das nach Art. 8 II EMRK eingegriffen werden kann, muss nach der Abwägung zurückstehen

In dem oben genannten Urteil *Pretty* wurde das Verbot der Sterbehilfe als vereinbar mit Art. 8 EMRK angesehen. Instruktiv zur Abwägung zwischen der Achtung des Privatlebens und der von Art. 10 EMRK geschützten Meinungsäußerungsfreiheit ist das Urteil *Caroline von Monaco* v. 24. 6. 2004, wonach das Recht auf Privatleben auch bei in der Öffentlichkeit stehenden Personen wie Caroline von Monaco Vorrang gegenüber Art. 10 genießen kann. Das entgegenstehende Urteil des BVerfG (BVerfGE 101, 361) ist insoweit konventionswidrig.

Weitere Persönlichkeitsrechte

Das Recht auf Eheschließung wird durch Art. 12 EMRK gewährleistet; es enthält nicht das Recht auf Scheidung als negative Freiheit, dieses wird jedoch von Art. 5 7. ZP vorausgesetzt. Ehe meint nur die Beziehung zwischen zwei unterschiedlichen Geschlechtern, gleichgeschlechtliche Partnerschaften werden von Art. 8 EMRK geschützt.

Die Bildung als Unterfall des Persönlichkeitsrechts wird von Art. 2 1. ZP gewährleistet. Der Staat wird verpflichtet, ein staatliches Bildungssystem einzurichten und dem Einzelnen ein Recht auf Teilhabe daran zu geben. Daneben wird den Eltern das Recht auf Erziehung eingeräumt. Diese beiden widerstreitenden Positionen sind im Rahmen des bestmöglichen Ausgleichs, einer teleologischen Auslegungsmethode, miteinander zu harmonisieren. Neben Art. 2 1. ZP schützt Art. 8 EMRK das Erziehungsrecht als Bestandteil des Familienlebens, wobei Art. 2 1. ZP in seinem Anwendungsbereich lex specialis ist.

Das Recht auf freie Wahlen, als in Art. 3 1. ZP niedergelegtes politisches Recht auf Ausübung der Persönlichkeit, sichert die von der Konvention gewährleisteten Freiheiten demokratisch ab. Gesichert wird das aktive und passive Wahlrecht und das Recht, dass Wahlen in festen und angemessenen Abständen stattfinden. Trotz des fehlendes Einschränkungsvorbehalts ergibt sich aus dem Wortlaut der Vorschrift (»unter Bedingungen abzuhalten«), dass Art. 3 1. ZP kein absolutes Recht ist.

Gedanken-, Gewissens- und Religionsfreiheit, Art. 9

Art. 9 EMRK schützt mehrere miteinander verbundene Tätigkeiten.

Art. 9 I EMRK

(1) Jede Person hat das Recht auf Gedanken-, Gewissens- und Religionsfreiheit; dieses Recht umfasst die Freiheit, seine Religion oder Weltanschauung zu wechseln, und die Freiheit, seine Religion oder Weltanschauung einzeln oder gemeinsam mit anderen öffentlich oder privat durch Gottesdienst, Unterricht, oder Praktizieren von Bräuchen und Riten zu bekennen.

Der Schutzbereich ist weit zu verstehen. Die Gedankenfreiheit umfasst beispielsweise das Recht von Schülern auf einen indoktrinations- und ideologiefreien Unterricht. Die Glaubensfreiheit wirkt positiv und negativ. Jedermann darf seinen Glauben ausüben; geschützt ist aber auch das Recht, keiner Glaubensgemeinschaft anzugehören, insbesondere keiner Staatskirche. Eine Staatskirche als solche ist nicht verboten. Berechtigte sind nicht nur Einzelpersonen, sondern auch Kirchen und religiöse Gruppierungen. Zu den typischen Eingriffen gehören die Zwangsteilnahme am Religionsunterricht, das Verbot des Schächtens oder des Kopftuchtragens und Sanktionen bei der Wehrdienstverweigerung aus Gewissensgründen. Zur Lösung ist Art. 4 III lit. b EMRK heranzuziehen, der die Anwendbarkeit der Vorschrift des Art. 4 EMRK auf Dienstpflichten verneint. Ein genereller Ausschluss der Wehrpflicht aus dem Schutzbereich anderer Normen kann hierin im Gegensatz zur h. M. (s. Grabenwarter, § 22, Rdnr. 86) nicht gesehen werden.

Die Rechtfertigungsgründe finden sich wiederum in Absatz 2 der Vorschrift.

Ein Kriegsdienstverweigerungsrecht lässt sich aus der EMRK nicht herleiten.

Art. 9 II EMRK

(2) Die Freiheit, seine Religion oder Weltanschauung zu bekennen, darf nur Einschränkungen unterworfen werden, die gesetzlich vorgesehen und in einer demokratischen Gesellschaft notwendig sind für die öffentliche Sicherheit, zum Schutz der öffentlichen Ordnung, Gesundheit oder Moral oder zum Schutze der Rechte und Freiheiten anderer.

Kopftuchverbote

Der EGMR hat das Kopftuchverbot für Lehrer als rechtmäßig angesehen, wenn die Schüler aufgrund ihres jungen Alters (im Fall zwischen vier und acht Jahren) religiös leicht beeinflussbar sind (*Dahlab*, 2001, EGMRE 2001-V, 447). Auch das in der Türkei geltende Kopftuchverbot in Universitäten überschreitet den mitgliedstaatlichen Beurteilungsspielraum nicht (*Sahin u. a.*, EuGRZ 2006, 28). Auch ein Schulausschluss wegen Tragen des Kopftuches ist nicht unverhältnismäßig (*Dogru*, Urt. v. 4.12.2008). Eine generelle Grenzziehung erscheint nicht möglich, es ist wiederum, unter Beachtung des staatlichen Beurteilungsspielraums, eine Einzelfallabwägung vorzunehmen, welche sich an den durchaus unterschiedlichen Voraussetzungen in den einzelnen Mitgliedstaaten der EMRK zu orientieren hat.

Meinungsäußerungs- und Versammlungs- und Vereinigungsfreiheit, Art. 10, 11

Zu den Kommunikationsgrundrechten gehören die Art. 10 und 11 EMRK, wobei die Meinungsäußerungsfreiheit die individuelle Kundgabe und die Versammlungs- und Vereinigungsfreiheit die kollektive Kundgabe von Meinungen schützen. Beide Rechte sind in der Konvention analog ausgestaltet, so dass sie hier zusammen dargestellt werden können.

Meinung und deren Verbreitung ist geschützt.

Nach der ständigen Rechtsprechung des Gerichtshofes zählt die Meinungsäußerungsfreiheit des Art. 10 I 1 EMRK zu den grundsätzlichen Verbürgungen einer demokratischen Gesellschaft (*UII*, EGMRE 2002-II, 271, Rz. 34), so dass nicht nur die Substanz der Meinung geschützt ist, sondern auch die Art der Verbreitung. Die Konvention definiert die »Meinung« nicht. Unter Heranziehung einer weiten Auslegung sind, anders als bei Artikel 5 GG, Wert- und Tatsachenurteile dem Schutzbereich zu unterwerfen. Wie aus dem englischen Text (»freedom to hold opinions«) folgt, ist nicht nur die Kommunikation einer Meinung geschützt, sondern auch deren Bildung, ein sehr weitgehender Meinungsbegriff. Ein Eingriff ist vereinbar mit Artikel 10 EMRK, wenn er gesetzlich vorgesehen ist, eines der in Absatz 2 der Vorschrift genannten Ziele verfolgt wird und in einer demokratischen Gesellschaft notwendig ist. Diese Merkmale sind als Ausnahmebestimmungen eng auszulegen. Somit bedeutet »notwendig« in Art. 10 II EMRK das Vorhandensein eines dringenden gesellschaftlichen Bedürfnisses. Dazu gehört u. a. das Bestreben eines Staates, zu einem anderen Staat freundschaftliche und vertrauensvolle Beziehungen zu pflegen. Dennoch ist ein Gesetz, welches jegliche Beleidigung ausländischer Staatsoberhäupter unter Strafe stellt als unverhältnismäßig anzusehen, da diese Personen dann aufgrund ihrer Position jeglicher Kritik entzogen werden (*Columbani u.a.*, EGMRE 2002-V, 25, Rz. 69).

Besondere Erwähnung verdienen die für Rechtsanwälte und Ärzte geltenden standesrechtlichen Bestimmungen. Hinsichtlich Rechtsanwälten entschied der Gerichtshof, dass ihre zentrale Stellung in der Rechtspflege, zwischen der Bevölkerung und den Gerichten, standesrechtliche Beschränkungen rechtfertigt (*Nikula*, EGMRE 2002-II, 291, Rz. 45). Bei dem bestehenden Werbeverbot für Ärzte gelten andere Grundsätze. Ärztliche Standesregeln für das Verhalten gegenüber der Presse, in der streitgegenständlichen Rechtssache ging es um einen Presseartikel mit Werbewirkung für einen Arzt, müssen mit dem berechtigten Interesse der Bevölkerung an Aufklärung abgewogen werden und sind darauf zu beschränken, die Funktionsfähigkeit des Berufsstandes insgesamt zu erhalten (*Stambuk*, NJW 2003, 497). Den Ärzten darf nicht die unverhältnismäßige Last einer inhaltlichen Kontrolle von Presseveröffentlichungen auferlegt werden. Insoweit können auch Artikel, die für einen Arzt einen Werbeeffekt haben, mit der Konvention vereinbar sein. Die entgegenstehende deutsche Regelung stellte somit im konkreten Fall einen Verstoß gegen Art. 10 EMRK dar, weil die Anwendung in unverhältnismäßiger Weise geschah (*Stambuk*, s. o.).

<small>Standesrecht für Rechtsanwälte und Ärzte</small>

Artikel 11 EMRK gewährleistet zwei Rechte, einerseits das Recht sich mit anderen friedlich zu versammeln, andererseits das Recht sich mit anderen zusammenzuschließen, dies umfasst auch die Koalitionsfreiheit. Die Rechte sind sowohl positiv, das Recht sich zusammenschließen zu dürfen, als auch negativ, das Recht einer Vereinigung fernbleiben zu dürfen, zu verstehen. Vereinigungen sind alle auf Dauer angelegten, organisatorisch verfestigten Zusammenschlüsse. Eine Beschränkung auf Gewerkschaften, wie aus dem Wortlaut von Artikel 11 EMRK geschlossen werden könnte, ist nicht gegeben. Anders als im deutschen Grundgesetz umfasst die Vereinigungsfreiheit auch den Zusammenschluss von Individuen zu Parteien. Die Vereinigungsfreiheit wird auch positiv gewährleistet; sie umfasst eine Verpflichtung an die Mitgliedstaaten der EMRK, vor privaten Eingriffen in das Recht zu schützen. Beispielsweise ist es dem Staat untersagt, die Vereinigungsfreiheit dadurch auszuhöhlen, dass er Arbeitnehmern finanzielle Anreize bietet, um auf wichtige Rechte als Gewerkschaftsmitglieder zu

<small>Art. 11 EMRK gewährleistet die Versammlungs- und die Vereinigungsfreiheit.</small>

verzichten und somit in das Recht auf Vereinigungsfreiheit von Gewerkschaften einzugreifen (*Wilson*, EGMRE 2002-V, 49, Rz. 41). Trotz des durch Artikel 11 EMRK gewährleisteten Schutzes von Gewerkschaften kann die Vorschrift nicht so verstanden werden, dass sie auch einen ausschließlichen Anspruch seitens der Gewerkschaft auf Aushandlung von Tarifverträgen mit Arbeitnehmern enthält.

Versammlung

Eine Definition des Begriffes »Versammlung« lässt sich in der Konvention nicht finden. Es ist aber von einem weiten Begriff auszugehen, der öffentliche und private Versammlungen umfasst. Unter einer Versammlung ist jedes friedliche, organisierte Zusammenkommen von Menschen zum gemeinsamen Zweck der gemeinsamen Meinungsbildung oder Meinungsäußerung zu verstehen.

Artikel 11 unterliegt der besonderen Schranke des Absatz 2. Jeder Eingriff muss gesetzlich vorgesehen sein, ein in Artikel 11 II EMRK genanntes legitimes Ziel verfolgen und verhältnismäßig sein. Regelmäßig muss sich der EGMR mit der Rechtmäßigkeit von Parteiverboten auseinandersetzen. Der EGMR sieht Parteien als besonders bedeutsam für das Funktionieren einer demokratischen Gesellschaft an, so dass ein Parteienverbot nur unter Heranziehung besonders schwerwiegender Gründe als verhältnismäßig angesehen werden kann (*Yazar u. a.*, EGMRE 2002-II, 395, Rz. 51). Die »besonders schwerwiegenden Gründe« sind darüber hinaus unter Berücksichtigung der in Artikel 10 EMRK verbürgten Meinungsäußerungsfreiheit auszulegen, die auch im Rahmen von Artikel 11 zu beachten ist. Somit kann ein Parteiverbot nur dann als verhältnismäßig angesehen werden, wenn eine Partei bei ihrem Vorgehen gegen eine nationale Verfassung rechtswidrige Mittel anwendet und ihr Ziel demokratischen Grundprinzipien widerspricht. Eine Verletzung demokratischer Grundprinzipien liegt nicht vor, wenn eine Partei Minderheitenrechte einfordert und die diesbezügliche Politik einer Regierung kritisiert. Hier sind wiederum die Umstände des Einzelfalls von entscheidender Bedeutung.

Aus Art. 16 EMRK ergibt sich eine erleichterte Einschränkungsmöglichkeit von Art. 10 und 11 EMRK für die politischen Tätigkeit von Ausländern. Die Vorschrift gilt wegen des Vorrangs des EU-Rechts nicht für EU-Ausländer und lässt Art. 18 EMRK unberührt.

Eigentumsschutz, Art. 1 ZP I

Artikel 1 ZP I EMRK enthält drei verschiedene Vorschriften zum Eigentumsschutz.

Art. 1 ZP I

(1) Jede natürliche oder juristische Person hat das Recht auf Achtung ihres Eigentums. Niemandem darf sein Eigentum entzogen werden, es sei denn, dass das öffentliche Interesse es verlangt, und nur unter den durch Gesetz und durch die allgemeinen Grundsätze des Völkerrechts vorgesehenen Bedingungen.

(2) Absatz 1 beeinträchtigt jedoch nicht das Recht des Staates, diejenigen Gesetze anzuwenden, die er für die Regelung der Benutzung des Eigentums im Einklang mit dem Allgemeininteresse oder zur Sicherung der Zahlung der Steuern oder sonstigen Abgaben oder von Geldstrafen für erforderlich hält.

Die erste Vorschrift in Absatz 1 Satz 1 ist allgemein und bestimmt den Grundsatz der Achtung des Eigentums. Absatz 1 Satz 2 betrifft den Eigentumsentzug, der nur unter bestimmten, festgelegten Voraussetzungen möglich ist. Zu den einschlägigen allgemeinen Grundsätzen des Völkerrechts siehe L/R, VölkerR, S. 159 ff. Artikel 1 Absatz 2 gibt den Vertragsstaaten unter anderem die Befugnis, den Gebrauch von Vermögenswerten entsprechend dem Allgemeininteresse zu regeln. Zu beachten ist, dass die zweite und dritte Vorschrift im Lichte des im ersten Satzes von Artikel 1 genannten Grundsatzes auszulegen sind (*Wittek*, EGMRE 2002-X, 43, Rz. 41). Der Begriff »Eigentum« in Art. 1 ZP I besitzt eine autonome Bedeutung, die nicht auf das Eigentum an körperlichen Gegenständen beschränkt ist. Bestimmte andere Rechte und Interessen, die Aktiva darstellen, können ebenfalls als Eigentumsrechte gelten und somit als »Vermögenswerte« im Sinne der Bestimmung gelten, wie z. B. einredefreie Forderungen, geistiges Eigentum, der Kundenstamm eines Unternehmens oder Pensionsansprüche. Die im Falle einer Enteignung zu zahlende Entschädigung muss den Wert des entzogenen Eigentums wiedergeben. Bei Grundstücken ist auf den objektiven Marktwert abzustellen. Eine Eigentumsentziehung durch Inflation wird dann angenommen, wenn es aufgrund hoher Inflationsraten zu einer Entwertung der zugesprochenen Entschädigungssumme kommt und die Dauer des Entschädigungsverfahrens als zu lange angesehen werden muss. Auch die dem deutschen Rechtssystemen unbekannte faktische Eigentumsstellung, wie das längere illegale Wohnen auf einer Mülldeponie, kann dem Eigentumsschutz unterfallen, sobald es ein substantielles wirtschaftliches Interesse beinhaltet (*Öneryildiz*, Urt. v. 18. Juni 2002, Rz. 142). Der Schutz des Eigentums umfasst auch eine positive Gewährleistung, durch Nichttätigwerden kann der Staat eine geschützte Rechtsposition verletzen.

Dreifacher Eigentumsschutz

Entschädigung ist zu leisten.

Laut Artikel 1 I ZP I sind Enteignungen, die durch Gesetz vorgeschrieben sind, die das öffentliche Interesse verlangt und die im Einklang mit den Regeln des Völkerrechts stehen, zulässig. Eine Enteignung dient nicht dem öffentlichen Interesse, wenn der für die Enteignung geltend gemachte Grund über einen längeren Zeitraum nicht realisiert wird. Im Beispielsfall sollte ein enteignetes Grundstück einer Stadt dienen, die ebendieses Grundstück jedoch über einen längeren Zeitraum nicht nutzte.

Gleichheitsrechte

Die EMRK kennt, anders als das GG in seinem Art. 3, keinen allgemeinen Gleichheitssatz. Art. 14 EMRK enthält ein Diskriminierungsverbot, die dort genannten Tatbestände sind nur eine beispielhafte und keine abschließende Aufzählung. Art. 14 EMRK kann neben einem Freiheitsgrundrecht verletzt sein.

Art. 5 7. ZP schreibt die Gleichberechtigung von Ehegatten vor. Die Vorschrift ist lex specialis zu Art. 14 EMRK, aber von Deutschland bislang noch nicht ratifiziert.

Das von Deutschland ebenfalls noch nicht ratifizierte 12. ZP enthält in Art. 1 einen allgemeinen Gleichheitssatz, der sich im Gegensatz zu Art. 14 EMRK nicht nur auf die von der EMRK verbürgten Grundrechte bezieht, sondern auch auf die von den Rechtsordnungen der MS garantierten Rechte. Diese Aufhebung der Akzessorietät ist rechtlich problematisch und der Grund für die dt. Nichtratifizierung.

2.5. Die Durchsetzung der europäischen Menschenrechte

Die praktische Umsetzung der EMRK ist einerseits abhängig von dem Umgang der staatlichen Stellen mit der EMRK, der wie oben schon erwähnt wurde, häufig verbessert werden könnte. Andererseits enthält die EMRK selbst einen Mechanismus, mit der sie – unabhängig von nationalen Behörden – durchgesetzt werden kann, und zwar auf dem Wege des Völkerrechts.

Durch das Inkrafttreten des ZP 11 sind die Organe MrK und EGMR zu einem einheitlichen Gerichtshof verschmolzen worden.

Das Organ, welches diesen Mechanismus trägt, ist der ständige Europäische Gerichtshof für Menschenrechte (EGMR). Die früher noch daneben bestehende Europäische Menschenrechtskommission (MrK) und das Ministerkomitee sind mit dem Inkrafttreten des 11. ZP am 1. November 1998 obsolet geworden. Das früher auf verschiedene Ebenen verteilte Verfahren zur Durchsetzung der Menschenrechte wurde beim Gerichtshof zentralisiert.

Der Europäische Menschenrechtsgerichtshof

Das Gerichtsverfahren des EGMR richtet sich nach der EMRK, dem 2., 11. u. 14. ZP und der Verfahrensordnung des Gerichtshofes.

Der Gerichtshof besteht aus je einem Richter bzw. einer Richterin aus einem Vertragsstaat. Es entscheiden jedoch nicht alle Richter über einen Fall. Das Gericht bildet vielmehr große und kleine Kammern, d.h. entscheidungsberechtigte Gerichtsteile. Die Große Kammer hat 17 Mitglieder, die kleine hat sieben. Normalerweise werden die Verfahren von den kleinen Kammern geführt, nur in Einzelfällen wird ein Streit an die Große Kammer verwiesen. Der EGMR entscheidet in einem gerichtsförmigen Verfahren über den Fall. Individualpersonen dürfen vor ihm allerdings keine Anträge stellen, der Verletzte hat bei einer Individualbeschwerde nur ein Rederecht. Die Urteile des Gerichtshofes sind verbindlich. Der Gerichtshof kann auch auf eine staatliche Entschädigung für ein Opfer erkennen.

Das 11. und 14. Zusatzprotokoll

Das 11. ZP ersetzte die früheren Abschnitte II bis IV der Konvention durch einen einheitlichen Abschnitt II und wurde wiederum durch das am 1. Juni 2010 in Kraft getretene 14. ZP geändert. Die Neuregelungen wurden notwendig, weil die MrK und der EGMR hoffnungslos arbeitsüberlastet sind und anzunehmen war, dass die Beschwerdezahl durch den Beitritt neuer Staaten nur ansteigen würde. Von 1992 bis 1995 stieg die Zahl der Beschwerden von 1.861 auf 3.481, also beinahe um 100 %. Leider ist die Arbeitsüberlastung des Gerichts in den Folgejahren weiter überproportional angestiegen (ca. 120.000 offenen Beschwerden im Jahre 2009 stehen 1.627 Urteile gegenüber), so dass zurzeit wieder sehr intensiv über eine Änderung des Verfahrens nachgedacht wird, z.B. ist ab Juni 2010 eine Entscheidung durch nur einen Richter möglich (14. ZP).

Vor dem EGMR gibt es zwei Beschwerdearten,

- die Staatenbeschwerde, Art. 33 (24) EMRK
- die Individualbeschwerde, Art. 34 (25) EMRK

Die Staatenbeschwerde (Art. 33 EMRK). Hier macht ein Konventionsstaat geltend, ein anderer Konventionsstaat habe die Konvention verletzt. Die Staatenbeschwerde wurde bislang nur in wenigen Fällen erhoben, da sie im internationalen Recht die »Dicke Bertha«, das größte Geschütz, darstellt. *Staatenbeschwerde*

Die Individualbeschwerde (Art. 34 EMRK). Damit können zum einen jede natürliche Person und zum anderen nichtstaatliche Organisationen *Individualbeschwerde* bzw. Personenvereinigungen, wie etwa Vereine, bei dem EGMR gegen einen Konventionsstaat vorgehen.

Klagebefugnis

Die Individualbeschwerde hat sehr große praktische Bedeutung. Der Beschwerdeführer muss aber, sonst ist seine Beschwerde unzulässig, geltend machen, dass er selbst unmittelbar durch staatliches Verhalten in seinen Rechten aus der EMRK verletzt ist (Klagebefugnis, vgl. Art 34 EMRK). Eine mittelbare Verletzung reicht nur aus, wenn schutzwürdige Interessen des Beschwerdeführers betroffen sind.

Erschöpfung des innerstaatlichen Rechtsweges (local-remedies-rule)

ICTY: Strafgerichtshof für das ehemalige Jugoslawien

Gemäß Art. 35 EMRK ist die Erschöpfung des innerstaatlichen Rechtswegs unabdingbare Voraussetzung für die Zulässigkeit der Beschwerden, d.h., die Beschwerdeführer müssen vor staatlichen Gerichten durch alle Instanzen versucht haben, Recht zu bekommen (abgelehnt z. B. in *Milosevic*, EuGRZ 2002, 131; der ehemalige jugoslawische Staatspräsident rügte, die gegen ihn vor dem ICTY erhobene Anklage würde mehrere Konventionsrechte verletzen). Alle Instanzen bedeutet, der Beschwerdeführer muss auch mögliche Rechtsmittel, wie Berufung oder Revision, eingelegt haben. Wenn eine weitere gerichtliche oder behördliche Überprüfung seines Anliegens durch nationale Behörden oder Gerichte nach innerstaatlichem Recht nicht mehr zulässig ist, so liegt die Rechtswegerschöpfung vor. Eine Ausnahme vom Erfordernis der Rechtswegerschöpfung wird gemacht, wenn der Staat die Befolgung des Rechtswegs verweigert, z. B. durch dauerhafte Verzögerung des Urteils.

Verfassungsbeschwerde gehört zum Rechtsweg.

Die Verfassungsbeschwerde zum BVerfG gehört hiernach zum Rechtsweg der EMRK, auch wenn die Verfassungsbeschwerde nicht Teil des deutschen Rechtsweges ist. Man kann den EGMR folglich erst nach einer erfolglosen Verfassungsbeschwerde anrufen. Der Grund liegt darin, dass die in der EMRK niedergelegten Rechte und Freiheiten weitgehend mit den Grundrechten des GG übereinstimmen und das BVerfG als einziges deutsches Gericht endgültig über das Vorliegen eines Grundrechtsverstoßes entscheiden kann. Die Beschwerde ist fristgebunden und nur innerhalb von sechs Monaten nach der endgültigen innerstaatlichen Entscheidung möglich. Die Erhebung der Landesverfassungsbeschwerde ist trotz des föderalen Systems der Bundesrepublik nicht ausreichend, die EMRK ist hinsichtlich des Staatsaufbaus der MS blind.

Rechtsschutzbedürfnis

Überdies muss der Beschwerdeführer für die Individualbeschwerde ein Rechtsschutzbedürfnis haben (Art. 34 EMRK). Das Rechtsschutzbedürfnis ist das berechtigte Interesse einer Person, ein Gericht wegen einer behaupteten Rechtsverletzung in Anspruch zu nehmen. Das Rechtsschutzbedürfnis fehlt, wenn ohne die Inanspruchnahme des Gerichts das Rechtsschutzziel einfacher, billiger oder ohnehin erreicht würde.

Nach Art. 35 EMRK in der Fassung des 14. ZP sind auch Individualbeschwerden unzulässig, die offensichtlich unbegründet sind oder wenn dem Beschwerdeführer durch die staatliche Maßnahme kein erheblicher Nachteil entstanden ist, außer die EMRK-Grundrechte erfordern eine Prüfung der Begründetheit oder es fand bis zur Beschwerdeeinlegung noch keine Überprüfung durch ein nationales Gericht statt. Die Prüfung der offensichtlichen Begründetheit einer Rechtssache ist mithin Teil der Zulässigkeitsprüfung, eine Voraussetzung die über die Möglichkeit der Rechtsverletzung des deutschen Rechts, vgl. § 42 VwGO, weit hinausgeht.

Das Verfahren einer Individualbeschwerde verläuft wie folgt:

- Beschwerdeeinlegung bei der Kanzlei des Gerichtshofes
- Registrierung der Beschwerde
- Überweisung an die Gerichtskammer (sieben Richter)
- Ernennung eines Kammerberichterstatters
- Prüfung der Beschwerde durch drei Richter
- Bei Unzulässigkeit folgt die Abweisung
- Bei Zulässigkeit folgt Verweisung an eine Kammer
- Tatsachenermittlung des Gerichts und Einreichung der Schriftsätze der Parteien
- mündliche Verhandlung
- Entscheidung der Kammer über die Zulässigkeit der Beschwerde
- Erörterung der Möglichkeiten eines Vergleichs
- Urteil der Kammer oder der Großen Kammer (17 Richter)
- In Ausnahmefällen kann die Große Kammer als Berufungsinstanz angerufen werden (Art. 43 EMRK)
- Urteile der Großen Kammer sind immer Endurteile und unanfechtbar.

3. Zulässigkeit und Begründetheit einer Beschwerde

Um erfolgreich zu sein, muss eine vor dem EGMR erhobene Beschwerde zulässig und begründet sein.

Die Zulässigkeitsvoraussetzungen sind die Vorschriften, die erfüllt sein müssen, damit sich das angerufene Gericht überhaupt mit der Klage oder der Beschwerde befasst, wie z.B. die Beschwerdebefugnis oder eine Frist. In der Begründetheit untersucht das Gericht dann, ob die behauptete Rechtsgutverletzung vorliegt, d.h., ob die Vorschrift der EMRK durch das staatliche Handeln in ungerechtfertigter Weise verletzt worden ist.

In einer Klausur oder Hausarbeit ist immer darauf zu achten, dass bei einer unzulässigen Beschwerde immer noch durch ein Hilfsgutachten die Begründetheit zu prüfen ist, da der Bearbeiter ein Gutachten zur Rechtslage abgeben soll. Demgegenüber weist der EGMR in der Praxis unzulässige Beschwerde einfach zurück und befasst sich mit den Fragen der Begründetheit nicht mehr.

Prüfungsschema EGMR und EMRK

A. Zulässigkeit

I. Zuständigkeit des EGMR (Art. 32 EMRK)
II. Staatenbeschwerde (Art. 33 EMRK) oder Individualbeschwerde (Art. 34 EMRK)

1. Klageberechtigt ist jeder Vertragsstaat	1. Klageberechtigt natürliche Personen, nichtstaatliche Organisationen oder Personengruppe
2. Klagegegner jeder andere Vertragsstaat	2. Klagegegner jeder Vertragsstaat
3. Klagegegenstand Verletzung der Konvention oder der Protokolle	3. Klagegegenstand Verletzung der Konvention oder der Protokolle
4. Subsidiarität Rechtswegerschöpfung; aber häufig kein innerstaatlicher Rechtsweg gegeben	4. Klagebefugnis Behauptung der Rechtsverletzung durch Klagegegner
5. Frist sechs Monate nach innerstaatlicher Entscheidung	5. Subsidiarität Erschöpfung des innerstaatlichen Rechtsweges
	6. Frist sechs Monate nach innerstaatlicher Entscheidung
	7. Rechtsschutzbedürfnis • keine anonyme Beschwerde • keine anderweitige Anhängigkeit • keine Übereinstimmung mit bereits eingebrachter Beschwerde

B. Zwischenverfahren (Art. 38 EMRK)

Prüfung der Rechtssache durch den EGMR und Versuch der gütlichen Einigung der Parteien

C. Begründetheit

Vorliegen einer Verletzung der Konvention oder der Zusatzprotokolle

1. Rechtsverletzung
2. Rechtfertigungsgründe
   a. in der verletzten Vorschrift
   b. Kriegs- oder Notstandsfall (Art. 15 EMRK)
3. Verhältnismäßigkeit
   a. geeignet
   b. erforderlich
   c. verhältnismäßig i.e.S.

4. Ein Übungsfall

Am 22. September 1993 hat der EGMR das Urteil im Rechtsstreit Hildegard und Monika Klaas gegen die Bundesrepublik verkündet (EuGRZ 1994, 106). Am Fall Klaas ist gut erkennbar, wie die EMRK angewandt wird.

Als Hildegard Klaas ihren PKW vor ihrer Haustür parkte und ihrer minderjährigen Tochter Monika aus dem Wagen helfen wollte, wurde sie von zwei Polizeibeamten angesprochen. Die Beamten forderten Klaas auf, sich einem Alkoholtest zu unterziehen, indem sie in einen Alkomat hineinblasen sollte. Als der Test auch nach mehrmaligen Versuchen misslang, forderten die Polizisten Klaas auf, sie zu einer Blutabnahme zu einer Klinik zu begleiten. Bis zu diesem Punkt besteht Einigkeit über den Sachverhalt. Danach, so behauptet Klaas, habe sie ihre Tochter bei einer Nachbarin unterbringen wollen. Dies aber hätten ihr die Polizisten verboten. Die Beamten behaupten, Klaas habe einen Fluchtversuch unternommen. Unstrittig ist wiederum, dass Klaas von den beiden Männern gepackt wurde, ihr der Arm verdreht wurde, und sie mit dem Gesicht in eine Fenstereinfassung schlug. Klaas erlitt dabei Verletzungen.

Später wurde gegen sie eine Geldbuße wegen Lenkens eines Fahrzeugs mit überhöhtem Blutalkoholgehalt verhängt. Eine Strafanzeige gegen die Polizisten wegen Körperverletzung zog sie später zurück. Ihre dienstliche Beschwerde beim Vorgesetzten der Polizisten hatte keinen Erfolg. Im Schadensersatzprozess gegen die Beamten und das Land unterlag Klaas in allen Instanzen. Das BVerfG bestätigte entgegen ihrer Verfassungsbeschwerde, dass ihre Grundrechte nicht verletzt worden seien.

> Nochmals: Die MrK wurde durch das ZP 11 aufgelöst und mit dem EGMR verschmolzen.

Im Verfahren vor der MrK machten Hildegard und Monika Klaas Verletzungen der Art. 3 und 8 EMRK geltend. Die (damals noch bestehende) MrK hielt bei Frau Klaas lediglich eine Verletzung des Art. 3 EMRK gegeben, bei Monika ergab die Abstimmung nur eine Verletzung des Art. 8. Im Übrigen lehnte sie die Beschwerde ab.

Die Sache kam vor den EGMR.

Liegt eine Verletzung der Art. 3 und 8 EMRK bezüglich beider Beschwerdeführerinnen vor?

Es empfiehlt sich, bei dieser Fragestellung, die mehrere Komplexe umfasst, sofort an die Gliederung der Prüfung zu denken. Erörtert werden müssen eventuelle Verletzungen der Rechte aus Art. 3 und 8 bezüglich H. Klaas (H) sowie bezüglich M. Klaas (M).

a) H/Art. 3 EMRK. Fraglich ist, ob durch das Handeln der Polizisten das Recht der H aus Art. 3 EMRK verletzt wurde. In Betracht kommt hier eine unmenschliche bzw. erniedrigende Behandlung durch die Polizisten. Es fragt sich, ob die Gewalt, die die Beamten angewandt haben, notwendig war. Dies meint, ob der Umfang der Gewaltanwendung im Verhältnis zum verfolgten Zweck verhältnismäßig war.

An dieser Stelle kann man sich für oder gegen die Notwendigkeit aussprechen, muss aber die Entscheidung jeweils gut begründen. Der EGMR hat die Behandlung nicht für unverhältnismäßig gehalten, die MrK hingegen schon. Die MrK führte zur Begründung aus, dass die Festnahme der weiblichen Beschwerdeführerin H, die zu erheblichen Verletzungen geführt habe, nicht verhältnismäßig gewesen sei. Diese Begründung erscheint richtig. Es ist kaum ersichtlich, warum die Beamten Gewalt im gegebenen Umfang anwenden mussten.

b) H/Art. 8 EMRK. Zu prüfen ist weiter, ob durch das Handeln der Polizisten eine Verletzung des Gebotes der Achtung der privaten Sphäre gegeben ist. Die Polizei hat als öffentliche Behörde gem. Art. 8 II EMRK teilweise auch auf einem Privatgrundstück die H verletzt. Darin könnte ein unzulässiger Eingriff liegen. Der Eingriff war aber wiederum nur unzulässig, wenn er nicht »notwendig« gemäß Art. 8 II EMRK war.

Ob eine Verletzung des Art. 8 vorliegt, ist wiederum eine Frage der guten Begründung. Nach dem zu Art. 3 Gesagten ist die Bejahung der Verletzung des Art. 8 gut vertretbar. Die MrK hat Art. 8 wegen der Bejahung des Art. 3 nicht geprüft und die Prüfung dem EGMR überlassen. Dieser hat eine Verletzung abgelehnt.

c) M/Art. 3 EMRK. Fraglich ist, ob die Umstände der Festnahme der Mutter M in ihrem Recht aus Art. 3 EMRK verletzen. Grundsätzlich ist es möglich und sogar wahrscheinlich, dass ein Kind durch das Mitansehen der Verhaftung und Verletzung der Mutter psychisch erheblich beeinträchtigt wird. Zu prüfen ist aber, ob darin eine unmenschliche oder erniedrigende Behandlung liegt. Abzuwägen ist hier, ob das Handeln der Polizisten notwendig war. Sieht man es schon bei H als unnötig an, so war es in Bezug auf M ebenso unnötig. Allerdings erscheint es sinnvoll, die Schwelle für eine indirekte und psychische Beeinträchtigung, nämlich durch die Beeinträchtigung einer anderen Person, höher anzusetzen als für eine direkte unmenschliche Behandlung. Daher ist im Falle der M eine Verletzung des Art. 3 nicht gegeben.

d) M/Art. 8 EMRK. Eine Verletzung des Art. 8 EMRK könnte man als gegeben ansehen, weil die psychische Integrität auf privatem Grund besonders geschützt ist.

5. Wiederholungsfragen

- 1. Was ist die Grundlage des Europarates und wie viele Mitglieder hat er? Lösung S. 46
- 2. Kann die EU Mitglied des Europarates werden? Lösung S. 46
- 3. Welche Organe hat der Europarat? Lösung S. 47
- 4. Was für Regelungen enthält die EMRK? Lösung S. 48
- 5. Was ist ein Zusatzprotokoll? Lösung S. 48
- 6. Was ist ein Vorbehalt im Völkerrecht? Lösung S. 48
- 7. In welchem Rang gilt die EMRK in der Bundesrepublik? Über welche GG-Bestimmungen gilt sie? Lösung S. 52
- 8. Was für Schutzbereiche gibt es? Lösung S. 54
- 9. Was für Arten von Menschenrechten gibt es? Lösung S. 55
- 10. Welche Haftgründe lässt Art. 5 I c EMRK ausschließlich gelten? Lösung S. 60
- 11. Welche Verfahrensgarantien gewährt die EMRK? Was bedeutet »fair trial«? Lösung S. 62
- 12. Wie lange darf ein Strafverfahren dauern? Lösung S. 63
- 13. Kann man eine Person für eine Handlung bestrafen, für die zeitlich zwischen Handlung und Bestrafung erst die Rechtsgrundlage geschaffen wurde? Lösung S. 64
- 14. Wie nimmt man eine Abwägung methodengerecht vor? Lösung S. 66
- 15. Welche Verfahrensarten gibt es in der EMRK? Lösung S. 73
- 16. Welches Organ setzt den Menschenrechtsschutz der EMRK um? Wie sind die Zulässigkeitsvoraussetzungen ausgestaltet? Lösung S. 76

Die Europäische Union

1.	Grundlagen der Union	82
2.	Zuständigkeiten der Union	88
3.	Grundrechte und allgemeine Rechtsgrundsätze	99
4.	Demokratische Grundsätze der Union	114
5.	Organe der Union	115
5.1.	Das Europäische Parlament	117
5.2.	Der Ministerrat (Rat)	125
5.3.	Die Kommission	131
5.4.	Die Gerichte der Union	137
5.5.	Weitere EU-Organe	142
6.	Suspendierung der Mitgliedschaft	147
7.	Auswärtiges Handeln der Union	149
8.	Aufnahme und Austritt aus der Union	153
9.	Wiederholungsfragen	154

1. Grundlagen der Union

Maastrichter Unionsvertrag

Der Unionsvertrag wird vielfach auch unter dem Namen »Vertrag von Maastricht« geführt, weil er 1992 im niederländischen Maastricht verhandelt und unterzeichnet wurde. Ein paar historische Daten zur Union: Der Maastrichter Vertrag ist die Grundlage der Europäischen Union. Er wurde am 7.2.1992 von den damals 12 Vertragsparteien unterzeichnet und trat nach Hinterlegung der letzten der 12 Ratifikationen (die Hinterlegung der deutschen Urkunde konnte erst nach dem Maastricht-Urteil des BVerfG erfolgen) am 1.11.1993 in Kraft. Nunmehr gilt er in der durch den Vertrag von Lissabon stark veränderten Version.

Protokolle und Erklärungen

Mit dem EUV wurde gleichzeitig eine Reihe von Protokollen und teilweise einseitigen Erklärungen der Mitgliedstaaten verabschiedet. Diese Zusätze zum EUV enthielten Modifikationen der drei Gemeinschaftsverträge oder besondere Regelungen zum EUV. Bestandteil der Zusätze waren so wichtige Regelungen wie die Protokolle über die Satzung des Europäischen Zentralbanksystems, die Satzung des EWI, oder das Protokoll über die Sozialpolitik. Die Protokolle sind Teil des primären Rechts, Art. 51 EUV. Daneben gibt es Erklärungen zum EUV. Die Erklärungen, wie die Erklärung Nr. 17 zum Vorrang, sind bei der Auslegung des Primärrechts aufgrund des völkergewohnheitsrechtlich geltenden Art. 31 I, II lit. b) Wiener Vertragsrechtskonvention heranzuziehen.

Entwicklung der Europäischen Union

EGKS

- Die Gründung der Europäischen Gemeinschaft für Kohle und Stahl (EGKS, Vertrag vom 18.4.1951) am 23.7.1952. Die EGKS nahm die Verwaltungen für Kohle und Stahl aus den einzelnen Mitgliedstaaten heraus und fasste sie in einer Organisation zusammen. Die Montanunion war also vor allem eine Verwaltungsgemeinschaft. Die Kommission war das Hauptverwaltungsorgan. Der EGKSV lief im Jahr 2002 aus und die Produkte Kohle und Stahl unterfallen dem EUV.

EWG und EURATOM

- Die Gründung der Europäischen Wirtschaftsgemeinschaft und des Euratom vom 25.3.1957. Die Verträge traten am 1.1.1958 in Kraft. Die EWG ging über den sektoralen Ansatz des EGKS hinaus und sollte durch die Errichtung eines Gemeinsamen Marktes und die schrittweise Annäherung des Wirtschaftspolitik der MS eine harmonische Entwicklung der Wirtschaftspolitik [...] fördern (Art. 2 EWGV). Die EURATOM ist der Kontrolle der Forschung

und Entwicklung auf dem Gebiet der Kernenergie gewidmet. Zunehmend wichtiger sind insbesondere die Sicherheitsüberwachung und die Kontrolle der Versorgung mit spaltbarem Material.
- Die Luxemburger Vereinbarungen, 29.1.1966. Diese Vereinbarungen sind das Ergebnis eines handfesten Streits zwischen Frankreich und den anderen EWG-Staaten. Gegenstand der Vereinbarungen ist das Abstimmungsverfahren im Ministerrat bei Abstimmungen mit einfacher, qualifizierter oder Zweidrittelmehrheit. Frankreich sah eigene wichtige Interessen durch die Möglichkeit des Mehrheitsvotums gefährdet und bestand, entgegen dem Wortlaut des EWG-Vertrags, bei wichtigen Interessen immer auf einem Verhandeln bis zur Einstimmigkeit. Die Luxemburger Vereinbarungen sind völkerrechtlich nicht gültig, sondern nur eine informelle Absprache. Gleichwohl haben sie schwerwiegenden praktischen Einfluss auf den Ministerrat gehabt. Die Luxemburger Vereinbarungen haben inzwischen ihre Bedeutung verloren, sind aber ein gutes Beispiel für die Überlagerung völkerrechtlicher Verpflichtungen durch politische Kompromisse.

    Luxemburger Vereinbarungen

- Der Fusionsvertrag, 1.7.1967. Mit diesem Vertrag wurden die Hauptorgane der drei Gemeinschaften (z.B. Ministerrat, Kommission) zusammengelegt. Der Fusionsvertrag ist seit dem Inkrafttreten des Amsterdamer Vertrages überholt und außer Kraft getreten.
- Finanzen, 21.4.1970. Mit einem Beschluss des Ministerrates wurde festgelegt, dass die Gemeinschaften eigene Mittel zur Verfügung haben sollten. Sie sollten damit von freiwilligen Zuwendungen der Mitgliedstaaten unabhängig werden.
- Direktwahlen des Europäischen Parlaments, 1.7.1978. Ein Beschluss des Ministerrates von 1976 legte fest, dass das Parlament der Gemeinschaften nun direkt von den Bürgern der Mitgliedstaaten gewählt werden sollte.
- Einheitliche Europäische Akte, 1.7.1987. Die EEA ist ein Meilenstein in der Entwicklung der Gemeinschaften. Sie ist ein völkerrechtlicher Vertrag, mit dem die drei Gemeinschaftsverträge teilweise geändert und ergänzt wurden. Ein wichtiger Punkt der EEA war die Fixierung der EPZ, der Europäischen Politischen Zusammenarbeit der Mitgliedstaaten in der Außenpolitik, koordiniert durch den »Europäischen Rat«, in dem die Regierungschefs und Außenminister der EU zusammenkommen.

    Einheitliche Europäische Akte

Ziel der EPZ war es, durch Abstimmung sowie durch gemeinschaftliche Maßnahmen eine gemeinsame Europäische Außenpolitik zu entwickeln. Stichwort ist die »Kohärenz«, der Gleichlauf der Außenpolitiken. Inzwischen ist die EPZ durch die GASP abgelöst. Außerdem legte die EEA den Startschuss für den Beginn des Binnenmarktes auf den 1.1.1993 fest.

Weißbuch der Kommission

Dieser Binnenmarkt umfasst knapp 400 Millionen Marktbürger. Die EG-Kommission hat 1985 im sog. »Weißbuch zur Vollendung des Binnenmarktes« alle Rechtsakte zusammengefasst, die sie zur Vollendung des Binnenmarktes für notwendig hielt. Nach Korrekturen wurden dann 282 solche Rechtsakte, meist in der Form von Verordnungen oder Richtlinien, erlassen.

Maastrichter Unionsvertrag

- Der Unionsvertrag vom 7.2.1992 änderte und vervollständigte in wesentlichen Bereichen den EWGV und benannte ihn in EGV um. Der EUV ist am 1.11.1993 in Kraft getreten. Er schuf neben der EG zwei weitere Säulen der EU, die GASP und die Zusammenarbeit in den Bereichen Justiz und Inneres (ZBJI). Die Kompetenzen der EU wurden ausgeweitet, das Parlament erhielt mehr Einfluss auf Legislativakte des Ministerrates, und die viel diskutierte Europäische Währungsunion wurde konzipiert.

Vertrag von Amsterdam

- Der nächste Schritt auf dem Wege der Europäischen Integration war der Amsterdamer Vertrag (AV), der das Ergebnis der sog. »Maastricht II«-Konferenz der Mitgliedstaaten der EU war. Die Einigung über den Vertrag erfolgte am 17.6.1997, der Vertrag trat am 1.5.1999 nach der Hinterlegung aller Ratifikationsurkunden der Mitgliedstaaten in Kraft, Art. 13 AV. Der AV enthält eine ganze Reihe von teilweise weit reichenden technischen und materiellen Änderungen gegenüber dem Vertrag von Maastricht. Unter anderem wurde die ZBJI umbenannt in polizeiliche und justizielle Zusammenarbeit in Strafsachen (PJZS), Vereinfachungen und Streichungen vieler die Verträge begleitender Protokolle (z. B. die Aufhebung des Fusionsvertrages) und Schaffung einer Reihe neuer Protokolle und Erklärungen. Protokolle und Erklärungen sind rechtlich verbindliche Vertragszusätze. EUV und EGV wurden durch den Amsterdamer Vertrag nicht nur modifiziert, sondern auch komplett neu nummeriert.
- Vertrag von Nizza vom 26. 2. 2001, in Kraft seit dem 1.2.2003 mit verschiedenen Änderungen zu Klagen und Abstimmungsmehrheiten nach dem Beitritt der neuen Mitgliedstaaten. Die Umgestaltung von EU und EG zu einer Gemeinschaft von 25 oder mehr MS und somit eine Erneuerung der Institutionen war eine

der Hauptaufgaben von Nizza, die jedoch überwiegend als nicht erreicht eingeschätzt wurde.
- Verfassungsvertrag (VV) vom 18. Juli 2003 in der Fassung der Konferenz der Vertreter der Regierungen der Mitgliedstaaten vom 18.6.2004. Das Nebeneinander der Europäischen Gemeinschaften mit Rechtspersönlichkeit, zusammengefasst unter dem Dach einer Europäischen Union mit den weiteren Säulen PJZS und GASP ohne Rechtspersönlichkeit, hätte vom VV beendet werden sollen. Aufgrund der negativen Referenden in den NL und in F trat der VV niemals in Kraft.

    Verfassungsvertrag

- Vertrag von Lissabon (VvL) vom 13.12.2007, auch Reformvertrag genannt, ist die neueste Stufe der Integration und trat am 1.12.2009 in Kraft. Der VvL stellt eine umfassende Revision der Grundlagen der EU dar.

    Vertrag von Lissabon = Reformvertrag

Der Reformvertrag soll die Schwächen des VV ausgleichen und die EU auf eine neue Integrationsebene mit einer funktionierenden Organstruktur heben, um die Fehler von Nizza zu beheben. Die Akzeptanz des VV in der Bevölkerung der MS war gering, weil häufig die Befürchtung bestand, die EU würde durch die vom VV eingeführten staatsähnlichen Symbole Flagge, Hymne, Außenminister, Verfassung, festgeschriebener Vorrang des Unionsrechts vor dem nationalen Recht zu einem föderalen Superstaat werden. Der VvL nimmt formal Abschied von den Bezeichnungen, materiell hält er jedoch weite Teile des VV aufrecht.

Struktur der Europäischen Union

Ursprünglich folgte die Struktur der Union dem Tempelmodell. Der EUV war das Dach über den drei Säulen EGV, GASP und PJZS. Nunmehr wurden die Säulen durch den VvL in den EUV/AEUV integriert. Der EUV ist nunmehr der Kern, der AEUV die darum herum schließende Schicht, der Euratom und die Grundrechtecharta sind die darum kreisenden Trabanten (Planetenmodell nach Tobler). Der EUV ist in sechs Titel unterteilt. Titel I enthält gemeinsame, grundlegende Bestimmungen.

Vom Tempelmodell zum Planetenmodell

Grundlagen der Europäischen Union

Art. 1 EUV

Durch diesen Vertrag gründen die Hohen Vertragsparteien untereinander eine Europäische Union (im Folgenden »Union«), der die Mitgliedstaaten Zuständigkeiten zur Verwirklichung ihrer gemeinsamen Ziele übertragen.

> Dieser Vertrag stellt eine neue Stufe bei der Verwirklichung einer immer engeren Union der Völker Europas dar, in der die Entscheidungen möglichst offen und möglichst bürgernah getroffen werden.
>
> Grundlage der Union sind dieser Vertrag und der Vertrag über die Arbeitsweise der Europäischen Union (im Folgenden »Verträge«). Beide Verträge sind rechtlich gleichrangig. Die Union tritt an die Stelle der Europäischen Gemeinschaft, deren Rechtsnachfolgerin sie ist.

Grundlegende Vorschrift

Art. 1 EUV ist die grundlegende Bestimmung des Vertrags, sein Absatz 3 stellt klar, dass die Union Rechtsnachfolgerin der EG ist und dass der EUV und der AEUV rechtlich gleichrangig sind. Art. 2 EUV enthält eine abschließende Aufzählung der Werte, auf die sich die Union gründet und die allen Mitgliedstaaten gemein sind. Hierzu zählen die Achtung der Menschenwürde, Freiheit, Demokratie, Gleichheit, Rechtsstaatlichkeit und die Wahrung der Menschenrechte. Die Menschenrechte werden durch Art. 6 EUV und die Grundrechte-Charta besonders geschützt.

Die Ziele der Union sind in Art. 3 EUV niedergelegt. Die Vorschrift wurde gegenüber der früher bestehenden grundlegend geändert und ist von großer Bedeutung, da man den zukünftigen Erfolg der EU an der Verwirklichung ihrer Ziele messen wird.

Art. 3 EUV

Ziele der Union; Verwirklichung

> (1) Ziel der Union ist es, den Frieden, ihre Werte und das Wohlergehen ihrer Völker zu fördern.
>
> (2) Die Union bietet ihren Bürgern einen Raum der Freiheit, der Sicherheit und des Rechts ohne Binnengrenzen, in dem – in Verbindung mit geeigneten Maßnahmen in Bezug auf die Kontrollen an den Außengrenzen, das Asyl, die Einwanderung sowie die Verhütung und Bekämpfung der Kriminalität – der freie Personenverkehr gewährleistet ist.
>
> (3) Die Union errichtet einen Binnenmarkt. Sie wirkt auf die nachhaltige Entwicklung Europas auf der Grundlage eines ausgewogenen Wirtschaftswachstums und von Preisstabilität, eine in hohem Maße wettbewerbsfähige soziale Marktwirtschaft, die auf Vollbeschäftigung und sozialen Fortschritt abzielt, sowie ein hohes Maß an Umweltschutz und Verbesserung der Umweltqualität hin. Sie fördert den wissenschaftlichen und technologischen Fortschritt. [...]
>
> (4) Die Union errichtet eine Wirtschafts- und Währungsunion, deren Währung der Euro ist.

(5) In ihren Beziehungen zur übrigen Welt schützt und fördert die Union ihre Werte und Interessen und trägt zum Schutz ihrer Bürgerinnen und Bürger bei. Sie leistet einen Beitrag zu Frieden, Sicherheit, globaler nachhaltiger Entwicklung, Solidarität und gegenseitiger Achtung unter den Völkern, zu freiem und gerechtem Handel, zur Beseitigung der Armut und zum Schutz der Menschenrechte, insbesondere der Rechte des Kindes, sowie zur strikten Einhaltung und Weiterentwicklung des Völkerrechts, insbesondere zur Wahrung der Grundsätze der Vereinten Nationen.

(6) Die Union verfolgt ihre Ziele mit geeigneten Mitteln entsprechend den Zuständigkeiten, die ihr in den Verträgen übertragen sind.

In den sechs Absätzen von Art. 3 EUV werden die grundsätzlichen Ziele der Union genannt. Trotz ihrer Unbestimmtheit (z. B. Förderung der Solidarität zwischen den Generationen) sind die Ziele justiziabel, da sie unüberschreitbare Grenzen für das Tätigwerden der EU festlegen, deren Inhalte im Einzelfall näher bestimmt werden müssen. Die einzelnen Absätze sind jeweils einem anderen Kernbereich des unionalen Tätigwerdens gewidmet. Die Ziele sind häufig widerstreitend (z. B. Wirtschaftswachstum und Umweltschutz), so dass sie zu einem schonenden Ausgleich gebracht werden müssen.

Justiziabilität

2. Zuständigkeiten der Union

Keine generelle Kompetenzübertragung

Die grundsätzlichen Vorschriften hinsichtlich der Verteilung und Ausübung der Zuständigkeiten der EU sind in Art. 4 und 5 EUV niedergelegt. Gemäß Art. 4 I EUV verbleiben alle nicht ausdrücklich der Union übertragenen Zuständigkeiten bei den Mitgliedstaaten. Dies wird durch den Grundsatz der begrenzten Einzelermächtigung, Art. 5 I EUV, bekräftigt. Durch ihre Kompetenzen erlangt die EU rechtlichen Handlungsspielraum und kann aufgrund der Verträge (dem Primärrecht) abgeleitetes Sekundärrecht in Form von Verordnungen und Richtlinien (vgl. Art. 288 AEUV) erlassen.

Grundsatz der begrenzten Einzelermächtigung

Grundlage des Kompetenzsystems der Union ist der »Grundsatz der begrenzten Einzelermächtigung«, Art. 5 I EUV. Dieses Strukturprinzip bedeutet, dass der EUV nur spezifische Ermächtigungen kennt. Der EUV kennt keine generelle Kompetenzübertragung, sondern zunächst einmal fällt nur das, was im Vertrag an Kompetenzen ausdrücklich übertragen wurde, in die EU-Zuständigkeit. Alle anderen Sachgebiete verbleiben in der Zuständigkeit der MS, Art. 5 II 2 EUV. Mithin kann die EU nur dann tätig werden, wenn ihr eine Kompetenz durch die MS übertragen wurde.

Organ- und Sachkompetenz

Und nur die laut EUV/AEUV zuständigen Organe (Organkompetenz) dürfen Materien, für die die EU eine Kompetenz (Sachkompetenz) hat, einer Regelung unterwerfen, und das auch nur mit der Art Sekundärrechtsquelle, die im Vertrag dafür vorgesehen ist. Wenn laut AEUV eine bestimmte Materie mit einer Richtlinie geregelt werden muss, dann darf in diesem Sachbereich auch nur eine Richtlinie erlassen werden. Ein Beispiel dafür ist Art. 115 EUV, in der Vorschrift ist lediglich das Mittel der Richtlinie zur Angleichung der Vorschriften der Mitgliedstaaten (Harmonisierung) vorgesehen (s. u. S. 182).

Abgrenzung mehrerer Rechtsgrundlagen

Es kommt auch vor, dass eine Materie auf mehreren Rechtsgrundlagen fußen kann (*Kommission/Rat*, Slg. 1989, 1425). Sind die Rechtsgrundlagen vom Verfahren her gleich, d.h. gleiche Mehrheitserfordernisse, gleiche Parlamentsbeteiligung etc., dann muss der Rechtsakt kumulativ auf alle einschlägigen Rechtsgrundlagen gestützt werden. Sind die Rechtsgrundlagen aber strukturell verschieden, also verlangt die eine etwa Einstimmigkeit im Ministerrat, die andere aber nur eine qualifizierte Mehrheit, dann ist die Rechtsgrundlage heranzuziehen, auf die

Die Europäische Union 89

sich die Maßnahme im Schwerpunkt stützt (*Tabakwerberichtlinie*, Slg. 2000, I-8419, s. u. S. 184).

Implied Powers

Eine Abrundung der durch die Einzelermächtigungen gegebenen EU-Kompetenzen stellt die Lehre von den »implied powers« dar. Nach dieser vom EuGH in das Unionsrecht eingeführten völkerrechtlichen/bundesstaatlichen Lehre stehen der EU neben den geschriebenen auch all jene Kompetenzen zu, die sie zur Erfüllung der ihnen gestellten Aufgaben benötigen, oder anders gesagt, ohne die die ausdrücklich enthaltenen EU-Kompetenzen sinnlos wären oder nicht vernünftig und zweckmäßig angewandt werden könnten (*FCB/Hohe Behörde*, Slg. 1955/6, 312). Dieses Prinzip darf allerdings nicht extensiv ausgelegt werden (*Demirel*, Slg. 1987, 3719; *Kramer*, Slg. 1976, 1279).

Den Verträgen innewohnende Kompetenzen

Ein Beispiel für implizierte Kompetenzen der Gemeinschaften ist im Bereich des Abschlusses völkerrechtlicher Verträge der EU (*Stillegungsfonds*, Slg. 1977, 741) gegeben. Hier kann die EU mindestens im Rahmen der Parallelität zwischen Innen- und Außenkompetenz, mit Blick auf die Funktionsfähigkeit der EU und auf die Einheitlichkeit des EU-Rechts, ungeschriebene Kompetenzen wahrnehmen. Dazu gehören aber auch interne Kompetenzen wie die Strafbewehrung einer Richtlinie mit Strafrechtsvorschriften, wenn diese zur effektiven Durchsetzung des Unionsrechts erforderlich sind (*Umweltstrafrecht*, Slg. 2005, I-7879). Im deutschen Grundgesetz würde dies am ehesten der Kompetenz kraft Sachzusammenhang oder der Annexkompetenz entsprechen.

Kompetenzergänzungsklausel

In Theorie und Praxis sind von den implied powers strikt zu trennen die Kompetenzen nach Art. 352 AEUV. Diese wichtige Norm des AEUV ist bereits in der Einleitung kurz angesprochen worden.

Die Tatbestandsmerkmale des Art. 352 AEUV sind:

- Ein Tätigwerden der Union im Rahmen der in den Verträgen festgelegten Politikbereiche erscheint erforderlich,
- um eines der Ziele der Verträge zu verwirklichen,
- und in den Verträgen sind dafür die Befugnisse nicht vorgesehen (Tatbestand).

Dann kann der Rat einstimmig auf Vorschlag der Kommission und nach Zustimmung des Parlaments die geeigneten Vorschriften erlassen

(Rechtsfolge). Einschränkungen und Qualifizierungen ergeben sich aus den Absätzen 2 bis 4.

Die Ziele der EU sind in Art. 2 EUV, der bereits kurz erläutert wurde. Art. 352 AEUV greift aber nur ein, wenn das Mittel, welches die EU wählt, um Unionsziele zu verwirklichen, in einem angemessenen Verhältnis zu diesem Ziel steht (»erforderlich«). Mithin ist eine Abwägung anhand des Verhältnismäßigkeitsgrundsatzes notwendig. Das Mittel darf beispielsweise nicht einschneidend die Kompetenzen der Mitgliedstaaten verletzen, wenn das Unionsziel von untergeordneter Bedeutung ist. Die Grenze der Ergänzungskompetenz ist Art. 48 EUV. Wichtig bei Art. 352 AEUV ist, dass eine Regelung Einstimmigkeit im Ministerrat erfordert.

Subsidiaritäts- und Verhältnismäßigkeitsgrundsatz

Sehr wichtig: Subsidiarität und Verhältnismäßigkeit

Zu beachten bei der Kompetenzausübung sind der Subsidiaritäts- und der Verhältnismäßigkeitsgrundsatz, Art. 5 I EUV. Die Subsidiarität des unionsrechtlichen Tätigwerdens ist in Art. 5 III EU und dem Protokoll über die Anwendung der Grundsätze der Subsidiarität und der Verhältnismäßigkeit niedergelegt. Leider ist der Wortlaut uneinheitlich, der Vertragstext und das Protokoll sprechen, ohne dass eine Systematik erkennbar ist, von Subsidiaritätsgrundsatz oder -prinzip. Die Verträge gehen damit erkennbar von einer Austauschbarkeit der Begriffe aus, im Folgenden wird zur Herstellung von Einheitlichkeit nur der Begriff des Grundsatzes verwendet. Dies dürfte unter Beachtung der autonomen, von den Mitgliedstaaten unabhängigen Begrifflichkeit des Unionsrechts die vorzuziehende Sichtweise sein.

Die Subsidiarität ist nur bei nicht ausschließlichen Kompetenzbereichen zu prüfen.

Der Subsidiaritätsgrundsatz gilt für alle nicht ausschließlichen Zuständigkeiten der EU, vgl. Art. 3 AEUV. Subsidiarität besagt, dass dann, wenn die Ziele der in Betracht gezogenen Maßnahmen auf mitgliedstaatlicher Ebene besser erreicht werden können, diese und nicht die EU für den Erlass von Rechtsakten zuständig sind. Kritisiert wird vor allem, dass die Voraussetzungen sehr weit und ungenau gefasst sind und somit nicht justiziabel, d. h. gerichtlich überprüfbar, seien. Der EuGH hat den Subsidiaritätsgrundsatz sehr selten zur Beurteilung der Gültigkeit eines Sekundärrechtsaktes herangezogen (z. B. *Niederlande/EP und Rat*, Slg. 2001, I- 7079). Der Grundsatz der Subsidiarität

Verhältnismäßigkeit ist zu beachten.

soll nunmehr durch das Protokoll über die Anwendung der Grundsätze der Subsidiarität und des Verhältnismäßigkeit gestärkt werden, insbesondere durch die dort genannten Möglichkeiten der Subsidiaritätsrüge und der Subsidiaritätsklage. Gemäß Art. 6, 7 Protokoll werden die nationalen Parlamente ermächtigt, begründete Stellungnahmen im Rechtssetzungsverfahren der EU abzugeben und darzulegen, warum ein Gesetzentwurf nicht mit dem Subsidiaritätsgrundsatz vereinbar ist. Eine Überprüfungspflicht entsteht, wenn mindestens neun nationale Parlamente Einwendungen erheben. Die nationalen Parlamente können den Rechtsakt letztendlich aber nicht verhindern. Die Subsidiaritätsklage nach Art. 263 AEUV kann von einem MS im eigenen oder im Namen seines nationalen Parlaments erhoben werden. In Deutschland ist das innerstaatliche Vorgehen im IntVG (s. S. 310) geregelt.

Eine weitere Schranke zur Ausübung der Kompetenz stellt der in Art. 5 III EUV kodifizierte und bereits erwähnte Verhältnismäßigkeitsgrundsatz dar. Ein Sekundärrechtsakt ist nur rechtmäßig, wenn er zur Zielerreichung geeignet ist, das mildeste Mittel dazu darstellt und angemessen im Sinne einer Zweck-Mittel-Relation ist. Die Voraussetzungen sind identisch mit denen des aus dem deutschen Verfassungsrecht bereits bekannten Verhältnismäßigkeitsgrundsatzes.

Immer zu prüfen: Verhältnismäßigkeit einer Maßnahme.

Aufgrund ihrer systematischen Stellung im Teil »Grundsätze« gelten das Subsidiaritäts- und das Verhältnismäßigkeitsprinzip für jegliches Tätigwerden der Gemeinschaft. Sie sind folglich immer zu beachten.

Grundsatz der loyalen Zusammenarbeit

Art. 4 III EUV

Nach dem Grundsatz der loyalen Zusammenarbeit achten und unterstützen sich die Union und die Mitgliedstaaten gegenseitig bei der Erfüllung der Aufgaben, die sich aus den Verträgen ergeben.

Die Mitgliedstaaten treffen alle geeigneten Maßnahmen allgemeiner oder besonderer Art zur Erfüllung der Verpflichtungen, die sich aus diesem Vertrag oder aus Handlungen der Organe der Gemeinschaft ergeben.

Die Mitgliedstaaten unterstützen die Union bei der Erfüllung ihrer Aufgabe und unterlassen alle Maßnahmen, welche die Verwirklichung der Ziele der Union gefährden könnten.

Der Grundsatz der loyalen Zusammenarbeit ist einer der Eckpfeiler des EU-Rechts und von überragender Bedeutung für das Funktionieren der EU. Danach sind sowohl die MS als auch die EU verpflichtet, EUV und AEUV zu ihrer vollsten Wirksamkeit zu erfüllen. Falls dies nicht möglich ist, ergibt sich eine rechtliche Beistandspflicht für die jeweils anderen Partner, dies zu ermöglichen.

Eckpfeiler des EU-Rechts

Vorrang des EU-Rechts

Verhältnis nationales Recht – EU-Recht

Das Schlagwort »Vorrang« betrifft das Verhältnis des nationalen Rechts zum EU-Recht. In den Mitgliedstaaten der Union gilt nicht nur jeweils das nationale Recht, sondern außerdem sowohl das primäre Vertragsrecht, als auch das von der EU gesetzte sekundäre Unionsrecht.

Soweit diese getrennten Rechtsordnungen sich nicht überschneiden, entsteht kein Problem. Jede Rechtsordnung regelt Lebenssachverhalte in ihrem Anwendungsbereich. Problematisch wird die Rechtsanwendung erst dann, wenn es Überschneidungen beim Anwendungsbereich gibt, wenn also das nationale Recht einen Sachverhalt anders regelt als das Unionsrecht. In diesem Fall entsteht eine Kollision, die einer Lösung zugeführt werden muss. Sich widersprechende Normen können nicht gleichzeitig anwendbar sein. Um Widersprüche aufzulösen, muss also bestimmt werden, welches Recht in einem solchen Fall vorgeht.

Ein Klassiker des EU-Rechts: Costa/E.N.E.L.

Dazu ein Beispielsfall, der zu den Klassikern des Unionsrechts gehört, *Costa/E.N.E.L.*, Slg. 1964, 1251:

Der Mailänder Rechtsanwalt Costa ist Aktionär einer Stromerzeugungsgesellschaft. Der italienische Staat verstaatlicht das Unternehmen mit einem Gesetz und gründet eine staatliche Stromgesellschaft (E.N.E.L.). Etwas später findet Costa in seiner Post eine Stromrechnung der E.N.E.L. Er ist immer noch nicht mit der Verstaatlichung einverstanden und unterlässt einfach die Bezahlung. Es kommt zum Prozess um die Zahlungspflicht. Costa macht dabei geltend, die Verstaatlichung sei gemeinschaftsrechtswidrig gewesen. Das zuständige Gericht ist sich nicht sicher, wie die entsprechenden Artikel von EUV und AEUV [das Urteil ist noch zum E[W]GV ergangen] auszulegen sind, und legt dem EuGH gem. Art. 267 AEUV eine dementsprechende Frage zur Auslegung vor.

Angenommen, das italienische Gesetz verstieße tatsächlich gegen mehrere Normen des AEUV, welche Konsequenzen ergeben sich? Die Kollision der Rechte wird nach gefestigter europäischer und nationaler Rechtsprechung durch den prinzipiellen »Vorrang des Unionsrechts« gelöst. Der Vorrang wird in Rechtsprechung und Wissenschaft auf verschiedene Theorien gestützt, die allerdings teilweise nicht ganz schlüssig sind. Der EuGH geht davon aus, dass der Vorrang des Unionsrechts kraft seiner Eigenständigkeit besteht. Dazu formuliert der EuGH im Fall *Costa/E.N.E.L:*

»Zum Unterschied von gewöhnlichen internationalen Verträgen hat der EWG-Vertrag eine eigene Rechtsordnung geschaffen, die bei seinem Inkrafttreten in die Rechtsordnungen der Mitgliedstaaten aufgenommen worden und von ihren Gerichten anzuwenden ist. Denn durch die Gründung einer Gemeinschaft für unbestimmte Zeit, die mit eigenen Organen, mit der Rechts- und Geschäftsfähigkeit, mit internationaler Handlungsfähigkeit und insbesondere mit echten, aus der Beschränkung der Zuständigkeit der Mitgliedstaaten oder der Übertragung von Hoheitsrechten der Mitgliedstaaten auf die Gemeinschaft herrührenden Hoheitsrechten ausgestattet ist, haben die Mitgliedstaaten, wenn auch auf einem begrenzten Gebiet, ihre Souveränitätsrechte beschränkt und so einen Rechtskörper geschaffen, der für ihre Angehörigen und sie selbst verbindlich ist.

Diese Aufnahme der Bestimmungen des Gemeinschaftsrechts in das Recht der einzelnen Mitgliedstaaten und, allgemeiner, Wortlaut und Geist des Vertrages haben zur Folge, dass es den Staaten unmöglich ist, gegen eine von ihnen auf der Grundlage der Gegenseitigkeit angenommene Rechtsordnung nachträglich einseitige Maßnahmen ins Feld zu führen. Solche Maßnahmen stehen der Anwendbarkeit der Gemeinschaftsrechtsordnung daher nicht entgegen. Denn es würde eine Gefahr für die Verwirklichung der in Artikel 5 Absatz 2 aufgeführten Ziele des Vertrages bedeuten und dem Verbot des Artikel 7 widersprechende Diskriminierungen zur Folge haben, wenn das Gemeinschaftsrecht je nach der nachträglichen innerstaatlichen Gesetzgebung von einem Staat zum anderen verschiedene Geltung haben könnte...« (Slg. 1964, 1269; Art. 5 ist nunmehr Art. 4 III EUV und Art. 7 ist nunmehr Art. 18 AEUV).

Die Gemeinschaft ist nunmehr die Union.

Mit dieser ausführlichen Stellungnahme hat der EuGH den Vorranggrundsatz erstmals festgehalten. Er ist inzwischen in ständiger Rechtsprechung bestätigt worden (*Walt Wilhelm*, Slg. 1969, 1; *Simmenthal II*, Slg. 1978, 629; *Tafelwein*, Slg. 1990, I-2879). Im AEUV ist die Rangfrage zwischen nationalem und Gemeinschaftsrecht im Gegensatz zum Verfassungsvertrag nicht ausdrücklich geregelt. Die konkretesten Anhaltspunkte sind der Art. 249 EGV in Verbindung mit Art. 4 III EUV und dem Grundsatz der einheitlichen Geltung und Anwendung des Gemeinschaftsrechts. Dem AEUV ist eine Erklärung Nr. 17 zum Vorrang angehängt, die von Deutschland völkerrechtlich anerkannt wird.

Deutschland erkennt den Vorrang völkerrechtlich an.

Das italienische Verstaatlichungsgesetz verstößt demnach gegen den EUV. Italien hat die Pflicht, die Verstaatlichung rückgängig zu machen. Aufheben darf der EuGH das nationale Gesetz nicht, dies liegt nicht in seiner Zuständigkeit. Die Konsequenz seiner Entscheidung ist nur, dass das Gesetz nicht anwendbar ist. Das Gesetz ist auch nicht nichtig, oder quasi inexistent (Jongeneel Kaas, Slg. 1984, 483), sondern lediglich unionsrechtswidrig.

Anwendungsvorrang

Diese Form der Kollisionslösung nennt man auch den »Anwendungsvorrang« des Unionsrechts. Der Anwendungsvorrang besteht gegenüber jeglichem innerstaatlichen Recht, inklusive bestandskräftigen Verwaltungsakten (*Ciola*, Slg. 1999, I-2517) Ein Geltungsvorrang, der für das nationale Gesetz die Nichtigkeit bedeuten würde, griffe unnötig weit in die nationalen Rechtsordnungen ein und ist den Kompetenzen des EuGH und der Kraft seiner Urteile nach dem EUV/AEUV nicht entnehmbar.

Bindung aller staatlichen Organe

Alle staatlichen Organe der Mitgliedstaaten sind ohne Ausnahme durch das Unionsrecht gebunden. Sie sind nach dem EUV/AEUV verpflichtet, es anzuwenden und ohne Weiteres den Vorrang zu beachten. Die Anwendungspflicht ist in der Praxis besonders wichtig für Behörden und Gerichte (*Factortame I*, Slg. 1990, I-2433).

Problem: Bestandskräftige Verwaltungsakte

Behörden sind verpflichtet, (bestandskräftige) unionsrechtswidrige Verwaltungsakte zurückzunehmen (*Kühne&Heitz*, Slg. 2004, I-837), (1) wenn die Behörde nach nat. Recht befugt ist, die Entscheidung zurückzunehmen, (2) die Entscheidung infolge eines Urteils in letzter Instanz bestandskräftig geworden ist, (3) das Urteil auf einer unrichtigen Auslegung des Unionsrechts ohne Vorabentscheidung des EuGH ergangen ist (der Betroffene muss sich dabei nicht vor dem nat. Gericht auf das Unionsrecht berufen), und (4) der Betroffene sich unmittelbar nach Kenntniserlangung an die Verwaltungsbehörde gewandt hat. Unmittelbar darf nicht zu kurz verstanden werden, dem Betroffenen muss eine angemessene Rechtsbehelfsfrist mit Rücksicht auf den Grundsatz der Rechtssicherheit gewährt werden (*Kempter*, Slg. 2008, I-467). Die die Bestandskraft eines VA regelnden dt. Vorschriften sind grundsätzlich mit dem Unionsrecht vereinbar. (*i-21 Germany & Arcor*, Slg. 2006, I-8559). Das Rücknahmeermessen wird nicht durch das Effektivitätsprinzip auf Null reduziert (a.A. Calliess/Ruffert-*Kahl*, Art. 10 EGV, Rdnr. 42). Bei Gerichtsentscheidungen ist die Sachlage wegen des auch unionsrechtlich anerkannten Grundsatzes der Rechtskraft anders zu beurteilen. Daraus folgt, dass Art. 4 III EUV nicht den Vorrang des EU-Rechts vor rechtskräftigen Gerichtsentscheidungen vorschreibt

(*Kapferer*, Slg. 2006, I-2585). Ein Anspruch aus Staatshaftungsrecht (s. S. 166) bleibt davon jedoch unberührt, dafür ist jedoch ein offenkundiger Verstoß gegen das EU-Recht erforderlich (*Köbler*, Slg. 2003, I-10239).

Aus der Sicht des deutschen Rechts ist die Rangfrage vom BVerfG in einer Reihe von Entscheidungen erörtert worden. Diese Rechtsprechung hat einen langen Entwicklungsprozess durchgemacht, der im Jahr 1967 mit der »Verfassungsbeschwerde gegen EWG-Verordnungen«, BVerfGE 22, 293, begann. Das Gericht führte in seiner Entscheidung dazu aus, dass ein Sekundärrechtsakt kein Akt der deutschen öffentlichen Gewalt sei und somit nicht Gegenstand einer Verfassungsbeschwerde beim BVerfG sein könne und von ihm nicht justitiabel sei (s. a. *EUROCONTROL*, BVerfGE 58, 1). Eine berühmte Entscheidung ist der heftig diskutierte *Solange I* -Beschluss von 1974, BVerfGE 37, 271. Ein Leitsatz der Entscheidung lautet:

BVerfG und Vorrang

Solange I

»*Solange der Integrationsprozeß ... nicht so weit fortgeschritten ist, daß das [EWG-R]echt nicht auch einen ... Katalog von Grundrechten enthält, der dem ... des ... [GG] adäquat ist, ist ... [nach Vorlage einer Sekundärrechtsnorm an d. EuGH bei Zweifeln eines nationalen Gerichts an ihrer Rechtmäßigkeit] die Vorlage [der Norm] eines Gerichts der Bundesrepublik ... an das .. .[BVerfG] im Normenkontrollverfahren [Art. 100 I GG] ... geboten, wenn das Gericht die für es entscheidungserhebliche Vorschrift des ... [EWG-R]echts für unanwendbar hält, ... soweit sie mit einem der Grundrechte des ... [GG] kollidiert.«*

Zur Begründung wurde herangezogen, dass mit der Hoheitsrechtsübertragung an die EWG gem. Art. 24, 59 II 1 GG nicht die Befugnis zu Eingriffen in deutsche Grundrechte übertragen worden sei. Hatte also ein deutsches Gericht auf Vorlage an den EuGH die Gültigkeit einer Sekundärrechtsnorm bestätigt bekommen, wurde aber nach wie vor von Zweifeln an der Vereinbarkeit der Norm mit den GG-Grundrechten geleitet, musste es demnach an das BVerfG vorlegen (Art. 100 I GG, konkrete Normenkontrolle).

Bis zu »Solange II« vergingen noch 12 Jahre. In der Zwischenzeit drehte das BVerfG noch eine Pirouette in Form des *Vielleicht*-Beschlusses, BVerfGE 52, 187 (1979). In diesem Verfahren wurde dem Gericht gem. Art. 100 I GG die Frage nach der Vereinbarkeit einer Primärrechtsnorm mit den GG-Grundrechten gestellt. Das BVerfG verneinte seine Gerichtsbarkeit und erachtete die Vorlage für unzulässig. Ob der Grundrechtskatalog der damaligen EWG inzwischen den

Anforderungen des *Solange I* -Beschlusses genügte, ließ das BVerfG ausdrücklich offen.

Nach dem bereits gemeinschaftsfreundlicheren *Mittlerweile*-Beschluss, BVerfG, NJW 1983, 1258 folgte 1986 *Solange II*, BVerfGE 73, S. 339. Das Gericht lehnte sich an seinen früheren Leitsatz an, sah aber nun die Situation des gemeinschaftsrechtlichen Grundrechtsschutzes als adäquat an und formulierte:

»Solange die ... Gemeinschaften ... einen ... Schutz der Grundrechte gegenüber der Hoheitsgewalt der Gemeinschaften ... gewährleisten, der dem ... [unabdingbaren Wesensgehaltsschutz der Grundrechte des GG] im Wesentlichen gleichzuachten ist, ... wird das...[BVerfG] seine Gerichtsbarkeit über die Anwendbarkeit ... [des Sekundärrechts], das als Rechtsgrundlage für ein Verhalten deutscher Gerichte oder Behörden im Hoheitsbereich der Bundesrepublik ... in Anspruch genommen wird, nicht mehr ausüben und ... nicht mehr am Maßstab der Grundrechte überprüfen; ...«

Dieser Beschluss ergibt bereits ein Kooperationsverhältnis zwischen BVerfG und EuGH und einen nicht eingeschränkten Vorrang, wie es im *Maastricht*-Urteil des BVerfG (BVerfGE 89, 155) ausdrücklich bestätigt wurde. Dort schlägt das Gericht erstmals deutliche Pflöcke ein, die die Staatlichkeit Dtlds. garantieren sollen. Mithin lassen die Formulierungen des BVerfG wieder auf eine zurückhaltendere Ansehung des Vorrangs gegenüber den GG-Grundrechten schließen. Das BVerfG behält sich im Maastricht-Urteil vor, Verfassungsbeschwerden gegen EU-Recht anzunehmen, soweit ein gemeinschaftsrechtlicher Schutz der Grundrechte dem des Grundgesetzes nicht mehr adäquat entspreche. Das BVerfG ist der Auffassung, dass sich der Vorrang des Gemeinschaftsrechts aus dem Anwendungsbefehl ergibt, den das Zustimmungsgesetz zum EWGV gem. Art. 59 II 1, 24 I GG für den EWGV gegeben hat. Nur mit diesem Befehl sei das Gemeinschaftsrecht in der Bundesrepublik für geltend und anwendbar erklärt worden. Dementsprechend prüft das BVerfG, wenn zweifelhaft ist, ob in einem Bereich der Vorrang besteht, ob der Vorrang insoweit vom Rechtsanwendungsbefehl gedeckt ist. Eine mögliche Begrenzung des Anwendungsbefehls ist der Art. 79 III GG, der die Aufgabe gewisser Grundstrukturen der Verfassung verbietet. In seinem Urteil zur Verfassungsmäßigkeit des VvL bestätigt das BVerfG ausdrücklich diese Sichtweise (s. u. S. 313).

In der Praxis müssen Verfassungsbeschwerden gemäß Art. 93 I Nr. 4a GG und Vorlagen nach Art. 100 I GG darlegen, dass der Grundrechtsschutz auf EU-Ebene nicht gewährleistet ist. Ansonsten ist der entsprechende Antrag bereits unzulässig. Alles in allem lässt sich feststellen, dass *Solange II* der Stand der Rechtsprechung ist. Verfassungsbeschwerden, die sich gegen die Anwendung von in diesem Sinne verbindlichem Recht der Europäischen Union richten, sind grundsätzlich unzulässig (vgl. BVerfGE 118, 79/95; 121, 1/15). Verfassungsbeschwerden bleiben jedoch in dem Bereich zulässig, der nicht EU-rechtlich determiniert ist (BVerfGE 121, 1/15). Wegen des Rechts auf effektiven Rechtsschutz, Art. 19 IV GG sind die deutschen Gerichte jedoch verpflichtet, Unionsrecht an den Unionsgrundrechten zu messen und ggf. ein Vorabentscheidungsverfahren nach Art. 267 AEUV (s. u. S. 287) durchzuführen.

In seinem Urteil zur *Vorratsdatenspeicherung* vom 2.3.2010 macht das BVerfG überdies deutlich, dass Verfassungsbeschwerden zulässig sein können, wenn die angegriffenen Vorschriften auf Richtlinienbestimmungen beruhen, die einen zwingenden Inhalt haben (anders noch in BVerfGE 118, 79/98). In der Rechtssache wurde u. a. vorgebracht, dass es der RL 2006/24/EG an einer unionsrechtlichen Kompetenzgrundlage fehle (anders der EuGH in C-301/06, *Irland ./. Parlament und Rat*, Slg. 2009, I-0000, Rn. 59) und sie gegen europäische Grundrechtsverbürgungen verstoße. Erstrebt wurde die Vorlage der RL an den EuGH, damit dieser im Wege der Vorabentscheidung nach Art. 267 AEUV die Richtlinie für nichtig erkläre und so den Weg frei machen würde für eine Überprüfung der angegriffenen Vorschriften am Maßstab der deutschen Grundrechte. Mithin war eine Prüfung der angegriffenen Vorschriften am Maßstab der Grundrechte des Grundgesetzes nach dem Begehren der Beschwerdeführer nicht von vornherein ausgeschlossen. (BVerfG, Urt. v. 2.3.2010, Rdnr. 181 f.). In dem Vorratsdatenspeicherung-Urteil stellte das BVerfG u. a. fest, dass die Freiheitswahrnehmung der Bürger nicht total erfasst und registriert werden dürfe, dies gehöre zur verfassungsrechtlichen Identität der Bundesrepublik Deutschland (vgl. zum grundgesetzlichen Identitätsvorbehalt: BVerfG, Urteil 30. Juni 2009, Rn. 240, für deren Wahrung sich die Bundesrepublik in europäischen und internationalen Zusammenhängen einsetzen muss (Rdnr. 218).

Vorratsdatenspeicherungs-Urteil

Beispiel: Die EmissionshandelRL 2003/87 schafft ein System des unionsweiten Handel mit Treibhausgasemissionszertifikaten. Die Rechtmäßigkeit des darin enthaltenen grundsätzlichen Erfordernisses der quantitativen Begrenzung von Emissionen kann nicht am GG gemessen werden, da entsprechende staatliche Maßnahmen ausschließlich auf

Beispiel: Emissionshandel

Unionsrecht beruhen würden. In der RL ist jedoch ebenfalls ein in das Ermessen der MS gestelltes Recht auf Anerkennung frühzeitiger Emissionsminderungen enthalten. Die Ausübung dieses nichtverpflichtenden Rechts kann an den nationalen Grundrechten gemessen werden. Verpflichtendes EU-Recht nur, wenn es gegen die Identität des GG verstoßen sollte.

In seinem Mangold-Beschluss vom 6. Juli 2010 (2 BvR 2661/06) hat das BVerfG seine Rechtsprechung nochmals präzisiert. Der Anwendungsvorrang des EU-Rechts besteht nur, soweit der EU nach dem Prinzip der begrenzten Einzelermächtigung (s. S. 88) eine Kompetenz zukommt, bei ultra-vires-Handelns der EU ist er nicht gegeben (Mangold, Rn. 53 ff.). Diese Feststellung eines ultra-vires-Handels wird seitens des BVerfG zurückhaltend ausgeübt, um das supranationale Integrationsprinzip nicht zu beschädigen, dem EuGH wird bei der Rechtsauslegung eine große Fehlertoleranz zugebilligt (Mangold, Rn. 66). Nach diesem Maßstab muss eine Handlung der EU-Organe ersichtlich außerhalb der übertragenen Kompetenzen ergangen sein. Ersichtlich ist ein Verstoß, wenn die europäischen Organe und Einrichtungen die Grenzen ihrer Kompetenzen in einer das Prinzip der begrenzten Einzelermächtigung spezifisch verletzenden Art überschritten haben, der Verstoß mithin hinreichend qualifiziert ist. Dies bedeutet, dass das kompetenzwidrige Handeln der EU offensichtlich ist und der angegriffene Akt im Kompetenzgefüge zwischen MS und EU im Hinblick auf das Prinzip der begrenzten Einzelermächtigung und die rechtsstaatliche Gesetzesbindung erheblich ins Gewicht fällt (Mangold, Rn. 61).

3. Grundrechte und allgemeine Rechtsgrundsätze

Die Grundrechte des Unionsrechts werden in Art. 6 EUV genannt.

Laut Art. 6 I EUV »erkennt die Union die Rechte, Freiheiten und Grundsätze an, die in der Charta der Grundrechte der Europäischen Union v. 7.12.2000 in der am 12.12.2007 in Straßburg angepassten Fassung niedergelegt sind«. Die Charta besteht neben dem EUV als gleichberechtigter Vertrag, der von Dtld. ratifiziert werden musste (BGBl. 2008 II, 1165). Damit hat die Union zum ersten Mal einen geschriebenen Grundrechtskatalog, bis zum Inkrafttreten des VvL beruhten die Grundrechte größtenteils auf ungeschriebenen allgemeinen Rechtsgrundsätzen. Reminiszenz an die Vorgängerregelung ist Art. 6 III EUV, der gegenüber dem alten Wortlaut (»achten«) jetzt rechtlich verbindlich gefasst ist (»sind Teil des Unionsrechts«). Die Entwicklung ist zu begrüßen, da die Grundrechte dadurch gestärkt werden und für den Bürger leichter zu identifizieren sind, wodurch wiederum die Rechtssicherheit der EU-Bürger gestärkt wird.

Grundfreiheiten sind keine Grundrechte.

Art. 6 II EUV sieht den Beitritt der EU zur EMRK vor, der verfahrensrechtlich durch Art. 218 VI, VIII AEUV und dem 14. ZP zur EMRK begleitet wird (s. o. S. 73). Durch den Beitritt zur EMRK wird die Zuständigkeitsordnung der Union nicht geändert, insbesondere legt weiterhin allein der EuGH die unionsrechtlichen Grundrechte aus, Art. 19 III EUV. Der Beitritt der EU zur EMRK hat hauptsächlich politische Bedeutung, da die EMRK als völkerrechtlicher Vertrag nicht Bestandteil des Primärrechts ist, Art. 216 II AEUV, und demnach Art. 6 I, III EUV nicht verdrängen kann.

Beitritt zur EMRK

Art. 6 III EUV ist der Vorgängerregelung des Art. 6 II EUV-alt vergleichbar. Über die Vorschrift erlangen die EMRK-Grundrechte als EU-Grundrechte und die gemeinsamen Verfassungsüberlieferungen der MS Verbindlichkeit für die Union. Dadurch werden weitere Grundrechte als die in der Grundrechte-Charta enthaltenen geschützt, wie z.B. die dort nicht enthaltene allgemeine Handlungsfreiheit. Ferner gilt die Charta für einige MS (Polen, Tschechien, Vereinigtes Königreich) nur eingeschränkt, so dass Abs. 3 für diese Staaten eine besondere Bedeutung zukommt.

Von den Grundrechten strikt zu trennen sind die Grundfreiheiten. Die vier Grundfreiheiten sind zwar auch Individualrechte, bei ihnen handelt es sich um allgemeine Freiheiten, deren Verbesserung das Ziel der

Union ist, nämlich die Freiheit des Warenverkehrs, der freie Personenverkehr (Arbeitnehmer, Niederlassung), die Freiheit des Dienstleistungsverkehrs und die Freiheit des Kapital- und Zahlungsverkehrs (s. u. S. 198).

Die Grundrechte des Unionsrechts decken sich hinsichtlich des Schutzbereiches und der Schranken zwar nicht unbedingt mit den Grundrechten der Mitgliedstaaten, die wiederum in den Mitgliedstaaten sehr unterschiedlich ausgeprägt sind, aber sie schützen doch ein sehr ähnliches Spektrum von Rechten, welches sich schon in allen Mitgliedstaaten findet. Dabei meint der personelle Schutzbereich den Personenkreis, den ein Grundrecht schützt. Der sachliche Schutzbereich ist der Teil der individuellen Freiheit, den ein Grundrecht schützt. Historisch gesehen hat der EuGH die Grundrechte aus den gemeinsamen Verfassungsüberlieferungen der MS gewonnen.

»Leading case«, eine richtungweisende Rechtssache in Bezug auf den theoretischen Hintergrund unionsrechtlicher Grundrechte im Sinne von Art. 6 III EUV, ist der Fall *Nold* (Slg. 1974, 491). Gegenstand des Falles war eine von der Kommission genehmigte Handelsregelung der Ruhrkohle AG für Kohlehändler. Der Kohlehändler Nold klagte gegen die Kommission gemäß dem EGKSV. In seinem Urteil hielt der EuGH folgendes fest: »Der Gerichtshof hat bereits entschieden, dass die Grundrechte zu den allgemeinen Rechtsgrundsätzen gehören, die er zu wahren hat, und dass er bei der Gewährleistung dieser Rechte von den gemeinsamen Verfassungsüberlieferungen der Mitgliedstaaten auszugehen hat. Hiernach kann er keine Maßnahmen als rechtens anerkennen, die unvereinbar sind mit den von den Verfassungen dieser Staaten anerkannten und geschützten Grundrechten.« Daraus ergeben sich zwei Folgerungen: Erstens sind die Unionsgrundrechte von den nationalen Grundrechten strikt zu trennen und zweitens sind die Unionsgrundrechte kein größter oder kleinster gemeinsamer Nenner der mitgliedstaatlichen Grundrechte.

Genauso wenig bestimmt das weiteste oder das engste nationale Grundrecht den Standard des Gemeinschaftsgrundrechts. Ein unionsrechtliches Grundrecht ist vielmehr aus einer wertenden Vergleichung zu gewinnen. Die nationalen Grundrechte fließen also nicht in die Unionsgrundrechte ein, sondern stellen nur Beispiele für die Unionsgrundrechte dar, sog. Rechtserkenntnisquellen. Bis zu seinem rechtlichen Inkrafttreten galt dies auch für die Grundrechte-Charta

Die Methode »wertende Vergleichung« mag zunächst so erscheinen, als ob sie zu willkürlichen Ergebnissen führen könnte. Gleichwohl hat

Marginalia:
Nold-Urteil des EuGH

Wertende Rechtsvergleichung

Die Europäische Union 101

die Methode ihre Berechtigung, denn mit ihr lässt sich aus den Verfassungen der Mitgliedstaaten genau ermitteln, welche Individualinteressen sie dem grundrechtlichem Schutz unterstellen. Da die Mitgliedstaaten der Union einem Kulturkreis angehören, kann man hier weitgehende Übereinstimmungen der Rechtsüberzeugungen erkennen. In seiner Rechtsprechung ist der EuGH bemüht, immer die beste Lösung, die im nationalen Recht auffindbar ist, zum Vorbild für das unionsrechtliche Grundrecht zu machen. Dabei berücksichtigt der EuGH jeweils Ziele und Zwecke der Verträge.

Bei konkret unterschiedlichem nationalem Grundrechtsschutz bietet es sich an, zur Gewinnung des unionsrechtlichen Grundrechts neben den Verfassungen auch andere Erkenntnisquellen einzubeziehen, um eine Rechtsüberzeugung herauszukristallisieren, wobei der EuGH dabei auf öffentliche Erklärungen von Unionsorganen abstellt. Zum anderen hat der EuGH die von ihm formulierten Unionsgrundrechte bisher immer mit einem sehr kurz gefassten Vergleich der mitgliedstaatlichen Grundrechte und einem weiteren Ansatzpunkt mit Struktur und Inhalt versehen. In *Nold* formuliert er nämlich: »Auch die internationalen Verträge über den Schutz der Menschenrechte, an deren Abschluss die Mitgliedstaaten beteiligt waren oder denen sie beigetreten sind, können Hinweise geben, die im Rahmen des Gemeinschaftsrechts zu berücksichtigen sind.« Hier sind vor allem die EMRK sowie ihre Zusatzprotokolle gemeint (s. o. S. 48), aber auch der Internationale Pakt über bürgerliche und politische Rechte. Anhand der Menschenrechte der EMRK und der Protokolle erkennt der EuGH, wie die Mitgliedstaaten der Gemeinschaften die Umrisse der Menschenrechte sehen, und zieht daraus Rückschlüsse auf die Gemeinschaftsgrundrechte.

Noch einmal die Elemente der Gewinnung der Grundrechte:

- durch wertende Vergleichung der Verfassungsüberlieferungen der Mitgliedstaaten
- ohne Subtraktion oder Addition der Rechte
- unter Beachtung der Unionsrechtsordnung
- unter Beachtung der EMRK und ihrer Zusatzprotokolle

Elemente der Grundrechtsgewinnung

Grundrechtsschranken

Wie auch bei den Grundrechten des GG ist im Unionsrecht zu beachten, dass kein Grundrecht schrankenlos gilt. Der EuGH hat bisher keine Schrankentheorie entwickelt, aus seiner Rechtsprechung ergeben sich aber Grundlagen eines Schrankensystems. Eine Grundrechtsschranke erlaubt dem Grundsatz der Verhältnismäßigkeit entsprechende Eingriffe in den sachlichen Schutzbereich eines Grundrechts zugunsten des Allgemeininteresses oder anderer Grundrechtsträger (*Nold*, Slg. 1974, 491). Der EuGH hat außerdem konstatiert, dass die Gewährleistung der Grundrechte sich in die Struktur und Ziele der EU einfügen muss (*Internationale Handelsgesellschaft*, Slg. 1970, 1125). Unionsgrundrechte können wie deutsche Grundrechte bei entsprechender Rechtfertigung bis zu ihrem Wesensgehalt und soweit eine Einschränkung verhältnismäßig ist, angetastet werden. Wesensgehalt und Verhältnismäßigkeit kann man daher als sog. Schranken-Schranken sehen. Eine Prüfung der Verhältnismäßigkeit gliedert sich in Fragen nach der Geeignetheit zur Erreichung des Ziels, Erforderlichkeit (mildestes Mittel) zur Erreichung des Ziels und nach der Angemessenheit einer hoheitlichen Maßnahme, also der Verhältnismäßigkeit im engeren Sinne. Die Angemessenheit ist die eigentliche Werteabwägung.

Wesensgehalt und Verhältnismäßigkeit

Die einzelnen Grundrechte

Der EuGH hat bereits ein breites Spektrum von Grundrechten über Art. 6 III EUV formuliert:

- Recht auf Eigentum: Hierbei ist ein breites Spektrum des Eigentums geschützt, etwa Grundeigentum, Sacheigentum, Anbaubeschränkungen, Kapazitätsbegrenzungen etc. Geschützt sind natürliche und juristische Personen. Beim Eigentumsschutz läuft die Entscheidung oft darauf hinaus, ob eine Enteignung vorliegt oder ob das Eigentum noch soweit sozial gebunden ist, dass der Eingriff rechtmäßig, insbesondere verhältnismäßig ist. Sozialbindung bedeutet, dass der Gebrauch des Eigentums auch der Allgemeinheit dienen soll (*Hauer*, Slg. 1979, 3727). Das Eigentum muss im Hinblick auf seine gesellschaftliche Funktion beurteilt werden. Insbesondere Gemeinsame Marktordnungen können das Eigentum beschränken, wenn sie nicht unverhältnismäßig sind (*Bananenmarktordnung*, Slg. 1994, I-4973). Geschützt sind nur Bestand und Nutzung, nicht Chancen auf Erwerb von Eigentum. Abzugrenzen ist der Eigentumsschutz von Art. 345 AEUV, der keine subjektive Rechtsstellung schafft.
- Recht auf berufliche und wirtschaftliche Betätigung: Der EU stehen breit gestreute wirtschaftliche Interventionsmöglichkeiten zur Verfügung. Das Recht auf freie Betätigung schützt vor zu weitgehenden Eingriffen der EU und der Mitgliedstaaten (*Hauer*, s. o.;

Keller, Slg. 1986, 2897). Im Grundgesetz entspricht dem teilweise Art. 12 GG.
- Freier Zugang zur Beschäftigung für Arbeitnehmer (*Heylens*, Slg. 1987, 4097), Vereinigungsfreiheit (*Gewerkschaftsbund*, Slg. 1974, 917), das Recht Koalitionen zu bilden, um gemeinsame Interessen zu vertreten und durchzusetzen.
- Meinungsfreiheit, Publikationsfreiheit (*Flämische Bücher*, Slg. 1984, 19); Religionsfreiheit (*Prais*, Slg. 1976, 1589); Familienschutz (*Wanderarbeitnehmer*, Slg. 1989, 1263); Arztgeheimnis (*Deutsches Arzneimittelrecht*, Slg. 1992, 2575).
- Das Recht auf Privatsphäre, Briefgeheimnis und Schutz der Wohn- und Geschäftsräume (*Hoechst*, Slg. 1989, 2859). Diese Rechte werden unter anderem betroffen, wenn die EU im Bereich des Kartellrechts gegen Firmen ermittelt. Im Kartellrecht handelt die EU direkt, ohne sich der Vollzugsbeamten der Mitgliedstaaten zu bedienen (direkter Vollzug). Der Datenschutz ist über Art. 16 AEUV i.V.m verschiedenen Sekundärrechtsakten gewährleistet. Im Grundgesetz sind diese Rechte mit den Art. 2, 10 und 13 GG vergleichbar.
- Schutz des Arztgeheimnisses (*Kommission/Deutschland*, Slg. 1992, I-2575).
- Menschenwürde (*Niederlande/Rat*, Slg. 2001, I-7079).
- Der Gleichheitssatz: Dieses Grundrecht ist mit einzelnen Elementen ausdrücklich in Art. 18 AEUV und im Sekundärrecht niedergelegt. Ferner sind die ausdrücklich genannten Rechte in einen allgemeinen Gleichheitssatz eingebettet (*Ruckdeschel*, Slg. 1977, 1753). Dieser besagt, dass durch belastende hoheitliche Maßnahmen vor dem Gesetz Gleiches nicht ungleich und Ungleiches nicht gleich behandelt werden darf. Nach dem allgemeinen Grundsatz dürfen aber vergleichbare Sachverhalte dann unterschiedlich behandelt werden, wenn sachlich vertretbare Umstände dies aus objektiver Sicht rechtfertigen (*Bananenmarktordnung II*, Slg. 1999, I-8395). Der Gleichheitssatz richtet sich natürlich auch gegen die EU selbst, die bei ihrer Rechtsetzung den Grundsatz stets beachten muss. Es ist unionsrechtlich zulässig, dass die nationalen Rechte unterschiedlich streng sind, sofern sie nicht zwischen Aus- und Inländern diskriminieren.

Art. 18 AEUV Diskriminierungsverbot

> Unbeschadet besonderer Bestimmungen der Verträge ist in ihrem Anwendungsbereich jede Diskriminierung aus Gründen der Staatsangehörigkeit verboten. [...]

Strukturprinzip der EU

Das Diskriminierungsverbot des Art. 18 AEUV ist für die Union ein Strukturprinzip. Es betrifft die Mitgliedstaaten insoweit, als sie im Rahmen der Anwendbarkeit des Unionsrechts beispielsweise nicht eigene Staatsangehörige, Unternehmen oder Waren durch innerstaatliche Regelungen bevorzugen dürfen. Die Unionsorgane sind aber natürlich auch an Art. 18 AEUV gebunden (*Sotgiu*, Slg. 1974, 153). Die Norm gilt aber nur in den Bereichen, in denen die EU Aufgaben wahrnimmt.

Das bedeutet, der Anwendungsbereich des Vertrages muss eröffnet sein (*Cowan*, Slg. 1989, 195). Ist ein Lebenssachverhalt in keiner Weise vom EU-Recht erfasst, so greift das Unionsrecht nicht und es ist den Mitgliedstaaten zumindest unionsrechtlich nicht verboten, ihre eigenen Bürger besser zu behandeln als Bürger anderer Mitgliedstaaten. Ebenfalls nicht von Art. 18 AEUV erfasst ist der Fall der sog. Inländerdiskriminierung. Das bedeutet, dass die eigenen Staatsbürger schlechter behandelt werden als EU-Ausländer. Das ist nach dem EUV/AEUV nicht unzulässig (*Morson*, Slg. 1982, 3723). Eine ganz andere Frage ist es, ob eine Inländerdiskriminierung gegen nationale Grundrechte verstößt. Marktbürgern steht es bei einer Inländerungleichbehandlung offen, vor ihren nationalen Gerichten gegen die Diskriminierung vorzugehen. Berechtigte sind die Angehörigen und juristischen Personen anderer MS, aber nicht Angehörige von Drittländern.

Inländerdiskriminierung

Direkte und indirekte Diskriminierung

Umfasst wird die direkte und die indirekte Diskriminierung, d. h. das Anknüpfen an ein anderes Merkmal als die Staatsangehörigkeit (z. B. den Wohnsitz: *Pastoors*, Slg. 1997, I-285). Zu beachten ist, dass Art. 18 I AEUV nur eine Auffangvorschrift darstellt, da sie nur »unbeschadet besonderer Bestimmungen« gilt. Zuerst ist also immer eine einschlägige Spezialvorschrift zu suchen.

Im Titel »Sozialpolitik« des AEUV ist eine besondere Ausformung des unionsrechtlichen Diskriminierungsverbotes angesiedelt, der Art. 157 AEUV. Diese Norm ist ein spezialisiertes Diskriminierungsverbot.

Gleiches Entgelt für Männer und Frauen Art. 157 AEUV

(1) Jeder Mitgliedstaat stellt die Anwendung des Grundsatzes des gleichen Entgelts für Männer und Frauen bei gleicher oder gleichwertiger Arbeit sicher.

(2) Unter »Entgelt« im Sinne dieses Artikels sind die üblichen Grund- oder Mindestlöhne und -gehälter sowie alle sonstigen Vergütungen zu verstehen, die der Arbeitgeber auf Grund des Dienstverhältnisses dem Arbeitnehmer mittelbar oder unmittelbar in bar oder in Sachleistungen zahlt.

Gleichheit des Arbeitsentgelts ohne Diskriminierung auf Grund des Geschlechts bedeutet,

a) dass das Entgelt für eine gleiche nach Akkord bezahlte Arbeit auf Grund der gleichen Maßeinheit festgesetzt wird;

b) dass für eine nach Zeit bezahlte Arbeit das Entgelt bei gleichem Arbeitsplatz gleich ist. [...]

Der Grundsatz der Lohngleichheit für Männer und Frauen (vgl. die grundlegenden EuGH-Entscheidungen *Defrenne II*, Slg. 1976, 455 und *Defrenne III*, Slg. 1978; 1365) ist eine besonders weit reichende und differenzierte Ausprägung des Gleichheitsgrundsatzes. Art. 157 AEUV ist unmittelbar anwendbar (*Defrenne II*, Slg. 1976, 455). Das bedeutet, der Einzelne kann sich gegenüber mitgliedstaatlichen und Unionsorganen direkt darauf berufen und daraus unmittelbar Rechte herleiten.

Unmittelbar anwendbar

Darüber hinaus wirkt Art. 157 AEUV direkt auf die Gestaltung von Tarifverträgen und sogar Einzelarbeitsverträgen zwischen Arbeitnehmer und Arbeitgeber. Das bedeutet, Art. 157 AEUV entfaltet seine Wirkung nicht nur zwischen EU und EU-Rechtsunterworfenen, sondern auch teilweise zwischen EU-Rechtsunterworfenen, also von Privatperson zu Privatperson. Diese juristische Konstruktion wird »horizontale Drittwirkung« genannt (*Kommission/Dänemark*, Slg. 1985, 427). Entgelt im Sinne des Art. 157 AEUV sind alle gegenwärtigen und künftigen Vergünstigungen, die der Arbeitgeber seinen Arbeitnehmern aufgrund des Arbeitsverhältnisses gewährt. Die Norm bezieht sich auf das Entgelt und somit auch auf Leistungen aus einer betrieblichen Altersversorgung, Abfindungen bei Entlassungen, Renten eines privaten Betriebsrentensystems, betriebliche Hinterbliebenenrenten etc. Sonstige Arbeitsbedingungen werden nur teilweise und Leistungen aus gesetzlichen Altersversorgungssystemen werden von Art. 157 AEUV gar nicht erfasst.

Horizontale Drittwirkung

Die Europäische Union

Gleichberechtigter Zugang

Allerdings ist nicht nur das Prinzip des gleichen Entgelts geschützt, sondern auch die Gleichberechtigung beim Zugang zum Arbeitsverhältnis (*von Colson und Kamann*, Slg. 1984, 1891) und bei den Arbeitsbedingungen, die nichts mit dem Entgelt zu tun haben, wie etwa Nachtarbeit für Frauen (*Stoeckel*, Slg. 1991, I-4047), ein einheitliches Rentenalter und die Beitragsgleichheit für Systeme sozialer Sicherheit (*Worringham*, Slg. 1981, 767).

Verbot der indirekten Diskriminierung

Art. 157 AEUV verbietet die indirekte oder versteckte Diskriminierung. Das bedeutet, wenn das Entgelt zwar unabhängig vom Geschlecht der Arbeitnehmer bestimmt wird, aber im Endeffekt trotzdem die Arbeitnehmer des einen Geschlechts bevorteilt werden. Die Vorschrift beinhaltet die Möglichkeit von Einschränkungen des Grundsatzes (*Hebammen*, Slg. 1983, 3431), d. h. Rechtfertigungen sind möglich, wenn sie ein wichtiges Ziel verfolgen. Zu beachten sind im Bereich der Gleichstellung auch noch die Art. 9 EUV, 10 und 18 AEUV.

Eine unmittelbare Diskriminierung aufgrund des Geschlechts ist gegeben, wenn die nationalen Regelungen ausdrücklich ein Geschlecht gegenüber dem anderen bevorzugen, also nicht gleichermaßen für Männer und Frauen gelten. Eine mittelbare Diskriminierung liegt vor, wenn die Anwendung der nationalen Rechtsvorschriften zur Bevorzugung eines Geschlechtes führen. Allerdings ist eine Diskriminierung nicht schlechthin verboten, Rechtfertigungen sind möglich. Diese sind als Ausnahmevorschriften eng auszulegen und unterliegen dem Verhältnismäßigkeitsgrundsatz. Umstritten war die Zulässigkeit der in Deutschland vorgenommenen positiven Diskriminierung, wonach zwangsläufig das in einem Bereich unterrepräsentierte Geschlecht bei gleicher Eignung bevorzugt einzustellen ist. Dies ist rechtswidrig (*Kalanke*, Slg. 1995, I-3096), da das EU-Recht die Ergebnisgleichheit nicht erlaubt. Regelungen, die eine Förderung von Frauen vorsehen, aber gleichzeitig nicht rechtlich ausschließen, dass ein gleich geeigneter Mann die Position erhält (sog. Quotenregelungen), sind mit dem EU-Recht vereinbar (*Marschall*, Slg. 1997, I-6363; vgl. Art. 157 IV AEUV).

Sekundärrecht

Neben Art. 157 AEUV sind im Bereich der Gleichbehandlung von Mann und Frau noch verschiedene Gleichbehandlungsrichtlinien zu beachten. Von besonderer Bedeutung ist dabei die RL 2006/54 EG (ABl. 2006 L 204/23) zur Verwirklichung des Grundsatzes der Chancengleichheit und Gleichbehandlung von Männern und Frauen in Arbeits- und Beschäftigungsfragen. In den sachlichen Anwendungsbereich der RL fallen auch öffentlichrechtliche Dienstverhältnisse und der Dienst in den Streitkräften, da der Bereich der öffentlichen Sicherheit nicht generell vom Anwendungsbereich der Verträge ausgenommen ist (*Kreil*, Slg. 2000, I-69). Die deutsche Wehrpflicht als Ausdruck der militärischen Organisation ist allerdings dem Anwendungsbereich entzogen (*Dory*, Slg. 2003, I-2479). Die RL untersagt die unmittelbare und die mittelbare Diskriminierung aufgrund des Geschlechtes.

Grundrechtecharta

Die Charta der Grundrechte der Europäischen Union wurde am 7. Dezember 2000 vom Europäischen Parlament, dem Rat und der Kommission in Nizza feierlich proklamiert und wurde nunmehr als selbständiger völkerrechtlicher Vertrag neben dem EUV/AEUV in leicht veränderter Version am 1.12.2009 rechtlich verbindlich (ABl. 2007 C 303/1). Bis zu ihrem Inkrafttreten haben die europäischen Gerichte die Grundrechtecharta als Rechtserkenntnisquelle mit Bekräftigungsfunktion zur Bestimmung der primärrechtlich geschützten Grundrechte anerkannt (*Parlament/Rat*, Slg. 2006, I-5822; *Jégo-Quéré*, Slg. 2002, II-5137).

Rechtsverbindlichkeit

Die Charta ist in 54 Artikel und sieben Kapitel gegliedert. Kapitel I befasst sich mit der Würde des Menschen, dort sind auch für die EU eher fern liegende Rechte wie das Recht auf Leben oder das Verbot der Folter enthalten, Kapitel II mit dem Recht auf Freiheit und Sicherheit. Zu den Freiheiten gehören wiederum für die Gemeinschaft untypische Freiheitsgewährleistungen wie die Freiheit von Kunst und Wissenschaft. Die Gleichheit wird im folgenden III. Kapitel näher erläutert, die Solidarität im IV. Kapitel. Im fünften Kapitel finden sich die Bürgerrechte wie das Wahlrecht, im VI. die Justizgrundrechte wie die Unschuldsvermutung. Das letzte Kapitel enthält allgemeine Bestimmungen wie den Anwendungsbereich und die Tragweite der von der Charta garantierten Rechte.

Für den Prüfungsaufbau bedeutet dies: Zuerst ist gemäß Art. 6 I EUV ein Verstoß gegen die Grundrechtecharta zu prüfen. Bei den sowohl in der Charta als auch der EMRK genannten identischen Grundrechten, gilt die Bedeutung der Grundrechte im Sinne der EMRK, Art. 52 III 1 Grundrechtecharta. Falls sich danach kein effektiver Grundrechtsschutz für den Unionsbürger ergibt, ist in einem dritten Schritt zur Lückenfüllung direkt auf die in der EMRK verbürgten Grundrechte und die Grundrechte der MS der Union als allgemeine Grundsätze des Unionsrechts abzustellen, Art. 6 III EUV. Zur Vertiefung s. *Meyer* (Hrsg.),

Prüfungsaufbau

Kommentar zur Charta der Grundrechte der Europäischen Union, 2. Aufl. 2006.

Allgemeine Rechtsgrundsätze

Zum ungeschriebenen Primärrecht werden neben den in Art. 6 III EUV garantierten Grundrechten ebenfalls die allgemeinen Rechtsgrundsätze gezählt. Nicht geschriebenes Recht ist trotz der Problematik der Publizität nicht nur im EU-Recht, sondern auch in den Mitgliedstaaten gegeben, wenn auch gegenüber dem geschriebenen Recht in nur minimalem Umfang, siehe z. B. die Entschädigungspflicht für enteignende Eingriffe. Inhalt und Umfang ungeschriebenen Rechts erkennt man am besten in relevanten Gerichtsurteilen oder durch wissenschaftliche Publikationen.

Das Konzept des Allgemeinen Rechtsgrundsatzes stammt aus dem Völkerrecht: Dort sind mit dem Begriff »Allgemeine Rechtsgrundsätze« die bei den »Kulturvölkern« übereinstimmend anerkannten Rechtsgrundsätze gemeint, vgl. Art. 38 IGH-Statut. Dies lässt sich auf das Unionsrecht übertragen. Die Rechtsquelle, die Grundlage der Allgemeinen Rechtsgrundsätze, ist die gleichförmige Geltung eines Rechtsgrundsatzes im Recht bzw. in der Verfassungstradition der Mitgliedstaaten.

Allgemeine Rechtsgrundsätze des Gemeinschaftsrechts

Arten allgemeiner Rechtsgrundsätze des Gemeinschaftsrechts:
- rechtsstaatliche Garantien des ordnungsgemäßen Verwaltungsverfahrens und der Rechtsetzung und
- ein Teil der Grundrechte des Gemeinschaftsrechts.

Die Gewinnung der Rechtsgrundsätze

Es gehört zu ihrem Charakter als ungeschriebenes Recht, dass kaum ein allgemeiner Rechtsgrundsatz des Unionsrechts klar formuliert ist. Auch in den Mitgliedstaaten der Union sind diese Grundsätze teilweise ungeschriebenes Recht, was eine Formulierung auf europäischer Ebene weiter erschwert. Vorteilhaft ist dabei aber, dass Rechtsgrundsätze flexibel und entwicklungsfähig sind.

Kompetenz zur Bestimmung der Rechtsgrundsätze

Die Konturierung der Rechtsgrundsätze, die unbestimmt, aber unentbehrlich sind, könnte etwa der Ministerrat vornehmen, indem er eine Verordnung erlässt, in der er feststellt, was die in den Gemeinschaften geltenden allgemeinen Rechtsgrundsätze des Primärrechtes sind. Dies geschieht aber in der Praxis nicht. Es wäre auch fraglich, ob der Ministerrat dazu überhaupt die Kompetenz hätte. Stattdessen ist die Formulierung in der Praxis Sache des EuGH. In seinen Urteilen und Gutachten erkennt und formuliert er die Grundsätze und wendet sie auch an. Gebunden daran sind aber auch alle anderen EU-Organe. Art. 19 I 2 EUV ist in den Verträgen der konkreteste Anhaltspunkt dafür, dass der EuGH allgemeine Rechtsgrundsätze formulieren kann. An sich haben Organe nur die Kompetenzen, die ihnen ausdrücklich vom AEUV gegeben sind (Prinzip der begrenzten Einzelermächtigung). Zwar enthält Art. 19 I 2 EUV nicht explizit eine solche Kompetenz des EuGH. Jedoch umfasst die »Wahrung des Rechts« auch die Anwendung der geltenden allgemeinen Rechtsgrundsätze. Soll der Gerichtshof die Grundsätze anwenden, so muss er sie vorher auch formulieren können. Folglich kommt dem EuGH eine entsprechende Kompetenz zu.

Die Methodik, derer sich der EuGH bei der Herausarbeitung der Rechtsgrundsätze bedient, ist nicht immer sehr transparent. Oftmals sind die Formulierungen in den Urteilen nicht sehr ausführlich und ergiebig. In der Regel sind die Schlussanträge der Generalanwälte wesentlich erhellender.

Bei der Gewinnung eines Rechtsgrundsatzes stellt der EuGH im Wege der wertenden Rechtsvergleichung auf folgendes ab:

- die gemeinsamen Verfassungsüberlieferungen der Mitgliedstaaten sind der Ausgangspunkt;
- durch wertende praktische Vergleiche der erkannten Verfassungsüberlieferungen formuliert der EuGH, unter Berücksichtigung der Gemeinschaftsinteressen, einen Rechtsgrundsatz;
- unrichtig wäre allerdings eine bloße Subtraktion oder Addition von Verfassungsgrundsätzen der Mitgliedstaaten; man kann also nicht alle Ausprägungen eines Rechtsgrundsatzes in den Mitgliedstaaten gleichsam addieren, um den Unionsgrundsatz zu erfassen;
- vielmehr kreiert der EuGH einen eigenen Rechtsgrundsatz des EU-Rechts, der unabhängig von den Rechtsgrundsätzen der Mitgliedstaaten ist.

Wertende Rechtsvergleichung

Rechtsstaatliche Grundsätze

Abgesehen von Verästelungen wurden vom EuGH in seiner Rechtsprechung folgende Rechtsgrundsätze angenommen:

- Gesetzmäßigkeit der Verwaltung (*Transparenzrichtlinie*, Slg. 1982, 2545). Dieser Grundsatz umfasst vor allem die beiden wichtigen Sätze vom Vorbehalt und vom Vorrang des Gesetzes. Gesetzesvorbehalt bedeutet, dass die Union nur aufgrund ihrer beste-

Die einzelnen Grundsätze

henden Kompetenzen belastende oder begünstigende Rechtsakte erlassen dürfen. Vorrang des Gesetzes bedeutet, dass die Union bei all ihrem Handeln an das komplette Gemeinschaftsrecht gebunden ist;
- rechtliches Gehör: Vor Beeinträchtigungen seiner Rechte ist der Bürger anzuhören (*Meura*, Slg. 1986, 2263);
- faires Verwaltungsverfahren (*Pecastaing*, Slg. 1980, 691);
- Prinzip der Rechtssicherheit und des Vertrauensschutzes: Dieser Grundsatz ist sehr allgemein und bedeutet, dass die Union bei ihrem Handeln immer auch die Interessen des/r Rechtsunterworfenen mit in ihre Abwägung einbeziehen muss (*Defrenne*, Slg. 1976, 480; *Milchkontor*, Slg. 1983, 2633),
- der Grundsatz der ordnungsgemäßen Verwaltung, wodurch eine konsistente Entscheidungspraxis der Verwaltung herbeigeführt werden soll;
- der Bestimmtheitsgrundsatz: eine einen Marktbürger belastende Maßnahme muss immer klar und deutlich sein, damit der Betroffene seine Pflichten und Rechte klar erkennen sowie etwaige eigene Maßnahmen vornehmen kann (*Gondrand Frères*, Slg. 1980, 1942);
- das Verbot rückwirkender hoheitlicher Maßnahmen, soweit nicht das Regelungsziel die Rückwirkung verlangt und das Vertrauen der Betroffenen angemessen beachtet ist (*Decker*, Slg. 1980, 111);
- Verhältnismäßigkeit: Die Union muss bei einem Rechtseingriff so vorgehen, dass ihre Maßnahme geeignet und erforderlich zur Erreichung des Handlungszwecks ist, sowie nach Abwägung der Interessen des Betroffenen und den Interessen der Union das Handeln das mildeste mögliche Mittel sein muss (*Buitoni*, Slg. 1979, 677);
- »ne bis in idem«. Die Kommission darf gegen ein Unternehmen wegen einer Verfehlung nicht mehrmals Bußgelder verhängen (*Kirk*, Slg. 1984, 2689);
- Vertrauen auf die Rechtmäßigkeit von Kommissionsbeschlüssen (*Consorzio Cooperative d'Abbruzzo*, Slg. 1987, 1005);
- Vertraulichkeit von Geschäfts- und Betriebsgeheimnissen (*AM & S*, Slg. 1982, 1575).
- Deliktische (außervertragliche) Haftung der MS (*Francovich*, Slg. 1991, I-5357).

Die Wirkungsweite der Grundrechte und Rechtsgrundsätze

Nach einem Blick auf die Grundrechte und die allgemeinen Rechtsgrundsätze des Unionsrechts bleibt fraglich, gegen wen oder welche Rechtsakte sich die Grundrechte und die anderen allgemeinen Rechtsgrundsätze richten können und wie sie in der Praxis wirken. Zum einen können Grundrechtsträger sich gegen Rechtsakte der EU, etwa einen Kommissionsbeschluss oder eine Ratsverordnung, vor dem Gericht unter Berufung auf die Gemeinschaftsgrundrechte zur Wehr setzen, soweit diese anwendbar sind. Bei individuellen Klagen gegen Unionsrechtsakte vor dem Gericht gelten, das ist selbstverständlich, nur die Unionsgrundrechte. Die nationalen Grundrechte spielen hier keinerlei Rolle. Anders und gleichzeitig problematisch ist die Situation vor nationalen Gerichten. Nationale Gerichte sind wie alle staatlichen Organe der Mitgliedstaaten an das EU-Recht gebunden.

Unübersichtlicher ist die rechtliche Situation, wenn EU-Bürger sich vor nationalen Gerichten gegen Verwaltungsakte, die von einer nationalen Behörde aufgrund EU-Rechts (etwa einer VO) erlassen wurden, wehren, also klagen oder sonstige Gegenanträge stellen.

Greifen dann EU- oder nationale Grundrechte? Hauptproblem ist, dass in einem solchen Fall zwei Rechtsquellen auf den Adressaten der Verordnung und des Verwaltungsaktes, den EU-Bürger, wirken. Zum einen ordnet nämlich die EU-Verordnung konkret etwas an. Die Umsetzung und Durchsetzung (etwa: Erlass eines Verwaltungsakts) ist dann aber Sache des nationalen Rechts, weil es kein EU-weites Verwaltungsrecht gibt.

Zwei Rechtsquellen

Ein Beispiel: Eine EU-Verordnung ordnet für das Jahr 2010 an, dass Weinbauern einen Teil ihres Ertrags destillieren, also zu hochprozentigem Alkohol verarbeiten müssen. Dies geschieht, um den Weinpreis zu stabilisieren. Jedem Weinbauern geht dann ein Bescheid einer deutschen Behörde zu, weil die EU nur in Ausnahmefällen eine eigene Verwaltung hat, die solche Bescheide erlässt (etwa im Kartellrecht). Der nationale Verwaltungsakt beruht formell auf deutschem Verwaltungsrecht. Materiell fußt er auf der EU-Verordnung. Wenn sich nun der Weinbauer gegen die Destillationsverpflichtung wehren will, so kann er nicht nur direkt vor dem EuGH gegen die Verordnung vorgehen, sondern kann sich auch nach deutschem Verwaltungsrecht gegen die Verordnung und den Bescheid wehren. Dies geschieht durch Widerspruch bei der Behörde bzw. durch Klage beim Verwaltungsgericht. Auch das nationale Gericht muss bei entsprechender Behauptung des Weinbauern prüfen, ob durch den Bescheid seine Grundrechte verletzt sind, und zwar entweder durch das EU-Recht oder das nationale Verwaltungsrecht. Das nationale Gericht wendet das EU-Recht wie nationales Recht an und muss es auch auslegen. Ist das nationale Gericht der Meinung, das dem Fall zugrunde liegende EU-Recht sei EU-grundrechtswidrig, so muss es diese Frage dem EuGH vorlegen (Art. 267 AEUV). Aufheben darf es die Verordnung nicht. Der EuGH entscheidet dann, ob die Verordnung rechtmäßig ist. Ist das nationale Gericht der Meinung, der Bescheid sei formell rechtswidrig, so hebt es den Bescheid auf. Gegen die Verordnung selbst kann der Marktbürger nationale Grundrechte nicht ins Feld führen, diese gelten grundsätzlich nur gegen nationales Recht.

Das Problem ist eingekreist: Gegen die materielle Verordnung können nur EU-Grundrechte gelten, gegen den formellen nationalen Vollzugsakt, den VA, nur deutsche Grundrechte.

Zu trennen ist also:

- Wendet sich ein Marktbürger vor einem nationalen Gericht gegen den materiellen Inhalt der Verordnung selbst, so kann er nur EU-Grundrechte ins Feld führen.
- Wendet er sich aber gegen einen Fehler des Vollzugsaktes nach nationalem Verwaltungsrecht, so gelten insoweit nationale Grundrechte.

Entscheidend ist die richtige Zurechnung.

Deutschengrundrechte

In diesem Zusammenhang soll noch auf ein verwandtes Problem hingewiesen werden. Die Erstreckung des Schutzbereiches von sog. »Deutschengrundrechten« wie Art. 12 I GG auf Unionsbürger ist aus der Sicht des Unionsrechts nicht erforderlich. Im Anwendungsbereich der Verträge werden die Unionsbürger bereits durch die unionsrechtlich gesicherten Grundrechte, die denen des GG weitgehend entsprechen, geschützt. Bei Sachverhalten ohne EU-Bezug greifen die Verträge nicht ein und die MS bleiben souverän in ihrer Gestaltung der nationalen Rechtsordnung. Somit steht es dem nationalen Verfassungsgeber frei, den Schutzbereich der Grundrechte zu beschränken. Eine Erstreckung in diesem Bereich würde zwangsläufig zu einer Verdopplung des Grundrechtsschutzes und der prozessualen Verfahren führen, da neben dem EuGH auch das BVerfG zuständig wäre. Eine Situation die eher Rechtsun- als Rechtssicherheit hervorrufen würde (vgl. *v. Münch/Kunig-Vedder/Lorenzmeier*, GG-Kommentar, Band 3, 6. Aufl. 2010, Art. 116, Rz. 67)

Problematisch ist es auch, wenn das EU-Recht Vorgaben für das formelle nationale Recht, das Verwaltungsverfahren, beinhaltet. Dann ist kaum mehr durchschaubar, welche Grundrechte gelten. Daher erscheint es sinnvoll und richtig, in solchen Fällen EU-Grundrechte anzuwenden. Dafür spricht, dass der ganze Bescheid letztendlich vom EU-Recht »angeschoben« wurde (*Elleniki Radiofonia*, Slg. 1991, I-2925). Man kann dies auch damit begründen, dass die Unionsgrundrechte und die Verwaltungsgrundsätze des Unionsrechts einen Mindeststandard für die nationalen Rechtsordnungen bilden.

4. Demokratische Grundsätze der Union

Neu eingefügt in den EUV wurde ein Titel hinsichtlich der Bestimmungen über die demokratischen Grundsätze der Union. Häufig wird die Bürgerferne der EU kritisiert, die im »Raumschiff Brüssel« ohne Rückkopplung an die nationalen Parlamente verbindliche Rechtsvorschriften erlasse. Dies zu ändern war eine der Hauptaufgaben des Reformprozesses.

Die Art. 9 und 10 EUV enthalten generelle Vorschriften über die Gleichheit der EU-Bürger und die anwendbaren demokratischen Grundsätze. Die Union beruht auf der repräsentativen Demokratie und die Bürger haben das Recht, am demokratischen Leben der Union teilzunehmen. Überdies sollen die Entscheidungen der EU so bürgernah wie möglich getroffen werden. An diesem Maßstab wird sich die EU zukünftig messen lassen müssen.

Bürgerbeteiligung

Die Bürgerbeteiligung ist in Art. 11 EUV geregelt. Art. 11 IV EUV eröffnet nunmehr die Möglichkeit, europäische Bürgerbegehren durchzuführen, wenn mindestens eine Million Bürger aus einer erheblichen Anzahl von Mitgliedstaaten dies unterstützen. Die Details sind in einer Verordnung zu regeln, Art. 11 IV UAbs. 2 iVm Art. 24 I AEUV.

Beteiligung der nationalen Parlamente

Letztlich werden die nationalen Parlamente effektiver in die Willensbildung der EU eingebunden, Art. 12 EUV. Zukünftig werden den Parlamenten die Entwürfe von europäischen Gesetzgebungsakten vorab zugeleitet. Details sind in dem »Protokoll über die Rolle der nationalen Parlamente in der Europäischen Union« niedergelegt. Gestärkt wird ihre Position ebenfalls durch die Einführung der Subsidiaritätsrüge und der Subsidiaritätsklage im »Protokoll über die Anwendung über die Anwendung der Grundsätze der Subsidiarität und der Verhältnismäßigkeit«. Die Protokolle sind gemäß Art. 51 EUV Bestandteil der Verträge und damit Primärrecht.

5. Organe der Union

Eine Internationale Organisation kann nicht funktionieren ohne handelnde Körperschaften, d.h. die aufgrund des Vertrages geschaffenen Organe. Die Organstruktur der EU ist mithin von überragender Bedeutung und man kann sie auch als das Recht der Institutionen oder institutionelles Recht bezeichnen. Die EU und die Euratom haben mit Ausnahme des Europäischen Rates gemeinsame Organe.

Die Organstruktur der EU ist allerdings nicht vergleichbar mit dem klassischen Montesquieu-Schema der Gewaltenteilung, wie es etwa im GG zum Ausdruck kommt. In der Strukturierung und den Funktionen der EU-Organe zeigt sich vielmehr, dass die Mitgliedstaaten sich weitgehenden Einfluss zur Verfolgung ihrer Ziele und Interessen gesichert haben. Bei jedem Vergleich der EU-Organe mit nationalen Staatsorganen ist also Vorsicht geboten.

Keine klassische Gewaltenteilung

Die Organe und deren Befugnisse sind in Art. 13 ff. EUV geregelt.

Organe der Union   Art. 13 EUV

(1) Die Union verfügt über einen institutionellen Rahmen, der zum Zweck hat, ihren Werten Geltung zu verschaffen, ihre Ziele zu verfolgen, ihren Interessen, denen ihrer Bürgerinnen und Bürger und denen der Mitgliedstaaten zu dienen sowie die Kohärenz, Effizienz und Kontinuität ihrer Politik und ihrer Maßnahmen sicherzustellen.

Die Organe der Union sind

- das Europäische Parlament,
- der Europäische Rat,
- der Rat,
- die Europäische Kommission (im folgenden »Kommission«),
- der Gerichtshof der Europäischen Union,
- die Europäische Zentralbank,
- der Rechnungshof.

(2) Jedes Organ handelt nach Maßgabe der ihm in den Verträgen zugewiesenen Befugnisse nach den Verfahren, Bedingungen und Zielen, die in den Verträgen festgelegt sind. Die Organe arbeiten loyal zusammen. [...]

(4) Das Europäische Parlament, der Rat und die Kommission werden von einem Wirtschafts- und Sozialausschuss sowie von einem Ausschuss der Regionen unterstützt, die beratende Aufgaben wahrnehmen.

Einheitlicher institutioneller Rahmen

Der VvL nimmt substantielle Änderungen am bis dahin bestehenden institutionellen Aufbau der EU vor. Wichtig ist der in Art. 13 I EUV genannte einheitliche institutionelle Rahmen, wodurch der Grundsatz der institutionellen Einheitlichkeit konkretisiert wird. Ferner soll dadurch die Kohärenz des Handelns der Organe in den Verträgen sichergestellt werden. Neu hinzugekommen in den Kreis der Organe sind der Europäische Rat und die Europäische Zentralbank.

Art. 13 II EUV bekräftigt noch einmal das Prinzip der begrenzten Einzelermächtigung (s. o. S. 88), für ein Tätigwerden muss also immer eine Sach- Organkompetenz für die EU gegeben sein. Art. 13 EUV ist keine Kompetenzgrundlage, sondern setzt eine solche voraus. Abs. 4 erwähnt die unterstützende Funktion des Wirtschaft- und Sozialausschusses (WSA) und des Ausschusses der Regionen (AdR).

Institutionelles Gleichgewicht

Zwischen den Organen besteht ein institutionelles Gleichgewicht (*Meroni*, Slg. 1958, 1) und ein loyales Verhältnis, Art. 13 II 2 EUV. Den einzelnen Organen stehen eigene Kompetenzen zu, die ein Organ unter Beachtung der Befugnisse anderer Organe ausüben muss. Verstöße hiergegen können als Rechtsverstöße geahndet werden. Allerdings steht dem Organ als Annexkompetenz die Befugnis zu, eine Kompetenz auf ein anderes Organ zu übertragen. In Art. 13 II 1 EUV wird überdies das Prinzip der begrenzten Organzuständigkeit normiert.

Der Sitz der Organe wird in dem Protokoll über die Sitze der Organe und bestimmter Einrichtungen, sonstiger Stellen und Dienststellen der Europäischen Union geregelt (ABl. 1997 C 340/112), welches nach Art. 51 EUV Bestandteil der Verträge ist.

Art. 4 EUV **Europäischer Rat**

(1) Der Europäische Rat gibt der Union die für ihre Entwicklung erforderlichen Impulse und legt die allgemeinen politischen Zielvorstellungen und Prioritäten hierfür fest.

(2) Der Europäische Rat setzt sich zusammen aus den Staats- und Regierungschefs der Mitgliedstaaten sowie dem Präsidenten des Europäischen Rates und dem Präsidenten der Kommission. Der Hohe Vertreter der Union für Außen- und Sicherheitspolitik nimmt an seinen Arbeiten teil.

(3) Der Europäische Rat tritt zweimal pro Halbjahr zusammen; er wird von seinem Präsidenten einberufen. ... Wenn es die Lage erfordert, beruft der Präsident eine außerordentliche Tagung des Europäischen Rates ein.

> (4) Soweit in den Verträgen nichts anderes festgelegt ist, entscheidet der Europäische Rat im Konsens. [...]

Das politisch wichtigste Organ der Union ist der Europäische Rat. Er gibt die Impulse für die weitere politische Entwicklung der Union. Art. 15 I EUV umreißt die Aufgaben des Europäischen Rates. Gegenüber der bisherigen Regelung wird der Europäische Rat um einen hauptamtlichen Präsidenten ergänzt (s. S. 32). Dem Europäischen Rat kommt im Rahmen der vereinfachten Vertragsänderungsverfahren nach Art. 48 VI, VII EUV entscheidende Funktion zu, da er die Vertragsänderungen einstimmig beschließen kann (zu den dt. Sonderregelungen s. S. 313). Daneben spielt der Europäische Rat eine wichtige Rolle im Rahmen der Ernennung des Hohen Vertreters für die Außen- und Sicherheitspolitik (Art. 18 I EUV) und der GASP (Art. 26 I EUV).

Politisch wichtigstes Organ

Gemäß Art. 235 I AEUV ist eine Stimmrechtsübertragung möglich, Stimmenthaltung ist bei einstimmigen Beschlüssen unschädlich, Art. 235 I UAbs. 3 AEUV. Daneben entscheidet er noch über die Zusammensetzung des Rates, Art. 236 AEUV.

5.1. Das Europäische Parlament

Das Europäische Parlament (EP) ist, als Bekenntnis zum Demokratieprinzip, an erster Stelle der Organe im EUV genannt, noch vor Ministerrat und Kommission. Ursprünglich wurde das Parlament im EWGV als »Versammlung« bezeichnet. Seine Sitze hat das EP in Straßburg und Brüssel.

Das Europäische Parlament — Art. 14 EUV

> (1) Das Europäische Parlament wird gemeinsam mit dem Rat als Gesetzgeber tätig und übt gemeinsam mit ihm die Haushaltsbefugnisse aus. Es erfüllt Aufgaben der politischen Kontrolle und Beratungsfunktion nach Maßgabe der Verträge. Es wählt den Präsidenten der Kommission.
> (2) Das Europäische Parlament setzt sich aus Vertretern der Unionsbürgerinnen [...] zusammen. Ihre Anzahl darf 750 nicht überschreiten, zuzüglich des Präsidenten. Die Bürgerinnen [...] sind im Europäischen Parlament degressiv proportional, mindestens jedoch mit sechs Mitgliedern je Mitgliedstaat vertreten. Kein Mitgliedstaat erhält mehr als 96 Sitze. [...]

> (3) Die Mitglieder des Europäischen Parlaments werden in allgemeiner, unmittelbarer, freier und geheimer Wahl für eine Amtszeit von fünf Jahren gewählt. [...]

Abgeordnete sind Verteter der Unionsbürger

Die Abgeordneten sind nunmehr Vertreter der Unionsbürger und nicht »Vertreter der in der Gemeinschaft zusammengeschlossenen Völker«, wodurch der unionale Charakter des Zusammenschlusses gestärkt werden soll. In Abs. 1 wird die Rolle des EP besonders hervorgehoben, es wird einem nationalen Parlament hinsichtlich seiner Aufgaben immer mehr angenähert. Die klassischen Parlamentsaufgaben sind das Haushaltsrecht, die Kontrolle der Exekutive (hier der Kommission) und das (Mit-)Verfassen von Rechtsakten, welche weitgehend auch dem EP übertragen wurden.

Wahlrechtsgrundsätze

Die Wahlrechtsgrundsätze werden ebenfalls denen der Mitgliedstaaten angenähert. Die Wahl der Abgeordneten musste bis zum VvL nur allgemein und unmittelbar sein, jetzt auch frei und geheim (vgl. Art. 38 I GG). Die Wahlperiode beträgt fünf Jahre. Die Mitgliederzahl wird durch den Vertrag auf 751 festgelegt. Die Sitzverteilung im EP wird nach dem Grundsatz der degressiven Proportionalität durch Beschluss des Europäischen Rates festgelegt, wodurch die Verletzung des Grundsatzes der Wahlrechtsgleichheit jedoch nicht aufgehoben wird, da der kleinste MS mindestens über sechs Sitze verfügen muss, der größte jedoch höchstens 96 Sitze erhalten darf. Das Demokratiedefizit (s. u. S. 122) bleibt bestehen. Bis zum Jahr 2014 besteht das EP aufgrund eines Beschlusses des Europäischen Rates zu Übergangsmaßnahmen entgegen dem Vertragstext aus 754 Mitgliedern, da die Wahlen zum EP mangels Inkrafttreten des VvL noch nach der Nizza-Regelung stattfanden und Dtld. dort 99 Abgeordnete zugesprochen werden.

Kurz zur Historie: Das Europäische Parlament wird seit 1979 direkt von den Bürgern und Bürgerinnen der Mitgliedstaaten der Gemeinschaften gewählt. Vor 1979 wurden die Abgeordneten, es waren damals nur 198, aus der Mitte der nationalen Parlamente ernannt, also nicht gewählt. Das Parlament hat aber leider trotz direkter Wahl durch die Bürger der Mitgliedstaaten in den Union noch nicht die Durchsetzungskraft und den Stellenwert nationaler Parlamente, wie sich auch an der geringen Wahlbeteiligung bei der letzten Europawahl zeigte. Dies steht im Widerspruch zu der Tendenz, dem EP mit jeder Vertragsänderung mehr Zuständigkeiten und Rechte zu übertragen, d. h. die Lücke zu den nationalen Parlamenten immer mehr zu verringern.

Die Europäische Union

Laut Art. 223 I AEUV erstellt das EP einen Entwurf über einheitliche Wahlbestimmungen zum EP. Der AEUV sagt nichts über das Wahlsystem der Wahlen zum Europaparlament aus; es ist nicht festgelegt, ob etwa das Verhältnis- oder das Mehrheitswahlrecht gilt. Bis zur Erstellung einheitlicher Wahlbestimmungen gilt als Übergangslösung der Direktwahlakt (DWA, ABl. 2002 L 283/1; BGBl. 2004 II, 520). Das Verhältniswahlrecht gilt nach dem DWA auf dem Gebiet der Union, in Großbritannien wird also nur für die Europawahl vom dort sonst anwendbaren Mehrheitswahlrecht abgewichen. Allerdings ist der DWA keine Vollregelung, er lässt den Mitgliedstaaten einen weiten Spielraum, beispielsweise kann nach Art. 3 DWA eine 5%-Hürde eingeführt werden. In der Bundesrepublik gibt es daher ein nationales Ausführungsgesetz. Das Gesetz zu den Europawahlen (BGBl. 1994 I, 424) und die Europawahlordnung (BGBl. 1988 I, 1453) orientieren sich am Wahlrecht zum Bundestag, allerdings können die Parteien Bundesstatt Landeslisten aufstellen und wahlberechtigt sind auch Unionsbürger aus anderen Mitgliedstaaten, wie sich aus Art. 22 II AEUV ergibt. Die Wahlperiode beträgt fünf Jahre, Art. 14 III EUV.

Wahl der Abgeordneten

Im Parlament haben sich sieben überstaatliche parteiorientierte Fraktionen gebildet. Bei Abstimmungen kommt es öfter vor, dass etliche Abgeordnete nicht entsprechend der Meinung ihrer länderübergreifenden Fraktion abstimmen, sondern sich, ohne Ansehen der Fraktionszugehörigkeit, nach der Auffassung der Regierung ihres Heimatstaates richten. Man kann sich daher des Eindrucks nicht erwehren, dass es – bisweilen – um Länderinteressen und nicht nur um die Sache geht. Damit stellt sich die Frage, ob die nationalen Interessen nicht zu stark sind, als dass sich das EP zu einem einflussreicheren und geschlosseneren Organ entwickeln könnte. Der Trend zu einer europäischeren Politik könnte durch die Bildung europäischer Parteien verstärkt werden, was nach Art. 224 AEUV zumindest vorgesehen ist.

Die Rechtsstellung der Abgeordneten wird vom DWA geregelt. Sie sind an Aufträge und Weisungen nicht gebunden und genießen entsprechend den für Amtsträger der EU geltenden Vorrechten und Befreiungen Immunität (Art. 6 DWA). Ein Doppelmandat in einem nationalen Parlament und dem EP ist nicht möglich und eine Inkompatibilität besteht auch mit einem mitgliedstaatlichen Regierungsamt oder einer sonstigen Amtsträgereigenschaft in den Organen und Institutionen der Gemeinschaft (Art. 7 DWA).

Rechtsstellung der Abgeordneten

Befugnisse und Demokratiedefizit

Befugnisse

Legislativ-, Haushalts- und Kontrollbefugnisse

Das EP hat Legislativ-, Haushalts- und Kontrollbefugnisse. Im Mitentscheidungsverfahren nach Art. 294 AEUV, dem ordentlichen Hauptgesetzgebungsverfahren der EU, kommt kein Rechtsakt ohne die Zustimmung des EP zustande (s. S. 175). Im besonderen Gesetzgebungsverfahren, welches in den Verträgen besonders benannt sein muss, ist das EP zu beteiligen. Der Jahreshaushaltsplan der EU wird vom Parlament zusammen mit dem Rat festgelegt, Art. 314 AEUV. Diese Befugnis ist wichtig, da ohne einen verabschiedeten Haushalt die Gemeinschaft finanziell nicht handlungsfähig ist. Teil seiner Kontrollfunktion ist der Misstrauensantrag gegen die Kommission, Art. 234 AEUV. Durch ein Misstrauensvotum kann das Parlament jedoch nur den Rücktritt der Kommission als Ganzes erzwingen, so dass sich das Rechtsinstrument in der Praxis als stumpfes Schwert erwiesen hat. Als effektive Drohung wurde es bei dem Rücktritt der Santer-Kommission am 16.03.1999 verwandt (ABl. 1999 C 177/19).

Weitere Befugnisse des Parlaments sind:
- Indirektes Initiativrecht, Art. 225 AEUV: Das EP kann mit der Mehrheit seiner Mitglieder die Kommission auffordern, geeignete Vorschläge für Rechtsakte zu unterbreiten. Gemäß S. 2 darf die Kommission die Ausarbeitung nur begründet verweigern. Das indirekte Initiativrecht wird durch eine Interinstitutionelle Vereinbarung (vgl. Art. 295 AEUV) zwischen KOM und EP konkretisiert. Die KOM muss nach einer Aufforderung des EP zu einer Gesetzesinitiative innerhalb von drei Monaten Stellung beziehen und in Jahresfrist einen entsprechenden Vorschlag vorlegen: lehnt die KOM das ab, muss sie sich politisch vor den Abgeordneten rechtfertigen.
- Das EP hat Anhörungsrechte im ordentlichen und vereinfachten Vertragsänderungsverfahren, Art. 48 EUV.
- Das Parlament hat das Zustimmungsrecht für den Beitritt neuer Mitgliedstaaten (Art. 49 EUV), beim Austritt aus der Union (Art. 50 EUV), beim Abschluss wichtiger völkerrechtlicher Verträge (Art. 218 VI AEUV) und für die Ernennung der Kommission (Art. 17 VII EUV).
- Weiter steht dem Europäischen Parlament das Recht zu, Anfragen an die Kommission und den Rat zu richten, Art. 230 II AEUV.

Eine Anfrage ist zwar nur eine Anfrage, aber die anderen Organe werden immerhin gezwungen, Stellung zu nehmen. Außerdem wird die Antwort im Amtsblatt der Europäischen Gemeinschaften publik gemacht.
- Das Parlament hat sich viele, heute im AEUV verbürgte, Rechte auf dem Klageweg erkämpft: s. *Roquette Frères*, Slg. 1980, 333; *Les Verts*, Slg. 1986, 1339; *Komitologie*, Slg. 1988, 5616.
- Das Parlament kann nach seiner Geschäftsordnung, Art. 232 AEUV, Ausschüsse bilden. Nach Art. 226 AEUV steht dem Parlament das Recht zu, nichtständige Untersuchungsausschüsse zu bilden, welche unbeschadet der Kompetenzen anderer EU-Organe behauptete Unionsrechtsverstöße oder Missstände bei der Anwendung überprüfen können. Die gleichzeitige Behandlung eines Sachverhaltes neben einer gerichtlichen Prüfung ist allerdings aus Gründen der Gewaltenteilung ausgeschlossen. Bekannt wurde der Untersuchungsausschuss zur BSE-Krise (ABl. 1996 C 239/1 und 261/132; Annahme des Berichts durch das EP: ABl. 1997 C 85/61), der seine Tätigkeit trotz vor dem EuGH und dem Gericht anhängiger Gerichtsverfahren fortsetzte, da er sich generell mit der Problematik befasste, während die Klagen nur die von Kommission und Rat erlassenen Rechtsakte betrafen.
- Der Petitionsausschuss des Parlaments behandelt Petitionen von Bürgern oder juristischen Personen mit Wohnort oder satzungsmäßigem Sitz in einem MS (Art. 227 AEUV). Erforderlich ist, dass sie unmittelbar betroffen sind und dass die Angelegenheit in den Tätigkeitsbereich der EU fällt. Eine Petition ist ein Rechtsbehelf, ein rechtliches Instrument, das an keinerlei Form, wie etwa Fristen, gebunden ist. Auch die deutschen Länderparlamente und der Bundestag (Art. 17 GG) sind verpflichtet, Petitionen entgegenzunehmen.
- Der Bürgerbeauftragte (nach der skandinavischen Herkunft des Begriffes auch »Ombudsmann« genannt) des Parlaments (Art. 228 AEUV) nimmt Beschwerden von natürlichen oder juristischen Personen mit Wohnsitz im Unionsgebiet an. Die Bürger müssen Missstände bei der Tätigkeit der Organe oder der Gemeinschaft rügen. Der Begriff des Missstandes wird weit verstanden, so dass nicht nur Rechtsverstöße, sondern auch Verstöße gegen die Grundsätze der guten Verwaltungspraxis, Machtmissbrauch u. ä. umfasst werden (ABl. 1998 C 380/12 f.). Das Recht ist als subjektiv öffentliches Recht ausgestaltet, bei Nicht- oder Schlechtbe-

Bürgerbeauftragter

handlung einer Beschwerde kann sich der Bürger an das Gericht wenden (*Lamberts/Mediateur*, Slg. 2002, II-2203). Die gerügten Missstände dürfen nicht Gegenstand eines Gerichtsverfahrens sein oder gewesen sein.
- • Das Parlament hat nach Art. 265 AEUV das Recht, gegen Unterlassungen von Ministerrat, EZB und Kommission zu klagen. Es besteht zudem ein (privilegiertes) Klagerecht mit dem Antrag auf Nichtigerklärung eines Rechtsaktes nach Art. 263 II AEUV. Ferner zählt es zum Kreis der möglichen Antragsteller im Gutachtenverfahren nach Art. 218 XI AEUV.

Demokratiedefizit

EU erfüllt den Demokratiestandard des GG nicht.

Viel gesprochen wird vom Demokratiedefizit der Europäischen Gemeinschaften. Das ergibt sich aus folgender Überlegung: Im GG wird die Bedeutung der parlamentarischen Demokratie stets hochgehalten. Ein ausgeklügeltes Gesetzgebungsverfahren regelt die Gesetzgebung. Nur das Parlament, die Volksvertretung, darf Gesetze erlassen. Nun hat aber das deutsche Parlament mit der Zustimmung zum E[W]GV und den späteren Vertragsänderungen (EEA, Unionsvertrag) etliche Kompetenzen an die Gemeinschaften, insbesondere an die EG abgetreten (früher nach Art. 24, jetzt Art. 23 GG, s. u. S. 304). Die Gesetzgebung in der EU wird jedoch hauptsächlich vom Ministerrat und dem EP auf Initiative der Kommission vorgenommen.

Der Ministerrat setzt sich aus Personen zusammen, die von ihren Regierungen und nicht von den Parlamenten bestellt sind, und erlassen – zumindest de facto – nach den Anweisungen ihrer Regierungen die Verordnungen und Richtlinien. Zumindest die Verordnungen haben dabei eine direkte Wirkung, die durchaus nationalen Gesetzen vergleichbar ist. Polemisch formuliert, könnte man sich fragen: Wo bleibt denn da die Demokratie? Diese Konstellation ist wohl der größte Widerspruch, der sich in den Unionsverträgen befindet. Die Bürger der Mitgliedstaaten haben auf die Rechtsetzung des Rates keinerlei zwingenden und bestenfalls, vermittelt durch die nationalen Parlamente, mittelbaren Einfluss.

Wie gezeigt, ist eine Verwirklichung des Demokratieprinzips, wie man es aus nationalen Verfassungen kennt, nicht vollständig gegeben, aber den Vertretern der Unionsbürger (Art. 14 II EUV) ist ein bestimmender Einfluss auf die Akte der EU, gerade auf das Gesetzgebungsverfahren (s. u. S. 175), nicht abzusprechen. Dennoch entspricht die Repräsentation der Bürger im EP nicht denen eines Staates, die Wahlrechtsgleichheit ist verletzt, da ein Abgeordneter aus Dtld. etwa 857.000 Unionsbürger vertritt, ein in Luxemburg gewählter Abgeordneter vertritt demgegenüber aber mit etwa 83.000 Luxemburger Unionsbürgern nur ein Zehntel davon, bei Malta wäre es mit etwa 67.000 sogar nur etwa ein Zwölftel davon; bei einem mittelgroßen Staat wie Schweden würde jeder gewählte Abgeordnete etwa 455.000 Unionsbürger aus seinem Land im EP (BVerfG, Lissabonvertrag, Urteil v. 30.6.2009, Rdnr. 285). Letztlich ist zu beachten, dass, da die Gemeinschaft kein Staat ist, eine dem nationalen Demokratieverständnis entsprechende Gewährleistung der Wahlrechtsgleichheit folglich nicht gegeben sein muss. Nichtsdestoweniger wäre eine weitere Stärkung der Rechte des Parlamentes, gerade auch im Hinblick der Akzeptanz der Union bei den Bürgern, wünschenswert.

Organisation des Parlaments

Gemäß Art. 14 IV EUV wählt das EP aus seiner Mitte seinen Präsidenten und sein Präsidium. Die Mitglieder der KOM können an allen Sitzungen teilnehmen und auf Antrag gehört werden. Als ausführendes Organ der EU sind sie dem EP Rechenschaft pflichtig und müssen schriftlich oder mündlich auf Fragen des EP antworten, Art. 230 II AEUV. Für den Europäischen Rat und den Rat gilt dies nur nach Maßgabe der jeweiligen Geschäftsordnung.

Abstimmungen   Art. 231 AEUV

Soweit diese Verträge nichts anderes bestimmt, beschließt das Europäische Parlament mit der Mehrheit der abgegebenen Stimmen.
Die Geschäftsordnung legt die Beschlussfähigkeit fest.

Beschlussfassung mit Mehrheit bedeutet, dass ein Beschluss mehr als die Hälfte aller abgegebenen Stimmen (einschließlich Enthaltungen) auf sich vereinigt. Strengere Mehrheitsregeln gibt es für besondere Fälle, wie beispielsweise in Art. 234 II AEUV. Um einen wirksamen Beschluss fassen zu können, muss ein Drittel der Mitglieder des EP im Plenarsaal anwesend sein. Die gemäß Art. 232 AEUV erlassene Geschäftsordnung des EP (ABl. 2005 L 44/1) regelt weitere Einzelheiten. Dennoch steckt das eigentliche Parlamentsrecht verglichen mit dem der MS noch in den Kinderschuhen (s. T-222/99, *Fraktionsbildung*, Slg. 2001 II-2823).

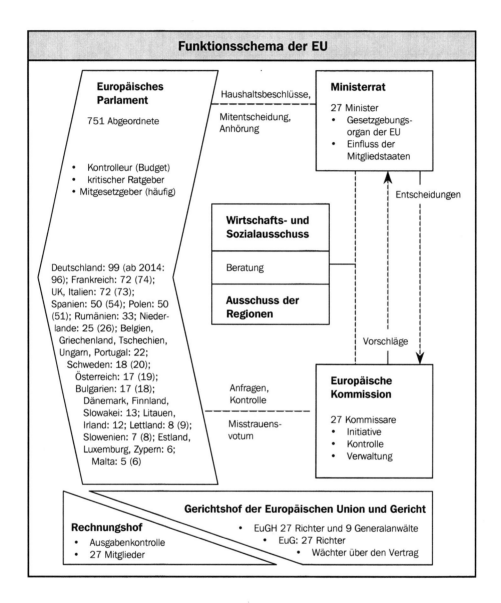

5.2. Der Ministerrat (Rat)

Der Ministerrat ist das Hauptrechtsetzungsorgan der Gemeinschaften und übt die Haushaltsbefugnisse aus, Art. 16 EUV. Um es prägnant zu sagen: Er erlässt Verordnungen, Richtlinien und Entscheidungen. Daneben legt er die Politik fest und koordiniert nach Maßgabe der Verträge.

Hauptrechtsetzungsorgan

Man kann es nicht oft genug wiederholen, dass man den Ministerrat auf keinen Fall mit dem Europarat oder dem Europäischen Rat verwechseln darf. Der Europarat ist eine völlig andere Organisation als die EU, der Europäische Rat ist als Treffen der Regierungschefs der EU dessen politisches Führungsgremium.

Aufgaben und Zusammensetzung

Der Rat koordiniert die allgemeine Wirtschaftspolitik der Mitgliedstaaten und nimmt die abschließende Entscheidungsbefugnis im Rahmen der Unionspolitik wahr. Außerdem schließt der Rat die völkerrechtlichen Verträge der EU ab, ernennt die Mitglieder des WSA und hat einige Rechte im Bereich des EU-Haushaltsrechts.

Art. 16 I EUV ist keine materielle Kompetenznorm, der Rat kann keine Handlungen darauf stützen, sondern diese müssen sich aus den speziellen Kompetenznormen wie z. B. Art. 192 AEUV, ergeben. Der Rat darf Durchführungsbefugnisse auf die EU-Kommission übertragen, Art. 290 AEUV. Das Verfahren der Übertragung von Durchführungsbefugnissen ist in mehreren Arten möglich. Mit dieser Materie befasst sich ausführlich der Komitologie-Beschluss des Rates vom 13.7.1987 und das EuGH-Urteil *Komitologie*, Slg. 1988, 5615. Nunmehr gilt der Komitologie-Beschluss in stark veränderter Form (ABl. 2006 L 255/4).

Komitologie

Zusammensetzung und Vorsitz

Art. 16 EUV

(2) Der Rat besteht aus je einem Vertreter jedes Mitgliedstaats auf Ministerebene, der befugt ist, für die Regierung des Mitgliedstaats verbindlich zu handeln und das Stimmrecht auszuüben.

(9) Der Vorsitz im Rat in allen seinen Zusammensetzungen mit Ausnahme des Rates Auswärtige Angelegenheiten wird von den Vertretern der Mitgliedstaaten im Rat unter Bedingungen, die gemäß Artikel 236 AEUV festgelegt werden, nach einem System der gleichberechtigten Rotation wahrgenommen.

126 *Die Europäische Union*

Ministerebene und parlamentarische Staatssekretäre

Nach der Erweiterung besteht der Rat derzeit aus 27 Mitgliedern. Die Formulierung »auf Ministerebene« ermöglicht es der Bundesrepublik, dass sie sich auch von Länderministern vertreten lassen kann (dazu s. u. S. 311). Problematisch ist die Entsendung parlamentarischer Staatssekretäre. Sie sind keine Regierungsmitglieder im eigentlichen Sinne, dennoch nahmen sie bereits seit Anbeginn der Gemeinschaft an den Sitzungen als Repräsentanten teil. Rechtliche Grundlage hierfür war eine gemeinsame Protokollerklärung des Rates, die zu internem Gewohnheitsrecht der Gemeinschaft erstarkte (Achtung: externes Gewohnheitsrecht gegenüber den MS ist nicht möglich!). Nunmehr sind sie in Anhang I GO-Rat ausdrücklich für die Ratsformation Allgemeine Angelegenheiten und Außenbeziehungen genannt und folglich anerkannt, dies gilt im Analogieschluss dann auch für die anderen Ratszusammensetzungen.

Verschiedene Ministerräte

Je nach Sujet der Tagesordnung kommen zur Ministerratstagung die Agrarminister, die Umweltminister, die Finanzminister oder andere Fachminister zusammen, insgesamt gibt es neun Zusammensetzungen. Art. 16 VI EUV erwähnt besonders die Ratszusammensetzungen »Allgemeine Angelegenheiten« und »Auswärtige Angelegenheiten« wegen ihrer herausgehobenen Stellung für die weitere Entwicklung der EU. Der Ministerrat ist zwar ein Unionsorgan und keine Konferenz von Regierungsvertretern, aber hier kommen die Interessen der Mitgliedstaaten voll zur Geltung; es wird verhandelt, gezerrt und gestritten.

Der Rat ist das Hauptrechtsetzungsorgan der Gemeinschaften. Die Minister schaffen durch ihre Beschlüsse sekundäres Unionsrecht. Sekundäres Unionsrecht ist das von den Verträgen abgeleitete Recht, d.h. das nach deren Vorschriften erlassene. Die Verträge selbst und die allgemeinen Rechtsgrundsätze des Unionsrechts werden dagegen als Primärrecht bezeichnet.

Keine EU-rechtliche Bindung der Ratsmitglieder an staatliche Vorgaben

Die Minister sind bei ihren Beschlüssen nicht an irgendwelche mitgliedstaatlichen Rechte gebunden, sondern nur an das Unionsrecht; d.h. das nach innen gerichtete Unionsrecht und Bindungen der EU nach außen. Im Verhältnis zu ihren Regierungen sind die Mitglieder des Ministerrates nur durch Weisungen über ihr Abstimmungs- und Verhandlungsverhalten gebunden. Diese Bindung ist aber politischer, nicht rechtlicher Natur.

Der Vorsitz hat die Aufgabe, die Sitzungen des Rates vorzubereiten und zu leiten. Als primus inter pares kommt ihm keine herausgehobene Stellung zu, er ist nur eins von mehreren Ratsmitgliedern. Die Sitzungen des Rates waren bislang nicht öffentlich. Dies war und ist im Hinblick auf die Schaffung größerer Transparenz der EU bedauerlich. Nunmehr schreibt Art. 16 VIII EUV zumindest die öffentliche Tagung bei der Beratung und Abstimmung über Gesetzentwürfen vor.

Einberufung Art. 237 AEUV

Der Rat wird von seinem Präsidenten aus eigenem Entschluss oder auf Antrag eines seiner Mitglieder oder der Kommission einberufen.

Die Präsidentschaft spielt eine erhebliche Rolle für den Ministerrat. Sie wechselt alle sechs Monate, nach einer festgelegten Reihenfolge am 1. Januar und 1. Juli jeden Jahres. Die Präsidentschaft war und ist stets mit einer gewichtigen politischen Rolle verbunden. Es besteht eine gute Möglichkeit, Initiativen im Rat und damit in der gesamten EU anzuschieben. Bereits seit Bestehen der EPZ, dem Vorläufer der GASP, übernahm immer der jeweilige Ministerratspräsident auch den Vorsitz des Europäischen Rates. Durch die Schaffung des Präsidenten des Europäischen Rates soll ein wenig mehr Kontinuität in die politische Arbeit der EU gebracht werden.

Ferner unterzeichnet der Vorsitz die Rechtsakte des Rates nach Art. 297 I AEUV und vertritt den Rat in den Außenbeziehungen (Art. 218 AEUV). Genauer ist die Tätigkeit des Rates in seiner Geschäftsordnung geregelt (ABl. 2004 L 106/22).

Beschlussfassung im Rat der Union

Beschlussfassung; Mehrheiten Art. 16 III EUV

(3) Soweit in den Verträgen nichts anderes bestimmt ist, beschließt der Rat mit qualifizierter Mehrheit.

Im Grundsatz beschließt der Rat mit qualifizierter Mehrheit, das sonst im internationalen Bereich häufig anzutreffende Prinzip des one state – one vote gilt nicht. Dies ist bemerkenswert, da der Rat in vielen Fällen ohne Einstimmigkeit Normen setzen kann, die dann unmittelbar für und in den Mitgliedstaaten gelten. Hier liegt eine entscheidende Konsequenz der Übertragung von Hoheitsrechten an die EU. Die Rechtsetzung gegen den Willen einzelner Staaten ist ein Element der Supranationalität der EU.

Häufig Mehrheitsentscheidungen

Der Rat ist beschlussfähig, wenn mehr als die Hälfte der stimmberechtigten Ratsmitglieder anwesend sind, Art. 11 IV GO-Rat. Stimmrechtsübertragungen sind nach Art. 239 AEUV möglich, allerdings kann sich ein Ratsmitglied immer nur die Stimme eines anderen Mitglieds übertragen lassen. Nichtanwesenheit eines Mitglieds wirkt wie eine negative Stimmabgabe.

Bei Beschlüssen für die Einstimmigkeit erforderlich ist, wie bei Art. 352 AEUV, steht die Stimmenthaltung dem Beschluss nicht entgegen, sie wirkt folglich nicht wie eine faktische Gegenstimme, Art. 238 IV AEUV. Einstimmigkeit ist nur bei Anwesenheit aller Mitglieder gegeben, ein MS kann sich von einem anderen vertreten lassen. Stimmenthaltungen hindern das Zustandekommen eines einstimmigen Beschlusses nicht, theoretisch braucht eine Annahme nur eine Ja-Stimme.

Einstimmigkeit

Im Gegensatz zum bislang geltenden System werden die Stimmen der einzelnen MS bei Mehrheitsabstimmungen nicht mehr nach einem komplizierten Modus gewogen. Dies war der politisch am heftigsten umstrittene Punkt bei den Verhandlungen zum VvL, da die Staaten über die Stimmenwägung einen unterschiedlich großen Einfluss auf die Mehrheitsentscheidungen im rat hatten. Bspw. waren die Stimmen von Spanien und Polen weit überrepräsentiert. Allerdings wurde auch im VvL ein sehr unübersichtlicher Kompromiss für die Bestimmung der Begriffe »qualifizierte Mehrheit« und »doppelt qualifizierte« Mehrheit getroffen. Dabei sind drei zeitliche Phasen zu unterscheiden:

Qualifizierte Mehrheit und doppelt qualifizierte Mehrheit

- der Zeitraum 1.12.2009 bis zum 31.10.2014: hier gilt die bislang geltende Stimmenwägung im Rat fort, Art. 16 V EUV iVm Art. 3 Protokoll über die Übergangsbestimmungen. Dies ist geltender Bestandteil des Vertrags, dort finden sich die näheren Bestimmungen zur Stimmenwägung. Falls der Beschluss auf Vorschlag der Kommission zu fassen ist, müssen die 255 Stimmen die Zustimmung der Mehrheit der Mitglieder umfassen (einfache doppelte Mehrheit), ansonsten müssen sie die Zustimmung von zwei Drittel der Mitglieder beinhalten (qualifizierte doppelte Mehrheit). In beiden Fällen ist möglich, dass ein Ratsmitglied beantragt, dass überprüft wird, ob die zustimmenden MS mindestens 62 % der Gesamtbevölkerung bilden. Ist dies nicht der Fall, kommt der Beschluss nicht zustande. Danach können die großen MS allein keine qualifizierte Mehrheit herbeiführen.

Übergangsphase ab 1.11.2014

Zurzeit geltende Regelung

- die Übergangsphase vom 1.11.2014 bis zum 31.3.2017: Der beschriebene Modus gilt in der Übergangsphase weiter, wenn ein MS dies beantragt, Art. 16 V EUV iVm Art. 3 II Übergangsprotokoll. Fehlt ein solcher Antrag, findet in der Übergangsphase eine Stimmenwägung nicht mehr statt, jeder MS verfügt über eine Stimme. Ein Beschluss auf Vorschlag der Kommission oder des Hohen Vertreters kommt danach zustande, wenn eine Mehrheit von 55 % der Ratsmitglieder, bestehend aus mind. 15 MS, die mind. 65 % der Bevölkerung der Union vertreten, besteht. Ein Beschluss kommt im Umkehrschluss nicht zustande, wenn 13 MS dagegen stimmen oder mind. 4 MS dagegen stimmen, die mind. 35 % der Bevölkerung repräsentieren. Dadurch soll verhindert werden, dass die kleinen MS die großen einfach überstimmen und umgekehrt. Falls kein MS eine Abstimmung mit Stimmenwägung beantragt gilt als doppelt qualifizierte Mehrheit, wenn mind. 72 % der Mitglieder, die mind. 65 % der Bevölkerung der EU repräsentieren, zustimmen. Ein Beschluss kommt demnach nicht zustande, wenn mind. 28 % der MS, dies entspricht 10 MS dagegen stimmen oder die befürwortenden Staaten nicht 65 % der Bevölkerung repräsentieren. Leider wird das System durch einen mit Polen geschlossen Kompromiss weiter verkompliziert. Zum verstärkten Minderheitenschutz wird in Anlehnung an die nicht mehr weiter geltenden Kompromisse von Luxemburg und Ionnina (vgl. sogleich unten) eine Pflicht zur Neuverhandlung im Rat festgeschrieben, wenn mind. Mitglieder, die 26,25 % der Bevölkerung repräsentieren oder die Zahl sechs erreichen, gegen einen mit qualifizierter Mehrheit getroffenen Beschluss stimmen.

- Ab dem 1.4.2017 gelten die im Vertrag, Art. 16 IV EUV, Art. 238 AEUV festgeschriebenen Regeln, allerdings wieder mit einem besonderen Minderheitenschutz. Eine Neuverhandlungspflicht soll danach bestehen, wenn MS, die mind. 19,25 % der Bevölkerung repräsentieren oder die mind. 55 % der für eine Sperrminorität erforderlichen Anzahl bilden, dies sind acht (qualifizierte Mehrheit) bzw. fünf (doppelt qualifizierte Mehrheit) MS, gegen den Beschluss stimmen.

Ab 2017 gelten die im VvL enthaltenen Regelungen

Kurz zu den Vereinbarungen von Luxemburg und Ionnina: Die Luxemburger Vereinbarungen (Bulletin der EWG, 1966, Nr. 3, S. 9) von 1966 betreffen die Mehrheitsabstimmung. In der Agrarpolitik galt ab 1966 nicht mehr das Prinzip der Einstimmigkeit, womit Frankreich unzufrieden war und den Ratssitzungen fern blieb. Inhalt der Luxemburger Vereinbarungen ist, dass bei einer für einen Mitgliedstaat wichtigen Frage auch dann bis zur Einstimmigkeit zu verhandeln ist, wenn im EWGV nur eine Mehrheitsentscheidung vorgesehen ist. Bis zur Einstimmigkeit verhandeln bedeutet, dass es keine Mehrheitsentscheidung gibt, sondern dass ein Kompromiss gesucht werden muss, dem alle zustimmen. Die Vereinbarungen sind nicht rechtswirksam, ihnen ist aber trotzdem in verschiedenen Fällen Folge geleistet worden. Der

Luxemburg und Ionnina

Beschluss von Ioannina, der bestimmten, in der praktischen Anwendung hauptsächlich südeuropäischen, Staaten eine Verhinderungsmöglichkeit einräumte, hat eine vergleichbare Zielrichtung wie die Luxemburger Vereinbarung.

Hilfsorgane des Ministerrates

Hilfsorgane des Rates sind der Ausschuss der Ständigen Vertreter und das Generalsekretariat.

Art. 240 AEUV

Hilfsorgane

(1) Ein Ausschuss, der sich aus den Ständigen Vertretern der Mitgliedstaaten zusammensetzt, trägt die Verantwortung, die Arbeiten des Rates vorzubereiten und die ihm vom Rat übertragenen Aufträge auszuführen. Der Ausschuss kann in Fällen, die in der Geschäftsordnung des Rates festgelegt sind, Verfahrensbeschlüsse fassen.

(2) Der Rat wird von einem Generalsekretariat unterstützt, das einem vom Rat ernannten Generalsekretär untersteht.

Der Rat entscheidet mit einfacher Mehrheit über die Organisation des Generalsekretariats.

In Art. 16 VII EUV, Art. 240 AEUV ist der »Ausschuss der Ständigen Vertreter der Mitgliedstaaten« normiert. Die Ständigen Vertreter sind sozusagen die nationalen Botschafter der MS bei der Europäischen Union. Da die Union Rechtspersönlichkeit besitzt, unterhalten die MS auch eine Art diplomatische Beziehung zu ihnen.

COREPER

Die gebräuchliche französische Abkürzung für den Ausschuss ist »COREPER« und steht für »Comité des Représentants Permanents«. Der COREPER hat keine Entscheidungsbefugnis, unterstützt aber den Rat und bereitet seine Entscheidungen vor. Den Vorsitz führt jeweils das Land, welches auch im Rat den Vorsitz innehat. In der Praxis hat das Gremium politisch eminente Bedeutung, weil es die Entscheidungen des Rates vorbereitet und Aufträge des Rates ausführt. Im COREPER wird die eigentliche Kompromiss- und Einigungsarbeit geleistet, im Ministerrat wird dann häufig nur noch über das Vorbereitete abgestimmt.

Der Rat wird von einem Generalsekretariat mit über 3.200 Beamten unterstützt, welches von einem Generalsekretär geleitet wird.

Im Rat vereinigte Vertreter der Mitgliedstaaten

Eine ganz andere Funktion hat das Gremium »Die im Rat vereinigten Vertreter der Mitgliedstaaten«. Dahinter verbergen sich die Mitglieder des Rates. Die Ratsmitglieder sind zwar Teile des EU-Organs Rat, können sich aber auch in ihrer Funktion als Regierungsvertreter treffen. In diesem Fall bilden die Minister eine Konferenz. Sie sind nicht an die Vorgaben der Verträge für den Rat gebunden. Die Minister treffen sich als im Rat vereinigte Vertreter der Mitgliedstaaten entweder, wenn es die Verträge vorsehen, oder wenn sie unabhängig von der EU konferieren. Die Beschlüsse der Treffen bezeichnet man als »uneigentliche Ratsbeschlüsse«. Diese werden häufig im Einvernehmen getroffen, worunter ein Mehr als einstimmig zu verstehen ist, da eine Stimmenthaltung nicht möglich ist. Alle müssen zustimmen. Sehr umstritten ist, welche rechtliche Natur diesen Beschlüsse zukommt. Man muss die Beschlüsse, weil Regierungsvertreter handeln, richtigerweise als völkerrechtliche Vereinbarungen sehen. Die Verträge sehen Beschlüsse der im Rat vereinigten Vertreter z.B. bei der Ernennung der Richter (Art. 253 AEUV) vor.

5.3. Die Kommission

Der Begriff Kommission wird in der Praxis für zwei Dinge verwendet. Einmal ist damit das nach den Verträgen gegründete Organ mit 27 unabhängigen Mitgliedern gemeint. Zum anderen benennt man mit »Kommission« auch den Verwaltungsunterbau dieser 27, einen großen Beamtenapparat in Brüssel. Dieser Verwaltungsapparat gliedert sich in 30 Generaldirektionen sowie Generalsekretariat, Juristischer Dienst und weitere Stellen. Die Kommission ist ein Kollegialorgan, alle Beschlüsse werden von den Kommissaren gemeinsam getroffen. Sie ist vorrangig ein Verwaltungsorgan, dem vereinzelt, wie z. B. im Wettbewerbsrecht, auch rechtsetzende Aufgaben zukommen.

»Regierung der Union«

Die Aufgaben und Befugnisse der 27 Kommissare/innen sind in Art. 17 EUV aufgezählt.

Aufgaben und Befugnisse Art. 17 EUV

(1) Die Kommission fördert die allgemeinen Interessen der Union und ergreift geeignete Initiativen zu diesem Zweck. Sie sorgt für die Anwendung der Verträge sowie der von den Organen kraft der Verträge erlassenen Maßnahmen. Sie überwacht die Anwendung des Unions-

> rechts unter der Kontrolle des Gerichtshofs der Europäischen Union. Sie führt den Haushaltsplan aus und verwaltet die Programme. Sie übt nach Maßgabe der Verträge Koordinierungs-, Exekutiv- und Verwaltungsfunktionen aus. Außer in der Gemeinsamen Außen- und Sicherheitspolitik und den übrigen in den Verträgen vorgesehenen Fällen nimmt sie die Vertretung der Union nach außen wahr. Sie leitet die jährliche und mehrjährige Programmplanung der Union mit dem Ziel ein, interinstitutionelle Vereinbarungen zu erreichen.

Die Bedeutung der Aufgabenbestimmungsnorm des Art. 17 EUV kann kaum überschätzt werden.

Motor der Integration

Im Rahmen der Gesetzgebungsverfahren kommt der Kommission nahezu ein Initiativmonopol zu (Motor der Europäischen Integration), die Art. 225, 241 AEUV schreiben eine Initiativpflicht auf Anforderung von EP oder Rat vor.

Gemäß Art. 290 AEUV kann die Kommission zum Erlass von Durchführungsvorschriften ermächtigt werden, so dass sie auch eigene Rechtsetzungsbefugnisse hat. Die Ermächtigung ist an die innerstaatliche Verordnungskompetenz der Exekutive, Art. 80 GG, angelehnt. Streitig ist, ob der Kommission ein Notrecht zum Normerlass zukommt, wenn das Funktionieren des Binnenmarktes dies zwingend erfordert, und die anderen Organe ihrer Gesetzgebungspflicht einmal nicht nachkommen. Im Hinblick auf das Prinzip der begrenzten Einzelkompetenz (s. S. 88), wonach jedes Organ nur im Rahmen seiner Befugnisse nach außen handeln darf, ist die Annahme eines solchen Rechts sehr problematisch. Der EuGH hat judiziert, dass der Kommission kein Recht zur Notgesetzgebung zukommt (*Seefischerei-Quoten*, Slg. 1987, 5041). Sie rückte dann auch von dieser Praxis ab.

Hüterin der Verträge

Die Kommission wacht über die Befolgung des EU-Rechts (Hüterin der Verträge), das führt häufig zu einer Konfrontation gegenüber einem oder mehreren MS. Ferner ist sie der Regisseur der Union; stets werden von ihr das Interesse der Union und die eigenen Positionen der Union vertreten. Diese müssen nicht mit denen der Mitgliedstaaten übereinstimmen. Als Exekutivorgan unterliegt sie parlamentarischer Kontrolle, Art. 17 VIII EUV. Die Kommission vermittelt zwischen den Mitgliedstaaten, insoweit wirkt sie auf eine verstärkte Integration hin.

Sie kann klageweise vor dem EuGH wegen der Verletzung des Gemeinschaftsrechts gegen Mitgliedstaaten, den Rat, das EP, das EWI und die EZB vorgehen. Ferner obliegt ihr die Vertretung der Gemeinschaft vor Gericht und im Rechtsverkehr, Art. 335 S. 2 AEUV.

Ihr kommt die Verantwortung für die Durchführung der Politiken der EU (Handelspolitik etc.) zu, insbesondere ist sie die europäische Kartellbehörde (Wettbewerbsaufsicht), Art. 101 ff. AEUV und wacht über die Einhaltung der Beihilferegeln, Art. 107 ff. AEUV. Zur Erklärung der Aufgaben der Kommission nach Art. 106 III sowie 108 AEUV: Subventionen sind staatliche Leistungen zur Erreichung eines bestimmten Zwecks, insbesondere Wirtschaftsförderung. Kartelle sind wirtschaftliche, nicht rechtliche Zusammenschlüsse von Unternehmen derselben Branche zur besseren Kontrolle und Beherrschung des Marktes.

Durchführung der EU-Politiken

Die Kommission überwacht die Entwicklung der Haushaltslage der EU und der Verschuldung der Mitgliedstaaten.

Die internationalen Verträge der EU werden von ihr ausgehandelt, wobei der Abschluss dem Rat vorbehalten bleibt, und nach Art. 220 AEUV unterhält sie die Beziehungen zu den Internationalen Organisationen.

Die Sitzungen der Kommission sind vertraulich und somit nicht öffentlich, Art. 249 I AEUV, Art. 9 GO-Kom, ABl 2005 L 347/83).

Zusammensetzung; Unabhängigkeit der Mitglieder *Art. 17 III - V EUV*

(3) Die Mitglieder der Kommission werden aufgrund ihrer allgemeinen Befähigung und ihres Einsatzes für Europa unter Persönlichkeiten ausgewählt, die volle Gewähr für ihre Unabhängigkeit bieten.
Der Kommission übt ihre Tätigkeit in voller Unabhängigkeit aus. Die Mitglieder der Kommission dürfen unbeschadet des Artikels 18 Absatz 2 Weisungen von einer Regierung, einem Organ, einer Einrichtung oder jeder anderen Stelle weder einholen noch entgegennehmen.. Sie enthalten sich jeder Handlung, die mit ihrem Amt oder der Erfüllung ihrer Aufgaben unvereinbar ist.
(4) Die Kommission, zwischen dem Zeitpunkt des Inkrafttretens des Vertrags von Lissabon und dem 31. Oktober 2014 ernannt wird, besteht einschließlich des Präsidenten und des Hohen Vertreters der Union für die Außen- und Sicherheitspolitik, der einer der Vizepräsidenten der Kommission ist, aus je einem Staatsangehörigen jedes Mitgliedstaats.
(5) Ab dem 1. November 2014 besteht die Kommission, einschließlich des Hohen Vertreters für die Außen- und Sicherheitspolitik, aus einer Anzahl von Mitgliedern, die zwei dritteln der Zahl der Mitgliedstaaten

> entspricht, sofern der Europäische Rat nicht einstimmig eine Änderung dieser Zahl beschließt.
>
> Die Mitglieder der Kommission werden unter den Staatsangehörigen in einem System der strikt gleichberechtigten Rotation zwischen den Mitgliedstaaten so ausgewählt, dass das demografische und geografische Spektrum der Gesamtheit der Mitgliedstaaten m Ausdruck kommt. Dieses System wird vom Europäischen rat nach Artikel 244 AEUV einstimmig festgelegt.

Die Zahl der Kommissare soll nur bis zum Jahre 2014 der Anzahl der Mitgliedstaaten entsprechen, danach auf zwei Drittel der MS reduziert werden. Der Europäische Rat hat bereits einen Beschluss gefasst, wonach weiterhin jeder MS einen Kommissar entsenden darf, wodurch den Interessen der kleineren MS entgegen gekommen wurde. Auch beitretende, den Gepflogenheiten der EU noch nicht vertraute, MS dürften ein großes politisches Interesse an einem Staatsangehörigen im Organ Kommission haben.

Ernennungsverfahren

Das Verfahren zur Ernennung der Kommission gliedert sich nach Art. 17 VII EUV in vier Schritte. Zuerst wird der Präsident der Kommission auf Vorschlag des Europäischen Rates. Das EP muss den Kandidaten mit der Mehrheit seiner Mitglieder wählen. Fällt der Kandidat durch, ist vom Europäischen Rat innerhalb eines Monats mit qualifizierter Mehrheit ein neuer Kandidat zu bestimmen, der vom EP nach dem gleichen Verfahren gewählt werden muss. Die Zustimmung EP des EP soll einen Vertrauensbeweis darstellen. Dann nimmt der Rat im Einvernehmen mit dem Präsidenten auf Vorschlag der Mitgliedstaaten die Liste der anderen Kommissionsmitglieder an, die sich als Gesamtheit einem Zustimmungsvotum des EP stellen. In einem letzten Schritt wird die neue Kommission mit qualifizierter Mehrheit vom Europäischen Rat ernannt. Die Ernennung ist für einen Zeitraum von fünf Jahren benannt. Die Nominierung der Personen und die Verteilung der Ressorts kann dabei durchaus zu Spannungen führen. Das Parlament kann gegen die Kommission als Ganzes ein Misstrauensvotum abgeben (Art. 234 AEUV). Entgegen dem Wortlaut von Art. 17 III EUV werden die Mitglieder der Kommission häufig nicht aufgrund ihrer allgemeinen Befähigung und ihres Einsatzes für Europa ausgewählt sondern nach den Partikularinteressen der sie nominierenden Regierungen.

Die Kommission ist unabhängig von den MS. Die Kommissare sind keine Staatsvertreter. Sie sollen lediglich Anregungen ihrer Mitgliedstaaten mitbringen. Diese Rechtslage stimmt allerdings leider nicht immer mit der Praxis überein. Bisweilen versuchen einzelne Kommissare/innen, staatliche Politik in der Kommission umzusetzen. Jedem Kommissionsmitglied kommt ein eigener Geschäftsbereich, also ein umrissener Aufgabenbereich der Union, für den es zuständig ist, zu. Einen solchen zu finden ist bei 27 MS nicht immer einfach. Jeder Kommissar hat ein ihn unterstützendes Kabinett und einen Verwaltungschef. Der Verwaltungsapparat der Kommission hat keine eigenen Kompetenzen, er ist lediglich ein Zuarbeiter, wenngleich ein unersetzlicher. In der Kommission arbeiten etwa 23.000 Personen, die ausschließlich im Dienste der Union stehen. Die Arbeitsverhältnisse bestimmen sich nach dem sog. »Beamtenstatut«. Zuständig für arbeitsrechtliche Streitigkeiten ist das Gericht für den öffentlichen Dienst (EUGöD). Sitz der Kommission ist Brüssel.

Der Kommissionspräsident übt gemäß Art. 17 VI EUV die politische Führung der Kommission aus, die interne Organisation liegt komplett in seiner Hand. Diese muss allerdings zu einem kohärenten und effizienten Handeln der Kommission führen können, Art. 17 VI b) EUV. Die Geschäftsbereiche werden vom Präsidenten gegliedert und aufgeteilt, ihm steht ein jederzeitiges Änderungsrecht zu. Ferner ernennt er die Vizepräsidenten. Die nach dem Rücktritt der Santer-Kommission im Jahre 1999 entstandene Rücktrittspraxis wurde jetzt durch Absatz VI UAbs. 1 primärrechtlich verankert. Danach kann der Präsident einen Kommissar zum Rücktritt zwingen. Als Rücktrittsgründe kommen hauptsächlich eine schwere Verfehlung nach Art. 247 AEUV, die auch zu einer Amtsenthebung durch den EuGH führen kann (s. Antrag gegen Bangemann, ABl. 1999 C 314/2, der später zurückgezogen wurde) und eine Verletzung der Unabhängigkeit nach Art. 245 I AEUV in Betracht. Nachfolgeregelungen für zurückgetretene oder verstorbene Kommissionsmitglieder enthält Art. 246 AEUV.

Aufgaben des KOM-Präsidenten

Bestandteil der Kommission ist ebenfalls der Hohe Vertreter für Außen- und Sicherheitspolitik, Art. 18 EUV. Er wird vom Europäischen Rat mit qualifizierter Mehrheit und nach Zustimmung des Kommissionspräsidenten ernannt. Er leitet die Außen- und Sicherheitspolitik der EU und führt, als Kommissionsmitglied (!), den Vorsitz im Rat »Auswärtige Angelegenheit«. Seine Aufgabe ist die Herbeiführung von Kohärenz im auswärtigen Handeln der EU.

Hoher Vertreter für die Außen- und Sicherheitspolitik

Die Beschlussfassung im Gremium Kommission regelt Art. 250 AEUV. Grundsätzlich sind Beschlüsse mit der Mehrheit der in Art. 17 IV EUV bestimmten Anzahl der Mitglieder gefasst, also 14. Auf die Zahl der bei der Abstimmung anwesenden Mitglieder kommt es somit nicht an. Beschlussfähigkeit liegt vor, wenn die Mehrheit der Mitglieder anwesend ist, Art. 7 GO-Kom. Daneben existiert das Rechtsinstitut der Ermächtigung, wonach ein Kommissar von seinen Kollegen durch Beschluss ermächtigt wird, alleine im Namen des Kollegialorgans zu handeln.

Haushalt

Die Kommission hat, wie schon erwähnt, eine Reihe von Aufgaben im Haushaltsverfahren (Art. 313 ff. AEUV). Wichtig ist dabei, dass die Kommission die Einnahmen und Ausgaben der EU verwaltet. Allerdings können auch die Mitgliedstaaten daran beteiligt sein (*EAGFL*, Slg. 1979, 384). Die Kommission ist dem Grundsatz der Wirtschaftlichkeit verpflichtet, Art. 317 AEUV. Der Rat darf die Befugnisse der Kommission in diesem Zusammenhang nicht einschränken (*Kommission/Rat*, Slg. 1989, 3457).

Zur Wiederholung: Die EU-Kommission ist die »Hüterin der Verträge«. Sie beobachtet, ob die Mitgliedstaaten und die anderen Organe der EU das Unionsrecht auch richtig anwenden, sowohl das Primär- als auch das Sekundärrecht. Sie hat die Möglichkeit, einen Mitgliedstaat wegen einer Vertragsverletzung vor dem EuGH zu verklagen, und zögert auch nicht, von diesem Recht Gebrauch zu machen. Die Kommission hat Informations- und Kontrollrechte.

Art. 337 AEUV

Recht zur Einholung von Auskünften

Zur Erfüllung der ihr übertragenen Aufgaben kann die Kommission alle erforderlichen Auskünfte einholen und alle erforderlichen Nachprüfungen vornehmen; der Rahmen und die nähere Maßgabe hierfür werden vom Rat gemäß den Bestimmungen der Verträge festgelegt.

Die Kommission ist der »Motor« der Union. Sie entwickelt vielfältige Pläne, Aktionsprogramme und Studien zur EU. Darüber hinaus führt sie die Aufsicht über die von der EU (häufig aufgrund von Art. 352 AEUV) geschaffenen eigenen Einrichtungen, wie die Europäische Umweltagentur und von der Kommission geschaffenen nachgeordnete Behörden. Das Recht zur Behördenschaffung folgt aus dem Recht zur Selbstorganisation (*Meroni*, Slg. 1958, 11).

5.4. Die Gerichte der Union

Europäische Gerichte   Art. 19 EUV

(1) Der Gerichtshof der Europäischen Union umfasst den Gerichtshof, das Gericht und Fachgerichte. Er sichert die Wahrung bei der Auslegung und Anwendung der Verträge.

Die Mitgliedstaaten schaffen die erforderlichen Rechtsbehelfe, damit ein wirksamer Rechtsschutz in den vom Unionsrecht erfassten Bereichen gewährleistet ist.

(2) Der Gerichtshof besteht aus einem Richter je Mitgliedstaat. Er wird von Generalanwälten unterstützt.

Das Gericht besteht aus je einem Richter je Mitgliedstaat.

Als Richter und Generalanwälte [...] sind Persönlichkeiten auszuwählen, die jede Gewähr für Unabhängigkeit bieten und die Voraussetzungen der Artikel 253 und 254 AEUV erfüllen. Sie werden von den Regierungen der Mitgliedstaaten im gegenseitigen Einvernehmen ernannt. Die Wiederernennung [...] ist zulässig.

Das Gerichtssystem der EU ist dreigliedrig. Hauptakteur ist der Gerichtshof (EuGH), dann kommt das Gericht (EuG) und der Gerichtshof für den öffentlichen Dienst. Letzterer entscheidet Streitigkeiten zwischen der EU und ihren Bediensteten. Die Zuständigkeitsverteilung zwischen EuG und EuGH wird von Art. 256 AEUV vorgenommen.

Dreigliedriges Gerichtssystem

Gericht   Art. 256 AEUV

(1) Das Gericht ist für Entscheidungen im ersten Rechtszug über die in den Artikeln 263, 265, 268, 270 und 272 genannten Klagen zuständig, mit Ausnahme derjenigen Klagen [...], die gemäß der Satzung dem Gerichtshof vorbehalten sind. In der Satzung kann vorgesehen werden, dass das Gericht für andere Kategorien von Klagen zuständig ist.

Die Satzung des Gerichtshofs ist somit bei Zuständigkeitsfragen immer zu beachten. Dies trifft auch bei Art. 267 III AEUV zu, wonach die Zuständigkeit für einzelne Vorabentscheidungsverfahren, gedacht ist insbesondere an patent- und markenrechtliche Verfahren, durch Satzungsbestimmung auf das EuG übertragen werden kann. Bislang wurden diesbezügliche Bestimmungen jedoch noch nicht erlassen. In allen anderen Fällen ist der EuGH erstinstanzlich zuständig. Ferner fungiert er als Instanzgericht für die Urteile des EuG, wobei eingelegten Rechtsmitteln mit Ausnahme der Fälle der Art. 278 f, AEUV keine aufschiebende Wirkung zukommt, Art. 60 SatzungEuGH. Die Satzung ist als Protokoll Nr. 3 Bestandteil des VvL.

Als Rechtsprechungsorgan ist der EuGH für alle in den Verträgen vorgesehenen Klagen zuständig. Der EuGH und das EuG sind für unterschiedliche Arten von Klagen bzw. Verfahren zuständig (s. u. S. 273).

Fortbildung des Unionsrechts

Bei der Ausübung seiner Tätigkeit hat der EuGH auch allgemein die Aufgabe, das Unionsrecht durch seine Urteile und Gutachten fortzubilden und ihm schärfere Konturen zu geben, als es etwa der Rat mit der zwangsweise allgemein gehaltenen Rechtsetzung vermag, vgl. Art. 19 I 2 EUV. Die Konturierung nimmt der EuGH vor, indem er das EU-Recht auslegt. Dabei bedient er sich klassischer Methoden. Die Aus-

Auslegung

legung erfolgt nach dem Wortsinn des einschlägigen Textes, nach seiner Entstehungsgeschichte, nach seiner Systematik und seinem Sinn und Zweck. Immer beachtet der EuGH bei der Auslegung auch Sinn und Ziele des gesamten EUV/AEUV. Die Auslegung des EuGH berücksichtigt fast immer auch das Prinzip des »effet utile«, welches von einer Auslegung im Hinblick auf die größtmögliche Wirksamkeit des Unionsrechts ausgeht.

Beispiel: Umstritten war, ob die FernabsatzRL 97/7 im Falle der fristgemäßen Rücksendung von gekauften Artikeln auch die Erstattung der Hinsendekosten umfasst. Art. 6 I UAbs. 1 S. 2 und Abs. 2 S. 2 verwendet dafür die Formulierung »infolge der Ausübung seines Widerrufsrechts« und es wurde vorgebracht, damit seien nicht sämtliche zulasten des Verbrauchers gehenden Kosten, sondern nur die mit der Ausübung des Widerrufsrechts im Zusammenhang stehenden Kosten gemeint. Dieser Ansicht widersprach der EuGH. Er formulierte: »Vorab ist festzustellen, dass der Wortlaut des Art. 6 I UAbs. 1 S. 2 und Abs. 2 S. 2 der RL 97/7 in bestimmten Sprachfassungen entweder dahin ausgelegt werden kann, dass er sich nur auf die durch den Widerruf verursachten Folgekosten bezieht, oder dahin, dass er sämtliche Kosten im Zusammenhang mit dem Abschluss, der Durchführung oder der Beendigung des Vertrags erfasst, die im Fall des Widerrufs zulasten des Verbrauchers gehen können. Selbst wenn die deutsche, die englische und die französische Fassung der RL 97/7 die Begriffe ‚infolge', ‚because of' und ‚en raison de' verwenden, enthalten andere Sprachfassungen der Richtlinie, vor allem die italienische und die spanische, keine entsprechende Wendung, sondern beziehen sich einfach auf den Verbraucher, der sein Widerrufsrecht ausübt. Nach ständiger Rechtsprechung darf der Text einer Bestimmung wegen der Notwendigkeit einer einheitlichen Auslegung der Gemeinschaftsrichtlinien im Zweifelsfall nicht iso-

liert betrachtet werden, sondern muss unter Berücksichtigung der Fassungen in den anderen Amtssprachen ausgelegt werden. *Weichen im Übrigen die verschiedenen Sprachfassungen eines Unionstextes voneinander ab, muss die fragliche Vorschrift nach der allgemeinen Systematik und dem Zweck der Regelung ausgelegt werden, zu der sie gehört. Die Auslegung von Art. 6 I UAbs. 1 S. 2 und Abs. 2 S. 2 der RL 97/7, wonach diese Bestimmungen sämtliche Kosten im Zusammenhang mit dem Abschluss, der Durchführung oder der Beendigung des Vertrags erfassen, die im Fall des Widerrufs zulasten des Verbrauchers gehen können, entspricht der allgemeinen Systematik und dem Zweck dieser Richtlinie.«* (C-511/08). Diese Auslegung ist nunmehr verbindlich für die Auslegung von § 357, 448 I BGB.

Die Gestalt des Unionsrechts wird maßgeblich durch EuGH und EuG geprägt. Ihre Urteile, Vorabentscheidungen und Gutachten sind oft von einschneidender Bedeutung für die Entwicklung des Unionsrechts.

Der Europäische Gerichtshof (EuGH)

Organisation und Verfahren des EuGH und des EuG werden für die EU in der oben bereits erwähnten Satzung grundlegend und übersichtsweise beschrieben.

Der EuGH hat sich außerdem eine – für alle Verträge gemeinsame – Verfahrensordnung und eine sog. Zusätzliche Verfahrensordnung gegeben, die die Regelungen der Verträge und der Satzung en détail ausgestaltet. Aufbau und Inhalt der Verfahrensordnung sind vergleichbar mit der Prozessordnungen des dt. Rechts wie der VwGO.

Die Urteile des EuGH sind in der »Amtlichen Sammlung der Rechtsprechung des EuGH«, Teil I, abgedruckt. Die Veröffentlichung in der Sammlung erfolgt ca. etwa ein Jahr nach Urteilsverkündung. Kurz nach Verkündung sind alle Urteile im Internet unter »www.curia.eu« erhältlich. Die Urteile des EuGH sind dort mit C für Cour bezeichnet, weiter mit der laufenden Verfahrensnummer und dem Jahr des Verfahrensbeginns (etwa: Rechtssache C-210/90, Slg. 1992, I-1234).

Amtliche Sammlung der Rechtsprechung

In der Praxissprache der »Europarechtler« werden die Urteile des EuGH mit einem Stichwort aus dem Fall oder dem Namen einer Streitpartei bezeichnet. Etwa: *van Gend & Loos*, *Cassis de Dijon*, *Frankovich* oder *Bosman*. In Diskussionen zum Europarecht kann man schon mal hören: »...aber in *Foto-Frost* hat der EuGH doch entschieden, dass ...«.

140 *Die Europäische Union*

Richterrecht

Das Studium von EuGH-Entscheidungen ist deshalb so wichtig, weil die Urteile dem Unionsrecht mehr Gestalt geben als das geschriebene Unionsrecht. Maßgebliche Rechtsentwicklungen wie etwa die Grundrechte des (damaligen) Gemeinschaftsrechts beruhen größtenteils auf Richterrecht des EuGH, und man wird sie nicht im EUV, AEUV, in Verordnungen oder Richtlinien finden. Auch der aktuelle Rechtsstand der Grundfreiheiten ist entscheidend durch EuGH-Entscheidungen bestimmt und ausgestaltet.

Richter und Generalanwälte

Art. 251 AEUV

Sitzungen; Kammern

> Der Gerichtshof tagt in Kammern oder als Große Kammer entsprechend den hierfür in der Satzung des Gerichtshofs der Europäischen Union vorgesehenen Regeln.
> Wenn die Satzung es vorsieht, kann der Gerichtshof auch als Plenum tagen.

Grundsätzlich tagt der EuGH in Kammern mit drei oder fünf Richtern, die Große Kammer ist mit dreizehn Richtern besetzt, Art. 16 UAbs. 1, 2 S. 1 Satzung EuGH. Im Plenum bedeutet mit allen Richtern. Alle Richter gehören jeweils einer Dreier- und einer Fünferkammer an. Welche Kammer für welche Art von Rechtssachen zuständig ist, regelt die Verfahrensordnung des Gerichtshofes. Bei ihrer Rechtsfindung werden die Richter von acht Generalanwälten unterstützt (Art. 252 AEUV), die am Verfahren teilnehmen und eigene sog. Schlussanträge dazu stellen. Unter Vollsitzungen versteht man, dass alle Richter anwesend sind und mitentscheiden. Solche Plenumssitzungen sind die Ausnahme und finden nur auf Antrag eines am Verfahren beteiligten Mitgliedstaates oder EU-Organs statt.

Generalanwälte

Die Generalanwälte sind zwar Bestandteil des Gerichts als Institution, nicht aber als Spruchkörper. Sie vertreten nicht das Interesse der Union. Ein Generalanwalt gibt zu jedem Rechtsstreit, der dem EuGH vorliegt, in völliger Unabhängigkeit und Unparteilichkeit einen mit einer ausführlichen Begründung versehenen Schlussantrag ab, der Sachstand und Rechtslage des Falles enthält. Diese Schlussanträge geben juristisch meist wesentlich mehr her als die Urteile selbst, da diese bisweilen nur kursorisch und ohne juristisch ergiebig zu sein die anfallenden Probleme einer Rechtssache abhandeln. Die Generalanwälte dagegen geben ein Gutachten ab, das juristisch oft richtungsweisend ist, entscheiden de facto jedoch nichts. Die Schlussanträge sind, den Urteilen vorangestellt, in der »Amtlichen Sammlung der Entscheidungen des Gerichtshofes« mit abgedruckt. Historisch stammt die Institution »Generalanwalt« aus der französischen Rechtstradition, die aber auch im deutschen Recht vereinzelt ihren Niederschlag gefunden hat, z. B. in der bayerischen Landesanwaltschaft, s. auch § 36 VwGO.

Ernennung der Richter und Generalanwälte; Amtszeit — Art. 253 AEUV

Zu Richtern und Generalanwälten des Gerichtshofs sind Persönlichkeiten auszuwählen, die jede Gewähr für Unabhängigkeit bieten und in ihrem Staat die für die höchsten richterlichen Ämter erforderlichen Voraussetzungen erfüllen oder Juristen von anerkannt hervorragender Befähigung sind; sie werden von den Regierungen der Mitgliedstaaten im gegenseitigen Einvernehmen nach Anhörung des in Artikel 255 genannten Ausschusses auf sechs Jahre ernannt.

Alle drei Jahre findet [...] eine teilweise Neubesetzung der Stellen der Richter und Generalanwälte statt.

Die Richter wählen aus ihrer Mitte den Präsidenten des Gerichtshofs für die Dauer von drei Jahren. Wiederwahl ist zulässig.

Die Wiederernennung ausscheidender Richter und Generalanwälte ist zulässig.

Der Gerichtshof ernennt einen Kanzler und bestimmt dessen Stellung.

Der Gerichtshof erlässt seine Verfahrensordnung. Sie bedarf der Genehmigung des Rates.

Richter und Generalanwälte werden im gegenseitigen Einvernehmen von den MS ernannt. Im gegenseitigen Einvernehmen bedeutet, dass ein einstimmiger Beschluss der im Rat vereinigten Vertreter der MS vorliegen muss, damit ein Richter oder Generalanwalt ernannt werden kann. Neu ist der Bewerberprüfungsausschuss, welcher die Einhaltung der in Art. 253 AEUV genannten qualitativen Voraussetzungen überwachen soll. Der Ausschuss kann jedoch nur eine Stellungnahme zu einer vorgeschlagenen Person abgeben, die Wahl verhindern kann er nicht. Aufgrund der vielfältigen und häufig komplizierten Rechtssachen ist die Einsetzung eines Überwachungsausschusses zur Sicherung der hohen Rechtsprechungsqualität der europäischen Gerichte zu begrüßen.

Ernennung muss im gegenseitigen Einvernehmen geschehen.

Die Richter sind, vergleichbar den Richtern an nationalen Gerichten, unabhängig. Sie werden zwar jeweils von den Regierungen der 27 Mitgliedstaaten benannt, aber sie nehmen keinerlei Länderinteressen wahr. Die Richter des Gerichts werden nach einem vergleichbaren Verfahren gewählt, Art. 254 AEUV. Ihm sind jedoch keine Generalanwälte beigeordnet, allerdings kann ein Richter dazu bestimmt werden.

Zur internen Gerichtsorganisation gehören der Präsident und der Kanzler. Die Hauptaufgabe des Präsidenten ist die Verteilung der Rechtssachen auf die Kammern. Ferner kommen ihm im einstweiligen Rechtsschutz nach Art. 279 AEUV und bei der Bestimmung des Berichterstatters besondere Aufgaben zu. Der Kanzler des EuGH schließlich hat in der Gerichtsorganisation eine herausgehobene Stellung, Art 254 AEUV. Er leitet die Gerichtskanzlei und ist damit dafür zuständig, dass die Durchführung der Verfahren justitiell und organisatorisch vorbereitet wird.

Das Gericht (EuG)

Mit der Gründung des Gerichts, welches bis zum Inkrafttreten des VvL »Gericht erster Instanz« hieß, sollte eine Entlastung des EuGH und eine Verkürzung der Verfahrensdauer erreicht werden. Vor allem die zeitraubende Feststellung der Tatsachen der vom Gericht behandelten Klagen bleibt dem EuGH damit erspart.

Das EuG tagt ebenfalls in Kammern zu drei oder fünf Richtern, nur selten im Plenum. Es wird von einem eigenen Kanzler gestützt, ist aber ansonsten logistisch und organisatorisch weitgehend mit dem EuGH verbunden, es hat keine Generalanwälte zur Unterstützung. Auch die EuG-Urteile werden in der Amtlichen Sammlung veröffentlicht, und zwar im Teil II. Die Rechtssachen sind dort mit T für Tribunal bezeichnet (etwa: Rs. T-34/97, Slg. 1998, II-1357).

5.5. Weitere EU-Organe

Rechnungshof

Der Rechnungshof ist das fünfte Hauptorgan der Union, ein Organ, welches nicht im Rampenlicht steht, aber nicht unbeträchtlichen Einfluss auf die EU hat. Durch den AV wurde dem Rechnungshof dann auch mit Art. 263 III AEUV ein Klagerecht vor dem EuGH eingeräumt, um seine Rechte effektiv wahren zu können.

Der Rechnungshof besteht gemäß Art. 285 II AEUV aus einem Staatsangehörigen je MS, die vom Rat ernannt werden, Art. 286 AEUV. Er prüft die Rechnungen der Einnahmen und Ausgaben der EU und erstattet jährlich einen Haushaltsbericht, welcher im Amtsblatt veröffentlicht wird.

Rechnungsprüfung Art. 287 AEUV

(1) Der Rechnungshof prüft die Rechnung über alle Einnahmen und Ausgaben der Union. Er prüft ebenfalls die Rechnung über alle Einnahmen und Ausgaben jeder von der Union geschaffenen Einrichtung, soweit der Gründungsakt dies nicht ausschließt.
Der Rechnungshof legt dem Europäischen Parlament und dem Rat eine Erklärung über die Zuverlässigkeit der Rechnungsführung sowie die Rechtmäßigkeit und Ordnungsmäßigkeit der zugrunde liegenden Vorgänge vor, die im Amtsblatt der Europäischen Union veröffentlicht wird.
(2) Der Rechnungshof prüft die Rechtmäßigkeit und Ordnungsmäßigkeit der Einnahmen und Ausgaben und überzeugt sich von der Wirtschaftlichkeit der Haushaltsführung. [...]

Der Haushalt der Gemeinschaften wird vollständig aus eigenen Mitteln finanziert, nicht mehr durch Zuwendungen der Mitgliedstaaten, Art. 311 I AEUV. Eigenmittel sind Beträge, die der EU unabhängig von ihren Aufgaben von vornherein zugewiesen sind. Die Eigenmittel werden von den Mitgliedstaaten erhoben und der EU zugewandt (Eigenmittelbeschluss, ABl. 2007 L 163/17).

Haushalt der EU

Die Union hat eigene Einnahmen aus Abschöpfungen, Ausgleichsbeträgen, Prämien und Abgaben, die beim Agrarhandel mit Drittstaaten erhoben werden, Zöllen, die im Handel mit Drittstaaten nach dem Gemeinsamen Zolltarif erhoben werden, Anteil an den Mehrwertsteuereinnahmen der Mitgliedstaaten und einer Zuwendung der Mitgliedstaaten, die im Verhältnis zum Bruttosozialprodukt des Mitgliedstaates steht.

Europäische Zentralbank

Im Titel VIII des AEUV, Art. 119 ff. AEUV, einem Titel mit nicht gerade knapp gehaltenen Artikeln, ist die immer bedeutsamer werdende Wirtschafts- und Währungspolitik der EU geregelt. Nach dem Willen der Regierungen der Mitgliedstaaten sollen die nationalen Politiken in diesem Bereich teilweise zusammenwachsen.
Im Bereich der staatlichen Finanzen sind sie institutionell mit der EZB bereits jetzt teilweise konzentriert. Die nationalen staatlichen Zentralbanken (in der Bundesrepublik die Bundesbank) und die Europäische Zentralbank EZB bilden nach Art. 129 AEUV und einer Satzung, die in einem Protokoll zum Maastrichter EUV festgehalten ist, ein europäisches Zentralbanksystem (ESZB). Seit dem 1.1.1999 sind die Zentral-

banken in den Euro-Teilnehmerländern den Rechtsakten der EZB unterworfen. Die EZB und das ESZB sind weisungsunabhängig, Art. 130 AEUV, auch von Organen der EU. Die EZB hat das ausschließliche Recht, die Ausgabe von Banknoten und Münzen zu genehmigen, Art. 128 I AEUV, sie besitzt Rechtspersönlichkeit.

Preis- und Geldwertstabilität

Das Primärziel des ESZB ist die Preis- und Geldwertstabilität in den Mitgliedstaaten. Dazu definiert und führt das ESZB die Geldpolitik der Union aus, kontrolliert die Wechselkurse im Verhältnis zu Nichtmitgliedstaaten, kontrolliert die Währungsreserven der Mitglieder und unterstützt den reibungslosen Lauf der Zahlungssysteme in der Union. Die exekutiven Instrumente des ESZB, Art. 132 AEUV, sind dem Art. 288 AEUV ähnliche Verordnungen, Entscheidungen, Empfehlungen und Beschlüsse. Als lex specialis geht Art. 132 AEUV dem Art. 288 AEUV vor. Drei Organe lenken das ESZB: der EZB-Rat, der Verwaltungsrat und das Direktorium. Sitz der EZB ist Frankfurt/Main.

Nebenorgane

Die wichtigsten Nebenorgane der EG sind:
- der Wirtschafts- und Sozialausschuss (WSA), Art. 301 ff. AEUV,
- der Ausschuss der Regionen (AdR), Art. 305 ff. AEUV.

Die Nebenorgane unterstützen das EP, den Rat und die Kommission bei der Wahrnehmung ihrer Aufgaben. Die Mitglieder der beiden Gremien sind weisungsfrei, Art. 300 IV AEUV.

Wirtschafts- und Sozialausschuss

Der WSA besteht aus höchstens 350 Mitgliedern repräsentativer wirtschaftlicher und gesellschaftlicher Gruppen wie Arbeitnehmer, Handwerker, Kleinunternehmer, Verbraucher etc., Art. 300 II, 301 AEUV. Die Aufgaben des WSA sind rein beratender Natur. Er muss obligatorisch von anderen EU-Organen vor dem Erlass einer Maßnahme angehört werden, wenn dies in den Verträgen so geregelt ist. Abgesehen davon kann der WSA auch eigenmotivierte Stellungnahmen abgeben oder jederzeit von anderen Organen um eine Stellungnahme gebeten werden (fakultative Stellungnahme). Die Verletzung einer obligatorischen Anhörung kann zur Nichtigkeit des Rechtsakts führen. Pro Jahr werden vom WSA ca. 250 Stellungnahmen abgegeben.

Ausschuss der Regionen

Wohl als politische Antwort auf Kritik an einer etwaigen zu weitgehenden Zentralisierung der Tätigkeit der EU ist 1993 durch den Maastrichter Unionsvertrag ein Regionenausschuss (AdR, Art. 305 ff. AEUV) in den damaligen EGV eingeführt worden. Die deutschen Bundesländer haben die Schaffung des Ausschusses vehement unterstützt, um eine bessere Repräsentation auf EU-Ebene zu erhalten. Mit dem AdR soll nicht zuletzt auch eine mögliche Bürgerferne der EU eingedämmt werden. Europäische Regionen und lokale Gebietskörperschaften sollen mit Hilfe des Ausschusses an dem Teil der Rechtsetzung der Gemeinschaften beratend teilnehmen, der regionale Fragen betrifft. Der AdR promoviert den Subsidiaritätsgrundsatz, welcher in Art. 5 III EUV festgehalten ist. Nach diesem Prinzip sollen die Gemeinschaften nur dann eine (konkurrierende) Regelungskompetenz wahrnehmen, wenn die Materie nicht besser auf nationaler Ebene regelbar ist.

Der Ausschuss der Regionen wird vom Rat oder von der Kommission in den im AEUV vorgesehenen Fällen und in allen anderen Fällen gehört, in denen eines dieser beiden Organe dies für zweckmäßig erachtet. Nur in wenigen Fällen ist die Anhörung des AdR obligatorisch (wirtschaftliche Kohäsion und Fonds, Transport, Telekommunikation, Energie, öffentl. Gesundheit, Ausbildung, Kultur), ansonsten ist sie immer fakultativ, d.h. im Ermessen des Rates oder der Kommission. *Anhörungsrecht* Unterbleibt die obligatorische Anhörung zieht dies die Nichtigkeit des Rechtsaktes nach sich, Art. 263 II AEUV, dem AdR steht ein eigenes Klagerecht zur Wahrung seiner Rechte zu, Art. 263 III AEUV. Auch er hat höchstens 350 Mitglieder, die entweder ein auf Wahlen beruhendes Mandat in einer regionalen oder lokalen Gebietskörperschaft innehaben oder gegenüber einer gewählten Versammlung politisch verantwortlich sind.

Der AdR kann, wenn er es für zweckdienlich erachtet, also meist, wenn spezifische regionale Interessen berührt werden, auch von sich aus Stellungnahmen abgeben.

Eigenständige Institutionen der EU

Neben den Organen existieren noch eigenständige Institutionen der EU.

Besonders zu nennen sind die die EZB begleitenden Finanzinstitutionen:

- das Europäische Währungsinstitut (EWI)
- die Europäische Investitionsbank (EIB)

Außerdem gibt es noch eine Reihe von anderen eigenständigen wissenschaftlichen oder anderen Institutionen bzw. Agenturen der EU, die durch besondere Rechtsakte geschaffen wurden.

Europäische Investitionsbank

Die bereits durch die Römischen Verträge gegründete EIB hat ebenfalls eigene Rechtspersönlichkeit, Art. 308 AEUV. Sie soll als Kreditbank dazu dienen, Investitionen in strukturschwachen Gebieten der Gemeinschaft, aber auch außerhalb der EU im Rahmen der Entwicklungszusammenarbeit der Union zu erleichtern. Sie finanziert außerdem Projekte auf den Gebieten Transport und Telekommunikationsinfrastruktur, Umweltschutz, Industrie, mittlere und kleine Unternehmen etc. Die EIB hat ihren Sitz in Luxemburg.

Forschungs- und Beratungsinstitutionen der EU

Sehr zahlreich und beinahe unübersichtlich der europäischen Agenturen. Hierzu gehören u. a.

- Europäische Agentur für die Kontrolle von pharmazeutischen Produkten
- Europäische Umweltagentur (EEA)
- Europäisches Trainingsinstitut
- Büro für Harmonisierung im Binnenmarkt (OHIM)
- Europäische Agentur für Sicherheit und Gesundheit im Arbeitsbereich
- Europäische Überwachungsbehörde für Drogen und Drogenabhängigkeit.

6. Suspendierung der Mitgliedschaft

Besondere Bedeutung kommt Art. 7 EUV zu. Nach Art. 7 EUV können die Mitgliedschaftsrechte eines MS bei Verletzung der Grundsätze des Art. 2 EUV durch Mitgliedstaaten suspendiert werden. Der Rat kann einen Mitgliedstaat, bei dem Gefahr besteht, dass er die Grundsätze des Art. 2 EUV schwerwiegend verletzt, zu einer Stellungnahme auffordern. Danach kann der Europäische Rat auf Vorschlag eines Drittels der Mitglieder oder der Kommission, nach Zustimmung des EP und ohne den betreffenden Mitgliedstaat einstimmig feststellen, dass eine schwerwiegende und anhaltende Verletzung vorliegt. Nach der Feststellung kann der Rat mit qualifizierter Mehrheit bestimmte mitgliedstaatliche Rechte aus dem Unionsrecht, etwa finanzieller Natur oder Abstimmungsrechte, suspendieren. Zu beachten hat er die Auswirkungen seiner Maßnahmen auf Marktteilnehmer der Union, wie Marktbürger und Firmen. Die Maßnahmen sind mit qualifizierter Mehrheit modifizierbar oder aufhebbar. Kein Anwendungsfall von Art. 7 EUV war der Abbruch der bilateralen Beziehungen von 14 MS mit Österreich nach der Regierungsbeteiligung der FPÖ, die dann später zu dem berühmten Bericht der »drei Weisen« führte.

Strittig ist, ob Art. 7 EUV abschließend ist oder ob daneben, z. B. bei einem dauerhaft vertragswidrigem Verhalten eines MS, die völkerrechtlichen Regeln über die Beendigung multilateraler Verträge (Art. 60 II, III, WVK) zur Anwendung kommen. In Extremfällen, wie dem dauerhaften Abwenden eines MS von den Grundwerten der Union, wird das Bestehen der Beendigungsmöglichkeit zu bejahen sein.

Schwerwiegende und anhaltende Verletzung

Zu den grundsätzlichen Bestimmungen gehören ebenfalls die in Art. 48 EUV genannten ordentliche und vereinfachte Vertragsänderungsverfahren. Dadurch soll die Handlungsfähigkeit der EU gestärkt werden, die letzten Vertragsänderungen konnten nur nach großen Verzögerungen bzw. zum Teil gar nicht in Kraft treten, da in einzelnen MS zum Teil unüberwindbarer Widerstand gegen die Änderungen vorgebracht wurde. Das ordentliche Vertragsänderungsverfahren, für welches weiterhin eine Ratifikation durch alle MS vorgeschrieben ist, ist bei grundlegenden Änderungen der Verträge, wie z.B. der Übertragung von Kompetenzen an die EU, anzuwenden. Das vereinfachte Änderungsverfahren kann zur Änderung des Dritten Teils des AEUV herangezogen werden, Art. 48 VI EUV, oder von Verfahrensvorschriften, Art. 48 VII EUV. Der dritte Teil regelt die in Art. 26 ff. AEUV enthaltenen sehr wichtigen internen Politiken und die Maßnahmen der Union. Hier

Vertragsänderungsverfahren

können Vertragsänderungen einstimmig vom Europäischen Rat angenommen werden. Deutschland muss jedoch innerstaatlich das Vertragsänderungsverfahren des Art. 23 GG durchführen (s. S. 311).

7. Auswärtiges Handeln der Union

Das auswärtige Handeln der Union nach dem EUV unterteilt sich in die gemeinsame Außen- und Sicherheitspolitik (GASP) und in die Gemeinsame Sicherheits- und Verteidigungspolitik (GSVP).

Allgemeine Bestimmungen

Die allgemeinen Bestimmungen geben die generelle Zielrichtung des auswärtigen Handelns der Union wieder. Die Grundsätze sind in Art. 21 EUV aufgeführt. Wichtig ist, dass dieser Bereich gerichtsfrei ausgestaltet ist, dem Gerichtshof kommt eine Überprüfungskompetenz nicht zu, Art. 275 AEUV.

Grundsätze   **Art. 21 EUV**

(1) Die Union lässt sich bei ihrem Handeln auf internationaler Ebene von den Grundsätzen leiten, die für ihre eigene Entstehung, Entwicklung und Erweiterung maßgebend waren und denen sie auch weltweit zu stärkerer Geltung verhelfen will: Demokratie, Rechtsstaatlichkeit, die universelle Gültigkeit und Unteilbarkeit der Menschenrechte und Grundfreiheiten, die Achtung der Menschenwürde, der Grundsatz der Gleichheit und der Grundsatz der Solidarität sowie die Achtung der Grundsätze der Charta der Vereinten Nationen und des Völkerrechts.

Die Union strebt an, die Beziehungen zu Drittländern und zu regionalen oder weltweiten internationalen Organisationen, die in Unterabsatz 1 aufgeführten Grundsätze teilen, auszubauen und Partnerschaften mit ihnen aufzubauen. Sie setzt sich insbesondere im Rahmen der Vereinten Nationen für multilaterale Lösungen bei gemeinsamen Problemen ein. […]

Die in der Vorschrift genannten Grundsätze des Tätigwerdens der EU wurden bislang schon im Handeln versucht umzusetzen, z. B. sind Menschenrechtsklauseln ein fester Bestandteil der von der EU abgeschlossenen völkerrechtlichen Verträge.

Die im letzten Satz des UAbs. 2 genannten multilateralen Lösungen im Rahmen der Vereinten Nationen sind z.B. das Kyoto-Nachfolgeabkommen im Bereich des Klimaschutzes.

Abs. 2 der Vorschrift legt fest, dass die Union in den in Abs. 1 UAbs. 1 genannten Bereichen eine gemeinsame Politik durchführt. Ferner achtet die Union auch auf die Kohärenz des auswärtigen Handelns mit dem Tätigwerden in den anderen Politikbereichen der Union (s. S. 192). Die strategischen Interessen werden gemäß Art. 22 EUV vom Europäischen Rat festgelegt, welcher einstimmig beschließt.

Gemeinsame Außen- und Sicherheitspolitik

<small>Im Bereich der GASP bestehen viele Sonderregelungen</small>

Die GASP folgt im Vergleich zu den anderen Abschnitten der Verträge weithin eigenen Regeln. Trotz formaler Aufhebung der Säulenstruktur durch den VvL sind die Vorschriften der GASP weiterhin der ehemaligen 2. Säule grob vergleichbar. Die Rechtsakte sind weiterhin mit Einstimmigkeit zu fassen, so dass das Prinzip der Supranationalität insoweit nicht gilt. Die vormals bestehende intergouvernementale Zusammenarbeit wurde erhalten. Die Bezeichnung der Rechtsakte ist verschieden gegenüber den sonst verwendeten.

Im Einzelnen: Art. 24 EUV legt grundsätzlich die Zuständigkeit der EU und das Beschlussverfahren dar. Abs. 1 UAbs. 2 bestimmt:

> Für die Gemeinsame Außen- und Sicherheitspolitik gelten besondere Bestimmungen und Verfahren. Sie wird vom Europäischen Rat und vom Rat einstimmig festgelegt und durchgeführt, soweit in den Verträgen nichts anderes vorgesehen ist. Der Erlass von Gesetzgebungsakten ist ausgeschlossen. Die Gemeinsame Außen- und Sicherheitspolitik wird von vom Hohen Vertreter der Union [...] und von den Mitgliedstaaten gemäß den Verträgen durchgeführt. Die spezifische Rolle des Europäischen Parlaments und der Kommission in diesem Bereich ist in den Verträgen festgelegt. [...]

Die GASP wird von den MS aktiv und vorbehaltlos unterstützt, Art. 24 III EUV.

Art. 25 EUV zählt die einzelnen Handlungsformen auf, welche in den nachfolgenden Vorschriften näher erläutert werden.

> Die Union verfolgt ihre Gemeinsame Außen- und Sicherheitspolitik, indem sie
>
> a) die allgemeinen Leitlinien bestimmt,
>
> b) Beschlüsse erlässt zur Festlegung
>
> i) der von der Union durchzuführenden Aktionen,
>
> ii) der von der Union einzunehmenden Standpunkte,
>
> iii) der Einzelheiten der Durchführung der unter Ziffern i) und ii) genannten Beschlüsse,
>
> und

c) die systematische Zusammenarbeit der Mitgliedstaaten bei der Führung ihrer Politik ausbaut.

Die allgemeinen Leitlinien der GASP einschließlich Fragen von verteidigungspolitischem Inhalt werden vom Europäischen Rat beschlossen, Art. 26 I EUV. Durchgeführt werden die Beschlüsse vom Rat auf der Grundlage der allgemeinen Leitlinien. Die Mittel hierfür werden von den MS und der EU bereitgestellt. Der Hohe Vertreter soll durch seine Vorschläge zur Festlegung der GASP beitragen. Dabei vertritt er die Union in den Bereichen der GASP nach außen. Die konkrete Ausgestaltung des in Art. 27 III EUV genannten Europäischen Auswärtigen Dienstes war Gegenstand längerer politischer Ränkespiele.

Besondere Rechtsakte

Die Rechtsform »Beschlüsse« der GASP ist in Art. 28 EUV näher spezifiziert. Beschlüsse sind danach konkrete Durchführungsmaßnahmen, in denen die Ziele, ihr Umfang, die zur Verfügung gestellten Mittel, die Bedingungen und eventuell der Zeitraum der Durchführung genannt sind. Die Beschlüsse sind für die MS bindend. In Notfällen kommt den MS eine Notkompetenz zur Durchführung und Anwendung der Beschlüsse zu, sie können dann von ihnen im Rahmen der allgemeinen Leitlinien abweichen, Art. 28 IV EUV. Als Ausnahmevorschrift ist sie eng auszulegen.

Beschlüsse

Gemeinsame Standpunkte, Art. 29 EUV, sind genereller als Beschlüsse. In ihnen wird nur der Standpunkt der Union zu einer bestimmten Frage geografischer oder thematischer Art definiert.

Gemeinsame Standpunkte

Das Verfahren der Beschlussfassung ist in Art. 31 EUV niedergelegt. Aufgrund der hohen politischen Sensibilität ist es kompliziert ausgestaltet. Das Grundprinzip ist die Einstimmigkeit von Beschlüssen im Europäischen Rat und im Rat. Dies gilt ausnahmslos für militärische oder verteidigungspolitische Beschlüsse, Abs. 4. Nach Abs. 2 sind in den dort abschließend genannten Fällen Mehrheitsentscheidungen im Rat möglich, wenn nicht ein MS aus zu nennenden wesentlichen Gründen der nationalen Politik, die Absicht hat, einen Mehrheitsbeschluss abzulehnen. Dann erfolgt keine Abstimmung. Dem Europäischen Parlament wird bei Fragen im Rahmen der GASP nur angehört und unterrichtet, Art. 36 EUV.

Verfahren der Beschlussfassung

Um ein Auseinanderfallen der Meinungen der MS bei außen- und sicherheitspolitischen Fragen zu verhindern und um für ein stärkeres Auftreten der EU nach außen zu sorgen, schreibt Art. 32 EUV eine solidarische Zusammenarbeit der MS in diesem Bereich fest. Dies wird bestärkt durch Art. 34 EUV, wonach die Mitgliedstaaten ihr Handeln in internationalen Organisationen und auf internationalen Konferenzen koordinieren und die Standpunkte der Union vertreten. In vielen internationalen Organisationen, gerade im so genannten UN-System, ist eine Mitgliedschaft der EU vertraglich nicht möglich, obwohl die Sachgebiete der Verträge häufig (zumindest auch) in die Regelungskompetenz der Union fallen.

<small>Kompetenzabgrenzung</small>

Zu beachten ist die strikte Kompetenzabgrenzungsklausel des Art. 40 EUV. Danach werden von der Durchführung der GASP die in den Art. 3 bis 6 AEUV aufgezählten Befugnisse nicht berührt. Beide Bereiche stehen separat nebeneinander.

Gemeinsame Verteidigungspolitik

Gestärkt wird durch den VvL die Gemeinsame Sicherheits- und Verteidigungspolitik, welche integraler Bestandteil der GASP ist. Die EU kann auf sie zurückgreifen, wenn ihre zivile oder militärische Organisationsfähigkeit zur Erfüllung der in Art. 43 EUV näher beschriebenen Aufgabengebiete dies erfordert, Art. 42 I EUV. Die notwendigen Mittel und Kontingente werden der EU von den MS bereitgestellt, insoweit ähnelt die Struktur dem System der Vereinten Nationen oder der NATO. Dies wird durch die Art. 43, 44 EUV bestärkt, wonach eine Missionsübertragung auf einzelne MS möglich ist. Letztere wird von der Gemeinsamen Verteidigungspolitik nicht berührt, Art. 42 II UAbs. 2 EUV. Die Beschlüsse werden vom Rat auf Vorschlag des Hohen Vertreters einstimmig gefasst. Eine besonders strukturierte Zusammenarbeit zwischen einzelnen Mitgliedern ist möglich, Art. 42 VI, 46 EUV. Zur Unterstützung der Aufgaben wird eine Europäische Verteidigungsagentur geschaffen, Art. 42 III, 45 EUV.

<small>Kollektives Schutzsystem</small>

Neu ist die Vorschrift des Art. 42 VII EUV, wonach ein System kollektiven Schutzes, wiederum vergleichbar dem NATO-System, geschaffen wird. Kollektive Schutzsysteme greifen ein, wenn ein oder mehrere MS Opfer eines bewaffneten Angriffs durch einen dritten Staat werden. Dann sind die anderen Mitglieder verpflichtet, den Angegriffenen Hilfe und Unterstützung im Sinne einer militärischen Beistandspflicht zu gewähren.

Durch die genannten Maßnahmen soll die Wahrnehmbarkeit der Union bei der Lösung internationaler Konflikte deutlich verbessert werden, damit sie neben ihrem wirtschaftlichen Gewicht ebenfalls ein stärkeres politisches Gewicht erhält. Inwieweit dies zukünftig umgesetzt werden kann, wird sich zeigen müssen.

8. Aufnahme und Austritt aus der Union

Gemäß Art. 49 EUV kann jeder europäische Staat, der die in Art. 2 EUV genannten Grundsätze achtet, Aufnahme in die Union beantragen. Der Aufnahmeantrag ist an den Rat zu richten; dieser beschließt einstimmig nach Anhörung der Kommission und nach Zustimmung des Europäischen Parlaments, welches mit der Mehrheit seiner Mitglieder beschließt.

Die Aufnahmebedingungen und die durch eine Aufnahme erforderlich werdenden Anpassungen der Verträge, auf denen die Union beruht, werden durch ein Abkommen zwischen dem Europäischen Rat und dem antragstellenden Staat geregelt. Das Abkommen bedarf der Ratifikation durch alle Vertragsstaaten gemäß ihren verfassungsrechtlichen Vorschriften.

Der Europabegriff des Art. 49 EUV ist politisch zu sehen. Die Türkei ist daher ein möglicher Beitrittsstaat, auch wenn sie geografisch nicht ausschließlich zu Europa zählt. Ähnliches gilt für Russland. Der Staatsbegriff ist nach der völkerrechtlichen Drei-Elementen-Lehre zu bestimmen (dazu: *L/R*, VölkerR, S. 58). Neben den geschriebenen existieren noch ungeschriebene Beitrittsvoraussetzungen. Hierzu gehören eine marktwirtschaftliche Wirtschaftsordnung und die Übernahme des acquis communautaire, die Gesamtheit des primären und sekundären Unionsrechts, durch den Beitrittsstaat. Der Beitrittsvertrag kann Ausnahmen und Übergangsfristen vorsehen. Beitrittsstaaten sind verpflichtet, den völkerrechtlichen Abkommen der Gemeinschaften beizutreten. Allerdings werden in der Praxis für die Übernahme des Unionsrechts häufig äußerst detaillierte Übergangsregelungen getroffen, die beigetretenen Staaten zeitlichen Spielraum für die Anwendung lassen.

Politischer Europabegriff

Neu ist die Austrittsregel des Art. 50 EUV. Bis dato war umstritten, ob ein Staat die EU wieder verlassen kann. Nunmehr kann jeder MS auf seinen Antrag hin aus der Union wieder austreten. Das Austrittsverfahren ist in Abs. 2 beschrieben, der Europäische Rat legt die Leitlinien für das vom Rat mit dem betreffenden Staat auszuhandelnde Abkommen fest; beschlossen wird es ebenfalls vom Rat nach Zustimmung des EP. Ab Inkrafttreten des Abkommens ist der Staat als ausgetreten anzusehen, Art. 50 III EUV. Ein ausgetretener Staat kann die Wiederaufnahme beantragen, Art. 50 V EUV.

Austritt aus der EU

9. Wiederholungsfragen

- 1. Wie verlief die Entwicklung der Union? Lösung S. 82
- 2. Wie ist die Struktur der EU? Lösung S. 85
- 3. Was bedeutet begrenzte Einzelermächtigung? Gibt es implizite Kompetenzen? Lösung S. 88
- 4. Was bedeutet Subsidiarität? Benennen sie die Elemente des Verhältnismäßigkeitsgrundsatzes? Lösung S. 90
- 5. Gilt der Vorrang des EU-Rechts auch in Deutschland? Lösung S. 95
- 6. Welche Grundrechte gelten für die EU? Was sind allgemeine Rechtsgrundsätze? Lösung S. 99
- 7. Welche Organe handeln für die EU? Lösung S. 115
- 8. Ist das Europäische Parlament demokratisch? Welche Kompetenzen besitzt es? Lösung S. 120
- 9. Welche Aufgabe erfüllt der Ministerrat? Lösung S. 125
- 10. Warum ist die Kommission die Hüterin der Verträge? Lösung S. 131
- 11. Welche Gerichte gibt es in der Union? Was ist die Aufgabe der Generalanwälte? Lösung S. 137
- 12. Wofür steht die Abkürzung GASP? Lösung S. 150
- 13. Wie kann ein Staat Mitglied der EU werden? Lösung S. 153
- 14. Gibt es ein Austrittsrecht? Lösung S. 153

Grundlagen des EU-Rechts

1.	Rechtsquellen des EU-Rechts	156
1.1.	Das Primärrecht	156
1.2.	Das Sekundärrecht	158
1.3.	Völkerrechtliche Vereinbarungen	169
1.4.	Gemeinsame Handlungen der Mitgliedstaaten	171
1.5.	Gemeinsame Handlungen der Organe	172
2.	Allgemeine Bestimmungen des AEUV	174
3.	Sekundärrechtsetzung	175
4.	Der Vollzug des Unionsrechts	178
5.	Der Binnenmarkt	181
6.	Ein Übungsfall	185
7.	Wiederholungsfragen	189

1. Rechtsquellen des EU-Rechts

Dem Unionsrecht kommt überragende Wirkung für die Gestaltung der Rechtsgemeinschaft EU zu. In diesem Zusammenhang zu klärende Fragestellungen sind: Welche Arten von EU-Recht gibt es? Müssen nationale Gerichte und Behörden das Unionsrecht beachten?

Die zweite Frage kann man leicht mit »ganz bestimmt« beantworten, das EU-Recht gilt überall im Gebiet der Europäischen Union. Anhand des AEUV soll nun dargestellt werden, in welchen Gestaltungsformen sich das Unionsrecht zeigen kann und wie es wirkt.

Rechtsquellen sind der Ursprung von Normen

Das Unionsrecht hat mehrere Rechtsquellen. Als Rechtsquelle bezeichnet man den Ursprung von Normen. Anders gesagt, das Unionsrecht ist die Summe der der EU zugrunde liegenden und von ihr ausgehenden Normen.

Über Zweifelsfragen der Auslegung des Unionsrechts entscheidet der EuGH, Art. 19 I 2 EUV.

Die drei Quellenarten des Unionsrechts:

Primär- und Sekundärrecht
- das primäre Unionsrecht
- die völkerrechtlichen Verträge der EU mit Drittstaaten oder Organisationen
- das sekundäre Unionsrecht

Sekundär bedeutet zweitrangig. Das heißt, das sekundäre Unionsrecht ist das vom Primärrecht abgeleitete Recht. Es entsteht aufgrund von Primärrecht.

Besonderes Sekundärrecht sind die völkerrechtlichen Verträge, die die EU schließt. Sie gehören nicht zum originären Unionsrecht, daher sind sie kein Primärrecht. Gewöhnliches sekundäres Unionsrecht sind sie aber auch nicht, weil Art. 216 II AEUV besagt, dass sich das Sekundärrecht an den völkerrechtlichen Vereinbarungen der EU zu orientieren hat.

1.1. Das Primärrecht

Mit dem Begriff Primärrecht bezeichnet man für die EU:
- die Gründungsverträge EUV/AEUV sowie die Grundrechte-Charta und die Protokolle zu den Verträgen und
- allgemeine Rechtsgrundsätze des Unionsrechts.

Adressaten und Wirkung

Das Primärrecht bindet rechtlich, soweit es sie betrifft, zunächst einmal die Mitgliedstaaten und ihre Organe auf der einen und die Union und ihre Organe auf der anderen Seite. Es gilt aber, soweit anwendbar, auch für natürliche und juristische Privatpersonen, die sog. Marktbürger. Das Primärrecht gilt unmittelbar, also ohne weitere Vollzugsanordnung durch ein Organ der EU oder der Mitgliedstaaten in dem Umfang, in dem es vorgesehen ist. Neben der unmittelbaren Geltung kann es auch unmittelbar anwendbar sein, das bedeutet, dass Einzelpersonen und Firmen unmittelbar aus der Norm subjektive Rechte herleiten (*van Gend & Loos*, Slg. 1963, 1; *Lütticke*, Slg. 1966, 257) und sich vor Behörden und Gerichten darauf berufen können. Diese Unterscheidung zwischen nur objektiver Geltung und subjektiver Wirkung ist von immenser theoretischer und praktischer Bedeutung. Der EuGH hat eine ganze Reihe von Primärrechtsnormen als unmittelbar anwendbar charakterisiert, darunter alle Grundfreiheiten (s. u. S. 198).

Unmittelbare Geltung und Anwendbarkeit

Um unmittelbar zu gelten, müssen Primärrechtsnormen so spezifisch und genau sein, dass sie ohne weitere Konkretisierung ihren Tatbestand und ihre Rechtsfolge erkennen lassen. Sie dürfen keine Bedingungen für ihre Anwendung haben und den Mitgliedstaaten keinen Ermessensspielraum lassen, also keine Möglichkeit, zwischen mehreren Rechtsfolgen zu wählen. Der EuGH hat dementsprechend in seinem Urteil zum Fall van Gend & Loos die unmittelbare Geltung einer Vertragsnorm bei »rechtlicher Vollkommenheit« festgehalten. Unmittelbare Geltung bedeutet somit, dass die EU-Rechtsnormen wie etwa nationales objektives Recht in den Mitgliedstaaten allgemein bindend sind. Ein persönlicher, subjektiver Anspruch lässt sich dagegen erst aus einer Norm herleiten, wenn sie erkennbar darauf abzielt, persönliche subjektive Ansprüche zu gewähren, sie also unmittelbar anwendbar ist. Diese Unterscheidung ist im deutschen Recht ähnlich, allerdings nicht ganz mit dem zwischenstaatlichen Unionsrecht zu vergleichen. Im deutschen Verwaltungsrecht gewährt eine Norm erst dann ein subjektives Recht, wenn sie erkennbar individuell und spezifisch ein solches zuweist. Zur vergleichbaren Problematik bei Richtlinien s. u. S. 163.

Voraussetzungen

EUV und begleitende Rechtsakte

Die Primärrechtsebene der Verträge besteht nicht nur aus dem Vertragstext selbst, sondern auch aus einer Reihe von begleitenden Rechtsakten, die auf derselben Normhierarchieebene stehen und die Verträge ändern oder ergänzen. Ob ein Rechtsakt zum Primärrecht

Protokolle, Grundrechte-Charta und allgemeine Rechtsgrundsätze

gehört, ist vorwiegend von seinem Inhalt abhängig. Hierzu gehören die Grundrechte-Charta, die Protokolle zu den Verträgen und die ungeschriebenen allgemeinen Rechtsgrundsätze und Grundrechte.

1.2. Das Sekundärrecht

Das Sekundärrecht ist das von den Verträgen abgeleitete Recht der Europäischen Union, das Recht, welches die Organe der Union selbst setzen, wenn ihnen dafür eine Kompetenz zusteht.

Kompetenzvarianten

Begrenzte Einzelermächtigung

Zum Setzen von Sekundärrecht ist wegen des Grundsatzes der begrenzten Einzelermächtigung erforderlich, dass der EU eine Kompetenz zum Tätigwerden zukommt. Bis zum Inkrafttreten des Reformvertrages gab es, anders als in den Art. 70 ff. GG, keinen geschriebenen Kompetenzkatalog. Davon ist man nun ausdrücklich abgerückt, s. Art. 2 ff. AEUV, was die Rechtspraxis deutlich erleichtern wird.

Die ausdrücklichen Handlungsermächtigungen, die der EUV/AEUV beinhaltet, lassen sich in drei Kategorien einteilen, in ausschließliche, geteilte und Unterstützungs-, Koordinierungs- und Ergänzungsmaßnahmen.

Ausschließliche Kompetenz

Im Falle einer ausschließlichen Kompetenz kann laut Art. 2 I AEUV nur noch die Union gesetzgeberisch tätig werden. Die MS dürfen nur tätig werden, wenn sie von der Union hierzu ermächtigt wurden oder wenn sie Rechtsakte der EU durchführen. Eine abschließende Aufzählung ausschließlicher Kompetenzen findet sich in Art. 3 AEUV.

Geteilte Kompetenz

Geteilte Kompetenz bedeutet gemäß Art. 2 II AEUV, dass sowohl die Union als auch die MS in dem Bereich gesetzgeberisch tätig werden können, die MS aber nur solange wie die EU ihre Zuständigkeit nicht ausgeübt hat. Die Zuständigkeit der MS lebt auf, wenn die EU entschieden hat, ihre Zuständigkeit nicht mehr auszuüben. Besonderes gilt für die in Art. 2 III, IV AEUV genannten Bereiche, in denen das Tätigwerden der Union die Zuständigkeit der MS in den Bereichen Forschung, technologische Entwicklung, Raumfahrt, Entwicklungszusammenarbeit und humanitäre Hilfe nicht berührt. Geteilte Zuständigkeiten sind alle Zuständigkeiten, die keine ausschließlichen oder Unterstützungskompetenzen sind, Art. 4 I AEUV.

Weitere Kompetenzarten

Die Unterstützungs-, Koordinierungs- oder Ergänzungskompetenz besagt, dass die Zuständigkeit der Union neben der Zuständigkeit der MS steht, Art. 2 V AEUV. Solche Rechtsakte dürfen deswegen auch keine Harmonisierung der Rechtsvorschriften der MS herbeiführen. Diese Kompetenz ist abschließend für den AEUV in Art. 5, 6 AEUV genannt, für den EUV fallen Rechtsakte der Gemeinsamen Außen- und Sicherheitspolitik (GASP, Art. 24 I UAbs. 2 EUV) darunter.

Die impliziten Kompetenzen und die Kompetenz kraft Sachzusammenhang bzw. Annexkompetenz (s. S. 89) gehören als ungeschriebene Zuständigkeiten ihrer Natur nach nicht in den ausdrücklich genannten Sachkatalog. Welcher Kompetenzart sie zuzuordnen sind, ergibt sich im Rahmen der Auslegung. Im Bereich der Außenbeziehungen der Union hat sich insoweit eine umfangreiche Rechtsprechung herausgebildet (Gutachten 1/03, *Luganoabkommen*, Slg. I-1145).

Implizite Kompetenzen

Sekundärrechtsakte

Die Sekundärrechtshandlungen des AEUV sind in Art. 288 AEUV (nicht abschließend) aufgezählt. Dort gibt es neben abstrakt-generellem Sekundärrecht, nämlich Verordnungen und Richtlinien, auch konkret-individuelle Einzelentscheidungen. Abstrakt bedeutet, dass mehrere Sachverhalte geregelt sind, generell bedeutet, dass ein Rechtsakt sich an mehrere Adressaten richtet. Es kann allerdings auch vorkommen, so ist die Praxis, dass eine Verordnung, etwa im Kartellrecht, nur den Fall eines einzigen Kartells regelt. Die Qualität eines Rechtsaktes bestimmt sich nach seinem durch Auslegung festzustellenden Inhalt, nicht nach seiner Bezeichnung. Letztere ist irrelevant.

Abstrakt-generell

Rechtsakte

Art. 288 AEUV

Für die Ausübung der Zuständigkeiten der Union nehmen die Organe Verordnungen, Richtlinien, Beschlüsse, Empfehlungen und Stellungnahmen an.

Die Verordnung hat allgemeine Geltung. Sie ist in allen ihren Teilen verbindlich und gilt unmittelbar in jedem Mitgliedstaat.

Die Richtlinie ist für jeden Mitgliedstaat, an den sie gerichtet wird, hinsichtlich des zu erreichenden Zieles verbindlich, überlässt jedoch den innerstaatlichen Stellen die Wahl der Form und der Mittel.

Beschlüsse sind in allen ihren Teilen verbindlich. Sind sie an bestimmte Adressaten gerichtet, so sind nur für diese verbindlich.

Die Empfehlungen und Stellungnahmen sind nicht verbindlich.

Verordnungen

Die Verordnung – das europäische »Gesetz«

Die Verordnungen der EU entsprechen auf nationaler Ebene den Gesetzen. Sie gelten abstrakt-generell, d.h. regeln mehr als einen Sachverhalt und haben mehrere Adressaten. In den ersten Jahrzehnten der Union haben sich einige Mitgliedstaaten bisweilen von Verordnungen wie aus dem Nebel überrumpelt gefunden, denn Verordnungen sind ohne weitere Zwischenschritte für die Mitgliedstaaten geltendes Recht (*Variola*, Slg. 1973, 981).

Die Tatbestandsmerkmale des Art. 288 AEUV für Verordnungen bedeuten im Einzelnen folgendes: Allgemeine Geltung meint nichts anderes als abstrakt-generell. Die Verordnung hat Rechtssatzqualität. Die Verbindlichkeit einer Norm ist selbstverständlich, trotzdem wiederholt sie der Wortlaut der Vorschrift.

Unmittelbare Geltung

Unmittelbare Geltung

Entscheidend ist die unmittelbare Geltung der Verordnungen. Mit dem Inkrafttreten einer Verordnung, deren Zeitpunkt, respektive Datum regelmäßig im letzten Artikel der Verordnung festgelegt wird, gilt die Verordnung in den Mitgliedstaaten unmittelbar, ohne dass es eines nationalen Umsetzungsaktes bedarf. Im Gegenteil, die Mitgliedstaaten dürfen auf keinen Fall einen nationalen Anwendungsbefehl, etwa durch Gesetz, geben, weil das nicht mehr in ihrer Kompetenz liegt (*Amsterdam Bulb*, Slg. 1977, 137). Eine Ausnahme gilt nur, wenn die Verordnung nationale Durchführungsmaßnahmen ausdrücklich erlaubt.

Die Geltung der Verordnung muss nicht national angeordnet werden, sie ist bereits mit ihrem Inkrafttreten in den Mitgliedstaaten geltendes Recht. Damit sind alle nationalen Staatsorgane, insbesondere auch alle Verwaltungsbehörden und Gerichte verpflichtet, die Verordnungen selbst anzuwenden. Gerade hiergegen haben sich etwa einzelne Gerichte früher manchmal gesträubt. So hat etwa das OLG München noch 1988 ein Sachverständigengutachten über die Auslegung einiger Bestimmungen des EU-Rechts eingeholt (*Headhunter*, EuR 1988, 409). Diese Gutachteneinholung war rechtlich unzulässig, denn gerade das Gericht und nicht ein Sachverständiger ist dazu da, das in der Bundesrepublik geltende Recht anzuwenden und auszulegen. Das OLG München hat verkannt, dass das Unionsrecht zum in der Bundesrepublik geltenden Recht gehört und daher auch zu beachten ist. Sofern ein nationaler Richter Schwierigkeiten bei der Auslegung des EU-Rechts hat, kommt allein die Vorlage an den EuGH nach Art. 267 AEUV in Frage.

Keine Umsetzung einer Verordnung

Die staatlichen Organe müssen bei der Anwendung des Unionsrechts selbständig darauf achten, dass sie nationales Recht, welches der Verordnung widerspricht, unangewendet lassen. Dieses nationale Recht wird zwar durch die Verordnung nicht aufgehoben. Jedoch kann dieses entgegenstehende nationale Recht theoretisch nur noch bei rein innerstaatlichen, nicht von den Verträgen erfassten Sachverhalten Anwendung finden, also dort, wo die Verordnung nicht greift. Regelt die Verordnung etwas abschließend, so bleibt die nationale Vorschrift gänzlich unangewendet.

Nationales Recht bleibt unangewendet.

Im Ergebnis erzeugen Verordnungen in den Mitgliedstaaten unmittelbar Rechte und Pflichten wie ein nationales Gesetz. Natürliche und juristische Personen müssen aus einer Verordnung direkt Pflichten, u. U. aber auch Rechte ableiten.

Die Richtlinie – ein legislativer Rahmen

Die Richtlinie ist in Art. 288 III AEUV normiert. Sie ist ein Instrument, mit dem die EU das Erfordernis eines einheitlichen Rechts in den Mitgliedstaaten umsetzen kann. Dabei lässt die Richtlinie aber den Mitgliedstaaten einen eigenen Regelungsspielraum, sie verpflichtet sie aber gleichzeitig, ihr Recht der Richtlinie anzupassen. Die Kompetenz der EU, eine Richtlinie zu erlassen, ergibt sich jeweils aus den speziellen Bestimmungen des AEUV. Der AEUV sieht das Instrument der Richtlinie insbesondere immer dann vor, wenn nur die groben Züge des nationalen Rechts vereinheitlicht, d.h. harmonisiert werden sollen, damit der Binnenmarkt besser funktioniert und einheitlichere Lebens-

Umsetzung einer Richtlinie

bedingungen in den Mitgliedstaaten herrschen (vgl. Art 114 und 115 AEUV). Die Regelungsdichte von Richtlinien ist sehr unterschiedlich. Teilweise enthalten sie eine Vollharmonisierung eines Sachbereichs, teilweise auch nur eine Mindestharmonisierung. Eine Mindestharmonisierung liegt vor, wenn die Mitgliedstaaten über die Richtlinie hinausgehende strengere Regelungen erlassen dürfen; bei der Vollharmonisierung muss der MS den Inhalt der Richtlinie genau übernehmen.

Gestufte Verbindlichkeit

Diese Unterscheidung nennt man »gestufte Verbindlichkeit«. Die Richtlinie ist nicht wie die Verordnung in allen ihren Teilen, sondern nur in Bezug auf ihre Regelungsziele verbindlich. Allerdings ist der Unterschied zwischen Verordnung und Richtlinie inzwischen bisweilen verschwommen, d.h., es gibt Richtlinien, die sehr detaillierte Regelungen enthalten. Die überschießende Richtlinienumsetzung liegt vor, wenn ein Staat in seiner Umsetzung weiter geht, als dies von der RL gefordert wird, z. B. gilt der die VerbrauchsgüterkaufRL 99/44 umsetzende § 651 BGB nicht nur für Verbrauchsgüter, sondern für alle Werklieferungsverträge. In diesen Fällen hat der BGH entschieden, dass die Richtlinienvorgaben auch für die Auslegung der überschießenden Teile des dt. Gesetzes verbindlich sind, um eine künstliche Aufspaltung der Sachmaterien zu verhindern. Diese unionsfreundliche Sichtweise ist im Hinblick auf die Transparenz der Auslegung sehr zu begrüßen, ansonsten würde die Zuordnung der Auslegungsmethoden in einem großen Regelwerk wie dem BGB sehr unübersichtlich.

Überschießende Richtlinienumsetzung

Die Rechtsprechung des EuGH zur Umsetzung von Richtlinien hat herausgearbeitet, dass die Mitgliedstaaten verpflichtet sind, Richtlinien in einer Weise umzusetzen, die die praktische Effektivität des Gemeinschaftsrechts gewährleistet. Die Mitgliedstaaten sind angehalten, Form und Mittel der Umsetzung nach dem »effet utile« auszuwählen (*Royer*, Slg. 1976, 497). Darüber hinaus ist nationales Recht von staatlichen Behörden und Gerichten richtlinienkonform auszulegen (*Marleasing*, Slg. 1990, 4158, *v. Colson und Kamann*, Slg. 1984, 1891), dies gilt auch nach der Umsetzung für den die RL umsetzenden nationalen Rechtsakt. Nach Umsetzung entfaltet die RL eine Sperrwirkung gegenüber den Regelungen der RL zuwiderlaufenden nationalen Rechtsakten.

Effet utile

Richtlinienkonforme Auslegung

In den RL wird den Mitgliedstaaten eine Umsetzungsfrist vorgegeben, meistens zwei Jahre. Die Pflicht zur Umsetzung einer RL ergibt sich nicht nur aus der RL und Art. 288 AEUV, sondern auch aus den Grundlagen des EUV, nämlich aus Art. 4 III UAbs. 2, 3 EUV:

Verpflichtung der Mitgliedstaaten

> Die Mitgliedstaaten ergreifen alle geeigneten Maßnahmen allgemeiner oder besonderer Art zur Erfüllung der Verpflichtungen, die sich aus den Verträgen oder den Handlungen der Organe der Union ergeben. Die Mitgliedstaaten unterstützen die Union bei der Erfüllung ihrer Aufgabe und unterlassen alle Maßnahmen, die die Verwirklichung der Ziele der Union gefährden könnten.

Art. 4 III UAbs. 2, 3 EUV

Die fristgerechte Umsetzung von RL fällt den Mitgliedstaaten aus politischen oder rechtlichen Gründen häufig schwer (*Gemüse-Richtlinie*, Slg. 1976, 277; *TA-Luft*, Slg. 1991, I-2567).

Von den Mitgliedstaaten wurden in der Regel folgende Einwände erhoben:

- Die Umsetzungsfrist sei zu kurz.
- Es gäbe innerstaatliche rechtliche Umsetzungsschwierigkeiten.
- Andere Staaten hätten auch nicht fristgerecht umgesetzt.

Diese Einwände greifen nicht. Dazu der Reihe nach:

- Der Mitgliedstaat hat die (selten genutzte) Möglichkeit, bei der Union eine Fristverlängerung zu erreichen.
- Die Berufung auf innerstaatliche Rechtsprobleme kann im Verhältnis EU-Mitgliedstaat nie greifen. Nach der innerstaatlichen Kompetenzverteilung sind für die Umsetzung von Richtlinien in Deutschland häufig die Länder verantwortlich, die Bundesrepublik haftet unionsrechtlich auch dann, wenn nur ein Bundesland die betreffende RL nicht umgesetzt hat.

Aus den Verfehlungen anderer Mitgliedstaaten können Mitgliedstaaten keine Einwände ableiten, weil sie nicht in einem Gegenseitigkeitsverhältnis zur EU stehen, sondern eher in einem Unterordnungsverhältnis. Die Mitgliedstaaten müssen eine Richtlinie mit einem Rechtsakt umsetzen, der einen gewissen Grad an Stabilität und Außenwirkung hat.

Das bedeutet, eine einfache, nur innerhalb einer Behörde wirkende Verwaltungsvorschrift reicht nicht aus, vielmehr muss in eine Rechtsverordnung oder ein Gesetz umgesetzt werden.

Unmittelbare und horizontale Wirkung

Da die Richtlinie nur einen Rahmen für die mitgliedstaatliche Ausgestaltung vorgibt, ist es nicht ihr Regelungsziel, unmittelbar Rechte und Pflichten für Einzelne zu erzeugen. Es wäre aber denkbar, dass ein-

Unmittelbare Wirkung

Wichtig: Die Voraussetzungen der unmittelbaren Anwendbarkeit

zelne Richtlinienbestimmungen – ab dem Verstreichen der Umsetzungsfrist der Richtlinie – aufgrund ihrer Konstitution auch unmitelbar in den Mitgliedstaaten gelten oder gar unmittelbar anwendbar sind. Beides wird unmittelbare Wirkung von Richtlinien genannt. Unmittelbare Anwendbarkeit bedeutet, dass eine oder einige Richtlinienbestimmungen entsprechend den Verordnungen direkt für Staatsorgane und Bürger verbindlich sind und dass individuelle, subjektive Rechte daraus ableitbar sind (*Ratti*, Slg. 1979, 1629, *van Duyn*, Slg. 1974, 1337).

Unmittelbare Geltung heißt demgegenüber nur, dass die fragliche Norm einer Richtlinie in der innerstaatlichen Rechtsordnung ohne weiteren Umsetzungsakt gilt, es heißt nicht zwangsläufig, dass die Norm dem Rechtsunterworfenen auch ein subjektives Recht, ein Klagerecht, gewährt (*Wärmekraftwerk Großkrotzenburg*, Slg. 1995, I-2189). Aufgrund der Geltung in der innerstaatlichen Rechtsordnung sind alle staatlichen Stellen verpflichtet, die unmittelbar geltende Norm anzuwenden.

Nach der Rechtsprechung des EuGH kann eine Richtliniennorm unmittelbar anwendbar sein (*Leberpfennig*, Slg. 1970, 825, *Becker*, Slg. 1982, 53). Dafür spreche die notwendige Effektivität der Richtlinie und dass ein Mitgliedstaat nicht gleichzeitig gegen eine Richtlinie verstoßen könne und sich dann gegenüber Individuen oder anderen Rechtsträgern auf sein gemeinschaftsrechtswidriges Verhalten berufen könne.

Die Voraussetzungen für unmittelbare Geltung und Anwendbarkeit einer RL sind:
- hinreichend genaue Formulierung der Richtlinienbestimmung, so dass sich kein Umsetzungsspielraum für den nationalen Gesetzgeber ergibt, auch »self-executing« genannt, also »sich-selbst-ausführend» bzw. «anwendend«. Ob eine Richtlinienbestimmung »self-executing« ist, geht aus ihrer Auslegung hervor, aus Wortlaut, Systematik, Sinn und Zweck
- Ablauf der Umsetzungsfrist
- keine unmittelbare Geltung von Richtlinien, die den Bürger belasten. Die unmittelbare Geltung kann nur stattfinden, wenn die Richtlinie den Bürger begünstigt (*Kolpinghuis Nijmegen*, Slg. 1987, 3969). Allerdings ist es möglich, dass eine Richtlinienbestimmung zu Lasten eines Einzelnen die Auslegung nationalen Rechts beeinflusst. Unmittelbare Anwendung und richtlinienkonforme Auslegung sind strikt zu trennen.

Zur unmittelbaren Anwendbarkeit einer Richtlinienbestimmung ist überdies erforderlich, dass sie bezweckt, dem Einzelnen ein subjektives Recht zu verleihen.

Ein anderes juristisches Thema ist die horizontale Wirkung von Richtlinien. Die horizontale Wirkung meint hier die Geltung von Richtliniennormen im Verhältnis zwischen natürlichen und juristischen Personen des Privatrechts untereinander, nicht nur zwischen EU oder Mitgliedstaaten (Hoheitsträger) und Rechtsunterworfenen. Können solche Rechtsträger sich gegenüber ihresgleichen auf Richtlinienbestimmungen berufen? Der EuGH lehnt die horizontale Wirkung von Richtlinien unter Berufung auf den Wortlaut des Art. 288 III AEUV ab (*Marshall I*, Slg. 1986, 723; *Foster/British Gas*, Slg. 1990, 3313; *Marshall II*, Slg. 1993, I-4367). Folgt man dem Wortlaut, so richtet sich die Richtlinie nur an die Mitgliedstaaten und eben nicht an Private. Diese Rechtsprechung schränkt die durch die unmittelbare Anwendbarkeit von Richtliniennormen gewonnene Effektivität des Unionsrechts wieder ein. Leider ergibt sich auch eine Diskrepanz zu der Rechtsprechung des EuGH im Bereich des Primärrechts, wo er einigen Vorschriften durchaus eine horizontale Wirkung zuerkennt (Art. 157 AEUV: *Defrenne II*, Slg. 1976, 455; Art. 45 AEUV: *Angonese*, 2000, I-4139). Diese Rechtsprechungsunterschiede sind nicht immer gut begründet und lassen sich zu Recht kritisieren, allerdings hält der EuGH an seiner Rechtsprechung fest (*Faccini Dori*, Slg. 1994, I-3347).

Horizontale Wirkung von Richtlinien

Zu beachten ist noch das Rechtsinstitut der richtlinienkonformen Auslegung. Wenn eine RL nicht unmittelbar anwendbar/geltend sein sollte, hat der nationale Richter immer noch zu prüfen, ob das gesamte (nicht nur das nationale Umsetzungsrecht) nationale Recht im Lichte der RL ausgelegt werden kann (*Marleasing*, Slg. 1990, 4158; *Rettungssanitäter*, Slg. 2004, I-8918). Anzuwenden sind die nationalen Auslegungsmethoden. Erst wenn die Auslegung im Lichte der RL nicht möglich ist, kommen einer nicht umgesetzten RL keine innerstaatlichen Rechtswirkungen zu. Begründet wird die richtlinienkonforme Auslegung mit der aus Art. 4 III EUV stammenden Pflicht der MS, alle geeigneten Umsetzungmaßnahmen zu treffen. Diese Pflicht obliegt wiederum allen staatlichen Organen. Die Pflicht zur richtlinienkonformen Auslegung besteht auch ab Ablauf der Umsetzungsfrist bei nicht oder verspätet umgesetzten Richtlinien ab dem Zeitpunkt bis zur Umsetzung (*Adeneler*, Slg. 2006, I-6133). Bei eindeutigen, nicht auslegbaren nationalen Bestimmungen, wie genau bestimmten wöchentlichen Höchst-

Richtlinienkonforme Auslegung

arbeitszeiten («40-Std.-Woche») ist eine Auslegung des nat. Rechts im Lichte der RL nicht möglich.

Staatshaftung für nicht umgesetzte Richtlinien

Als Ergebnis dieser Rechtsprechung tauchte das Problem auf, wie das vertragswidrige Verhalten der MS bei Nichtumsetzen horizontal wirkender Richtlinienbestimmungen sanktioniert werden kann. In der berühmten Rechtssache *Francovich* (Slg. 1991, I-5357) entwickelte er den Grundsatz der Staatshaftung. Eine derartige Haftung ist nicht ausdrücklich im Unionsrecht vorgesehen. In einer Reihe von Entscheidungen hat der Gerichtshof die Tatbestandsvoraussetzungen und Grenzen des Anspruchs herausgearbeitet und verfeinert (z. B.: *Brasserie du Pêcheur* und *Factortame III*, Slg. 1996, I-1029; *Dillenkofer*, Slg. 1996, I-4845; *Hedley Lomas* Slg. 1996, I-2553). Diese – verschuldensunabhängige – Staatshaftung ist mittlerweile gefestigtes Unionsrecht. Der EuGH hält eine Haftung auch bei der Verletzung unmittelbar wirkenden Unionsrechts (z.B. Primärrecht, VOen) für möglich. Gestützt wird der Anspruch auf den Grundsatz der Effektivität des Gemeinschaftsrechts (Art. 4 III AEUV) und die Unionstreue der MS.

> Staatshaftung ist nunmehr gefestigte Rechtsprechung.

Der Francovich-Fall gestaltete sich folgendermaßen: Die Richtlinie 80/987 sollte Arbeitnehmern einen Mindestschutz bei Zahlungsunfähigkeit des Arbeitgebers gewähren, insbesondere den Anspruch auf Arbeitslohn garantieren. Italien setzte die Richtlinie nicht fristgerecht um. Ein italienischer Arbeitnehmer, der seit Monaten keinen Lohn von seiner Firma erhalten hatte, verklagte die Firma. Obwohl die Klage erfolgreich war, bekam er keine Lira, weil die Firma in Konkurs ging. Daraufhin verlangte Francovich Schadensersatz vom italienischen Staat, weil er seinen Lohn, wegen der in der Richtlinie vorgesehenen Garantie, erhalten hätte, wenn die Richtlinie fristgerecht umgesetzt worden wäre.

Der EuGH hat einen Anspruch auf Schadensersatz bejaht. Der Anspruch beruht laut EuGH auf dem allgemeinen System des Gemeinschaftsrechts und den Grundsätzen des E[W]GV.

Subjektive Rechte, also Rechte des einzelnen entstünden nicht nur, wenn der E[W]GV es ausdrücklich vorschreibe, sondern auch, wenn der Vertrag den Organen, und hier den Mitgliedstaaten, eindeutige Pflichten auferlegt. Die Wirksamkeit der Richtlinie, die den Einzelnen schützen wolle, sei aber sehr eingeschränkt, wenn der Einzelne, bei Verletzung der Umsetzungsfrist, nicht auch Schadensersatz erlangen könnte.

Die Höhe des Anspruchs richtet sich nach nationalem Staatshaftungsrecht; das ist im Fall der Bundesrepublik der § 839 BGB in Verbindung mit Art. 34 GG. Allerdings ist ein Schadensersatzanspruch bei legislativer Unterlassung im deutschen Verfassungsrecht grundsätzlich nicht anerkannt, so dass das deutsche Staatshaftungsrecht auf gemeinschaftsrechtliche Ansprüche nur teilweise anwendbar ist.

Voraussetzungen des Staatshaftungsanspruchs

Der Staatshaftungsanspruch ist ein eigener, vom EuGH entwickelter Anspruch, welcher im Rahmen des nationalen Staatshaftungsrechts geltend gemacht werden muss. Der deutsche Staatshaftungsanspruch, muss im Sinne der Vorgaben des EU-Rechts ausgelegt werden (s. a. das auf die *Brasserie du Pêcheur*-Vorabentscheidung folgende Endurteil des BGHZ 134, 30):

Zusammenspiel von EU-Recht und deutschem Recht

- Die Verletzung des Unionsrechts durch einen MS. Ein Mitgliedstaat haftet für alle Akte oder Unterlassungen seiner Organe (von allen drei Gewalten) einschließlich der nationalen Legislative. Hoheitliche Äußerungen von Beamten werden erfasst (*AGM-COS.MET*, Slg. 2007, I-2826). Ein Ausschluss von Handlungen des Gesetzgebers kommt angesichts der Bedeutung der einheitlichen Anwendung des Unionsrechts nicht in Betracht. Die Mitgliedstaaten haften deshalb gemeinschaftsrechtlich auch für normatives Unrecht. Das Richterprivileg des § 839 II BGB und der Grundsatz der Rechtskraft stehen einer Haftung der Judikative für letztinstanzliche Urteile wegen des Grundsatzes der effektiven Durchsetzung des Unionsrechts nicht entgegen. Auch die richterliche Unabhängigkeit wird nicht verletzt, da es nicht um die persönliche Haftung des Richters geht, sondern um die Haftung des Staates. (*Köbler*, NJW 2003, 3539).

  Alle Akte eines MS werden erfasst.

- Die Rechtsnorm des Unionsrechts gegen die verstoßen worden ist, muss bezwecken, dem Einzelnen Rechte zu verleihen. Daher können auch Verstöße gegen horizontale RLen ohne unmittelbare Wirksamkeit für oder gegen Private Schadensersatzansprüche auslösen, wenn sie zum Ziel haben, dem einzelnen Rechte zu gewähren.

  Rechte des Einzelnen

- Der Inhalt dieser Rechte muss anhand der RL spezifisch bestimmbar sein (*Francovich*) bzw. es muss ein hinreichend qualifizierter Verstoß vorliegen (*Brasserie du Pêcheur*). Die genaue Ausgestaltung des Tatbestandsmerkmals des hinreichend qualifizierten Verstoßes variiert nach Art der Verletzung des Unionsrechts. Bei feh-

  Wichtig: Hinreichend qualifizierter Verstoß

lendem Ermessen eines MS hinsichtlich der Umsetzung oder Abweichung von Unionsrecht reicht ein Rechtsverstoß gegen eine Vorschrift des Unionsrechts aus. Bei vorhandenem Ermessen muss dieser Spielraum offenkundig und erheblich überschritten worden sein. Bei der Judikative (insbes. Richtern) ist die Besonderheit der richterlichen Funktion zu beachten. Ein offenkundiger Verstoß ist anhand von vom EuGH festgelegten Kriterien zu beurteilen. Indizien für einen offenkundigen Verstoß sind das Maß an Klarheit und Präzision der verletzten Vorschrift, die Vorsätzlichkeit des Verstoßes, die Entschuldbarkeit des Rechtsirrtums, ggf. die Stellungnahme eines Gemeinschaftsorgans sowie (bei der Judikative) die Verletzung der Vorlagepflicht nach Art. 267 AEUV (*Traghetti del Mediterraneo*, Slg. 2006, I-5177).
- Ein kausaler Zusammenhang zwischen Verletzungshandlung des Mitgliedstaates, also einer Unterlassung, und dem beim Einzelnen eingetretenen Schaden.

Als Rechtsfolge ist Schadensersatz zu leisten. Grundsätzlich ist die volle Wiedergutmachung umfasst, allerdings ist ein eventuell gegebenes Mitverschulden des Berechtigten zu berücksichtigen. Hierzu zählt u. a. die Nichtgeltendmachung von primärem Rechtsschutz.

Durchsetzung im deutschen Recht

Wie oben bereits beschrieben, erfolgt die Durchsetzung des Anspruchs nach dem jeweiligen nationalen Haftungsrecht. In Deutschland ist Art. 34 GG/§ 839 BGB unter Beachtung der Grundsätze der Effektivität und Nichtdiskriminierung heranzuziehen. Danach darf die Geltendmachung des unionsrechtlichen Staatshaftungsanspruchs gegenüber dem nationalen nicht erschwert oder ungünstiger sein. Die dreijährige Verjährungsfrist des dt. Rechts steht damit in Einklang, da sie die Ausübung des EU-Rechts nicht praktisch unmöglich macht. Problematisch ist jedoch, dass nach § 204 I Nr. 1. BGB zwar die Einlegung eines nationalen Rechtsbehelfs die Verjährung hemmt, nicht aber die Einlegung eines gemeinschaftsrechtlichen Rechtsbehelfs, wie das durch die Kommission eingeleitete Vertragsverletzungsverfahren (Art. 258 AEUV). Der EuGH sieht darin keinen Verstoß gegen den Grundsatz der Nichtdiskriminierung, da die Kommission das Verfahren im Allgemeininteresse und nicht im Interesse der Geschädigten führe (*Danske Slagterier*, Slg. 2009, I-0000 Rn.67).

Beschluss, Empfehlung und Stellungnahme

Der Beschluss hieß bis zum Inkrafttreten des VvL Entscheidung. Er kann, als verbindliche Regelung der EU, sowohl einen allgemeinen als auch individuellen Adressatenkreis haben, Art. 288 IV AEUV.

Beschlüsse

Beschlüsse können sich an Individuen, also natürliche Personen oder Firmen, oder auch an die Mitgliedstaaten richten. Individuelle Beschlüsse, die sich an Personen und Firmen richten, wirken unmittelbar wirken und bedürfen keiner staatlichen Umsetzung. Auch die an Mitgliedstaaten ergangenen individuellen Beschlüsse binden diese direkt (*Grad*, Slg. 1970, 825).

Empfehlungen und Stellungnahmen sind dagegen gemäß Art. 288 V AEUV unverbindlich. Zweck dieser Handlungsformen ist es, dem Adressaten ein bestimmtes Verhalten nahe zu legen. Obwohl Stellungnahmen und Empfehlungen nicht rechtsverbindlich sind, so können sie doch rechtserheblich sein, also maßgeblich zur Entstehung einer Rechtsauffassung beitragen, sie können Prozessvoraussetzung sein (Art. 258 AEUV) oder Voraussetzung für ein Gemeinschaftsorgan, handeln zu können (Art. 105 AEUV).

Empfehlungen und Stellungsnahmen

1.3. Völkerrechtliche Vereinbarungen

Die EU ist ein Völkerrechtssubjekt (Art. 47 EUV), kann also Verträge mit Drittstaaten oder Organisationen abschließen, soweit sie dazu die Kompetenz hat (Prinzip der begrenzten Einzelermächtigung). Als Drittstaaten bezeichnet man Nichtmitgliedstaaten. Der sog. »Dritte« ist in der juristischen Sprache immer ein Außenstehender. Die Kompetenzen der EU zu völkerrechtlichen Verträgen sind teilweise ausdrücklich im EUV niedergelegt (Handels- und Zollabkommen, Art. 207, Assoziierung, Art. 217, Beziehungen zu anderen internationalen Institutionen wie VN, OECD etc., Art. 220 AEUV), teilweise ungeschriebene Kompetenzen (Parallelität zwischen bereits genutzten Innen- und Außenkompetenzen der EG, (*AETR*, Slg. 1971, 263, *WTO-Gutachten*, Slg. 1994, I-5267), stillschweigende Kompetenzen, etwa gegenüber dem GATT 1947 (*International Fruit Company*, Slg. 1972, 1219). Internes Zustandekommen und Wirkung derartiger Abkommen ist in Art. 218 AEUV, der bereits bei den Aufgaben der Kommission kurz angesprochen wurde, geregelt.

EU ist ein Völkerrechtssubjekt

Parallelität von Innen- und Außenkompetenz, vgl. Art. 216 I AEUV

Art. 218 AEUV	**Verfahren bei Abschluss völkerrechtlicher Verträge**
	(1) Unbeschadet der besonderen Bestimmungen des Artikels 207 werden Übereinkünfte zwischen der Union und Drittländern oder internationalen Organisationen nach dem im Folgenden beschriebenen Verfahren ausgehandelt und geschlossen.
	(2) Der Rat erteilt eine Ermächtigung zur Aufnahme von Verhandlungen, legt Verhandlungsrichtlinien fest, genehmigt die Unterzeichnung und schließt die Übereinkünfte.
	(3) Die Kommission oder, wenn sich die geplante Übereinkunft ausschließlich oder hauptsächlich auf die Gemeinsame Außen- und Sicherheitspolitik bezieht, der Hohe Vertreter der Union für Außen- und Sicherheitspolitik legt dem Rat Empfehlungen vor; dieser erlässt einen Beschluss über die Ermächtigung zur Aufnahme von Verhandlungen und über die Benennung, je nach dem Gegenstand der geplanten Übereinkunft, des Verhandlungsführers oder des Leiters des Verhandlungsteams der Union.
	[...]

Integrierender Teil der Unionsrechtsordnung

Ein wichtiger Merkpunkt ist, dass nach Art. 216 II AEUV die von der EU mit dritten Staaten oder Organisationen geschlossenen Abkommen einen integrierenden Teil der Unionsrechtsordnung bilden (*Haegeman II*, Slg. 1974, 449; *Demirel*, Slg. 1987, 3719). Die Abkommen haben zwar keinen Vorrang vor dem Primärrecht, aber vor den Sekundärrechtsquellen des Art. 288 AEUV (*Haegeman II*, Slg. 1974, 449). Die Unionsorgane müssen sich bei ihrer Rechtsetzung an die Abkommen halten.

Unmittelbare Anwendbarkeit völkerrechtlicher Abkommen.

Auch Bestimmungen aus völkerrechtlichen Abkommen nach Art. 218 AEUV können unmittelbar anwendbar, »self-executing« sein, d.h., es ist möglich, wenn eine Vertragsnorm besonders klar und unbedingt ist, dass einzelne Personen subjektive Rechte daraus herleiten können (*Kupferberg*, Slg. 1982, 3641, *Sevince*, Slg. 1990, 3461).

Im Fall *Sevince* begehrte eine türkische Staatsangehörige eine Aufenthaltserlaubnis in den Niederlanden. Es besteht ein Assoziierungsabkommen der EG mit der Türkei nach Art. 217 AEUV. Frau Sevince berief sich auf einen Beschluss des aufgrund des Abkommens eingerichteten Assoziationsrates EWG-Türkei. Die strittige Bestimmung des Beschlusses war nach Ansicht des EuGH »self-executing«, d.h. so genau, dass sich Sevince darauf berufen konnte. Die Beschlüsse des Assoziationsrates binden mithin die EU und sie bekam daraufhin die Erlaubnis.

1.4. »Gemeinsame Handlungen« der Mitgliedstaaten

GEMEINSAMES HANDELN IN EUROPA

Neben den in den Verträgen normierten Rechtsakten gibt es noch die gemeinsamen Akte der Mitgliedstaaten. Dies sind größtenteils nicht normierte Rechtshandlungen, die nicht von der EU, sondern von den MS auf Grund der bei ihnen verbliebenen Zuständigkeiten wahrgenommen werden. Obwohl keine Zuständigkeit der Union vorliegt, handeln die Mitgliedstaaten aber mit Bezug auf das Unionsrecht, um die Unionsziele zu fördern.

Gemischte Abkommen

Solche Rechtsakte sind:

- gemischte Abkommen und
- intergouvernementale Zusammenarbeit.

Sehr wichtig sind die »gemischten Abkommen« (*Internationales Naturkautschuk-Übereinkommen*, Slg. 1979, 2871). Bei bestimmten völkerrechtlichen Abkommen mit dritten Staaten, wird neben den Mitgliedstaaten auch die Union selbst Vertragspartei. Die Handlungsform gemischtes Abkommen wird vorwiegend dann gewählt, wenn die in dem Abkommen geregelte Materie auch die Kompetenzen der Mitgliedstaaten betrifft, denn allein hätte die EU dann keine Kompetenz. Der gemeinsame Abschluss durch EU und MS vermeidet also Kompetenzdefizite. Das gemischte Abkommen ist aber auch bei nur teilweise fehlender Kompetenz der EU zulässig (*WTO*, Slg. 1994, I-5267). Ein

Beispiel für gemischte Abkommen ist das Seerechtsübereinkommen der Vereinten Nationen.

Die gemischten Abkommen bergen vielfältige Probleme in sich, z. B.: Wer schuldet bei Störungen die Erfüllung des Vertrages, die EU oder die Mitgliedstaaten, oder beide als Gesamtschuldner? Entscheidend ist hier, dass die Kommission, die die Verträge in der Regel aushandelt, nicht offensichtlich für die Mitgliedstaaten mit handelt. Dies sieht nach außen wie eine Vertretung aus. Diese Vertretung muss sich die Kommission zurechnen lassen, wenn es Probleme bei der Erfüllung eines gemischten Abkommens gibt.

Intergouvernementale Zusammenarbeit

Drittens ist als Akt neben den Unionskompetenzen die intergouvernementale Zusammenarbeit zu nennen: Dies sind im Wesentlichen die Akte der im Rat vereinigten Vertreter der Mitgliedstaaten und die Zusammenarbeit auf Gebieten, auf denen Art. 352 AEUV nicht mehr als Rechtsgrundlage für die EU greift.

Neben den völkerrechtlichen Verträgen können auch Normen des Völkergewohnheitsrechts und allgemeine Grundsätze des Völkerrechts innerhalb der EU gelten (*Racke,* Slg. 1998, I-3655), soweit sie nicht vom spezielleren Unionsrecht verdrängt werden. Eine weitere Bestärkung für die hier vertretene Ansicht, dass das EU-Recht dogmatisch dem Völkerrecht zuzuordnen ist, wenn es auch in vielen Bereichen Sonderbestimmungen enthalten mag.

1.5. »Gemeinsame Handlungen« der Organe

Interinstitutionelle Vereinbarung

Sehr selten, und vor allem nicht rechtsverbindlich, sind gemeinsame Handlungen der EU-Organe. Zum einen gehören hierzu die interinstitutionellen Vereinbarungen (ABl. 1999 C 73/1: Gemeinsame Leitlinien für die redaktionelle Qualität der gemeinschaftlichen Rechtsvorschriften), zum anderen gemeinsame Erklärungen (ABl. 1999 C 14871: Gemeinsame Erklärung zu den praktischen Modalitäten des Mitentscheidungsverfahrens). Die gemeinsamen Handlungen sollen dazu beitragen, die durch das Zusammenwirken mehrerer Organe bewirkten Ungenauigkeiten zu minimieren. Interinstitutionelle Vereinbarungen können auch rechtlich verbindlich sein, Art. 295 AEUV.

Die Organe der EU und ihre Aufgaben

Organ / Aufgabe	Generelle Aufgaben	Konkrete Aufgaben
Europäischer Rat	Art. 15 EUV, Leitlinien, Impulse	Politische Leitlinien
Ministerrat der Europäischen Union (assistiert von COREPER)	Art. 16 EUV Interessenvertretung der Mitgliedstaaten	Rechtsetzung; Zusammenarbeit mit EP; Leitlinien der WWU
EU-Kommission	Art. 17 EUV Initiativrecht bei Rechtsetzung; Hüterin des Rechts, »Regierung«	Initiative bei Rechtssetzung; Hüterin des EU-Rechts, Durchführung der Politiken
Europäisches Parlament	Art. 18 EUV Aufforderung zu Vorschlägen, Kontrolle und Bestätigung der Ernennung der Kommission	Weitergehende Rechte im Haushaltsverfahren, eingeschränkte Rechte bei Rechtsetzung, teils Mitentscheidung
Europäischer Gerichtshof und Gericht (EuGH und EuG)	Art. 19 EUV Rechtsprechung und Gutachtenerstellung	Kontrolle der EU-Rechtmäßigkeit des Handelns der Organe und Mitgliedstaaten, Auslegung des Unionsrechts, Gutachten
Rechnungshof	Kontrolle von Einnahmen und Ausgaben	Jahresbericht, unterstützt Ministerrat und Parlament bei der Überwachung der Ausführung des EU-Haushaltsplans
EZB	Art. 282 AEUV, WWU	

2. Allgemeine Bestimmungen des AEUV

Im zweiten Titel des AEUV sind besondere Prinzipien und Grundsätze enthalten, die für die Union von besonderer Wichtigkeit sind. Zum einen sind die sog. Querschnittsklauseln, die bei der Ausübung einer Politik seitens der EU zu beachten sind. Die Querschnittsklauseln werden im Kapitel über die Politiken der Union näher untersucht werden.

Zum anderen Klauseln, die von besonderer gesellschaftlicher Relevanz sind. Zu den letztgenannten gehören der Grundsatz der Offenheit der EU, wozu auch der Zugang zu Dokumenten der EU, Art. 15 AEUV und die Transparenz ihres Tätigwerdens gehören. Art. 16 AEUV garantiert das Recht auf Datenschutz der EU-Bürger, Art. 17 AEUV den Status der Kirchen.

Die Transparenz ihres Tätigwerdens soll die Akzeptanz der EU in der Öffentlichkeit stärken. Mithin hat nach Art. 15 III EUV jeder Unionsbürger und jede juristische Person mit Wohnsitz oder satzungsmäßigem Sitz in einem MS das Recht auf Zugang zu Dokumenten der EU. Diese Informationsfreiheit steht jedoch unter dem Vorbehalt der Sekundärrechtsetzung der Organe. Folglich besteht der Zugang nicht grenzenlos, die EU kann den Ausschluss des Zugangs bei sensiblen Informationen festschreiben. Hierzu werden unter anderem öffentliche oder private Interessen von der Vorschrift ausdrücklich genannt.

3. Sekundärrechtsetzung

Sekundäres Recht der EU ist das von den Verträgen abgeleitete Recht, also Verordnungen, Richtlinien und Beschlüsse. Das Primärrecht der EU besteht aus den Verträgen, den allgemeinen Rechtsgrundsätzen und der Grundrechte-Charta. Der Hauptakteur beim Erlass sekundären EU-Rechts ist der Rat. An seiner Rechtsetzung sind die Kommission, das Parlament und die Nebenorgane in unterschiedlichem Umfang beteiligt.

Formvorschriften

Im AEUV finden sich vereinzelt Formvorschriften, die die Gültigkeit eines Sekundärrechtsaktes beeinflussen. Bei Fehlen dieser Voraussetzungen ist der fragliche Akt formell rechtswidrig. Hierzu gehören die Begründungspflicht, Art. 296 II AEUV und die Unterzeichnung und Bekanntmachung von Rechtsakten, Art. 297 AEUV. Die Begründung muss der Natur des betreffenden Rechtsakts angepasst sein und die Überlegungen des den Rechtsakt erlassenen Gemeinschaftsorgans so klar und eindeutig zum Ausdruck bringen, dass die Betroffenen ihr die Gründe für die erlassenen Maßnahme entnehmen können und das zuständige Gericht seine Kontrollaufgabe wahrnehmen kann. Entscheidend sind somit die Umstände des Einzelfalls; auch eine sehr knappe Begründung kann ausreichend sein, da nicht alle tatsächlich oder rechtlich einschlägigen Gesichtspunkte genannt zu werden brauchen (*Nuova Agricast*, Slg. 2008, I-2623).

Formelle Rechtmäßigkeit eines Sekundärrechtsaktes

Gesetzgebungsverfahren

Das Gesetzgebungsverfahren wird in ein ordentliches und in besondere Gesetzgebungsverfahren unterteilt, Art. 289 AEUV. Das ordentliche Gesetzgebungsverfahren ist der Regelfall und in Art. 294 AEUV niedergelegt. Die besonderen Gesetzgebungsverfahren müssen im Vertrag jeweils ausdrücklich genannt sein.

Ordentliches und besonderes Gesetzgebungsverfahren

In Gesetzgebungsakten kann die Durchführungskompetenz auf die Kommission übertragen werden, Art. 290 AEUV. Diese kann dann Rechtsakte ohne Gesetzescharakter mit allgemeiner Geltung annehmen. Die Kompetenz zur Durchführungsrechtsetzung ist der im dt. Recht bestehenden Verordnungskompetenz der Exekutive (Art. 80 GG) vergleichbar. Die Übertragung ist jederzeit widerrufbar und im herrschenden Gesetzgebungsakt müssen Ziele, Inhalt, Geltungsbereich und

Gesetzgebungsakte werden im Amtsblatt Teil L veröffentlicht

Durchführungskompetenz bei der Kommission

Dauer der Befugnisübertragung genau festgelegt werden. Die Durchführungsakte werden im Amtsblatt L2 veröffentlicht.

Die MS ergreifen laut Art. 291 AEUV die erforderlichen Maßnahmen zur Durchführung der Rechtsakte der EU nach dem jeweiligen innerstaatlichen Recht. Zu beachten haben die MS dabei den unionsrechtlichen Grundsatz der Effektivität, sie müssen dem Unionsrecht zu dessen voller Wirksamkeit verhelfen.

Besonderes Gesetzgebungsverfahren

Besonderes Gesetzgebungsverfahren

Das besondere Gesetzgebungsverfahren tritt in unterschiedlichen verfahrensmäßigen Formen auf. Es wird angewandt, wenn die Ermächtigungsnorm das Gesetzgebungsverfahren ausdrücklich bezeichnet, vgl. Art. 115 AEUV. Die Annahme von Rechtsakten geschieht entweder durch das EP mit Beteiligung des Rates oder durch den Rat mit Beteiligung des EP. Beteiligung kann auch nur Anhörung bedeuten.

Ordentliches Gesetzgebungsverfahren, Art. 289 AEUV

Hauptgesetzgebungsverfahren

Die vorher bestehenden Verfahren der Zusammenarbeit und der Mitentscheidung sind nunmehr aufgegeben worden. Das ordentliche Gesetzgebungsverfahren ist nunmehr deren Nachfolger und dem Verfahren der Mitentscheidung verwandt.

Verfahren ähnelt dem nationalen Gesetzgebungsverfahren.

Das Verfahren wird in drei Lesungen und einen Vermittlungsteil unterteilt. Es beginnt mit einem Vorschlag der Kommission, die nunmehr auf Veranlassung des Rates und des EP tätig werden kann bzw. muss.

Das Verfahren im Einzelnen:

Ordentliches Gesetzgebungsverfahren der EU

Ordentliches Gesetzgebungsverfahren, Art. 294 AEUV

1. Vorschlag der Kommission an EP und Rat

Erste Lesung

2. EP legt seinen Standpunk fest und übermittelt ihn an den Rat
3. Rat billigt den Standpunkt: Rechtsakt ist erlassen
4. Rat billigt den Standpunkt nicht und legt einen eigenen Standpunkt fest, den er an das EP übermittelt. Der Rat unterrichtet das EP über die Gründe für seinen Standpunkt. Die Kommission unterrichtet das EP über ihre Gründe.

Zweite Lesung

5. EP hat drei Monate Zeit um
   - den Standpunkt des Rates zu billigen: Rechtsakt ist verabschiedet
   - sich nicht zu äußern: Rechtsakt ist verabschiedet
   - den Standpunkt des Rates mit der Mehrheit seiner Mitglieder ablehnen: Rechtsakt ist nicht erlassen
   - den Standpunkt des Rates mit Änderungsvorschlägen anzunehmen: abgeänderte Fassung wird dem Rat und der Kommission zugeleitet. Die Kommission gibt eine Stellungnahme zu den Änderungen ab.
6. Rat hat drei Monate Zeit um die Änderungen des EP mit qualifizierter Mehrheit
   - die Abänderungen zu billigen. Rechtsakt ist erlassen
   - nicht alle Abänderungen zu billigen. Dann geht das Verfahren in den Vermittlungsausschuss
   - Über Änderungen zu denen eine ablehnende Stellungnahme der Kommission besteht, beschließt der Rat einstimmig

Vermittlung

7. Der Vermittlungsausschuss besteht aus 54 Mitgliedern (27 Rat und 27 EP und muss innerhalb von sechs Wochen nach seiner Einberufung eine Einigung auf der Grundlage des Standpunktes des EP und des Rates erzielen. Die Kommission nimmt teil.
8. Kommt innerhalb der Sechs-Wochen-Frist kein gemeinsamer Entwurf zustande, so ist der Rechtsakt nicht erlassen.

Dritte Lesung

9. Billigt der Vermittlungsausschuss innerhalb der Frist einen gemeinsamen Entwurf, müssen EP und Rat innerhalb von sechs Wochen den Rechtsakt erlassen. Mehrheit EP: Mehrheit der abgegebenen Stimmen; Mehrheit Rat: Qualifizierte Mehrheit
10. Andernfalls gilt der Rechtsakt als nicht erlassen
11. Fristverlängerung ist möglich, Abs. 14

Besondere Bestimmungen

12. Bei bestimmten Gesetzesinitiativen wird das Verfahren entsprechend modifiziert

4. Der Vollzug des Unionsrechts

Der Vollzug des Unionsrechts regelt dessen Durchsetzung. Mit dem Erlass und der unmittelbaren Geltung einer Verordnung ist es noch nicht getan. Es muss auch öffentliche, hoheitliche Stellen geben, die sich um die Durchsetzung, d.h. die Anwendung einer Verordnung kümmern. Vollzug bedeutet Anwendung, praktische Umsetzung oder Ausführung, auch mit Zwang verbunden.

Gesplitteter Vollzug

Für deutsche Gesetze und Verordnungen, die Verfassung, und übrige Regelungen mit Normcharakter, ist die Frage einfach zu beantworten, hier übernehmen die Verwaltungsbehörden und Gerichte die Umsetzung. Beim Vollzug des EU-Rechts dagegen ist die Umsetzungsaufgabe zwischen der Union und den MS gesplittet.

Vollzug im Über- / Unterordnungsverhältnis

Man spricht von Vollzug, soweit das EU-Recht öffentlichrechtlichen Charakter hat, also zwischen EU und Bürger gilt. Der Vollzug findet in einem Über- und Unterordnungsverhältnis statt.

Soweit das EU-Recht das Verhältnis EU – Mitgliedstaaten betrifft, ist die internationalrechtliche bzw. supranationale Seite betroffen. Dort gibt es keinen Vollzug im Rechtssinne, nur Zwangsmaßnahmen gemäß Art. 260 AEUV.

Es gibt im EU-Recht mehrere Vollzugstypen:

Drei Vollzugstypen

- die unionsunmittelbare Vollziehung,
- die unmittelbare mitgliedstaatliche Vollziehung und
- die mittelbare mitgliedstaatliche Vollziehung.

Direkter Vollzug

Die unionsunmittelbare Vollziehung bezeichnet man auch als direkten Vollzug oder zentrale Verwaltung. Diese Vollzugsart findet in den Bereichen statt, in denen die EU selbst das EU-Recht anwendet. Die wichtigsten Bereiche sind EU-Beamten- und Arbeitsrecht und das Kartell- und Monopolrecht der Art. 101-106 AEUV. Für diese wenigen Materien ist die Kommission im AEUV ermächtigt, selbst durch eigene Ausführungsorgane das EU-Recht anzuwenden. Der Vollzug durch Unionsorgane wird determiniert durch die allgemeinen rechtsstaatlichen Rechtsgrundsätze, die oben im Rahmen der Grundrechte angesprochen wurden (Beispiel: rechtliches Gehör).

Indirekter Vollzug

Der Gegensatz zum direkten Vollzug ist der indirekte, mitgliedstaatliche Vollzug. In diesem Fall wenden die Verwaltungsbehörden der Mitgliedstaaten das EU-Recht identisch wie nationale Rechtsvorschriften an. Diese Vollzugsart ist in den allermeisten Fällen gegeben, denn die EU hat nicht die Kompetenz zum Verwaltungsvollzug und dementsprechend keinen Verwaltungsapparat, der vom Umfang her den Vollzug des gesamten EU-Rechts bewältigen könnte (*Milchkontor*, Slg. 1983, 2633; *Hoechst*, Slg. 1989, 2859).

Der indirekte Vollzug richtet sich grundsätzlich nach dem nationalen Recht, d.h. in Deutschland hauptsächlich nach dem VwVfG, der VwGO und spezielle Bereiche abdeckenden Verwaltungsrechten wie etwa der für das Steuerverfahren geltenden Abgabenordnung (AO) und der Finanzgerichtsordnung (FGO).

Nationales Vollzugsrecht

Beim indirekten Vollzug gibt es zwei Arten, nämlich die unmittelbare und die mittelbare Vollziehung. Unmittelbar ist die Vollziehung, wenn die nationalen Behörden direkt auf der Grundlage des EU-Rechts handeln, wie etwa meistens bei Verordnungen und Entscheidungen. Mittelbar ist der Vollzug, wenn sie aufgrund des EU-Rechts erst eigene Ausführungsvorschriften erlassen müssen, so etwa bei Richtlinien. Die Richtlinien stellen nur einen Rahmen dar, in dem den Mitgliedstaaten ein eigener Regelungsspielraum verbleibt. Den Vollzug aufgrund dieser nationalen Regelungen bezeichnet man als mittelbar.

Unmittelbare und mittelbare Vollziehung

Bisweilen ist aber beim indirekten Vollzug Vorsicht geboten. Es gibt bereits sekundäres EU-Recht, welches, insbesondere auch um der Effektivität des Unionsrechts willen, Einflüsse auf das nationale Verwaltungsverfahren zukommt. Das heißt, vor Anwendung einer Verordnung muss die nationale Behörde die Verordnung genauestens lesen, um eventuelle Verfahrensvorgaben herauszufinden (*Tafelwein*, Slg. 1990, I-2879; *Zuckerfabrik Süderdithmarschen*, Slg. 1991, I-415; *Hauer*, Slg. 1979, 3727; *Atlanta I*, Slg. 1995, I-3790; *T. Port I*, Slg. 1996, I-6065).

Nationales Verfahrensrecht wird von EU-Recht beeinflusst.

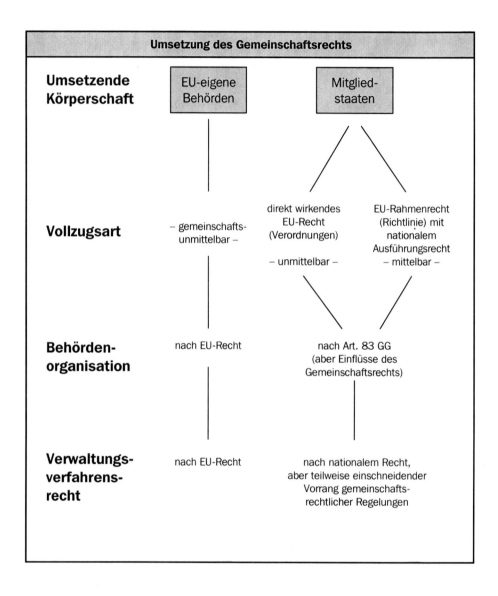

5. Der Binnenmarkt

Der Binnenmarkt (Art. 26 AEUV) ist eine der Kernideen der Union. Der früher noch daneben bestehende Begriff des Gemeinsamen Marktes wurde mit dem VvL aufgegeben.

Kernidee der Union

Verwirklichung des Binnenmarktes

Art. 26 AEUV

(1) Die Union erlässt die erforderlichen Maßnahmen, um nach Maßgabe der einschlägigen Bestimmungen der Verträge den Binnenmarkt zu verwirklichen beziehungsweise dessen Funktionieren zu gewährleisten.

(2) Der Binnenmarkt umfasst einen Raum ohne Binnengrenzen, in dem der freie Verkehr von Waren, Personen, Dienstleistungen und Kapital gemäß den Bestimmungen der Verträge gewährleistet ist.

(3) Der Rat legt auf Vorschlag der Kommission die Leitlinien und Bedingungen fest, die erforderlich sind, um in allen betroffenen Sektoren einen ausgewogenen Fortschritt zu gewährleisten.

Der Binnenmarkt besteht zwischen den Mitgliedstaaten, Art. 26 II AEUV enthält eine Legaldefinition. Der Binnenmarkt hat einen abschließenden Integrationsstandard, Ziel ist die Behebung der sog. »materiellen Schranken« des Marktes. Dies geschieht im Wesentlichen durch die Abschaffung von Waren-, Sicherheits- und Personenkontrollen, sowie technischer Hindernisse und Steuerschranken.

Grundprinzipien der Verwirklichung des Binnenmarktes sind die gegenseitige Anerkennung der nationalen Vorschriften und außerdem die Rechtsangleichung. Für jede wirtschaftliche Tätigkeit, sei es die Tätigkeit eines Arbeitnehmers oder einer Unternehmerin, gab und gibt es unterschiedliche rechtliche Beschränkungen und Voraussetzungen in den verschiedenen Mitgliedstaaten. Die Schutzziele, die von den nationalen Gesetzen verfolgt werden, sind in der Regel gleich, nur die technische Umsetzung ist anders. Um diese Verschiedenheiten zu glätten, benötigt der europäische Markt das Instrument der Rechtsangleichung.

Grundprinzipien des Binnenmarktes

Auf die Angleichung der Chancen der Marktteilnehmer in den Mitgliedstaaten am Binnenmarkt teilzunehmen, zielen die Art. 114 und 115 AEUV. Diese Normen geben der EU eine Kompetenz zum Erlass von Rechtsakten. Rechtsangleichung bedeutet die Anpassung des mitgliedstaatlichen Rechts an einen vom Unionsrecht festgelegten Standard.

Art. 115 AEUV — Allgemeine Rechtsangleichung

> Unbeschadet des Artikels 114 erlässt der Rat gemäß einem besonderen Gesetzgebungsverfahren einstimmig und nach Anhörung des Europäischen Parlaments und des Wirtschafts- und Sozialausschusses Richtlinien für die Angleichung derjenigen Rechts- und Verwaltungsvorschriften der Mitgliedstaaten, die sich unmittelbar auf die Errichtung oder das Funktionieren des Binnenmarkts auswirken.

Art. 115 AEUV meint Regelungen, die von staatlichen oder mit staatlicher Autorität ausgestatteten Stellen erlassen wurden. Es ist dabei nicht erforderlich, dass in jedem Mitgliedstaat eine entsprechende Regelung besteht.

Strittig ist, was die Tatbestandsmerkmale »unmittelbar« und »auf die Errichtung [...] auswirken« bedeuten. Die vorzuziehende Auffassung vertritt, dass es bereits zur Erfüllung der genannten Tatbestandsmerkmale ausreicht, wenn eine geplante EU-Rechtsangleichung dem Binnenmarkt förderlich ist. Bei dieser Auffassung ist aber, was in der Praxis nicht immer getan wurde, zu beachten, dass Art. 115 AEUV die Rechtsetzungskompetenzen der Mitgliedstaaten nicht einschränkt, sondern unberührt lässt. Da viele Regelungen den Binnenmarkt verbessern, darf die EU nicht mehr als Rechtsangleichung betreiben, sie darf nicht die Kompetenzen der Mitgliedstaaten vereinnahmen.

Verhältnis EU-Kompetenz – MS Kompetenz

Die Rechtsangleichung erfolgt durch Richtlinien. Für die Beschlussfassung ist im Rat Einstimmigkeit erforderlich, das Verfahren bei Stimmenthaltungen ist in Art. 238 IV AEUV geregelt. Die Einstimmigkeit war oft ein Hemmschuh bei der Rechtsangleichung. Im Gegensatz zu Art. 114 AEUV ist für einen Rechtsakt nach Art. 115 AEUV Einstimmigkeit nicht erforderlich.

Art. 114 AEUV — Besondere Rechtsangleichung im Binnenmarkt

> (1) Soweit in den Verträgen nichts anderes bestimmt ist, gilt für die Verwirklichung der Ziele des Artikels 26 die nachstehende Regelung. Das Europäische Parlament und der Rat erlassen gemäß dem ordentlichen Gesetzgebungsverfahren und nach Anhörung des Wirtschafts- und Sozialausschusses die Maßnahmen zur Angleichung der Rechts- und Verwaltungsvorschriften der Mitgliedstaaten, welche die Errichtung und das Funktionieren des Binnenmarkts zum Gegenstand haben.
> (2) Absatz 1 gilt nicht für die Bestimmungen über die Steuern, die Bestimmungen über die Freizügigkeit und die Bestimmungen über die Rechte und Interessen der Arbeitnehmer.

(3) Die Kommission geht in ihren Vorschlägen nach Absatz 1 in den Bereichen Gesundheit, Sicherheit, Umweltschutz und Verbraucherschutz von einem hohen Schutzniveau aus und berücksichtigt dabei insbesondere alle auf wissenschaftliche Ergebnisse gestützten neuen Entwicklungen [...]

(4) Hält es ein Mitgliedstaat nach dem Erlass einer Harmonisierungsmaßnahme durch das Europäische Parlament und den Rat beziehungsweise durch den Rat oder die Kommission für erforderlich, einzelstaatliche Bestimmungen anzuwenden, die durch wichtige Erfordernisse im Sinne des Artikels 36 oder in Bezug auf den Schutz der Arbeitsumwelt oder den Umweltschutz gerechtfertigt sind, so teilt er diese Bestimmungen sowie die Gründe der Beibehaltung der Kommission mit. [...]

(6) Die Kommission beschließt binnen sechs Monaten nach den Mitteilungen nach den Absätzen 4 und 5, die betreffenden einzelstaatlichen Bestimmungen zu billigen oder abzulehnen, nachdem sie geprüft hat, ob sie ein Mittel zur willkürlichen Diskriminierung und eine verschleierte Beschränkung des Handels zwischen den Mitgliedstaaten darstellen und ob sie das Funktionieren des Binnenmarktes behindern. Erlässt die Kommission innerhalb dieses Zeitraums keinen Beschluss, so gelten die in den Absätzen 4 und 5 genannten einzelstaatlichen Bestimmungen als gebilligt. [...]

(7) Wird es einem Mitgliedstaat nach Absatz 6 gestattet, von der Harmonisierungsmaßnahme abweichende Bestimmungen beizubehalten oder einzuführen, so prüft die Kommission unverzüglich, ob sie eine Anpassung dieser Maßnahme vorschlägt. [...]

(9) In Abweichung von dem Verfahren der Artikel 258 und 259 kann die Kommission oder ein Mitgliedstaat den Gerichtshof der Europäischen Union unmittelbar anrufen, wenn die Kommission oder der Staat der Auffassung ist, dass ein anderer Mitgliedstaat die in diesem Artikel vorgesehenen Befugnisse missbraucht. [...]

Der Tatbestand des Art. 114 AEUV ist nicht leicht zu ordnen. Man sollte sich den Artikel mehrmals durchlesen, um ihn gedanklich zu strukturieren. Art. 114 AEUV gibt der EU eine Regelungskompetenz, soweit es sich um Materien des Binnenmarktes, genauer des Art. 26 AEUV, handelt. Ausgenommen davon sind nach Abs. 1 spezielle Vorschriften des AEUV (»Soweit in den Verträgen nichts anderes bestimmt ist«) und nach Absatz 2 Steuerregelungen, die Freizügigkeit (Recht, sich überall in der EU aufzuhalten und niederzulassen) sowie die Rechte der Arbeitnehmer. Hauptanwendungsbereich des Art. 114

Grundlagen des EU-Rechts

Lex specialis

AEUV ist der freie Warenverkehr. Art. 114 AEUV ist lex specialis, also speziellere Norm zu Art. 352 AEUV und weitgehend auch zu Art. 192 AEUV. Ein Rechtsakt muss sich auf eine bestimmte Rechtsgrundlage stützen. Ist eine Regelung der Rechtsangleichung des Binnenmarktes betroffen, so darf der Rat den Rechtsakt nicht auf Art. 352 AEUV stützen. Zu den Grundsätzen über die Wahl der richtigen Rechtsgrundlage gibt es einige EuGH-Entscheidungen: *APS*, Slg. 1987, 1493; *Zollnomenklaturabkommen*, Slg. 1988, 5545; *Tabakwerberichtlinie*, Slg. 2000 I-8419 ff. Entscheidend ist immer, in welcher Materie

Schwerpunkt der zu regelnden Maßnahme ist entscheidend

der Schwerpunkt der zu regelnden Maßnahme zu finden ist. Wenn dieser bei Art. 114 AEUV liegt, ist die Vorschrift immer einschlägig, auch wenn der Rechtsakt irrigerweise noch auf eine andere Norm gestützt wurde (*BAT*, Slg. 2002, I-11453).

Anders als bei Art. 115 AEUV kann der Ministerrat nicht nur in Form einer Richtlinie, sondern darüber hinaus auch mit anderen Rechtsaktformen wie der Verordnung Rechtsvereinheitlichung betreiben. Die Harmonisierungsmaßnahmen müssen verhältnismäßig im Sinne von

Voll- oder Teilharmonisierung

Art. 5 IV EUV sein (*BAT*, Slg. 2002, I-11453). Es kann grundsätzlich zwischen einer Vollharmonisierung und einer Teilharmonisierung unterschieden werden. Im ersteren Fall sind jegliche nationalen Regelungen, die von der unionsrechtlichen Vorgabe abweichen, untersagt, im letzteren nicht.

Harmonisierungsmaßnahmen dürfen nur erlassen werden, wenn die nationalen Unterschiede geeignet sind die Grundfreiheiten einzuschränken und sich mithin unmittelbar auf das Funktionieren des Binnenmarktes auswirken. Das bloße Bestehen nationaler Regelungsunterschiede reicht nicht aus. Nach neuerer Rechtsprechung kann die EU bereits vorbeugend tätig werden, um der Entwicklung neuer Hindernisse für den Handel infolge heterogener nationaler Vorschriften zu verhindern (*Tabak*, Slg. 2007, I-11644). Aufgrund Art. 114 AEUV kann die EU sogar neue Agenturen schaffen, wenn dies notwendig ist (*ENISA*, Slg. 2006, I-3810).

Das Harmonisierungsrecht der EU lässt den Mitgliedstaaten allerdings Ausnahmemöglichkeiten, und zwar gemäß den Absätzen 4 (Escape-Klausel) und 5 von Art. 114 AEUV. Umstritten ist, ob Ausnahmemitglieder nach der Harmonisierung neue innerstaatliche Vorschriften erlassen dürfen oder ob sie nur mit den vor der EU-Regelung bestehenden weiterarbeiten dürfen. Die Kommission oder ein Mitgliedstaat können den EuGH anrufen, wenn sie der Meinung sind, ein Mitgliedstaat überschreite die ihm gewährten Ausnahmen.

6. Ein Übungsfall

Ob man das Gelesene auch wirklich verinnerlicht hat, damit umgehen kann, und ob man sich durch neue Sachverhalte nicht verunsichern lässt, sollte man immer an einem Fall ausprobieren. Die Italienerin Paola Faccini Dori hat der Europarechtswissenschaft einen solchen Fall beschert (*Faccini Dori*, Slg. 1994, I-3347):

Auf den ersten Blick erscheint der Mailänder Hauptbahnhof zwar nicht als besonders günstiger Platz für Vertragsabschlüsse, aber davon scheint es Ausnahmen zu geben. Frau Faccini Dori wurde am 19.1.1989 von einem Mitarbeiter der Firma Interdiffusion Srl (I. Srl) im Gebäude des Hauptbahnhofes angesprochen und schloss mit der Firma einen Vertrag über einen Englisch-Fernkurs zum Preis von 589.000 Lire ab. Es versteht sich von selbst, dass der Vertragsabschluss außerhalb der Geschäftsräume der I. Srl stattfand.

Faccini Dori überlegte es sich jedoch anders, und bei der I. Srl ging am 23.1. 1989 ihr Widerruf des Vertrages ein. Danach passierte zunächst nichts. Am 3.6. 1989 erreichte Faccini Dori ein Schreiben der I. Srl, in dem diese die Abtretung der Kurskostenforderung an die Recreb Srl (R. Srl) bekannt gab. Am 24.6.1989 bestätigte Faccini Dori der R. Srl schriftlich den Widerruf ihrer Vertrags-Annahmeerklärung. Dabei berief sie sich u .a. auf die EWG-RL 85/577 über außerhalb von Geschäftsräumen geschlossene Verträge. Die RL intendiert allgemein die Harmonisierung und Verbesserung des Verbraucherschutzes bei Haustürgeschäften und sonstigen derartigen Verträgen. Das Überraschungsmoment, das der Verkäufer oftmals zu einem Vertragsabschluss nutze, solle eliminiert werden. Die RL enthält auch ein Widerrufsrecht des Bestellers, das er im Zeitrahmen von sieben Tagen ausüben kann. Die RL hätte am 23.12.1987 spätestens umgesetzt werden müssen. Italien hat die Umsetzung aber bis Ende 1989 nicht vorgenommen. Die Firma R. Srl mochte der Rechtsauffassung von Frau Faccini Dori nicht folgen und erwirkte am 20.11.1989 vor dem Giudice Consiliatore Florenz (GCF) einen Mahnbescheid (gerichtliche Zahlungsaufforderung im vereinfachten Verfahren) auf Zahlung der Kursentgelts plus Zinsen und Kosten. Faccini Dori legte dagegen unter erneuter Berufung auf die RL beim GCF Widerspruch ein. Die entsprechenden Richtlinienbestimmungen sind hinreichend genau und bestimmt.

Der GCF stand somit vor der Frage, ob sich für Faccini Dori ein Widerrufsrecht aus der RL ergab. Das Gericht hat dem EuGH gem. Art. 234 E[W]GV (nun Art. 267 AEUV) eine entsprechende Frage zur Beantwortung vorgelegt.

Wie könnte ein Gutachten zu dieser Frage aussehen?

Ein Widerrufsrecht nach einem nationalen Umsetzungsgesetz zur RL ist nicht gegeben, weil die RL zum Zeitpunkt des Vertragsschlusses nicht umgesetzt war. Fraglich ist, ob sich direkt aus der RL ein Recht für Faccini Dori ergibt. Unproblematisch ist, dass die entsprechenden Widerrufsbestimmungen der RL 85/577/EWG hinreichend genau und bestimmt sind. Einer unmittelbaren Anwendbarkeit steht nichts im Wege (Fratelli Costanzo, Slg. 1989; 1839; Ratti, Slg. 1979, 1629). Diese Aussage bezieht sich aber lediglich auf die vertikale Drittwirkung von Richtlinien, also die Möglichkeit, dass Privatpersonen durch einzelne RL-Bestimmungen subjektive Rechte verliehen werden, und zwar auch, soweit sie nach Ablauf der Umsetzungsfrist nicht umgesetzt wurden. Horizontale Drittwirkung *Nicht abgedeckt ist damit das Problem der horizontalen Drittwirkung (h.Dw.) von Richtlinien.*

Die h. Dw. ist das Hauptproblem des Falles und dementsprechend sollte man hier auch in Umfang und Tiefe der Ausführungen einen Schwerpunkt setzen.

H. Dw. würde bedeuten, dass Privatpersonen aus Richtlinienbestimmungen Rechte gegen andere Privatpersonen geltend machen können. Der EuGH hat das bisher abgelehnt (Marshall II, Slg. 1993, I-4367). Fraglich ist, ob eine h. Dw., die Faccini Dori hier ein Widerrufsrecht bescheren würde, dem Gemeinschaftsrecht entspräche. Eine weitere Frage ist, ob eine eventuelle h. Dw. auch für Fälle gelten würde, bei denen die entsprechenden RL unter Versäumung der Frist noch nicht umgesetzt sind bzw. die Umsetzungsfrist noch läuft.

Es gibt mehrere gewichtige Gründe, die für eine h. Dw. sprechen.

Argumente für eine horizontale Drittwirkung

RL bezwecken die Vereinheitlichung der Wettbewerbsbedingungen für die Marktteilnehmer. Dieses Ziel würde durch eine h. Dw. wesentlich besser verwirklicht werden können, weil dann überall die gleichen Erleichterungen bzw. Beschränkungen gelten würden.

Dies entspricht auch dem Sinn des durch Harmonisierung verwirklichten Binnenmarktes.

Soweit Mitgliedstaaten rechtzeitig umsetzen, andere aber nicht, entsteht automatisch eine Benachteiligung der Marktteilnehmer der nicht gemeinschaftskonform handelnden Mitgliedstaaten. Wegen des unionsrechtlichen Diskriminierungsverbotes, welches Grundrechtsrang hat, ist es nicht schlüssig, Marktteilnehmer je nachdem, ob sie Rechtsbeziehungen zu staatlichen Einrichtungen oder zu privaten Marktteilnehmern unterhalten, unterschiedlichen Bedingungen zu unterwerfen. Dies läuft dem Sinn der Rechtsangleichung zuwider.

Soweit die Umsetzung einer RL hauptsächlich zwischen Privatpersonen wirken wird, bleibt die RL ohne den »effet utile«, mit dem das Unionsrecht versehen ist.

Aber auch gegen die h. Dw. werden beachtliche Argumente angeführt. Der Wortlaut des Art. 288 AEUV legt fest, dass RL »für jeden Mitgliedstaat hinsichtlich des zu erreichenden Zieles« verbindlich sind, also nicht für Privatpersonen. Der Heranziehung des Wortlauts lässt sich allerdings vom Sinn und Zweck der RL her entgegenhalten, dass den Mitgliedstaaten hinsichtlich der Ziele keinerlei Gestaltungsspielraum bleibt. Zu den verbindlichen RL-Zielen gehört es regelmäßig, Schutznormen zu erlassen. Dazu haben nur die Mitgliedstaaten die Kompetenz. Über die Adressierung der Umsetzungsverpflichtung an die Mitgliedstaaten hinaus sagt der Wortlaut des Art. 288 AEUV also überhaupt nichts über die h. Dw. Es spricht insoweit nichts dagegen, RL auch h. Dw. zuzumessen.

Ein schlagkräftiges Argument gegen h. Dw. sind die rechtlichen Nachteile dritter Privatpersonen. Privatpersonen, die sich im Rahmen der Rechtsordnung eines Mitgliedstaates verhalten, würden bei h. Dw. durch eine nicht an sie gerichtete RL, die sogar nicht einmal umgesetzt ist, rechtlich belastet. Argumente gegen eine horizontale Drittwirkung

Ein wichtiges Element einer belastenden Regelung ist immer deren Veröffentlichung in allgemein zugänglichen Quellen. RL auf der Basis des EWGV mussten nicht zwingend publiziert werden. Dies ist allerdings nach dem AEUV anders, RL werden im Amtsblatt L 1 veröffentlicht (Art. 297 AEUV). Im Falle Faccini Dori war das aber noch nicht Pflicht, so dass die Belastung Dritter ein nicht wegzuargumentierendes rechtsstaatliches Problem darstellt. Nachteile bei Dritten

Das Vertrauen der Belasteten auf die fehlende h. Dw. ist im Übrigen durchaus schutzwürdig. Das ändert sich allerdings, wenn eine RL veröffentlicht ist und sobald ein Mitgliedstaat die Umsetzungsfrist ungenutzt hat verstreichen lassen. Ein Vertrauen in ein gemeinschaftsrechtswidriges Handeln eines Mitgliedstaates ist wohl kaum schutzwürdig. Schließlich wird gegen die h. Dw. angeführt, dass sie das Gleichgewicht zwischen E[W]G- und mitgliedstaatlichen Kompetenzen verschiebe, weil die nationalen Parlamente übergangen würden. Dieses Argument ist aber nicht sehr gewichtig, denn die mitgliedstaatlichen Parlamente haben es in der Hand, das Gleichgewicht durch eine rechtzeitige Umsetzung zu wahren. Schutzwürdiges Vertrauen

Die Vermutung, die h. Dw. werde die Mitgliedstaaten erst recht veranlassen, bei der Umsetzung die Fristen zu überschreiten, überzeugt nicht, weil die Rechtspflicht der Mitgliedstaaten bestehen bleibt. Im

Übrigen könnten die Mitglieder auch gerade darauf erpicht sein, der h. Dw. zuvorzukommen.

Nach der Erörterung der Argumente ist sich für eine Meinung zu entscheiden. Man befindet sich, insbesondere unter Beachtung der Drittbelastung bei Annahme der h. Dw. von RL, auf sicherem Boden, wenn man mit dem EuGH eine h. Dw. ablehnt. Die Gegenmeinung verbucht aber ebenfalls sehr gute Argumente für sich.

Somit erscheint eine h. Dw. von RL als eine wirkungsvolle rechtliche Konstruktion zur Verfolgung mehrerer erklärter Ziele der Verträge. Aus rechtsstaatlichen Gesichtspunkten verbietet sich jedoch im Falle Faccini Dori eine h. Dw. Für den Sachverhalt aus dem Jahr 1989 ist bei der damaligen Rechtslage eine h. Dw. wegen der Drittbelastungen nicht vertretbar. Gleichwohl erscheint die h. Dw. wegen Art. 297 AEUV in greifbarer Nähe. Bisher hat der EuGH aber eindeutig an seiner Ablehnung dieser Rechtswirkung festgehalten.

Ergebnis

Nach alldem besteht ein Widerrufsrecht der Frau Faccini Dori aus der RL 85/577/EWG nicht.

Die RL 85/577/EWG wurde am 3.3.1992 in das italienische Recht umgesetzt.

7. Wiederholungsfragen

- 1. Was versteht man unter einer Rechtsquelle? Lösung S. 156
- 2. Was ist Bestandteil des Primärrechts? Lösung S. 156
- 3. Was gehört zum Sekundärrecht? Lösung S. 158
- 4. Darf eine Verordnung umgesetzt werden? Lösung S. 161
- 5. Welche Probleme können bei der Umsetzung einer Richtlinie auftauchen? Gibt es einen Unterschied zwischen der unmittelbaren und der horizontalen Wirkung? Lösung S. 163
- 6. Wie ist der Staatshaftungsanspruch durchsetzbar? Lösung S. 166
- 7. Kann die EU völkerrechtliche Verträge schließen? Lösung S. 169
- 8. Wie geschieht die Setzung von Sekundärrecht? Lösung S. 175
- 9. Was bedeutet mitgliedstaatlicher Vollzug von Unionsrecht? Welche andre Art des Vollzugs gibt es außerdem? Lösung S. 178
- 10. Wie wird der Binnenmarkt definiert? Lösung S. 181
- 11. Was versteht man unter Rechtsharmonisierung? Lösung S. 184

Materielles Recht und Rechtsschutz in der EU

1.	**Die Politiken der Union**	**192**
2.	**Die Unionsbürgerschaft**	**194**
3.	**Die Grundfreiheiten der Union**	**198**
4.	**Der freie Warenverkehr**	**200**
4.1.	Die Zollunion	200
4.2.	Der gemeinsame Zolltarif	202
4.3.	Mengenmäßige Beschränkungen	203
4.4.	Ausnahmen von Art. 34 und 35 AEUV	207
5.	**Die Freizügigkeit**	**211**
5.1.	Arbeitnehmerfreizügigkeit	211
5.2.	Niederlassungsfreiheit	218
6.	**Die Dienstleistungsfreiheit**	**227**
7.	**Kapital- und Zahlungsverkehr**	**234**
8.	**Generelles zur Prüfung der Grundfreiheiten**	**238**
9.	**Die weiteren Politiken der EU**	**239**
9.1.	Raum der Freiheit, der Sicherheit und des Rechts	239
9.2.	Die Agrarpolitik	244
9.3.	Die Verkehrspolitik	246
9.4.	Die Wettbewerbspolitik	249
9.5.	Die Wirtschafts- und Währungspolitik	260
9.6.	Die Handelspolitik	263
9.7.	Sonstige Politiken, insbesondere Umweltpolitik	268
10.	**Der Rechtsschutz gegen Unionsrecht**	**272**
10.1.	Vertragsverletzungsverfahren	275
10.2.	Die Nichtigkeitsklage	277
10.3.	Die Untätigkeitsklage	284
10.4.	Die Amtshaftungsklage	285
10.5.	Das Vorabentscheidungsverfahren	287
11.	**Die EU als internationaler Akteur**	**296**
12.	**Ein Übungsfall**	**298**
13.	**Wiederholungsfragen**	**302**

1. Die Politiken der Union

Politiken = zu regelnde Sachbereiche

Von überragender Wichtigkeit sind die Politiken der Union. Unter Politiken sind die Zielvorgaben der EU zu verstehen, welche die Union anhand materiell-rechtlicher Regelungen erreichen soll. Durch die Vertragsänderungen wurden der Union vermehrt Sachgebiete übertragen, mithin umfassen die Regelungsgebiete der Union sehr viele Lebensbereiche. Nach dem Grundsatz der begrenzten Einzelermächtigung kann die EU in den Politikbereichen Recht setzen. Diese Politiken sind im 3. (und umfangreichsten) Teil des AEUV zusammengefasst.

Querschnittsmaterien sind zu beachten.

Bei der Wahrnehmung der im dritten Teil genannten Politiken müssen die Unionsorgane die allgemein geltenden Bestimmungen der Art. 7 ff. AEUV, die so genannten Querschnittsmaterien, beachten. Die Bestimmungen wurden vor die Klammer gezogen, um ihre Bedeutung für Union zu unterstreichen. Es sind im Einzelnen:

- das Kohärenzprinzip, Art. 7 AEUV. Die EU muss danach auf die Einheitlichkeit ihres Tätigwerdens achten.
- die Gleichstellung von Männer und Frauen, Art. 8 AEUV. Die EU stellt aufgrund seiner besonderen Wichtigkeit dieses Grundrecht heraus.
- der hohe soziale Schutzstandard, Art. 9 AEUV. Diese Querschnittsklausel soll der Befürchtung eines sozial kalten, neoliberalen Europas entgegenwirken.
- die Bekämpfung von Diskriminierungen, Art. 10 AEUV. Dieses Grundrecht erweitert den Gleichstellungsgrundrecht auf weitere Bereiche wie die Herkunft, die Behinderung oder das Alter.
- der Umweltschutz, Art. 11 AEUV. Seit dem Inkrafttreten der EEA ist der Umweltschutz auch für die EU ein herausgehobenes Thema, welches durch die Querschnittsklausel bestärkt wird.
- der Verbraucherschutz, Art. 12 AEUV. Dem Umweltschutz vergleichbar, wird auch der Verbraucherschutz besonders betont.
- der Tierschutz, Art. 13 AEUV und

Dienste von allgemeinem wirtschaftlichen Interesse

- Dienst von allgemeinem wirtschaftlichen Interesse, die nicht den Regelungen des Vertrags unterfallen (Art. 14 AEUV). Diese Dienste, wie die Strom- und Wasserversorgung sind von besonderer Bedeutung für die Bürger und sollen nicht notwendigerweise den Wettbewerbsbestimmungen der Union unterliegen.

Die allgemein geltenden Bestimmungen sind in ihrer Wirkung dem Verhältnismäßigkeits- und dem Subsidiaritätsgrundsatz vergleichbar, da ihre Nichtbeachtung zur Rechtswidrigkeit des erlassenen Rechtssatzes führt. Allerdings sind die allgemeinen Bestimmungen häufig sehr viel allgemeiner als die genannten Grundsätze gefasst, so dass ein Verstoß hiergegen nur in Extremfällen zur Rechtswidrigkeit führen kann. Sie sind aufgrund ihrer Unbestimmtheit häufig kaum justiziabel, also gerichtlich überprüfbar.

2. Die Unionsbürgerschaft

Die Unionsbürgerschaft ist ein den EU-Bürgern unabhängig von einer wirtschaftlichen Betätigung zustehendes Rechtsinstitut. Die später zu erörternden klassischen vier Grundfreiheiten knüpfen dahingehend an eine wirtschaftliche Betätigung an und stehen somit nicht allen Unionsbürgern offen. Das Institut der Unionsbürgerschaft ist erst seit Maastricht in den Verträgen enthalten, die früher bestehende EWG bezog sich nur auf wirtschaftliche Rechte, und es soll signalartig die Entwicklung von einer wirtschaftlichen Einigung zu einer politischen Einigung betonen. Art. 25 AEUV sieht ausdrücklich die Fortentwicklung der Unionsbürgerschaft vor, womit eine weitere Integration vorbereitet wird.

Art. 20 AEUV

Unionsbürgerschaft

(1) Es wird eine Unionsbürgerschaft eingeführt. Unionsbürger ist, wer die Staatsangehörigkeit eines Mitgliedstaates besitzt. Die Unionsbürgerschaft tritt zur nationalen Staatsbürgerschaft hinzu, ersetzt sie aber nicht.

(2) Die Unionsbürgerinnen und Unionsbürger haben die in den Verträgen vorgesehenen Rechte und Pflichten. [...] Diese Rechte werden unter den Bedingungen und innerhalb der Grenzen ausgeübt, die in den Verträgen und durch die in Anwendung der Verträge erlassenen Maßnahmen festgelegt sind.

Zusätzliche EU-Bürgerschaft

Unionsbürgerschaft ist an die Staatsangehörigkeit geknüpft.

Die Unionsbürgerschaft ist an die Staatsangehörigkeit eines Mitgliedstaates geknüpft, sie kommt also nach dem jeweiligen Recht der Mitgliedstaaten zustande (C-135/08, Rottmann, Slg. 2010, I-0000 Rn. 43). Sie stellt nur eine zusätzliche Bürgerschaft dar, die den Berechtigten besondere, sich aus dem Vertrag ergebende Rechte und Pflichten vermittelt (*Grczelczyk*, Slg. 2001, I-6193). Eine EU-Staatsangehörigkeit wird nicht geschaffen, dennoch haben die MS bei der Ausübung des Staatsangehörigkeitsrechts die Unionsrechte zu beachten. Der Entzug einer Staatsangehörigkeit muss dem unionsrechtlichen Verhältnismäßigkeitsgrundsatz entsprechen (C-135/08, *Rottmann*, Rn. 59). Die Aufzählung in Abs. 2 ist nur beispielhaft und in den Art. 21 bis 24 AEUV näher ausgeführt, weitere Rechte sind daneben möglich. Begrenzt werden die Rechte durch die Verträge und das auf dieser Grundlage erlassene Sekundärrecht.

Bürgerfreizügigkeit   Art. 21 AEUV

(1) Jeder Unionsbürger hat das Recht, sich im Hoheitsgebiet der Mitgliedstaaten vorbehaltlich der in den Verträgen und in den Durchführungsvorschriften vorgesehenen Beschränkungen und Bedingungen frei zu bewegen und aufzuhalten.

(2) Erscheint zur Erreichung dieses Ziels ein Tätigwerden der Union erforderlich und sehen die Verträge hierfür keine Befugnisse vor, so können das Europäische Parlament und der Rat gemäß dem ordentlichen Gesetzgebungsverfahren Vorschriften erlassen, mit denen die Ausübung der Rechte nach Absatz 1 erleichtert wird. [...]

Art. 21 AEUV ist die zentrale Rechtsgrundlage für den Erlass von Regelungen über die Freizügigkeit. Die im primären und sekundären Gemeinschaftsrecht gewährleisteten besonderen Freizügigkeitsrechte gehen der Bestimmung des Art. 21 AEUV als lex specialis vor (*Calfa*, Slg. 1999, I-11).

Art. 21 AEUV enthält das Recht, sich im Hoheitsgebiet eines MS frei zu bewegen und aufzuhalten. Dies gilt nicht für den eigenen MS des Unionsbürgers bei rein innerstaatlichen Sachverhalten (Inländerdiskriminierung). Die Vorschrift ist unmittelbar anwendbar (*Baumbast*, Slg. 2002, I-7091).   Fortbewegungs- und Aufenthaltsfreiheit

Die Vorschrift ist wichtig für die Freizügigkeit von Studenten, da diese sich in der Regel mangels wirtschaftlicher Betätigung nicht auf Art. 45, 56 AEUV berufen können (s. S. 212). Gemäß der Rechtsprechung ist Art. 21 AEUV grundsätzlich anwendbar, wenn ein Unionsbürger in einem anderen MS eine weiterführende Schule besucht (*Bidar*, Slg. 2005, I-2119) oder ein Universitätsstudium aufnehmen möchte (*Universitätsstudium*, Slg. 2005, I-6014). Der BAföG-Anspruch eines deutschen bei einem Studium im EU-Ausland folgt daraus ebenfalls (*Morgan*, Slg. 2007, I-9205). Bei einem Verstoß hiergegen ist jeweils das Diskriminierungsverbot des Art. 18 AEUV verletzt.   Freizügigkeit von Studenten

Weitere Relevanz erlangte die Norm im Bereich des Sozialrechts, insbesondere da der EuGH eine Konnexität zwischen Art. 21 AEUV und der betreffenden Sachmaterie ablehnt. Der Gerichtshof stellt fest, dass auch auf Gebieten, auf denen der EU keine Regelungskompetenz zukomme, die MS ihre Befugnisse nur unter Beachtung des Unionsrechts ausüben können. Dies wurde dann auch auf das dt. Namensrecht übertragen (*Grunkin*, Slg. 2008, I-0000 Rn. 16). In der Rechtssache verstieß Art. 10 EGBGB gegen Art. 21 AEUV.   EU-Widrigkeit des deutschen Namensrechts

Wahlrecht

Art. 22 AEUV vollbringt das, was innerstaatlich in der Bundesrepublik nicht durchzusetzen war: das aktive und passive Wahlrecht für EU-Ausländer auf kommunaler Ebene, also in den Gemeinden. Aktiv bedeutet das Recht zu wählen, passiv heißt gewählt zu werden. Das BVerfG hatte das Kommunalwahlrecht für Ausländer für nicht mit dem GG vereinbar erklärt (BVerfGE 83, 37), da der Volksbegriff des Art. 28 I GG mit dem des Art. 20 GG identisch sei und das Staatsvolk der Bundesrepublik im Sinne des Art. 116 GG bedeute. Davon sind Ausländer nicht erfasst. Demgemäß musste für das Inkrafttreten des Maastrichter Vertrages das GG geändert werden. Art. 28 I 3 GG stellt jetzt klar, dass auch EG-Ausländern das kommunale Wahlrecht zukommt.

Wahlrecht

(1) Jeder Unionsbürger mit Wohnsitz in einem Mitgliedstaat, dessen Staatsangehörigkeit er nicht besitzt, hat in dem Mitgliedstaat, in dem er seinen Wohnsitz hat, das aktive und passive Wahlrecht bei Kommunalwahlen, wobei für ihn dieselben Bedingungen gelten wie für die Angehörigen des betreffenden Mitgliedstaats. ...

Die Einzelheiten sind in der Kommunalwahlrichtlinie (ABl. 1994 L 368/38) näher ausgestaltet worden. Die darin enthaltene Möglichkeit, das passive Wahlrecht ausländischer Unionsbürgern bei Wahlen zu bestimmten Exekutivämtern wie dem Ersten Bürgermeister einzuschränken, steht im Einklang mit dem Primärrecht (instruktiv zur bayerischen Rechtslage: VG Ansbach, BayVBl. 1998, 346; BayVerfGH, NVwZ 1998, 54; BVerfG, NVwZ 1998, 52; BVerfG NVwZ 1999, 293).

Abs. 2 legt fest, dass jeder Unionsbürger aktiv und passiv das Wahlrecht für die Wahlen zum Europäischen Parlament hat. Konkretisiert wird auch dies durch eine Richtlinie (ABl. 1993 L 329/34). Zum Wahlrecht in Deutschland s. o. S. 118.

Weitere Rechte

Art. 23 AEUV regelt den diplomatischen und konsularischen Schutz der Unionsbürger in Drittstaaten. Hat ein Unionsland keine Botschaft oder kein Konsulat in einem Drittland, so sind dort befindliche Botschaften oder Konsulate anderer Unionsstaaten für den diplomatischen bzw. konsularischen Schutz verantwortlich. Dieser wird z.B. bei Völkerrechtsverletzungen des Drittlandes gegenüber einem Unionsbürger (diplomatisch) oder ganz allgemein in Form der Unterstützung, Interessenvertretung und Beratung (konsularisch) gewährt.

Der Schutz der Unionsbürger nach Art. 23 AEUV gibt Unionsbürgern allerdings kein subjektives Recht, welches sie etwa gegen eine Botschaft eines EU-Mitgliedstaates geltend machen können. Dies ergibt sich aus der Norm selbst und auch aus dem Völkerrecht, welches Drittschutzpflichten nicht als Individualrechte, sondern als Rechte des Heimatstaates der betreffenden Person auffasst. Insbesondere ist der Schutz eines Unionsbürgers durch Botschaften fremder EU-Länder auch von der Zustimmung des Drittstaates abhängig. Genaueres wird im Beschluss 95/553/EG der im Rat vereinigten Vertreter der Mitgliedstaaten geregelt.

Art. 24 AEUV verweist auf das Petitionsrecht der Unionsbürger beim EP, das Recht der Bürgerinitiative und den Bürgerbeauftragten, vgl. Art. 228 AEUV.

3. Die Grundfreiheiten der Union

Die Grundfreiheiten des AEUV sind Wirtschaftsfreiheiten, demzufolge ist die häufig gehörte Qualifizierung der Unionsbürgerschaft als »fünfte Grundfreiheit« irreführend. Zu ihnen gehören:

- der freie Warenverkehr
- die Arbeitnehmer- und Niederlassungsfreiheit
- die Freiheit des Dienstleistungsverkehrs
- die Freiheit des Kapital- und Zahlungsverkehrs

Grundfreiheiten sind unmittelbar anwendbar.

Sie sind unmittelbar anwendbar und verleihen dem einzelnen Bürger subjektive Rechte, die er vor Gericht durchsetzen kann. Subjektive Rechte sind Rechte, die einer Person direkt zustehen und die sie gerichtlich geltend machen kann, s. § 42 II VwGO. Einschlägiges Sekundärrecht genießt als lex specialis Vorrang vor den Grundfreiheiten, diese sind mithin nicht anwendbar, wenn eine z.B. Verordnung den Tatbestand bereits regelt.

Zur Wiederholung: Grundfreiheiten sind keine Grundrechte.

Grundfreiheiten sind von den Grundrechten zu unterscheiden. Beide gewähren subjektive Rechte, ihnen wohnt jedoch eine andere Zielrichtung inne. Die Grundfreiheiten sollen eine Freizügigkeit von Wirtschaftsfaktoren innerhalb der EU gewährleisten, während die Grundrechte als Abwehrrechte des Einzelnen gegenüber der EU konzipiert sind. Als solche können sie die Grundfreiheiten im Sinne einer praktischen Konkordanz begrenzen (*Schmidberger*, Slg. 2003, I-5659). Somit begrenzen im Umkehrschluss auch die Grundfreiheiten die Grundrechte; welches Recht vorrangig ist, ist in einem Abwägungsprozess nach den konkreten Umständen des Einzelfalles zu beurteilen.

Innerstaatliche Sachverhalte werden vom Anwendungsbereich nicht erfasst.

Die Grundfreiheiten gelten nicht für Sachverhalte, die rein innerstaatlicher Natur sind. Es ist immer ein grenzüberschreitendes Element erforderlich. Abgrenzungen sind häufig schwierig, der Gerichtshof ist großzügig und tendiert zur Annahme eines grenzüberschreitenden Elements, wenn die Gefahr besteht, dass sich eine innerstaatliche Regelung zum Nachteil von Staatsangehörigen anderer MS auswirken könne (*Sass*, Slg. 2000, I-151). Reine Inlandssachverhalte sind nur nach dem innerstaatlichen Recht zu beurteilen. Die Inländerdiskriminierung wird von ihnen nicht erfasst. Übt ein Ausländer in einem Land einen Beruf aus und ein Inländer mit gleichem Beruf fühlt sich ihm gegenüber benachteiligt, so sind die Grundfreiheiten für den Inländer nicht anwendbar. Der Inländer kann sich dann nur auf sein nationales Recht berufen. Sie begleiten nur Waren, Personen und Dienstleistungen beim und nach dem Grenzübertritt und sind nur anwendbar, wenn nationale Regeln den Wirtschaftsverkehr innerhalb der Gemeinschaft behindern.

Das im AEUV enthaltene generelle Diskriminierungsverbot des Art. 18 AEUV ist gegenüber den Grundfreiheiten subsidiär.

Diskriminierungsverbot ist subsidiär.

Um eine Rohformulierung zu gebrauchen: Die Grundfreiheiten gelten nur, wenn etwas Ausländisches gegenüber etwas Inländischem staatlich diskriminiert wird.

Die Grundfreiheiten des Binnenmarktes

Freier Warenverkehr
Art. 28-37 AEUV

Abbau:
- materieller Schranken:
  keine Warenkontrollen an den Binnengrenzen der EU
- technischer Schranken:
  Mengenbeschränkungen
- sonstiger tarifärer Handelshemmnisse

Freier Personenverkehr
Art. 45-55 AEUV

Abbau / Rechte:
- materieller Schranken:
  keine Personenkontrollen an den Binnengrenzen der EU
- technischer Schranken
- steuerlicher Schranken
  - für Arbeitnehmer
  - für Niederlassung
- volle Arbeitnehmerfreizügigkeit
- volle Niederlassungsfreiheit für Gewerbe, Freie Berufe und Gesellschaften
- Aufenthaltsrecht für Nichterwerbstätige

Freier Dienstleistungsverkehr
Art. 56-62 AEUV

Abbau von Beschränkungen:
- öffentliches Auftragswesen
- für Freiberufler
- für Gewerbetreibende
- für Finanzdienstleistungen
  - Versicherungswesen
  - Kreditwirtschaft
  - Handel mit Wertpapieren
- für Dienstleistungen im Bereich Verkehrswesen: Straßen, Bahn, Luft, Schiffe

Freier Kapitalverkehr
Art. 63-66 AEUV

- Abbau von Beschränkungen im Devisenrecht
- Bekämpfung der Steuerhinterziehung
- Bekämpfung der Geldwäsche

4. Der freie Warenverkehr

Die erste Grundfreiheit ist der freie Warenverkehr. Dieser umfasst, wie der Name schon sagt, den ungehinderten Grenzübertritt von Waren innerhalb des Binnenraumes EU.

4.1. Die Zollunion

Der Hauptpfeiler des Binnenmarktes ist die Zollunion, Art. 28 ff. AEUV. Die Zollunion bedeutet einen von jeder Zollbeschränkung befreiten innerunionalen Handel und einen gemeinsamen Zoll nach außen. Im Gegensatz dazu hat eine Freihandelszone zwar ebenfalls einen intern zollbefreiten Handel, nach außen sind die Mitgliedstaaten aber in ihrer Zollgestaltung frei. Ein Beispiel für eine Freihandelszone ist die EFTA. Die Zollunion ist Ausgangspunkt und Kern der EWG gewesen. Verwirklicht wurde sie mit der Schaffung des Gemeinsamen Zolltarifs (GZT, ABl. 1992 L 302/1) nach außen und der Aufhebung aller Zölle nach innen.

Zollunion und Freihandelszone

Art. 28 AEUV **Zollunion**

(1) Die Union umfasst eine Zollunion, die sich auf den gesamten Warenaustausch erstreckt; sie umfasst das Verbot, zwischen den Mitgliedstaaten Ein- und Ausfuhrzölle und Abgaben gleicher Wirkung zu erheben, sowie die Einführung eines Gemeinsamen Zolltarifs gegenüber dritten Ländern.

(2) Art. 30 und Kapitel 3 dieses Titels gelten für die aus den Mitgliedstaaten stammenden Waren sowie für diejenigen Waren aus dritten Ländern, die sich in den Mitgliedstaaten im freien Verkehr befinden.

Zoll

Abgabe gleicher Wirkung

Ein Zoll ist eine Abgabe, die auf eine Ware nur aufgrund ihres Grenzübertritts erhoben wird. Die Einführung neuer Zölle und Abgaben gleicher Wirkung ist verboten. Abgaben gleicher Wirkung sind staatlich vorgenommene oder veranlasste finanzielle Belastungen einer Ware, die zwar nicht ausdrücklich, letztlich aber doch wegen des Grenzübertritts erfolgen. Deren Höhe oder Verwendung sind unerheblich (EuGH, *Diamantarbeiders*, Slg. 1969, 211).

Solche Abgaben sind etwa Gebühren für Statistiken oder Gesundheitskontrollen und sie sind nur zulässig, wenn ihnen eine konkrete Gegenleistung gegenübersteht. Diese Gegenleistung muss außerdem allein dem Im- oder Exporteur einen Vorteil bieten und hinsichtlich der Gebührenhöhe verhältnismäßig sein.

Fraglich ist, was überhaupt den Begriff der »Ware« erfüllt, da die Verträge hierzu schweigen. Waren sind alle Güter, die Gegenstand von Handelsgeschäften sein können. Die früher verlangte Verkörperung (*Cinéthèque*, Slg. 1985, 2605) ist nicht mehr erforderlich, auch nichtkörperliche Energieträger (Gas, Strom etc.) sind als Ware anzusehen. Alle Gegenstände, mit denen Handel getrieben werden kann sind in den sehr umfangreichen GZT eingereiht. Nicht unter die Definition fallen nicht verkehrsfähige Produkte, wie z.B. Rauschgift.

Ware

Zahlungsmittel gehören zum freien Kapitalverkehr, als solche werden sie nicht von Art. 28 II AEUV umfasst. Auch hier gilt wiederum, dass Falschgeld nicht verkehrsfähig ist und dann auch nicht die Freiheit des Kapitalverkehrs genießt. Geldscheine oder Münzen, die nicht mehr als gesetzliches Zahlungsmittel anzusehen sind, wie die früheren D-Mark-Scheine, sind hingegen als Waren zu klassifizieren (*Thomson*, Slg. 1978, 2247).

Verkehrsfähig

Art. 28 II AEUV legt fest, auf welche Waren sich das Zoll- und Abgabenverbot erstreckt. Das sind zum einen die in den Mitgliedstaaten produzierten und zum anderen die sich dort in freiem Verkehr befindlichen Waren. Was unter »im freien Verkehr eines Mitgliedstaates« zu verstehen ist, bestimmt Art. 29 AEUV.

Freier Verkehr von Waren aus Drittstaaten

Art. 29 AEUV

Als im freien Verkehr eines Mitgliedstaates befindlich gelten diejenigen Waren aus dritten Ländern, für die in dem betreffenden Mitgliedstaat die Einfuhr-Förmlichkeiten erfüllt sowie die vorgeschriebenen Zölle und Abgaben gleicher Wirkung erhoben und nicht ganz oder teilweise rückvergütet worden sind.

Waren, die sich im freien Verkehr befinden, sind diejenigen, die aus Drittländern kommen und in dem Mitgliedstaat, in dem sie eingeführt wurden, die Einfuhr-Förmlichkeiten erfüllen, auf die die vorgeschriebenen Zölle und Abgaben gleicher Wirkung des GZT abgeführt wurden und auf die keine Abgabenrückvergütung erfolgt ist.

Im freien Verkehr befindliche Waren

Problematisch ist die Abgrenzung zu Abgaben nach Art. 110 AEUV. Abgaben nach Art. 28 AEUV sind Zölle und werden als solche an den Grenzen erhoben. Sie betreffen nur und spezifisch eingeführte Waren (*Variola*, Slg. 1973, 981). Demgegenüber sind die inländischen Abgaben des Art. 110 AEUV solche, die systematisch sämtliche inländi-

Art. 28 AEUV: Zoll = Außenabgabe
Art. 110 AEUV: Steuer = Binnenabgabe

schen und eingeführten Waren gleichermaßen betreffen (*Rewe*, Slg. 1973, 1039). Ein gutes Beispiel hierfür ist die Mehrwertsteuer. Sie wird erst dann erhoben, wenn die Waren schon »im Staat« sind.

Art. 110 AEUV — **Gleiche Abgaben für in- und ausländische Waren**

> Die Mitgliedstaaten erheben auf Waren aus anderen Mitgliedstaaten weder unmittelbar noch mittelbar höhere inländische Abgaben gleich welcher Art, als gleichartige inländische Waren unmittelbar oder mittelbar zu tragen haben.
>
> Die Mitgliedstaaten erheben auf Waren aus anderen Mitgliedstaaten keine inländischen Abgaben, die geeignet sind, andere Produktionen mittelbar zu schützen.

Gleichartige Produkte

Bei Art. 110 I AEUV ist die Gefahr der (versteckten) Diskriminierung von importierten Produkten besonders groß. Entscheidendes Tatbestandsmerkmal der Vorschrift ist das der »Gleichartigkeit«. Dieser Begriff wird weit ausgelegt. Entscheidend ist, dass die in- und ausländischen Produkte aus der Sicht des Verbrauchers gleiche Eigenschaften haben und den gleichen Bedürfnissen dienen (*Whiskey*, Slg. 1980, 347).

Miteinander im Wettbewerb stehen

Falls die Gleichartigkeit nicht gegeben ist, ist immer noch die Schutzvorschrift des Art. 110 II AEUV zu prüfen, die dann eingreifen kann. Nach Art. 110 II AEUV wird eine Gleichartigkeit der in- und ausländischen Produkte nicht verlangt, sondern nur, dass sie miteinander mittelbar oder potentiell im Wettbewerb stehen (*Whiskey*, s. o.).

Wichtig ist auch, dass Art. 110 AEUV eine Spezialvorschrift gegenüber den Art. 34, 18 AEUV darstellt. Insoweit ist er in der Prüfungsreihenfolge vorher anzusprechen. Art. 110 AEUV soll die Abgabengleichheit für aus- und inländische Waren im Hinblick auf inländische Normen gewährleisten (*Hansen & Balle*, Slg. 1978, 1787).

4.2. Der gemeinsame Zolltarif

GZT

Im Verhältnis zu Drittstaaten werden Zölle und Abgaben gleicher Wirkung erhoben. Ihre Ausgestaltung ist durch den sog. »Gemeinsamen Zolltarif« (GZT) geregelt, den Art. 31 AEUV vorschreibt; die Vorschrift ergänzt Art. 207 AEUV. Der GZT wurde zuerst einfach aus dem Durchschnitt der in den damals sechs Mitgliedstaaten geltenden Zölle berechnet und demnach festgelegt. Der Rat legt die Sätze des Gemeinsamen Zolltarifs nunmehr auf Vorschlag der Kommission fest.

Die Ermessensgrundlagen der Kommission sind dann in Art. 32 AEUV näher ausgeführt.

Der GZT wird aufgrund einer Verordnung bestimmt, in welcher die einzelnen Zollsätze für die Waren aufgeführt sind (VO 2658/87, ABl. 1987 L 256/1). Diese Liste wird alljährlich durch ein Warenverzeichnis (kombinierte Nomenklatur) präzisiert, in der die einzelnen Waren den im GZT genannten Zollsätzen zugeordnet werden. Auf dem Gebiet des GZT verbleibt den Mitgliedstaaten keine Kompetenz mehr, die EU ist alleine regelungsbefugt. Der GZT ist in der Union unmittelbar anwendbar (*SACE*, Slg. 1970, 1213). Das Zollverfahrensrecht ist im Zollkodex der EU niedergelegt (VO 450/2008, ABl. 2008 L 145).

Die EU ist Gründungsmitglied der WTO. Somit ist sie an das Recht der WTO/GATT gebunden, was sich auch im GZT widerspiegelt. Dieser berücksichtigt die sich aus dem völkerrechtlichen Übereinkommen ergebenden Verpflichtungen.

EU ist Mitglied der WTO

4.3. Mengenmäßige Beschränkungen

Außer durch Zölle und Abgaben gleicher Wirkung kann der Binnenhandel auch noch auf andere Weise gestört werden. Diese unerwünschten Handelshemmnisse fallen in den Regelungsbereich der Art. 34 und 35 AEUV, wenn deren Tatbestand erfüllt ist und ein Rechtfertigungsgrund nicht eingreift.

Indirekte Handelshemmnisse — Art. 34 AEUV

Mengenmäßige Einfuhrbeschränkungen sowie alle Maßnahmen gleicher Wirkung sind zwischen den Mitgliedstaaten verboten.

Nichttarifäre Ausfuhrbeschränkungen — Art. 35 AEUV

Mengenmäßige Ausfuhrbeschränkungen sowie alle Maßnahmen gleicher Wirkung sind zwischen den Mitgliedstaaten verboten.

Neben Zöllen sind auch mengenmäßige Ein- und Ausfuhrbeschränkungen und Maßnahmen gleicher Wirkung untersagt.

Art. 34 AEUV ist die zentrale Norm zur Gewährleistung des freien Warenverkehrs. Erfasst wird die Einfuhr in andere Mitgliedstaaten. Das Pendant für die Ausfuhr aus Mitgliedstaaten in andere Mitgliedstaaten ist Art. 35 AEUV. Beide Vorschriften sind unmittelbar anwendbar (*Iannelli/Meroni*, Slg. 1977, 576). In Art. 34 AEUV nicht ausdrücklich genannt, wegen der Nennung in der Rechtfertigungsvor-

Art. 34 AEUV ist sehr häufig Prüfungsgegenstand

Durchfuhr von Waren ist auch umfasst.

schrift des Art. 36 AEUV jedoch auch umfasst, ist die Durchfuhr von Waren (*Schmidberger*, Slg. 2003, I-5659).

Mengenmäßige Beschränkung

Den Begriff »mengenmäßige Beschränkungen« hat der EuGH folgendermaßen definiert: »... sämtliche Maßnahmen, die sich als eine gänzliche oder teilweise Untersagung der Einfuhr, Ausfuhr oder Durchfuhr darstellen.« (*Geddo/Ente Nazionale*, Slg. 1973, 865). Hiermit sind mengen- oder wertmäßige Kontingente gemeint, die die einzelnen Mitgliedstaaten auf die Einfuhr von Waren erhoben. Solche Kontingente sind inzwischen vollkommen abgeschafft worden, so dass der Verbotsvorschrift insoweit keine praktische Bedeutung mehr zukommt. Daher beziehen sich die vor dem EuGH zu entscheidenden Streitfälle hauptsächlich auf die Fälle der Maßnahmen gleicher Wirkung (nicht zu verwechseln mit den »Abgaben gleicher Wirkung« des Art. 28 AEUV).

Maßnahmen gleicher Wirkung

»Maßnahmen gleicher Wirkung« ist ein unbestimmter Rechtsbegriff, der auslegungsbedürftig ist. Der EuGH hat seine Auslegung, die nach Art. 19 I 2 EUV verbindlich für das EU-Recht ist, im Fall *Dassonville*, Slg. 1974, 837, grundlegend entschieden.

Streitgegenstand im Urteil Dassonville-Fall war, dass in Frankreich frei im Verkehr befindlicher (Art. 29 I AEUV) britischer Whisky nach einer belgischen staatlichen Vorschrift nur dann nach Belgien eingeführt werden durfte, wenn die Ursprungsbezeichnung der Ware (Großbritannien, war damals noch nicht Mitglied der EU) durch eine amtliche Urkunde des Exportlandes bestätigt war. Die Beschaffung einer solchen Bescheinigung war für Händler, die direkt aus Großbritannien importierten, wesentlich leichter. Darin sah der EuGH eine Maßnahme gleicher Wirkung.

Dassonville-Formel

Nach der Definition des EuGH ist »jede Handelsregelung der Mitgliedstaaten, die geeignet ist, den innergemeinschaftlichen Handel unmittelbar oder mittelbar, tatsächlich oder potentiell zu behindern, als Maßnahme mit gleicher Wirkung wie eine mengenmäßige Beschränkung anzusehen.«

Handelsregelung

Eine Handelsregelung ist jeder Rechtsakt oder Maßnahme eines Mitgliedstaates (*Buy Irish*, Slg. 1982, 4005), Handlungen von Privatpersonen werden nicht erfasst. Allerdings ist jeder Mitgliedstaat verpflichtet, die auf seinem Territorium stattfindenden Beschränkungen der Warenverkehrsfreiheit durch Privatpersonen zu unterbinden (*Agrarblockaden*, Slg. 1997, I-6959; *Schmidberger*, Slg. 2003, I-5659), staatliche Unter-

Staatliche Unterlassungen

lassungen können also auch unter den Begriff der Handelsregelung fallen. Dies ist jedoch nur dann möglich, wenn der Staat eine Garantenstellung für das Einhalten der Warenverkehrsfreiheit hat. Diese Garantenstellung folgt aus der in Art. 4 III EUV verankerten Pflicht der Mitgliedstaaten, sich unionstreu zu verhalten. Folglich können indirekt auch Handlungen von Privatpersonen zu einer Verletzung von Art. 34 AEUV durch einen Mitgliedstaat führen.

Bei Vorliegen einer Handelsregelung ist deren Wirkung entscheidend. Wenn diese geeignet ist, den innergemeinschaftlichen Handel zu behindern, wird die Maßnahme von Art. 34 AEUV erfasst. Hiervon sind unproblematisch alle diskriminierenden Regelungen, d. h. Regelungen, die ausländische Produkte gegenüber inländischen benachteiligen, erfasst.

Wirkung der Maßnahme ist entscheidend.

Fraglich war dann aber lange Zeit, wie nichtdiskriminierende Regelungen zu behandeln sind. Solche Maßnahmen sind typischerweise unterschiedslos auf in- und ausländische Produkte anwendbar. Kann dann auch der innerunionale Handel behindert werden? Der EuGH hat diese Frage in dem berühmten Urteil *Cassis de Dijon* (Slg. 1979, 649) bejaht. Nach der Cassis-Formel dürfen grundsätzlich alle Waren, die in einem Mitgliedstaat rechtmäßig hergestellt und in den Verkehr gebracht wurden, in allen anderen Mitgliedstaaten eingeführt und vertrieben werden. Allerdings nur, wenn dem nicht »zwingende Erfordernisse« entgegenstehen.

Cassis-Formel

Zu dieser Rechtfertigung später mehr. Also ist es nach der Cassis-Formel ausreichend, wenn ein Produkt in einem Mitgliedstaat der EU rechtmäßig auf den Markt gebracht worden ist. Dann hat dieses Produkt das Recht, das Gebiet der EU frei »zu bereisen«.

Beispiel (Slg. 1987, 1227): In der Bundesrepublik war es nach dem Biersteuergesetz (BStG) verboten, Biere, die nicht nach dem deutschen Reinheitsgebot gebraut waren, als »Bier« in den Verkehr zu bringen. Diese Maßnahme war unterschiedslos auf in- und ausländische Produkte anwendbar. Dennoch schloss die Vorschrift aus, dass im Ausland unter »Bier« firmierende Getränke in der Bundesrepublik verkauft wurden. Dagegen hat dann die Kommission erfolgreich vor dem EuGH geklagt, weil das BStG den innerunionalen Handel behindere (= Tatbestand erfüllt) und der Rechtfertigungsgrund des zwingenden Erfordernisses der Regelung nicht eingreife.

Unter Einbeziehung der Cassis-Formel waren dann alle staatlichen Maßnahmen, die auch nur im Entferntesten den Handel berührten, verboten, da sie in den Schutzbereich des Art. 34 AEUV fielen. Der EuGH hat dann in einem Fall, in dem es um Verkaufsmodalitäten ging

Keck-Formel

(*Keck*, Slg. 1993, I-6097), seine Rechtsprechung präzisiert und gewisse innerstaatliche Maßnahmen von dem Tatbestand des Art. 34 AEUV ausgenommen, so dass die Vorschrift auf sie nicht anwendbar ist.

Danach ist die Anwendung nationaler Bestimmungen, die bestimmte Verkaufsmodalitäten beschränken oder verbieten, auf Erzeugnisse aus anderen Mitgliedstaaten nicht geeignet, eine Maßnahme gleicher Wirkung zu sein, sofern diese Bestimmungen für alle Wirtschaftsteilnehmer in gleicher Weise gelten und sofern sie den Absatz der in- und ausländischen Erzeugnisse rechtlich wie tatsächlich gleich berühren (abgelehnt beim Internethandel von Arzneimitteln; C-322/01, *Doc Morris*, Rz. 73 ff.; keine verdeckte Diskriminierung bei einer Erlaubnispflichtigkeit, C-20/03, Slg. 2005, Slg. 2005, I-4163). Dogmatisch ist dies eine teleologische Reduktion des Anwendungsbereiches des Art. 34 AEUV.

Problem: Verwendung einer Ware

Unter Verkaufsmodalitäten versteht der Gerichtshof z. B. Ladenöffnungszeiten (*Punto Casa*, Slg. 1994, I-2355) Arten der Werbung (*Hünermund*, Slg. 1993, I-6787), die Errichtung von Betriebsstätten (*Sass*, Slg. 2000, I-151) oder das Internet (*Doc Morris*, s. o.). Die Keck-Rechtsprechung ist nicht auf das Verbot der Verwendung einer Ware zu übertragen. Dieses hat nach Ansicht des EuGH erheblichen Einfluss auf das Verhalten der Verbraucher, welches sich wiederum auf den Zugang des Erzeugnisses zum Markt des Mitgliedstaats auswirkt (C-110/05, *Kradfahrzeuge*, Slg. 2009, I-0000 Rn. 56 f.). Durch das staatliche Verwendungsverbot wird die Nachfrage nach derartigen Anhängern auf dem betreffenden Markt verhindert und deren Einfuhr folglich behindert. In diesen Fällen verbleibt es bei den Dassonville/Cassis-Regeln.

Diese vergleichsweise verwirrende Rechtsprechung des EuGH zum Tatbestand des Art. 34 AEUV soll noch einmal zusammengefasst werden. Dem Tatbestand des Art. 34 AEUV unterfallen sowohl unterschiedlich (= diskriminierende / Dassonville) als auch unterschiedslos (= nichtdiskriminierende / Cassis de Dijon) auf in- und ausländische Produkte anwendbare Maßnahmen gleicher Wirkung. Letztere aber nur dann, wenn sie produktbezogen sind und keine Verkaufsmodalitäten regeln (Keck).

Der Grund für das sehr weite Verständnis der Grundfreiheit ist, dass in einem Binnenmarkt keine Wettbewerbsnachteile für einige Produzenten und Anbieter bestehen sollen. Deswegen wird jede Vorschrift, die den freien Handel zwischen den Mitgliedstaaten beeinträchtigen könnte, vom Gerichtshof kritisch beäugt.

4.4. Ausnahmen von Art. 34 und 35 AEUV

Die Freiheit des Warenverkehrs ist nicht einschränkungslos gewährleistet. Die zulässigen Schranken sind Maßnahmen eines Mitgliedstaates, wie z. B. Gesetze, Verordnungen, Verwaltungsakte etc.

Die Ausnahmen zu Art. 34 und 35 AEUV sind für diskriminierende Maßnahmen in Art. 36 AEUV enumerativ abschließend aufgezählt. Für die unter die Cassis-Formel fallenden staatlichen Akte sind die oben schon erwähnten »zwingenden Erfordernisse« einschlägig. Diese wurden in der Cassis-Entscheidung nicht abschließend aufgezählt, dort sind nur Beispiele für zwingende Erfordernisse enthalten, wie sich aus dem Wortlaut der Entscheidung (»insbesondere«) ergibt. In der auf die Entscheidung folgenden weitere Judikatur des EuGH wurde der Katalog erweitert und präzisiert. Dennoch ist man nie davor sicher, dass der Gerichtshof ein weiteres zwingendes Erfordernis »entdeckt«. Ferner sind diese Gründe umfassender als die in Art. 36 AEUV genannten Rechtfertigungsgründe, z. B. wird der Umweltschutz ausdrücklich umfasst (*Pfandflaschen*, Slg. 1988, 4607). Sowohl die geschriebenen als auch die ungeschriebenen Rechtfertigungsgründe sind als Ausnahmevorschriften eng auszulegen.

Enge Auslegung von Ausnahmevorschriften

Überdies sind die »zwingenden Erfordernisse« nach richtiger Auffassung rechtsdogmatisch keine Rechtfertigungsgründe, sondern Tatbestandsausnahmen. Häufig werden sie als »(tatbestands)immanente Schranken« bezeichnet. Die Unterscheidung zwischen unterschiedlich und unterschiedslos auf in- und ausländische Produkte anwendbare Maßnahmen ist wiederum bedeutsam.

Tatbestandsimmanente Schranken

Rechtfertigungsgründe **Art. 36 AEUV**

Die Bestimmungen der Artikel 34 und 35 stehen Einfuhr-, Ausfuhr- und Durchfuhrverboten oder -beschränkungen nicht entgegen, die aus Gründen der öffentlichen Sittlichkeit, Ordnung und Sicherheit, zum Schutz der Gesundheit und des Lebens von Menschen, Tieren oder Pflanzen, des nationalen Kulturguts von künstlerischem, geschichtlichem oder archäologischem Wert oder des gewerblichen und kommerziellen Eigentums gerechtfertigt sind. Diese Verbote oder Beschränkungen dürfen jedoch weder ein Mittel zur willkürlichen Diskriminierung noch eine verschleierte Beschränkung des Handels zwischen den Mitgliedstaaten darstellen.

Art. 36 AEUV:
Abschließende Aufzählung

Zuerst zu den Voraussetzungen des Art. 36 AEUV. Art. 36 S. 1 AEUV zählt die möglichen Rechtfertigungsgründe für eine staatliche Maßnahme, die den freien Warenverkehr beeinflusst, abschließend auf. Als Ausnahme vom Grundsatz des freien Warenverkehrs, der einen der überragenden Grundsätze des Gemeinschaftsrechts darstellt, muss diese Vorschrift eng ausgelegt werden (*CMA*, Slg. 2002, I-9977).

Die Rechtfertigungsgründe im Einzelnen:

- öffentliche Sittlichkeit: Gesamtheit der Moralvorstellungen einer Gesellschaft (*Henn und Darby*, Slg. 1979, 3795),
- Ordnung und Sicherheit: hoheitliche Grundregeln, die für den Staat von wesentlichem Interesse sind (*Thompson*, Slg. 1978, 2247),
- zum Schutze der Gesundheit und des Lebens von Menschen (*Reinheitsgebot für Bier*, Slg. 1987, 1227), Tieren oder Pflanzen (*Newcastle-Krankheit*, Slg. 1984, 283), z.B. gesundheits- und veterinärrechtliche Maßnahmen, technische Sicherheitsnormen
- Schutz des nationalen Kulturguts von künstlerischem, geschichtlichem oder archäologischem Wert, z.B. Exportlizenzen, Exportverbote (*Kunstschätze I*, Slg. 1968, 633; *Cinéthèque*, Slg. 1985, 2605; nicht der Schutz der kulturellen Vielfalt des Buchwesens, C-531/07, *Buchpreisbindung*, Slg. 2009, I-0000),
- zum Schutze des gewerblichen und kommerziellen Eigentums, z.B. Urheberrechte, Musterschutz, Patentrechte, Warenzeichenrechte, geografische Herkunftsangaben (*Hoffmann-La-Roche/Centrafarm*, Slg. 1978, 1139; *Kaffee Hag I*, Slg. 1974, 731; *CMA*, Slg. 2002, I-9977).

Verhältnismäßigkeit der Maßnahme

Es ist allerdings nicht ausreichend, dass ein Mitgliedstaat seine Maßnahme auf einen anerkannten Rechtfertigungsgrund stützt. Nach Art. 36 S. 2 AEUV muss diese Maßnahme zusätzlich noch verhältnismäßig sein.

Die Voraussetzungen für die Verhältnismäßigkeit sind:

- geeignet zum Erreichen des Ziels
- erforderlich, also das mildeste Mittel
- und angemessen.

Angemessenheit

Angemessenheit liegt vor, wenn bei Abwägung der möglicherweise rechtfertigenden Umstände und der Interessen des Ex- bzw. Importeurs die Maßnahme noch verhältnismäßig ist.

Den Satz 2 bezeichnet man als Schranke des Art. 36 Satz 1 AEUV, weil er das Verbotsrecht der Mitgliedstaaten einschränkt. Verbote ergeben sich aus nationalen Gesetzen, Verordnungen, Verwaltungsakten etc. Nach Art. 36 Satz 2 AEUV dürfen solche Verbote aber nicht willkürlich sein oder eine verschleierte Handelsbeschränkung darstellen. Die im Text der Vorschrift genannten Merkmale der »Willkür« (= Maßnahmen, die nicht gleichermaßen gegen in- und ausländische Waren angewandt werden) und »verschleierten Beschränkungen des Handels« sind nur Beispielsfälle für eine nicht erforderliche staatliche Maßnahme, da sie niemals das mildeste staatliche Mittel darstellen. In diesen Fällen ist die Maßnahme also immer als unverhältnismäßig anzusehen.

Willkürverbot und verschleierte Beschränkung des Handels

Beispiel: Der Import ausländischer erotischer Literatur darf nicht aus Gründen der öffentlichen Sittlichkeit untersagt werden, wenn gleichartige Literatur im Inland hergestellt und vom Gesetz unbeanstandet verkauft wird.

Nun zu den tatbestandsimmanenten Einschränkungen der Cassis-Rechtsprechung. Der EuGH hat hier die in Art. 36 S. 1 AEUV genannten Ausnahmen durch einige weitere ergänzt.

Die tatbestandsimmanenten Einschränkungen sind vor allem:

- Lauterkeit des Handelsverkehrs (*Dansk Supermarked*, Slg. 1981, 181),
- Verbraucherschutz vor Täuschungen (*Pasta*, Slg. 1988, 4233),
- Umweltschutz (*Pfandflaschen*, Slg. 1988, 4607)
- Aufrechterhaltung der Medienvielfalt (*Familiapress*, Slg. 1997, I-3689)
- Schutz der Jugend (vor *Alkohol*, C-170/04, Slg. 2007, I-4127; vor *jugendgefährdenden Filmen*, C-244/06, Slg. 2008, I-549)
- Schutz des *Straßenverkehrs* (C-110/05, Slg. 2009, I-0000 Rn. 60)
- Schutz von Büchern als Kulturgut (C-351/07, *Buchpreisbindung*, Slg. 2009, I-0000).

Tatbestandsimmanente Einschränkungen

Auch für diese Ausnahmen gilt jedoch der Verhältnismäßigkeitsgrundsatz, da die nationalen Regelungen in der Sprache des EuGH »erforderlich« sein müssen. Erforderlich bedeutet hier nichts anderes als verhältnismäßig. Als Beispiel wiederum das »Reinheitsgebot«. Der EuGH urteilte, dass das Reinheitsgebot unverhältnismäßig sei. Der Verbraucherschutz sei zwar ein legitimes Ziel, jedoch ein komplettes Importverbot nicht das mildeste Mittel. Vielmehr hätte der Verbraucherschutz auch durch Hinweise auf den Etiketten verwirklicht werden können.

Auch hier gilt der Verhältnismäßigkeitsgrundsatz.

Grundrechte können Grundfreiheiten einschränken.

Ferner müssen die sich für die Betroffenen aufgrund der Geltung der Grundfreiheiten ergebenden Einschränkungen im Einklang mit den gemeinschaftsrechtlich gewährleisteten Grundrechten (s. o. S. 99) stehen. Das in Rede stehende Grundrecht muss gegen die Grundfreiheit abgewogen werden; welches Recht Vorrang genießt ist dann anhand der konkreten Umstände des Einzelfalls zu beurteilen (*Schmidberger*, Slg. 2003, I-5659). Die Abwägung wird vom EuGH analog der Rechtsprechung des BVerfG (»praktische Konkordanz«) zu widerstreitenden Grundrechten vorgenommen.

Freier Warenverkehr: Art. 34 AEUV – Prüfungsschema

I. **Keine gemeinschaftsrechtliche Sonderregelung**
(Primär- oder Sekundärrecht)

II. **Ware i.S.d. Art. 28 II AEUV**

III. **Maßnahme gleicher Wirkung**
Mittel- oder unmittelbar, potentielle oder tatsächliche Einfuhrbeschränkungen
(Dassonville Formel)

Unterschiedlich anwendbar (auf Inlands- und Importprodukte)	Unterschiedslos anwendbar (auf Inlands- und Importprodukte)
	Cassis Rechtsprechung
	produktbezogene Regelungen ⟵ ⟶ vertriebsbezogene Regelungen
	Regelung berührt den Absatz in- und ausländischer Erzeugnisse in der gleichen Weise - Keck Rechtsprechung - Doc-Morris-Ausnahme teleologische Reduktion des Art. 34 AEUV - Tatbestand nicht berührt - Art. 34 AEUV greift nicht

IV. **Rechtfertigung / Tatbestandsreduktion**

1. Rechtfertigungsgründe des Art. 36 S. 1 AEUV	1. »immanente Schranke« Wie vom EuGH in der Cassis Rechtsprechung anerkannt: »zwingende Gründe des Allgemeinwohls«
2. Verhältnismäßigkeit der getroffenen Maßnahme Art. 36 S. 2 AEUV a. geeignet b. erforderlich c. notwendig	2. Verhältnismäßigkeit der getroffenen Maßnahme sachlich gerechtfertigt a. geeignet b. erforderlich c. notwendig

5. Die Freizügigkeit

Die Freizügigkeit wird auch als Freiheit des (wirtschaftlichen) Personenverkehrs bezeichnet. Sie ist der Oberbegriff für die Arbeitnehmerfreizügigkeit und die Niederlassungsfreiheit.

5.1. Arbeitnehmerfreizügigkeit

Die Art. 45 ff. AEUV sind geschaffen worden, um Staatsangehörigen der EU-Mitgliedstaaten, die Arbeitnehmer sind, die Wahl ihres Arbeitsplatzes im gesamten Gemeinschaftsgebiet zu ermöglichen. Außerdem wird damit die Mobilität des Produktionsfaktors Arbeit gesichert.

Arbeitnehmerfreizügigkeit — Art. 45 AEUV

(1) Innerhalb der Union ist die Freizügigkeit der Arbeitnehmer gewährleistet.

(2) Sie umfasst die Abschaffung jeder auf der Staatsangehörigkeit beruhenden unterschiedlichen Behandlung der Arbeitnehmer der Mitgliedstaaten in Bezug auf Beschäftigung, Entlohnung und sonstige Arbeitsbedingungen.

(3) Sie gibt – vorbehaltlich der aus Gründen der öffentlichen Ordnung, Sicherheit und Gesundheit gerechtfertigten Beschränkungen – den Arbeitnehmern das Recht,

a) sich um tatsächlich angebotene Stellen zu bewerben;

b) sich zu diesem Zweck im Hoheitsgebiet der Mitgliedstaaten frei zu bewegen;

c) sich in einem Mitgliedstaat aufzuhalten, um dort nach den für die Arbeitnehmer dieses Staates geltenden Rechts- und Verwaltungsvorschriften eine Beschäftigung auszuüben;

d) nach Beendigung einer Beschäftigung im Hoheitsgebiet eines Mitgliedstaates unter Bedingungen zu verbleiben, welche die Kommission durch Verordnungen festlegt.

(4) Dieser Artikel findet keine Anwendung auf die Beschäftigung in der öffentlichen Verwaltung.

Art. 45 AEUV ist unmittelbar anwendbar (*Watson und Belman*, Slg. 1976, 1185). Überdies kommt der Vorschrift horizontale Drittwirkung zu, sie gilt also auch zwischen Privatpersonen (*Walrave und Koch*, Slg. 1974, 1405; *Angonese*, Slg. 2000, S. I-4139). Begründet wird dies vom

Unmittelbare Anwendbarkeit und horizontale Wirkung

EuGH mit dem nicht entgegenstehenden Wortlaut und dem Telos der Norm, insbesondere könne die Arbeitnehmerfreizügigkeit nicht nur durch staatliche, sondern auch durch private Maßnahmen behindert werden und die einheitliche Anwendung des Gemeinschaftsrechts verlange, dass Art. 45 AEUV ebenso wie Art. 157 und 18 AEUV auszulegen sei, die ebenfalls jegliche Diskriminierung verhindern sollen (*Angonese*, Slg. 2000, S. I-4139). Die Begründung des EuGH wird zu Recht als »dünn« kritisiert, dennoch überzeugt sie im Ergebnis. Gerade im Bereich der Arbeitsverhältnisse besteht die große Gefahr der Umgehung durch Private, die so bei den anderen Grundfreiheiten nicht gegeben ist. Ein Auseinanderfallen der Rechtslage bei öffentlichen und privaten Anstellungsverhältnissen würde dem Schutzzweck der Arbeitnehmerfreizügigkeit, der Beseitigung von grenzüberschreitenden Hindernissen, nicht genüge tun.

Konkretisierung durch Sekundärrecht

Die Arbeitnehmerfreizügigkeit ist in zahlreichen Verordnungen und Richtlinien näher konkretisiert. Die wichtigste ist die VO 1612/68 über die Freizügigkeit der Arbeitnehmer in der Gemeinschaft (ABl. 1968 L 257). Diese VO ist wie jede Verordnung unmittelbar geltend, teilweise auch unmittelbar anwendbar.

Art. 45 AEUV ist lex specialis zu Art. 18 und 20 AEUV. Die Freizügigkeitsvorschriften werden durch spezielle Vorschriften für Visa, Asyl und freien Personenverkehr ergänzt.

Sachlicher Schutzbereich

Arbeitnehmer = Autonomer Begriff des Unionsrechts.

Der Arbeitnehmerbegriff wird von Art. 45 AEUV nicht definiert, so dass der Begriff auslegungsbedürftig ist. Für die Auslegung ist zu beachten, dass »Arbeitnehmer« ein autonomer, unionsrechtlich zu verstehender Begriff des Europarechts ist. Der gleichlautende Begriff in den verschiedenen nationalen Rechtsordnungen der Mitgliedstaaten ist hiervon zu unterscheiden. Der deutsche Arbeitnehmer ist also nicht unbedingt auch der unionsrechtliche Arbeitnehmer.

Nach der Rechtsprechung des EuGH ist ein Arbeitnehmer jemand, der Leistungen für einen anderen erbringt, dabei dessen Weisungen untersteht und als Gegenleistung eine Vergütung erhält (*Lawrie-Blum*, Slg. 1986, 2121). Die Dauer des Arbeitsverhältnisses ist irrelevant (*Lair*, Slg. 1988, 3161). Jedoch muss es sich um eine tatsächliche und echte Tätigkeit handeln, sie darf nicht von völlig untergeordnetem und unwesentlichem Umfang sein (*Levin*, Slg. 1982, 1035). Hiernach ist die Teilzeitarbeit von dem Arbeitnehmerbegriff umfasst und fällt in den sachlichen Schutzbereich der Freizügigkeit. Schüler und Studenten sind, solange sie keine Studiengebühren entrichten, hingegen nicht als Arbeitnehmer zu klassifizieren, beide Gruppen gehen keiner wirtschaftlichen Tätigkeit nach. Das Aufenthaltsrecht der Studenten wird jetzt jedoch von der Richtlinie 93/96 und Art. 20 II AEUV geregelt. Rechtsrefenrendare sind Arbeitnehmer im Sinne der Norm. Seit dem berühmten Urteil im Fall *Bosman* (Slg. 1995, I-4921) ist klargestellt, dass sich die Arbeitnehmerfreizügigkeit auch auf sportliche Aktivitäten wirtschaftlicher Art erstreckt.

Keine Freizügigkeit genießen die in der öffentlichen Verwaltung beschäftigten Personen, Art. 45 IV AEUV. Der Arbeitnehmerbegriff wird in dieser Hinsicht also eingeschränkt oder reduziert. Als Ausnahmevorschrift ist Art. 45 IV AEUV eng auszulegen und europarechtlich zu verstehen. Er ist keine Verweisung auf das jeweilige nationale Recht. Der EuGH folgt einer funktionellen Sichtweise. Danach sind unter »öffentliche Verwaltung« Stellen zu verstehen, die mit der Ausübung hoheitlicher Befugnisse und mit der Verantwortung für die allgemeinen Belange des Staates vertraut sind (*Öffentlicher Dienst*, Slg. 1982, 1845). Die beiden Voraussetzungen müssen kumulativ vorliegen. Hoheitliche Befugnisse sind solche, die der Staat über seine Bürger ausübt, es besteht also ein Über-/Unterordnungsverhältnis zwischen dem Staat und seinen Bürgern. Danach fallen z.B. Schulleiter unter Art. 45 IV AEUV, da diese die Verantwortung für die Versetzung eines Schülers haben und somit hoheitliche Befugnisse ausüben, nicht jedoch der einzelne Lehrer oder gar der Lehramtsreferendar.

<small>Begriff der öffentlichen Verwaltung</small>

Art. 33 II GG ist insoweit gemeinschaftsrechtswidrig, als nicht die Ausnahme des Art. 48 IV GG eingreift, da das Verständnis des »öffentliches Amtes« weiter ist, als das der »öffentlichen Verwaltung« im Unionsrecht.

Persönlicher Schutzbereich

Der persönliche Schutzbereich definiert, welche Personen von der Freizügigkeit Gebrauch machen können. Das sind zuallererst die Staatsangehörigen der Mitgliedstaaten der EU; in Deutschland sind dies laut einer Erklärung der Bundesrepublik bei der Unterzeichnung der Römischen Verträge alle Deutschen im Sinne des Art. 116 GG. Für die dort auch genannten deutschen Volkszugehörigen ist erforderlich, dass diese für die Ausübung ihrer Freizügigkeitsrechte im Besitz eines deutschen Passes sein müssen. Nicht unmöglich erscheint auch, dass sich deutsche Volkszugehörige gegenüber ihrem Heimatstaat auf Art. 45 ff. AEUV berufen können. Angehörige des Arbeitnehmers haben

<small>Staatsangehörige und deren Familienangehörige</small>

abgeleitete Rechte, wie z. B. ein Aufenthaltsrecht oder Ausbildungsrechte für die Kinder laut der VO 1612/68. Jedoch können sich auch die Arbeitnehmer aus Drittstaaten (= nicht zur EU gehörende Staaten) auf die Arbeitnehmerfreizügigkeit berufen, wenn diesen die Freiheit durch einen völkerrechtlichen Vertrag ganz oder teilweise gewährt wurde. Das ist durch das EWR-Abkommen geschehen, so dass auch die Angehörigen von Island, Norwegen und Liechtenstein in den Genuss der Freiheit kommen. Ferner ist im Assoziierungsabkommen mit der Türkei die Arbeitnehmerfreizügigkeit vereinbart worden, die jedoch bis jetzt noch nicht voll verwirklicht wurde. Sie gilt nur für bereits ordnungsgemäß im Unionsgebiet tätige Arbeitnehmer und deren Familienangehörige.

Inhalt der Freizügigkeit
- Diskriminierungsverbot
- Bewegungs-/Aufenthaltsfreiheit
- Freier Beschäftigungszugang/berufliche Schulung
- Angehörigenrechte

Nichtdiskriminierung

Es darf keine Diskriminierung aufgrund der Staatsangehörigkeit (Art. 45 II AEUV) geben. Das ist eine Konkretisierung von Art. 18 AEUV. Das bedeutet aber wie bei Art. 18 nur, dass Ausländer nicht schlechter als Inländer behandelt werden dürfen.

Gleichbehandlungsgebot

Das Gleichbehandlungsgebot gilt für alle Arbeits- und Beschäftigungsbedingungen; hervorzuheben sind die Bewerbung um eine tatsächlich angebotene Arbeitsstelle, Arbeitslohn, Urlaub und Kündigung, Beteiligung in Gewerkschaften, soziale Vergünstigungen, etwa Bundesausbildungsförderung, Gleichbehandlung bei Wohnungssuche und Bausparen.

Versteckte Diskriminierung

Untersagt ist auch die versteckte Diskriminierung. Eine solche liegt vor, wenn zwar bei einer Regelung nicht zwischen Aus- und Inländern unterschieden wird, sondern nach einem scheinbar neutralen Kriterium, wobei aber durch das Kriterium de facto nur Ausländer benachteiligt werden (*Biehl*, Slg. 1990, I-1779). Das Gebot der Nichtdiskriminierung umfasst auch alle steuerlichen und sozialen Vergünstigungen, die inländischen Arbeitnehmern zustehen. *Beispiele*: Kündigungsschutz für Behinderte, Fahrtkostenentschädigungen, Bereitstellung einer Wohnung durch den Arbeitgeber.

Zur Wiederholung: Ein Sonderproblem ist die Frage der Inländerdiskriminierung. Grundsätzlich können die Mitgliedstaaten ihre Staatsangehörigen schlechter behandeln als die Staatsangehörigen aus anderen Mitgliedstaaten. Nach der Ansicht des EuGH gelten die Freiheiten der Verträge nur grenzüberschreitend, also nicht für die Staatsangehörigen der Bundesrepublik gegen die Bundesrepublik (*Morson*, Slg. 1982, 3723). Hierfür gelten die innerstaatlichen Grundrechte, wie z.B. die des GG. Dagegen lässt sich mit Recht vorbringen, dass diese Sichtweise unbefriedigend ist, weil dann innerhalb des Binnenmarktes unterschiedliche Wettbewerbsbedingungen bestehen und dadurch eine Verfälschung eintritt. Dies zu verhindern ist gerade eine der Aufgaben der Verträge.

Bewegungs- und Aufenthaltsfreiheit

Die Bewegungsfreiheit der Arbeitnehmer im EU-Gebiet umfasst das Recht der Ausreise aus dem Heimatland, der Einreise in ein anderes Mitgliedsland und ein Verbleiberecht nach der Beschäftigung.

Wer arbeitet, muss auch wohnen: Deshalb hat der Arbeitnehmer das Recht, zur Ausübung einer Beschäftigung in einen anderen Mitgliedstaat einzureisen und sich dort aufzuhalten. Eine Aufenthaltserlaubnis ist nicht nötig, aber der Mitgliedstaat kann eine »Aufenthaltsbescheinigung« verlangen. Diese ist keine Genehmigung, sondern nur eine Art Registrierung.

Aufenthaltsrecht

Das Freizügigkeitsrecht enthält ferner die Möglichkeit, sich »zur Anbahnung eines Arbeitsverhältnisses«, sprich zur Arbeitssuche, in anderen Staaten aufzuhalten (*Royer*, Slg. 1976, 497), und zwar für mindestens drei Monate. Ein Arbeitnehmer kann Berufsschulen und Umschulungen in Anspruch nehmen. Das Verbleiben eines Arbeitnehmers im Gastland nach Ende seines Beschäftigungsverhältnisses wird durch die sog. »Verbleibe-Verordnung« geregelt. Danach muss der Arbeitnehmer bei Erreichen der Altersgrenze mindestens drei Jahre im Land gearbeitet haben, und er muss innerhalb des letzten Jahres vor der Altersgrenze noch dort gearbeitet haben.

Arbeitssuche

Freier Beschäftigungszugang

Die Arbeitnehmerfreizügigkeit beinhaltet überdies die freie Bewerbung um Stellen, die Gleichbehandlung mit Inländern bei der Bewerberauswahl und das Recht auf Teilnahme an Berufschulunterricht sowie Umschulungen. Eine Aufenthaltserlaubnis oder eine Arbeitserlaubnis sind

Begleitrechte der Arbeitnehmerfreizügigkeit

nicht nötig. Verlangt ein Mitgliedstaat diese, handelt er rechtswidrig (*Sagulo*, Slg. 1977, 1495).

Angehörigenrechte

Die Familienangehörigen der Arbeitnehmerin oder des Arbeitnehmers haben verschiedene Rechte, die dem Arbeitnehmer die Ausübung seiner Arbeit erleichtern sollen. Diese Rechte sind von der Rechtsstellung des Arbeitnehmers abgeleitet und in der VO 1612/68 niedergelegt. Angehörige sind der/die Ehegatte/in (auch getrennt lebend, *Diatta*, Slg. 1985, 567), ledige Lebenspartner (*Reed*, Slg. 1986, 1283), Kinder, die noch nicht 21 Jahre alt (*Lebon*, Slg. 1987, 2811) sind oder Unterhalt vom Arbeitnehmer erhalten (*Casagrande*, Slg. 1974, 773) und Eltern (denen der Arbeitnehmer Unterhalt gewährt) des Arbeitnehmers.

Staatsangehörigkeit der Angehörigen ist unerheblich.

Die Staatsangehörigkeit der Familienangehörigen ist nicht von Belang. Die Familienangehörigen haben ein Recht auf Zuzug und Aufenthalt, sofern der Arbeitnehmer eine Wohnung in dem fremden Mitgliedstaat hat. Der Ehegatte des Arbeitnehmers sowie Kinder, die noch nicht 21 Jahre alt sind oder die vom Arbeitnehmer Unterhalt erhalten, dürfen selbst eine abhängige, nichtselbständige Tätigkeit aufnehmen, Art. 45 III AEUV und VO 1612/68 (für Tätigkeit neben dem Studium *Lair*, Slg. 1988, 3161).

Recht auf Bildung

Die Kinder des Arbeitnehmers haben ein Recht auf Bildung. Das bedeutet konkret, sie haben neben ihrem Aufenthaltsrecht ein Recht auf Zugang zu einer allgemeinbildenden Schule oder sonstigen Institution, ein Recht auf Zugang zur Berufsausbildung (Lehre/Studium) gemäß Art. 12 VO 1612/68 (Hochschule: *Blaizot*, Slg. 1988, 379), ein Recht auf gleiche Ausbildungsbedingungen (Studiengebühren: *Gravier*, Slg. 1985, 593) und ein Recht auf staatliche Ausbildungsförderung (*Lair*, s. o.) und Hochschulstipendien, jeweils unter den gleichen Voraussetzungen wie Inländer.

Einschränkungen der Freizügigkeit

Direkte Diskriminierung: Art. 45 III AEUV

Die Freizügigkeit kann nur für die in Art. 45 III AEUV genannten Bereiche eingeschränkt werden, nicht für die in Art. 45 II AEUV. Hiernach können Maßnahmen, die in die Freiheit eingreifen, gerechtfertigt sein, wenn sie aus Gründen der öffentlichen Ordnung (*Adoui*, Slg. 1982, 1665), Sicherheit (*Bonsignore*, Slg. 1975, 297) oder Gesundheit (Art. 29 RL 2004/38/EG) erlassen sind. Diese Begriffe sind gemeinschaftsrechtlich zu verstehen und durch die Richtlinie 2004/38/EG und die Rechtsprechung des EuGH konkretisiert worden. Als Ausnahmebestimmungen sind sie eng auszulegen.

In Fällen des Art. 45 II AEUV ist eine Rechtfertigung nur bei Vorliegen einer indirekten Diskriminierung möglich. Darunter sind Vorschriften zu verstehen, die vordergründig auf neutrale Voraussetzungen wie den Wohnort abstellt, in der praktischen Anwendung aber hauptsächlich Ausländer betrifft. Diese Regelungen unterfallen auch ohne ausdrückliche Nennung im Wortlaut des Art. 45 II AEUV dem Schutzbereich (*de Groot*, Slg. 2002, I-11819) und können durch die Anwendung des Verhältnismäßigkeitsgrundsatzes gerechtfertigt werden (*Bosman*, Slg. 1995 I-4921). Ein Eingriff muss durch besondere, objektive, von der Staatsangehörigkeit der betroffenen Arbeitnehmer unabhängige Erwägungen gerechtfertigt sein und in einem angemessenen Verhältnis zum beeinträchtigten Ziel stehen (s. C-269/07, *Riester-Rente*, Slg. 2009, I-0000 Rn. 39). Die Situation und die Prüfung ist somit der der Cassis-Rechtsprechung bei Art. 34 AEUV vergleichbar.

Art. 45 II AEUV: nur bei indirekter Diskriminierung anwendbar.

Arbeitnehmerfreizügigkeit: Art. 45 AEUV – Prüfungsschema

I. **Keine gemeinschaftsrechtliche Sonderregelung**
(z.B. VO 1612/68)

II. **Arbeitnehmer Art. 45 I AEUV (Sachlicher Anwendungsbereich)**
Definition: unselbständige, wirtschaftliche Tätigkeit
(»Kempf«, Slg. 1986, S. 1741)
auch Teilzeitarbeit, wenn die Tätigkeit nicht völlig unwesentlich ist
(»Levin«, Slg. 1982, S. 1035)

auch Aufenthalt
- zur Arbeitssuche umfasst (bis sechs Monate) »Antonissen« (Art. 45 III AEUV)
- nach Arbeitsende umfasst (Art. 45 III AEUV)

III. **Persönlicher Schutzbereich**
Bürger der EU-Staaten, deren Angehörige, Berechtigte gemäß Assoziationsabkommen

IV. **Grenzüberschreitender Sachverhalt**
Tätigkeit muss in einem anderen Mitgliedstaat ausgeübt werden

V. **Rechtfertigung des Eingriffs**

Unterschiedlich anwendbar	Unterschiedslos anwendbar
1. Rechtfertigungsgrund gem. Art. 45 III, IV AEUV (Gründe der öffentlichen Ordnung, Sicherheit und Gesundheit)	1. Rechtfertigung aus zwingenden Gründen des Allgemeinwohls
2. Verhältnismäßigkeit des Eingriffs a. geeignet b. erforderlich c. notwendig	2. Verhältnismäßigkeit des Eingriffs a. geeignet b. erforderlich c. notwendig

5.2. Niederlassungsfreiheit

Die Freizügigkeit der Produktionsfaktoren umfasst auch die Selbständigen. Sie können gemäß Art. 49 AEUV überall in der EU eine Niederlassung eröffnen.

Art. 49 AEUV

Niederlassungsfreiheit

(1) Die Beschränkungen der freien Niederlassung von Staatsangehörigen eines Mitgliedstaates im Hoheitsgebiet eines anderen Mitgliedstaates sind nach Maßgabe der folgenden Bestimmungen verboten. Das gleiche gilt für Beschränkungen der Gründung von Agenturen, Zweigniederlassungen oder Tochtergesellschaften durch Angehörige eines Mitgliedstaates, die im Hoheitsgebiet eines Mitgliedstaates ansässig sind.

(2) Vorbehaltlich des Kapitels über den Kapitalverkehr umfasst die Niederlassungsfreiheit die Aufnahme und Ausübung selbständiger Erwerbstätigkeiten sowie die Gründung und Leitung von Unternehmen, insbesondere von Gesellschaften im Sinne des Artikels 54 Absatz 2, nach den Bestimmungen des Aufnahmestaates für seine eigenen Angehörigen.

Art. 54 AEUV

Gleichstellung der Gesellschaften

(1) Für die Anwendung dieses Kapitels stehen die nach den Rechtsvorschriften eines Mitgliedstaates gegründeten Gesellschaften, die ihren satzungsmäßigen Sitz, ihre Hauptverwaltung oder ihre Hauptniederlassung innerhalb der Union haben, den natürlichen Personen gleich, die Angehörige der Mitgliedstaaten sind.

(2) Als Gesellschaften gelten die Gesellschaften des bürgerlichen Rechts und des Handelsrechts einschließlich der Genossenschaften und die sonstigen juristischen Personen des öffentlichen und privaten Rechts mit Ausnahme derjenigen, die keinen Erwerbszweck verfolgen.

Unmittelbare Anwendbarkeit und horizontale Geltung

Die Niederlassungsfreiheit ist unmittelbar anwendbar, so dass sich jede Privatperson vor einem staatlichen Gericht auf sie berufen kann. Daneben gilt sie wie Art. 45 AEUV auch horizontal im Verhältnis zwischen Privaten (*Viking*, Slg. 2007, I-10830).

Sachlicher Schutzbereich

Niederlassung umfasst nicht-abhängige Tätigkeiten

Das Recht zur Niederlassung wird geschützt. Der Begriff wird näher in Absatz 2 von Art. 49 AEUV erläutert, welcher u. a. die Aufnahme und Ausübung selbständiger Erwerbstätigkeiten durch eine Person nennt.

Selbständig erwerbstätig sind alle, die eine Tätigkeit auf eigene Rechnung und eigenes Risiko zur Einnahmeerzielung ausüben, sich folglich als »Unternehmer« betätigen. Wenn das nicht der Fall ist, ist die in Rede stehende Person als Arbeitnehmer zu bezeichnen und die Freiheit der Art. 45 ff. AEUV einschlägig. Das Kriterium der selbständigen Erwerbstätigkeit wird z.B. erfüllt von Ärzten, Apothekern, Handwerkern usw. Aber auch private Lehranstalten sind Unternehmen, die in den Genuss der Freiheit kommen.

Unternehmer

Problematisch ist jedoch die Abgrenzung der Niederlassungsfreiheit zu der Dienstleistungs- und der Kapitalverkehrsfreiheit. Gegenüber der Dienstleistungsfreiheit unterscheidet sich die Niederlassung durch die Dauer der in einem anderen Mitgliedstaat ausgeübten Tätigkeit. Die Dienstleistung soll nur vorübergehend in einem anderen Staat stattfinden, die Niederlassung ist demgegenüber stetig. Bei nur kurzer Dauer ist darauf abzustellen, wo der Schwerpunkt der wirtschaftlichen Tätigkeit liegt, wenn dies im Gastland ist, ist die Niederlassungsfreiheit anzuwenden.

Verhältnis Niederlassungs- zur Dienstleistungsfreiheit

Hinsichtlich des Kapitalverkehrs stellt die Verweisung des Art. 49 II AEUV auf die einschlägigen Vorschriften der Kapitalverkehrsfreiheit (Art. 63 ff AEUV) klar, dass die zur Errichtung einer Niederlassung in einem fremden Staat notwendigen Gelder dieser Freiheit unterliegen und nicht dem Recht zur Niederlassung. Insoweit treten folglich keine Abgrenzungsprobleme auf.

Verhältnis Niederlassungs- zur Kapitalverkehrsfreiheit

Persönlicher Schutzbereich

Der persönliche Schutzbereich umfasst natürliche und juristische Personen gleichermaßen, wie sich aus Art. 49 I AEUV (Staatsangehörige eines Mitgliedstaates) und Art. 54 AEUV (Gesellschaften) ergibt. Juristische Personen müssen jedoch ihren Sitz, ihre Hauptverwaltung oder ihre Hauptniederlassung in einem der Mitgliedstaaten der EU haben. Diese sehr weite Definition entscheidet die in den Gesellschaftsrechten der Mitgliedstaaten bestehenden unterschiedlichen Auffassungen nicht, wann eine Gesellschaft ihren Sitz auf dem Gebiet dieses Mitgliedstaates hat, und lässt alle nationalen Lösungen unberührt. Insbesondere muss der Sitz einer Gesellschaft innerhalb der EU nicht effektiv sein, d.h. nicht das Zentrum ihrer wirtschaftlichen Aktionen darstellen. Eine Briefkastenfirma genügt für die Errichtung einer Gesellschaft. Das ist wichtig, weil Drittlandsunternehmen und Staatsangehörige dritter Staaten sich nicht auf die Niederlassungsfreiheit berufen können.

Natürliche und juristische Personen

Die juristischen Personen müssen nach den Rechtsvorschriften eines MS gegründet worden sein. Liegt eine rechtlich ordnungsgemäße Gründung vor, ist der persönliche Schutzbereich von Art. 49 AEUV einschlägig. Art. 49 gilt mithin für primäre (Verlagerung des Gesellschaftssitzes, gleichgültig ob Zu- [*Überseering*, Slg. 2002, I-9919] oder Wegzug [*Daily Mail*, Slg. 1988, 5483]), als auch für sekundäre Niederlassungen (Errichtung einer Zweigniederlassung, *Centros*, Slg. 1999, I-1459). Sogar die offensichtliche Umgehung gesellschaftsrechtlicher Sitzvorschriften durch ein Unternehmen ist umfasst (*Inspire* Art, Slg. 2003, I-10155). Nicht unter die Niederlassungsfreiheit fällt das Recht der MS, zu bestimmen, wann eine Gesellschaft ihre rechtliche Existenz im Falle des Wegzugs verliert (*Cartesio*, Slg. 2008, I-0000 Rn. 110).

Problem: Die deutsche Sitztheorie

Die in diesem Zusammenhang mehrfach geforderte Abschaffung der deutschen Sitztheorie im Gesellschaftsrecht, wonach sich die Staatszugehörigkeit einer Gesellschaft nach dem effektiven Verwaltungssitz bestimmt, ist unionsrechtlich nicht zwingend erforderlich. Der Anwendungsvorrang des Unionsrechts führt nur zu einer Nichtanwendung der deutschen Sitztheorie bei grenzüberschreitenden, gesellschaftsrechtlichen Sachverhalten. Für innerdeutsche Sachverhalte und deutsche Unternehmen wird ihre Gültigkeit durch die Rechtsprechung des EuGH nicht tangiert, da die Inländerdiskriminierung zulässig ist. Dennoch hat sich der deutsche Gesetzgeber ihr zur Vermeidung von Widersprüchen im Rahmen der Kapitalgesellschaften angeschlossen, Sitz einer Kapitalgesellschaft ist nunmehr der Ort im Inland, der der Gesellschaftsvertrag oder die Satzung bestimmen (§§ 4a GmbHG, 5 AktG). Jedoch gilt für Personengesellschaften (GbR, OHG und KG) weiterhin die Sitztheorie.

Die nationalen Vorschriften determinieren folglich zum einen den Inhalt des Schutzbereiches, indem sie bestimmen, ab wann ein Gebilde als Gesellschaft im Sinne des Art. 54 AEUV anzusehen ist, und können zum anderen als mitgliedstaatlicher Eingriff in den Schutzbereich des Art. 49 AEUV zu qualifizieren sein.

Umfang der Gewährleistung

Die Niederlassungsfreiheit ist ein Diskriminierungsverbot, d.h., Ausländer dürfen nicht schlechter gestellt sein als Inländer. Inländer können jedoch auch hier schlechter gestellt werden als Ausländer (*Reyners*, Slg. 1974, 631). Auch versteckte Diskriminierungen (häufig auch Beschränkungen genannt) sind selbstverständlich von der Niederlassungsfreiheit umfasst, das sind die Fälle, in denen sich eine nationale

Versteckte Diskriminierung

Vorschrift nicht ausdrücklich gegen Ausländer wendet, diese jedoch zu einem besonders hohen Grad benachteiligt.

Ein Beispiel hierfür ist, ob von einer Person, die sich in einem anderen Staat niederlassen will, die Beherrschung der Sprache des Gastlandes gefordert werden darf (siehe auch Art. 20 III RL 75/362/EWG: Ärzte müssen notwendige Sprachkenntnisse haben). Das Verbot gilt auch horizontal für private Organisationen, etwa Unternehmen, Ärzte- und Rechtsanwaltskammern (diese sind in der Bundesrepublik allerdings Rechtspersonen des öffentlichen Rechts, also quasistaatlicher Natur). Ferner unterfallen nationale Maßnahmen zur Verhinderung der Steuerflucht dem Anwendungsbereich (*de Lasteyrie*, Slg. 2004, I-2455).

Die Freiheit gewährt Recht auf:

- Einreise,
- Ausreise,
- Aufenthalt und
- Verbleiben nach Tätigkeitsende.

Ein Sonderproblem in diesem Bereich ist die Anerkennung von in einem anderen Mitgliedstaat erworbenen Qualifikationen, wie z.B. Diplomen oder Befähigungsnachweisen. Das ist in Art. 53 I AEUV geregelt. Dort werden das Europäische Parlament und der Rat ermächtigt, Richtlinien für die Anerkennung der Befähigungsnachweise zu erlassen. Das wird durch den zweiten Absatz des Art. 53 AEUV erweitert, der auch eine Koordinierung der Rechts- und Verwaltungsvorschriften der Mitgliedstaaten über die Aufnahme und Ausübung selbständiger Tätigkeiten erlässt. Der Rat hat unter anderem Richtlinien über die Qualifikationen von Ärzten, Krankenpflegern, Hebammen und Architekten erlassen.

Anerkennung von Diplomen

Besondere Erwähnung verdient die RL 2005/36/EG über die Anerkennung von Berufsqualifikationen. Diese generelle Richtlinie findet jedoch keine Anwendung auf die durch spezielle Vorschriften geregelten Berufe, wie z.B. Rechtsanwälte, RL 98/5/EG. Auch hier gilt das allgemeine Prinzip: Speziellere Regelungen verdrängen die allgemeinen.

Aufenthalts- und Bleiberecht der Niedergelassenen werden ebenfalls durch Richtlinien geregelt. Die abgeleiteten Rechte der Familienangehörigen entsprechen in etwa denen für Arbeitnehmerfamilienangehörige (s. o. S. 216).

Einschränkungen der Niederlassungsfreiheit

Auch im Bereich der Niederlassungsfreiheit gibt es Ausnahmen. Diese betreffen, wie bei der Freizügigkeit, Tätigkeiten »öffentlicher Gewalt« und Fragen der öffentlichen Ordnung. Zu trennen ist auch hier zwischen offenen und versteckten Diskriminierungen. Bei ersteren greifen die Art. 51 und 52 AEUV, bei letzteren die schon bekannte Formel der zwingenden Gründe des Allgemeinwohls.

Art. 51 AEUV

Ausnahme für hoheitliche Tätigkeiten

(1) Auf Tätigkeiten, die in einem Mitgliedstaat dauernd oder zeitweise mit der Ausübung öffentlicher Gewalt verbunden sind, findet dieses Kapitel in dem betreffenden Mitgliedstaat keine Anwendung.

(2) Das Europäische Parlament und der Rat können gemäß dem ordentlichen Gesetzgebungsverfahren beschließen, dass dieses Kapitel auf bestimmte Tätigkeiten keine Anwendung findet.

Öffentliche Gewalt

Der Begriff »öffentliche Gewalt« ist autonom gemeinschaftsrechtlich auszulegen und umfasst einen engeren Bereich als die Formulierung in Art. 51 I AEUV vermuten lässt. Tätigkeiten, die nur die allgemeinen Belange des Staates berühren, fallen nicht darunter. Die Ausübung öffentlicher Gewalt umfasst nur eindeutig hoheitliche Befugnisse (*Reyners*, Slg. 1974, 631), z.B. Polizei und Justiz. Über Art. 51 II AEUV können weitere Bereichsausnahmen bestimmt werden. Bereichsausnahmen sind Tätigkeitsfelder, die der Ministerrat aus dem Bereich der Niederlassungsfreiheit herausnimmt, für die die Grundfreiheit also nicht gilt. Die Ermächtigung ist eine Besonderheit im System des AEUV.

Eine weitere Einschränkung der Niederlassungsfreiheit ist noch zu beachten. Der Vorbehalt der »öffentlichen Ordnung« ist in Art. 52 AEUV geregelt.

Art. 52 AEUV

Vorschriften betreffend die öffentliche Ordnung

(1) Dieses Kapitel und die auf Grund desselben getroffenen Maßnahmen beeinträchtigen nicht die Anwendbarkeit der Rechts- und Verwaltungsvorschriften, die eine Sonderregelung für Ausländer vorsehen und aus Gründen der öffentlichen Ordnung, Sicherheit oder Gesundheit gerechtfertigt sind. (...)

Öffentliche Ordnung

Mit Rechts- und Verwaltungsvorschriften sind die innerstaatlichen Rechtsnormen gemeint, die die öffentliche Ordnung, Sicherheit oder Gesundheit betreffen. Die Begriffe »öffentliche Ordnung«, »Sicherheit« und »Gesundheit« sind restriktiv zu verstehen. Eine Verletzung ist demnach nur dann gegeben, wenn eine tatsächliche und hinreichend schwere Gefährdung vorliegt, die ein Grundinteresse der Gesellschaft berührt (*Rutili*, Slg. 1975, 1219). Die Merkmale sind autonom zu interpretieren, zur öffentlichen Sicherheit und Ordnung gehören danach nur die elementaren gesellschaftlichen Grundregeln, wobei die Sicherheit die innere und äußere Sicherheit eines Staates umfasst (*Richardt*, Slg. 1991, I-4621). Zu rechtfertigen sind u. a. sog. »golden shares«, Sonderrechte des Staates bei Unternehmensanteilen, die sich ein Staat vorbehält, um die nationale Energieversorgung zu sichern (*Golden Share*, Slg. 2002, I-4731). Prostitution und vergleichbare sozial schädliche Tätigkeiten können nur dann untersagt werden, wenn der betreffende MS auch gegenüber den eigenen Angehörigen wirksame Maßnahmen ergriffen hat, um derartige Tätigkeiten zu bekämpfen (*Jany*, Slg. 2001, I-8615).

Ausnahmevorschriften sind eng auszulegen (Regel-Ausnahme-Prinzip)

Der Schutz der öffentlichen Gesundheit beinhaltet den von einem MS angestrebten Qualitätsstandard auf seinem Territorium. Hierzu gehört das Ziel eine qualitativ hochwertige, ausgewogene und für alle zugängliche medizinische Versorgung aufrechtzuerhalten (*Müller-Fauré*, Slg. 2003, I-4509).

Bei der Frage, ob eine Ausländerdiskriminierung zulässig ist, muss man ferner abwägen zwischen der Bedeutung der Grundfreiheit und der Bedeutung des innerstaatlichen Interesses. Dies ergibt sich aus der Formulierung »gerechtfertigt«. Dabei ist letztlich zu untersuchen, ob ein Vorbehalt nach Art. 52 AEUV verhältnismäßig im Sinne des Art. 5 IV AEUV ist.

Weitere Konkretisierungen der angesprochenen Tatbestandsmerkmale finden sich sekundärrechtlich in der RL 2004/38/EG, die für die Niederlassungs- als auch für die Dienstleistungsfreiheit gilt.

Sekundärrechtliche Konkretisierung

Versteckte Diskriminierungen

Die versteckten Diskriminierungen werden häufig auch Beschränkungen genannt. Verboten sind auch auf In- und Ausländer unterschiedslos anwendbare nationale Maßnahmen, wenn diese geeignet sind, die Ausübung der Grundfreiheit zu unterbinden, zu behindern oder weniger attraktiv zu machen (*Gebhard*, 1995, Slg. I-4165). Der Gleichlauf mit der Cassis-Rechtsprechung im Bereich der Warenverkehrsfreiheit ist auch hier offensichtlich. Nicht übertragen wurden bisher vom EuGH die in der Rechtssache Keck entwickelten Grundsätze, hierfür besteht

Beschränkungsverbot

hinsichtlich der unterschiedlichen Ausgestaltung zwischen Warenverkehrs- und Niederlassungsfreiheit wohl auch keine Veranlassung.

Zwingender Grund des Allgemeinwohls

Das eine versteckte Diskriminierung darstellende nationale Gesetz ist gerechtfertigt, wenn es sich auf einen zwingenden Grund des Allgemeinwohls berufen kann und verhältnismäßig ist. Zwingende Gründe sind: Die Wirksamkeit der nationalen Steueraufsicht, (bei landwirtschaftlichen Betrieben:) die Vereinigung in einer Hand von Grundbesitz und Bodenbewirtschaftung, der Schutz des geistigen Eigentums, Schutz der Arbeitnehmer (und der Verbraucher), Erhaltung des nationales Erbes usw. (s. *Gouda*, Slg. 1991, I-4007). Bei der Beurteilung sind auch die für offenen Diskriminierungen geltenden Rechtfertigungsgründe der öffentlichen Sicherheit, Ordnung und Gesundheit heranzuziehen (*Mac Quen*, Slg. 2001, I-837). Das deutsche Fremdbesitzverbot für Apotheken wurde gerechtfertigt, da die MS die Kompetenz zur Regelung des Gesundheitssektors (vgl. Art. 168 VII AEUV) und eine Einschätzungsprärogative zukomme (*Apothekerkammer Saarland*, Slg. 2009, I- 0000 Rn. 35, 40).

Die weitere Harmonisierung

Die weitere Harmonisierung der Niederlassungsmöglichkeit in den Mitgliedstaaten erfolgt nach Art. 53 AEUV.

Art. 53 AEU

Koordinierung des Berufzulassungsrechts

(1) Um die Aufnahme und Ausübung selbständiger Tätigkeiten zu erleichtern, erlassen das Europäische Parlament und der Rat gemäß dem ordentlichen Gesetzgebungsverfahren Richtlinien für die gegenseitige Anerkennung der Diplome, Prüfungszeugnisse und sonstigen Befähigungsnachweise sowie für die Koordinierung der Rechts- und Verwaltungsvorschriften der Mitgliedstaaten über die Aufnahme und Ausübung selbständiger Tätigkeiten.

(2) Die schrittweise Aufhebung der Beschränkungen für die ärztlichen, arztähnlichen und pharmazeutischen Berufe setzt die Koordinierung der Bedingungen für die Ausübung dieser Berufe in den einzelnen Mitgliedstaaten voraus.

Gegenseitige Anerkennung

Zweck der gegenseitigen Anerkennung ist, dass der Befähigungsnachweis (etwa eine Urkunde über das Staatsexamen) überall wie ein inländisches Zeugnis behandelt wird. Absatz 1 von Art. 53 AEUV ist die Rechtsgrundlage für den Erlass von Sekundärrechtsakten. Die Regelung bezieht sich nur auf den Richtlinienerlass für die gegenseitige Anerkennung und schreibt dafür das ordentliche Gesetzgebungsverfahren nach Art. 294 AEUV vor. Die Hochschuldiplomanerkennungsrichtlinie, die Richtlinie über die Anerkennung sonstiger Befähigungsnachweise und die speziell berufsbezogenen Richtlinien sind auf der Grundlage der Vorgängervorschriften des Art. 53 AEUV erlassen worden. Für Rechtsanwälte gilt die RL 98/5/EG (ABl. 1998 L 77).

Europäische Gesellschaftsformen

Zur Harmonisierung der Wettbewerbsbedingungen innerhalb des Binnenmarktes wurden seitens der Union überstaatliche Gesellschaftsformen geschaffen. Zum einen gibt es seit dem 8. Oktober 2004 die Europäische Aktiengesellschaft (Societas Europeae [SE], VO 2157/2001, ABl. 2001 L 294/1). Die Europäische Aktiengesellschaft ist eine rechtsfähige juristische Person mit eigenem, durch Aktien anteilig auf die Anteilseigner verteiltem, Vermögen. Die Führung der SE kann entweder zwei- oder eingliedrig erfolgen. Zweigliedrig bedeutet, dass es einen Vorstand und einen Aufsichtsrat gibt. Dies entspricht dem deutschen System. Im eingliedrigen System, das dem des Vereinigten Königreichs entspricht, existiert nur ein Leitungsgremium, das board of directors. Die VO 2157/2001 verweist in vielen Ausgestaltungsfragen auf das nationale Recht, in denen die betreffende SE ihren Sitz hat (Art. 9 I VO). Laut Art. 2 VO kann die SE auf verschiedenen Wegen gegründet werden, denen gemeinsam ist, dass nur bereits bestehende Unternehmen ihre Unternehmensstruktur in eine SE umwandeln können. Dies geschieht durch Verschmelzung, Gründung einer Holding-SE, Tochter-SE oder Umwandlung. Alles in allem enthält die SE kaum europäische Elemente und verbleibt eine im nationalen Recht verhaftete Aktiengesellschaft. Dies ist vor allem dem unzureichenden Kompromisswillen der beteiligten MS zu verdanken, die weiterhin an ihren einzelstaatlichen gesellschaftsrechtlichen Konzepten festhalten wollten.

Europäische Aktiengesellschaft

Die in den MS sehr unterschiedlich geregelte und somit umstrittene Frage der Arbeitnehmermitbestimmung ist in einer begleitenden RL geregelt worden (RL 2001/86/EG, ABl. 2001 L 294/22), die auch bis zum 8. 10. 2004 umgesetzt werden musste. Durch ein sehr kompliziertes Regelungsverfahren wird garantiert, dass die Arbeitnehmer bei Schaffung einer SE mindestens den vorher bestehenden Mitbestimmungsregeln unterliegen. Bei Verschmelzung mehrerer Gesellschaften mit Sitz in mehr als einem MS zu einer SE gilt der (nur in einem MS geltende) höchste Mitbestimmungsstandard dann für alle Arbeitnehmer.

Arbeitnehmermitbestimmung

EWIV — Zum anderen wurde bereits viel früher die Europäische Wirtschaftliche Interessenvereinigung (EWIV) geschaffen, ABl. 1985 L 199. Zu dieser gibt es ein deutsches Ausführungsgesetz, nach dem die EWIV im Wesentlichen entsprechend einer Offenen Handelsgesellschaft (OHG) behandelt wird. Die EWIV soll die grenzüberschreitende Zusammenarbeit von Unternehmen erleichtern, hat also nur eine Art Hilfscharakter. Sie fasst einzelne Unternehmensteile grenz- und firmenübergreifend zusammen (Beispiele sind: Einkaufs-, Transport-, Lager-, Vertriebsgemeinschaften). Der bekannteste Fall einer EWIV ist die Airbus-Gesellschaft. Das Modell EWIV war bislang nicht sehr erfolgreich.

Europäische Genossenschaft — Drittens wurde die Europäische Genossenschaft (SCE) durch die VO 1435/2004 (ABl. 2004 L 207/1) geschaffen, damit genossenschaftlich organisierte Unternehmen sich grenzüberschreitend organisieren können.

Niederlassungsfreiheit: Art. 49 AEUV – Prüfungsschema

I. Keine gemeinschaftsrechtliche Sonderregelung

II. Sachlicher Anwendungsbereich
selbständige, wirtschaftliche, dauernde Erwerbstätigkeit auf eigenes Risiko und eigene Rechnung in einem anderen Mitgliedstaat

III. Persönlicher Schutzbereich
- natürliche Personen der EU-Staaten und deren Angehörige
- bei Zweigniederlassungen, Agenturen, Fachgesellschaften: Ansässigkeit in einem Mitgliedstaat
- Gesellschaften mit Sitz und Gründung in der EU

IV. Grenzüberschreitender Sachverhalt

V. Keine Ausnahme nach Art. 51 AEUV
Ausübung öffentlicher Gewalt

VI. Rechtfertigung

Unterschiedlich anwendbar (für In- und Ausländer)	Unterschiedslos anwendbar (für In- und Ausländer)
1. Keine Rechtfertigung nach Art. 52 AEUV	1. Rechtfertigung aus zwingenden Gründen des Allgemeinwohls (vgl. Cassis Rechtsprechung; Gebhardt Slg. 1995, I-4165)
2. Verhältnismäßigkeit	2. Verhältnismäßigkeit des Eingriffs Bei der Abwägung sind die in einem anderen Mitgliedstaat geforderten Kenntnisse und Qualifikationen zu berücksichtigen.

6. Die Dienstleistungsfreiheit

Der freie grenzüberschreitende Verkehr von Dienstleistungen ist in den Art. 56 ff. AEUV geregelt. Als Dienstleistung fasst man alle Arbeitsleistungen auf, die nicht von den anderen Personengrundfreiheiten erfasst werden. Anders als die Arbeitnehmerfreizügigkeit ist die Dienstleistung eine selbständige Tätigkeit. Unter dem Schutz der Dienstleistungsfreiheit steht, anders als bei der Niederlassungsfreiheit, eine grenzüberschreitende Dienstleistung ohne eine ständige wirtschaftliche Integration in einem anderen Mitgliedstaat. Für Dienstleistungen auf dem Bereich des Verkehrs gelten laut Art. 58 I AEUV die Vorschriften über die Verkehrspolitik (Art. 90 ff. AEUV), für die Liberalisierung der mit dem Kapitalverkehr verbundenen Dienstleistungen des Banken- und Versicherungsgewerbes gilt nach Art. 58 II AEUV die Kapitalverkehrsfreiheit (Art. 63 ff. AEUV). Im Verhältnis zu den anderen Grundfreiheiten sind die Art. 56 ff. AEUV subsidiär und mithin eine Auffanggrundfreiheit. Die anderen Grundfreiheiten gehen der Anwendung der Dienstleistungsgrundfreiheit vor. Eine Subsidiarität gegenüber der Kapitalverkehrsfreiheit liegt jedoch dann nicht vor, wenn eine nationale Bestimmung die Ausübung beider Freiheiten behindern kann (*Fidium Finanz*, Slg. 2006, I-9575).

Nichtdiskriminierende Maßnahmen

Auffanggrundfreiheit

Die Dienstleistungsfreiheit ist unmittelbar anwendbar, die Mitgliedstaaten sind direkt zur Anwendung verpflichtet. Begünstigte der Freiheit sind natürliche und juristische Personen, die die Staatsangehörigkeit eines Mitgliedstaates bzw. ihren Sitz in einem Mitgliedstaat haben und in einem anderen Mitgliedstaat eine Dienstleistung erbringen wollen.

Unmittelbare Anwendbarkeit

Wie die Arbeitnehmer- und Niederlassungsfreiheit wirkt auch die Dienstleistungsfreiheit horizontal, d. h., sie gilt auch zwischen natürlichen Personen und nicht nur vertikal im Verhältnis Staat – Bürger. Beeinträchtigungen geschehen insbesondere durch kollektive Regelungen, die in diesem Bereich vereinbart werden.

Horizontale Geltung

Seit dem Inkrafttreten des GATS (Allgemeines Übereinkommen über den Handel mit Dienstleistungen – ein internationaler Vertrag, der einen möglichst einschränkungslosen Welthandel für Dienstleistungen ermöglichen soll, vergleichbar dem GATT für den Warenhandel) für die EU kann diese mit dritten Staaten Abkommen über den Zugang von Unternehmen zum Binnenmarkt schließen. Diese Unternehmen genießen dann auch die Dienstleistungsfreiheit.

Art. 57 AEUV	**Dienstleistungsbegriff**

> (1) Dienstleistungen im Sinne der Verträge sind Leistungen, die in der Regel gegen Entgelt erbracht werden, soweit sie nicht den Vorschriften über den freien Waren- und Kapitalverkehr und über die Freizügigkeit der Personen unterliegen.
>
> (2) Als Dienstleistungen gelten insbesondere:
>
> a) gewerbliche Tätigkeiten,
>
> b) kaufmännische Tätigkeiten,
>
> c) handwerkliche Tätigkeiten,
>
> d) freiberufliche Tätigkeiten.
>
> (3) Unbeschadet des Kapitels über die Niederlassungsfreiheit kann der Leistende zwecks Erbringung seiner Leistungen seine Tätigkeit vorübergehend in dem Staat ausüben, in dem die Leistung erbracht wird, und zwar unter den Voraussetzungen, welche dieser Staat für seine eigenen Angehörigen vorschreibt.

Sachlicher Anwendungsbereich

Entgelt

Sachlich wird der Anwendungsbereich durch die Definition des Art. 57 AEUV umschrieben. »Entgelt« bedeutet, dass der Dienstleistungserbringer eine wirtschaftliche Gegenleistung für seine Leistungserbringung erhält. Kirchliche Veranstaltungen und ein Studium an einer öffentlichen Hochschule unterfallen demnach nicht dem sachlichen Anwendungsbereich und somit der Dienstleistungsfreiheit. Demgegenüber stellen verbotene Tätigkeiten (Prostitution, Glücksspiel) eine Dienstleistung dar. Beachtenswert ist auch, dass der Schwangerschaftsabbruch eine ärztliche Dienstleistung ist (Slg. 1991, I-4685).

Studenten sind von dem sachlichen Anwendungsbereich der Dienstleistungsfreiheit nicht umfasst, da das Studium keine »entgeltliche« Tätigkeit im Sinne der Definition ist. Der Aufenthalt von Studenten richtet sich deswegen nach den Angehörigenrechten im Sinne der Arbeitnehmerfreizügigkeit oder nach Art. 21 AEUV (s. o. S. 195) bzw. der FreizügigkeitsRL 2004/38/EG.

Eine Dienstleistung im Sinne des Art. 57 AEUV ist also eine erwerbswirtschaftlich erbrachte Leistung, soweit sie nicht unter die Bestimmungen einer anderen Grundfreiheit fällt.

Keine permanente Tätigkeit

»Vorübergehend« im Sinne des Art. 57 III AEUV ist gegeben, wenn der Dienstleistungserbringer nicht stabil und kontinuierlich am Wirtschaftsleben des Aufnahmestaates teilnimmt (*Patentanwälte*, Slg.

2003, I-1659). Dies ist anhand der konkreten Umstände des Einzelfalles zu beurteilen.

Persönlicher Anwendungsbereich

Der persönliche Anwendungsbereich der Dienstleistungsfreiheit umfasst zum einen gemäß Art. 56 AEUV die Angehörigen der Mitgliedstaaten als natürliche und zum anderen die juristischen Personen nach Art. 62 i.V.m. Art. 54 AEUV. Der Schutzbereich erstreckt sich auch auf (sich unrechtmäßig in einem MS aufhaltende) Familienangehörige, da das Gemeinschaftsrecht nach Art. 6 III EUV i. V. m. Art. 8 II EMRK das Eheleben schützt (*Carpenter*, Slg. 2002, I-6279).

Art. 62 AEUV ist eine Verweisungsvorschrift auf den Tatbestand des Art. 54 AEUV, so dass – im Gegensatz zu einer Rechtsfolgenverweisung – die Voraussetzungen der letzteren Vorschrift erfüllt sein müssen. Die juristischen Personen müssen folglich ihren Sitz in der Union haben. Insoweit gelten die oben bei der Niederlassungsfreiheit gemachten Ausführungen (s. o. S. 219).

Umfang der Gewährleistung

Der Umfang der Gewährleistung ist ein offene und versteckte Diskriminierungen umfassendes Verbot.

Art. 56 AEUV gebietet, die Gleichbehandlung von Ausländern und Inländern nicht nur in Form der Abschaffung unterschiedlicher Behandlung, sondern darüber hinaus auch in Form der Aufhebung sämtlicher Beschränkungen für Dienstleistungen. Das bedeutet, Ausländer müssen nur Beschränkungen ihrer Dienstleistungen hinnehmen, die durch ein öffentliches Interesse des Gastlandes gerechtfertigt sind. Die umfassende Gewährleistung des Art. 56 AEUV hat zur Folge, dass Inländer unter Umständen weitaus schlechter behandelt werden, weil sie im Gegensatz zu Ausländern an die nationalen Bestimmungen gebunden sind (Inländerdiskriminierung). Inländer können sich auch nicht auf Art. 18 AEUV berufen.

Beschränkungsverbot

Die Mitgliedstaaten haben also die Pflicht, die Aufhebung der Beschränkung für ausländische Marktteilnehmer zu fördern.

Wie bei den anderen Grundfreiheiten ist ein besonderes Augenmerk auf versteckte Diskriminierungen, d.h. Rechtsvorschriften, die formal gesehen zwar Inländer wie Ausländer betreffen, faktisch aber die Ausländer benachteiligen, zu richten.

Materielles Recht und Rechtsschutz in der EU

Arten grenzüberschreitender Leistungserbringung

Für die grenzüberschreitende Leistungserbringung als Gebrauch der Dienstleistungsfreiheit sind verschiedene Gestaltungen denkbar:

- Leistender überschreitet die Grenze (Art. 57 III AEUV)

Beispiel: Eine freiberufliche Grafikerin fährt von ihrem Heimatland Frankreich aus nach Belgien, um dort eine Werbegrafikreihe für eine große belgische Brauerei zu entwerfen und zu zeichnen.

- Leistungsempfänger überschreitet die Grenze

Beispiel: Ein in Italien lebender und arbeitender Portugiese sucht einen griechischen Arzt in Frankreich auf, um sich mittels dänischer Kräuter von der spanischen Grippe kurieren zu lassen.

- Leistender und Leistungsempfänger überschreiten die Grenze und erbringen die Dienstleistung in einem anderen Staat (*Fremdenführer*, Slg. 1991, I-727)

Beispiel: Französische Touristen fahren mit französischem Fremdenführer nach Griechenland.

- Leistung überschreitet die Grenze (*Alpine Investments*, Slg. 1995, I-1141)

Beispiel: Ein in London wohnender britischer Student nimmt an einem Fernkurs der Universität Paris V teil, mittels dessen er seine französischen Sprachkenntnisse auf Konversationsniveau heben will.

Als Begleitrechte der Dienstleistungsfreiheit sind die Ein- und Ausreise sowie der Aufenthalt geschützt. Außerdem gilt sie auch für beim Dienstleistenden angestellte Arbeitnehmer. Diesen Personen dürfen vom Aufenthaltsstaat keine diskriminierenden Pflichten, etwa zur Beantragung von Arbeitserlaubnissen, auferlegt werden.

Tatbestandsreduktion

Der Tatbestand der Freiheit wird durch die Regelung des Art. 62 i.V.m. Art. 51 AEUV reduziert. Auf Tätigkeiten, die in einem Mitgliedstaat dauernd oder zeitweise mit der Ausübung öffentlicher Gewalt verbunden sind, wird die Dienstleistungsfreiheit nicht angewandt. Trotz des von Art. 45 AEUV (s. o. S. 213) verschiedenen Wortlautes sind die Vorschriften gleich zu verstehen.

Problem: Übertragung der Keck-Rechtsprechung

Im Rahmen der versteckten Diskriminierung wird die Übertragbarkeit der Keck-Rechtsprechung der Warenverkehrsfreiheit (s. o. S. 206) auf die Dienstleistungsfreiheit diskutiert. Der EuGH hat sich bisher noch nicht ausdrücklich dazu geäußert (s. *Alpine Investment*, Slg. 1995 I-1141; die MS hatten die Frage ausdrücklich aufgeworfen), die Literatur geht überwiegend von der Nichtvergleichbarkeit der Warenverkehrs- und der (personenbezogenen) Dienstleistungsfreiheit aus und lehnt eine Übertragung der Grundsätze ab (*G/S-Tiedje/Troberg*, Art. 49 EGV, Rdnr. 103 ff.). Hierfür spricht, dass die Personenbezogenheit des Art. 56 AEUV nach anderen Abgrenzungskriterien verlangt als die Warenbezogenheit des Art. 34 AEUV.

Einschränkungen der Dienstleistungsfreiheit
Diskriminierende Maßnahmen können nur nach Art. 62 i.V.m. 52 AEUV gerechtfertigt werden, wobei für die Rechtfertigungsgründe der öffentlichen Ordnung, Sicherheit oder Gesundheit (Art. 52 AEUV) die gleichen Grundsätze gelten wie bei den Ausnahmen der Niederlassungsfreiheit, s. o. S. 222.

Für nichtdiskriminierende Maßnahmen gelten die Rechtfertigungsgründe der zwingenden Gründe des Allgemeinwohls (nicht abschließende Aufzählung in: *Gouda*, Slg. 1991, I-4007), deren Umfang sich nicht endgültig festlegen lässt. Wichtig ist hierbei, dass die schützenswerten Allgemeininteressen, auf die sich ein Staat beruft, bereits durch Rechtsvorschriften in dem Herkunftsland des Dienstleistungserbringers genügend gesichert sein können (*van Wesemael*, Slg. 1979, 35). In einem solchen Fall muss der Staat diese Regelungen achten und darf sie nicht durch eigene verschärfen (*Säger*, Slg. 1991, I-4221). Solche schärferen Regelungen waren z.B. im Versicherungsrecht in der Bundesrepublik üblich. Mittlerweile wurde auf diesem Gebiet viel durch Richtlinien vereinheitlicht. Rein wirtschaftliche Gründe, wie das Interesse an der Wahrung des Arbeitsfriedens (*SETTG*, Slg. 1997, I-3091) oder die Kontingentierung von Bootsliegeplätzen (*Ciola*, Slg. 1999, I-2517) stellen kein zwingendes Interesse des Allgemeinwohls dar. Gleiches gilt für Gründe rein verwaltungstechnischer Art, z. B. die Vereinfachung der Versicherungsaufsicht (*Versicherungen*, Slg. 1986, 3755). Der Verbraucherschutz und der Gesundheitsschutz als Querschnittsmaterien stellen ebenfalls ein schützenswertes Allgemeininteresse dar, bei dessen Schutz den MS ein Ermessensspielraum verbleibt.

Zwingende Gründe des Allgemeinwohls

Alle einschränkenden Maßnahmen unterliegen überdies zusätzlich dem Verhältnismäßigkeitsgrundsatz, Art. 5 IV EUV.

Beispiel: Der Dienstleistungsverkehr für Rechtsanwälte wurde 1977 mit einer Richtlinie von der EWG (RL 77/249/EWG, ABl. 1977, L 78/17) geregelt. Darin war vorgesehen, dass die Ausführung von rechtsanwaltlichen Dienstleistungen eines ausländischen Rechtsanwalts in einem Mitgliedstaat von der Zusammenarbeit mit einem bei

> *dem zuständigen nationalen Gericht zugelassenen inländischen Rechtsanwalt abhängig gemacht werden durfte.*

Das deutsche Ausführungsgesetz zur Richtlinie sah vor, dass dies auch in den Fällen gelten sollte, in denen nach deutschem Recht gar kein Anwaltszwang besteht, wie beispielsweise grundsätzlich vor dem Amtsgericht in Zivilsachen. Die Kommission war der Meinung, diese Regelung stelle keine ordnungsgemäße Umsetzung der Richtlinie dar. Der von der Kommission angerufene EuGH stellte einen Verstoß gegen das Diskriminierungsverbot fest, weil für die Regelung kein entsprechend starkes Allgemeininteresse bestand (Abwägung!) und die Regelung nicht für alle inländisch arbeitenden Rechtsanwälte galt, d.h. ausländische Rechtsanwälte durch sie benachteiligt wurden (*Gouvernantenklausel*, Slg. 1988, 1123).

Öffentliches Auftragswesen

In den Bereich der Dienstleistungsfreiheit gehört auch die Liberalisierung des öffentlichen Auftragswesens. Das sind die Aufträge, die die öffentliche Hand zur Erfüllung bestimmter Aufgaben übergibt. Das geschieht in der Regel durch Ausschreibungen. EU-weit kommen dabei immense Summen zusammen, die sich jährlich um ca. 1 Billion EURO bewegen. Um den freien Markt und den freien Zugang aller Anbieter (z.B. Bauunternehmer) zu gewährleisten, hat die EU diesen Sektor durch Richtlinien harmonisiert und EU-weite Standards geschaffen. Das bedeutet beispielsweise, dass ein Bauvorhaben einer öffentlichen Stelle, sofern es einen gewissen Geldbetrag übersteigt, unionsweit ausgeschrieben werden muss, was in einem Zusatz zum Amtsblatt der EU geschieht.

Dienstleistungsfreiheit: Art. 56, 57 AEUV – Prüfungsschema

I. Keine gemeinschaftsrechtliche Sonderregelung

II. Sachlicher Anwendungsbereich
Negative Definition des Art. 57 AEUV: Alles, was nicht den anderen Freiheiten unterliegt (subsidiär) und entgeltliche Tätigkeiten
Entgelt: wirtschaftliche Gegenleistung für die betreffende Dienstleistung; auch verbotene Tätigkeiten (wie z.B. Prostitution, Glücksspiel)

III. Persönlicher Schutzbereich
Ansässige Bürger der EU-Mitgliedstaaten, Gesellschaften (Art. 62 i.V.m. 54 AEUV)

IV. Grenzüberschreitender Sachverhalt
1. Leistungserbringung in einem anderen Mitgliedstaat durch die Grenzüberschreitung der Person
2. Grenzüberschreitung der Leistung (z.B.: grenzüberschreitender Abschluss von Versicherungsverträgen – Slg. 1986, S. 3755; Ausstrahlung von Rundfunk- und Fernsehsendungen – Slg. 1980, S. 833, Debauve)

V. Keine Ausnahme nach Art. 51 AEUV

VI. Rechtfertigung

Unterschiedlich geltende Regelungen für In- und Ausländer	Unterschiedslos für In- und Ausländer geltende Regelungen
1. Rechtfertigungsgrund • Art. 62 i.V.m. 51 AEUV • Art. 62 i.V.m. 52 AEUV 2. Verhältnismäßigkeit	1. Zwingende Gründe des Allgemeinwohls nicht abschließend zu beurteilen (Aufstellung in Slg. 1991, I-4007, »Gouda«) 2. Verhältnismäßigkeit

7. Kapital- und Zahlungsverkehr

Schaffung eines europäischen Finanzraums

Die Freiheiten zielen darauf ab, einen europäischen Finanzraum zu schaffen, in dem alle Finanzmarktteilnehmer gleiche Bedingungen vorfinden. Die Kapital- und Zahlungsverkehrsfreiheit wird gemeinsam als die vierte Grundfreiheit des AEUV/EGV (*Casati*, Slg. 1981, 2595) angesehen und ist Voraussetzung zur Ausübung der anderen drei Grundfreiheiten, da z.B. ohne einen grenzüberschreitenden Geldaustausch auch der freie Warenverkehr nicht vollkommen gewährleistet werden kann. Die Abgrenzung ist häufig schwierig und nach dem Schwerpunkt der Maßnahme vorzunehmen. Als einzige Grundfreiheit gilt sie auch zwischen der Union und dritten Ländern, für diese ist sie jedoch stärker einschränkbar, Art. 64 AEUV.

Der persönliche Schutzbereich umfasst natürliche und juristische Personen, die in den MS ansässig sind. Dabei kommt es nicht auf die Staatsangehörigkeit an. Berechtigte können somit auch Staatsangehörige von Drittstaaten sein.

Art. 63 AEUV

Freier Kapital- und Zahlungsverkehr

(1) Im Rahmen der Bestimmungen dieses Kapitels sind alle Beschränkungen des Kapitalverkehrs zwischen den Mitgliedstaaten sowie zwischen den Mitgliedstaaten und dritten Ländern verboten.
(2) ... des Zahlungsverkehrs ...

Die Beschränkungsverbote des Art. 63 AEUV sind unmittelbar anwendbar. Fußte die Unmittelbarkeit früher auf dem Sekundärrecht, so ist sie nun primärrechtlich festgeschrieben. Aus Art. 63 AEUV folgen gegebenenfalls subjektive Rechte gegen die Mitgliedstaaten.

Kapitalverkehr

Kapitalverkehr = alle einseitigen Finanztransaktionen

Der Begriff Kapitalverkehr ist ebenso wenig wie der Begriff Zahlungsverkehr in den Verträgen definiert. Unter Kapitalverkehr werden alle einseitigen finanziellen Transaktionen verstanden, die – als Abgrenzung zu den anderen Freiheiten – nicht direkt den Waren- oder Dienstleistungsverkehr betreffen (s. *Golden Share*, Slg. 2002 I-4731). Er umfasst grob eingeteilt Sach- (Unternehmensanteile, Immobilien) und Geldkapital (Darlehen, Kredite, Wertpapiere, Dividendenzahlungen).

§ 2 I VW-Gesetz begrenzt abweichend vom deutschen Aktienrecht das Stimmrecht jeden Aktionärs auf maximal 20 % des Grundkapitals, das Land Niedersachsen als Hauptaktionär hält genau 20 % der Aktien.

Ferner stehen der Bundesrepublik und dem Land Nds. das Entsenderecht für jeweils zwei Mitglieder des Aufsichtsrates zu, solange ihnen Aktien der Gesellschaft gehören (§ 4 I VW-Gesetz). Laut § 4 III VW-Gesetz bedürfen Beschlüsse der Hauptversammlung eine Mehrheit von mehr als 80 % des bei der Abstimmung vertretenen Grundkapitals, das deutsche Aktienrecht sieht ansonsten nur 75 % vor. Nach Ansicht der EU-Kommission ist dies geeignet, Aktionäre von Direktinvestitionen abzuhalten. Der EuGH hat sich dieser Ansicht angeschlossen (VW-Gesetz, Slg. 2007, I-9036).

Abgrenzung zur Niederlassungs- und Dienstleistungsfreiheit

Der Kapitalverkehr ist vom Verkehr der Dienstleistungen abzugrenzen. Bei der Dienstleistung handelt es sich im Schwerpunkt um einen Austausch körperloser Erzeugnisse. Der Kapitaltransfer dagegen ist eine Wertübermittlung.

Beispiel: Die Erstellung eines Software-Programms auf Diskette; im Vordergrund steht nicht der Verkauf der Diskette, sondern die geistige Leistung der Erstellung des Computerprogramms.

Problematisch sind die staatlichen Regelungen, die mehrere Grundfreiheiten betreffen, weil die Ausnahmeregelungen der verschiedenen Grundfreiheiten unterschiedlich ausgestaltet sind.

Zuerst ist festzustellen, dass die Kapitalverkehrsfreiheit Vorrang vor der Dienstleistungsfreiheit nach Art. 58 II AEUV und vor der Niederlassungsfreiheit nach Art. 49 II AEUV genießt. Letztere kann allerdings unter den Voraussetzungen des Art. 65 II AEUV ihrerseits wieder von der Niederlassungsfreiheit eingeschränkt werden.

<small>Verhältnis zu anderen Grundfreiheiten</small>

Ansonsten ist darauf abzustellen, welche Freiheit dem Regelungsgehalt der staatlichen Maßnahme am nächsten steht, ob es sich also schwerpunktmäßig um eine Dienstleistung oder um einen Kapitaltransfer handelt.

Umfang der Gewährleistung

Art. 63 AEUV verbietet alle Beschränkungen des Kapital- und Zahlungsverkehrs. Beschränkungen sind staatliche Maßnahmen, die finanzielle Transaktionen in einen anderen Mitgliedstaat anderen Regelungen unterwerfen als für sie innerhalb eines Mitgliedstaates gelten. Beispiel: Genehmigung für internationale Transaktionen (*Sanz de Lera*, Slg. 1995, I-4821).

<small>Beschränkungsverbot</small>

Die Freiheit gilt sowohl gegenüber Mitgliedstaaten als auch gegenüber Drittländern (Erga-omnes-Prinzip). Ursprünglich war die Kapital- und Zahlungsverkehrsfreiheit im AEUV nicht als Verpflichtung ausgebildet, so dass sie zu ihrer Durchsetzung sekundärrechtlicher Präzisierung, wie z.B. durch die oben genannte RL, bedurfte. Jedoch ist eine unvollkommene Kapital- und Zahlungsverkehrsfreiheit mit der Schaffung einer Wirtschafts- und Währungsunion nicht verträglich. Aus diesem Grund wurde die Freiheit jetzt durch die Änderungen des EGV durch den Vertrag von Maastricht und den Vertrag von Amsterdam gestärkt und den anderen Freiheiten in ihrem Wirkungsgrad angeglichen. Dies wurde vom VvL übernommen und in den AEUV überführt.

> Sekundärrechtliche Präzisierung ist nicht mehr erforderlich.

Verboten sind alle Beschränkungen, d.h. sowohl die direkten, devisenrechtlichen Beschränkungen als auch alle indirekten. Die Vorschrift will folglich den Abbau aller Restriktionen des freien Kapitalverkehrs erreichen und ist insoweit ähnlich auszulegen, wie der EuGH es für die Warenverkehrsfreiheit in den Urteilen *Dassonville* und *Cassis de Dijon* getan hat. Zu beachten ist auch noch, dass über Art. 65 II AEUV die Art. 51 und 52 AEUV auch im Bereich des Kapitalverkehrs anwendbar sind.

Zur Rechtfertigung des VW-Gesetzes hatte sich die Bundesrepublik auf den Schutz der Arbeitnehmerinteressen und der Minderheitenaktionäre berufen. Dies hat den EuGH nicht überzeugt, da Dtld. nicht dargelegt habe, wie dies durch eine stärkere Stellung öffentlicher Akteure wie dem Land Nds. geschehen soll.

Zahlungsverkehr

> Zahlungen = rechtsgeschäftliche Erfüllungen bestehender Schulden durch Geldmittel jedweder Art.

Für die Zahlungsverkehrsfreiheit gelten im Wesentlichen die gleichen rechtlichen Grundlinien wie für die Freiheit des Kapitalverkehrs. Die einschneidensten Beschränkungsgründe, Art. 65 AEUV, gelten für beide Freiheiten.

Wenn ein Portugiese, der in Dänemark Arbeitnehmer ist, einen Teil seines Arbeitslohns nicht nach Hause an seine Familie überweisen kann, ist die Freizügigkeit für ihn nicht voll verwirklicht.

Zahlungen im Sinne des Art. 63 II AEUV sind alle rechtsgeschäftlichen Erfüllungen bestehender Schulden durch Geldmittel jedweder Art. Strittig ist die Einordnung etwa für grenzüberschreitende Zahlungen aufgrund »ungerechtfertigter Bereicherung«, einer Anspruchsgrundlage des Zivilrechts (§ 812 BGB).

> Grenzüberschreitende Mitnahme von Banknoten.

Eine praktisch bedeutsame Ausnahme von der Zahlungsverkehrsfreiheit gilt allerdings für die Mitnahme von Banknoten über eine innerunionale Grenze. Früher war hier von den meisten Mitgliedstaaten nur eine Mitnahme im »notwendigen« Umfang gestattet (*Casati*, Slg. 1981, 2617). Nach *Luisi und Carbone*, Slg. 1984, 406, und der RL 88/361 sind solche Beschränkungen aber nur noch zulässig, soweit sie verhältnismäßig sind (*Brugnoni und Ruffinengo*, Slg. 1986, 2013). Die allgemeine Anwendung des Verhältnismäßigkeitsgrundsatzes für alle Grundfreiheiten ergibt sich auch aus Art. 5 IV EUV.

Die Embargo-Ausnahmemöglichkeit

Art. 75 AEUV erlaubt Maßnahmen des Europäischen Parlamentes und des Rates zur Verhütung und Bekämpfung des Terrorismus, um den Raum der Freiheit, der Sicherheit und des Rechts im Sinne des Art. 67 AEUV, zu gewährleisten. Zu diesen Maßnahmen können das Einfrieren von Geldern, von finanziellen Vermögenswerten oder von wirtschaftlichen Erträgen gehören. Den Betroffenen muss in den entsprechenden Rechtsakten die Möglichkeit des Rechtsschutzes gewährt werden, damit sich diese gegen unberechtigte Maßnahmen gegen sie verteidigen können. Die Vorgängervorschrift des Art. 60 EGV wurde durch den VvL unter Berücksichtigung des *Kadi*-Urteils des EuGH (Slg. 2008, I-6351) strukturell geändert.

Embargos

8. Generelles zur Prüfung der Grundfreiheiten

Aus der Rechtsprechung des Gerichtshofes lassen sich folgende generelle Schlüsse zur Prüfung der Grundfreiheiten ziehen:

Immer zu beachten!

Alle direkten und indirekten oder versteckten Diskriminierungen werden von den Grundfreiheiten erfasst, die zu einer Beschränkung des weit auszulegenden Anwendungsbereiches der betreffenden Grundfreiheit führen können.

Die ausdrücklich im AEUV genannten Rechtfertigungsgründe sind eng und autonom unionsrechtlich auszulegen und nur bei Diskriminierungen aufgrund der Staatsangehörigkeit anwendbar.

Bei versteckten Diskriminierungen (oder Beschränkungen), d.h. auf In- und Ausländer gleichermaßen anwendbare Maßnahmen, die aber faktisch Ausländer stärker als Inländer betreffen, ist auf die zwingenden Gründe des Allgemeinwohls zur Rechtfertigung der in Rede stehenden staatlichen Maßnahme zurückzugreifen.

Ferner muss die staatliche Maßnahme sowohl bei offener als auch bei versteckter Diskriminierung noch verhältnismäßig sein, damit sie eine Grundfreiheit einschränken kann.

9. Die weiteren Politiken der EU

Neben den vier Grundfreiheiten hat die EU noch in vielen weiteren Politikbereichen Regelungskompetenzen, die wichtigsten werden hier kurz erläutert.

9.1. Raum der Freiheit, der Sicherheit und des Rechts

Der Titel V betreffend des »Raums der Freiheit, der Sicherheit und des Rechts« (RFSR) des AEUV wurde gegenüber den Vorgängerbestimmungen des EGV durch die Integrierung der ehemaligen dritten Säule »Polizeiliche und Justizielle Zusammenarbeit in Strafsachen« deutlich erweitert. Er ist politisch sensibel, weil damit in einen Kernbereich nationalstaatlicher Souveränität eingegriffen wird. Deutlich geändert wurde bereits das 1. Kapitel, welches allgemeine Bestimmungen für den Raum der Freiheit, der Sicherheit und des Rechts enthält. Insgesamt ist der Titel in fünf Kapitel unterteilt.

Politisch sensibler Bereich

Grundsätze — Art. 67 AEUV

(1) Die Union bildet einen Raum der Freiheit, der Sicherheit und des Rechts, in dem die Grundrechte und die verschiedenen Rechtsordnungen und -traditionen der Mitgliedstaaten geachtet werden.

(2) Sie stellt sicher, dass Personen an den Binnengrenzen nicht kontrolliert werden, und entwickelt eine gemeinsame Politik in den Bereichen Asyl, Einwanderung und Kontrollen an den Außengrenzen, die sich auf die Solidarität der Mitgliedstaaten gründet und gegenüber Drittstaatsangehörigen angemessen ist. Für die Zwecke dieses Titels werden Staatenlose den Drittstaatsangehörigen gleichgestellt.

(3) Die Union wirkt darauf hin, durch Maßnahmen zur Verhütung und Bekämpfung von Kriminalität sowie von Rassismus und Fremdenfeindlichkeit, zur Koordinierung und Zusammenarbeit von Polizeibehörden und Organen der Strafverfolgung und den anderen zuständigen Behörden sowie durch die gegenseitige Anerkennung strafrechtlicher Entscheidungen und erforderlichenfalls durch die Angleichung der strafrechtlichen Rechtsvorschriften ein hohes Maß an Sicherheit zu gewährleisten.

> (4) Die Union erleichtert den Zugang zum Recht, insbesondere durch den Grundsatz der gegenseitigen Anerkennung gerichtlicher und außergerichtlicher Entscheidungen in Zivilsachen.

Grundlage des RFSR

Art. 67 AEUV ist die grundlegende Norm für das Verständnis des RFSR. Die einzelnen Unterbereiche Grenzkontrollen, Asyl und Einwanderung, justizielle Zusammenarbeit in Zivilsachen, justizielle Zusammenarbeit in Strafsachen und zu guter Letzt die polizeiliche Zusammenarbeit. Der Europäische Rat gibt die strategischen Leitlinien der Politik vor, Art. 68 AEUV, und dem Subsidiaritätsprinzip wird wegen der politischen Relevanz der zu treffenden Maßnahmen in Art. 69 AEUV ein besonderes Gewicht eingeräumt. Betont wird deswegen auch in der Vorschrift des Art. 72 AEUV, dass den MS die uneingeschränkte Kompetenz für die Aufrechterhaltung der nationalen öffentlichen Ordnung und den Schutz der inneren Sicherheit zukommt. Die Begriffe werden vom Vertrag nicht definiert, wegen der gebotenen engen Sichtweise von Ausnahmetatbeständen dürften sie dahingehend zu verstehen sein, dass nur Extremsituationen erfasst werden. Die innere Sicherheit betrifft damit nur Situationen, in denen der Bestand des Staates gefährdet ist.

Die Sachbereiche stehen in einem engen Zusammenhang mit der Ausübung der Grundfreiheiten, insbesondere dem freien Personenverkehr. Der Titel ist nach dem Protokoll Nr. 21 nicht anwendbar für GB und Irland.

Grenzkontrollen, Asyl und Einwanderung

Enge Sichtweise von Ausnahmetatbeständen

Nach Art. 77 II AEUV werden die Rechtsakte im Bereich der Grenzschutzpolitik nach dem ordentlichen Gesetzgebungsverfahren erlassen. Danach können Maßnahmen zur Verwirklichung der Reisefreiheit innerhalb der EU geschaffen werden. Dazu gehört, dass der einzelne EU-Bürger nicht mehr zwangsläufig bei innerunionalen Grenzüberschreitungen kontrolliert wird. Ferner wird noch das Verfahren bei der Überschreitung und dem Schutz der Außengrenzen bezüglich der Ein- und Ausreise von Drittstaatlern geregelt. Nach dem EU-Grenzkodex sind Kontrollen im Landesinneren weiterhin möglich (Art. 11 VO 562/2006, ABl. 2006 L 105/1).

Reisefreiheit innerhalb der EU

EU-Recht muss im Einklang mit dem Völkerrecht stehen.

Art. 78 AEUV behandelt die Rechtsstellung von Flüchtlingen und Asylsuchenden, wobei die Politik mit den einschlägigen völkerrechtlichen Vorschriften in Einklang stehen muss und dem Grundsatz der Nicht-Zurückweisung verpflichtet ist. Die möglichen Maßnahmen sind wiederum in Absatz 2 der Vorschrift genannt und sie werden gemäß dem ordentlichen Gesetzgebungsverfahren beschlossen.

Art. 79 AEUV ist eine Spezialregelung für die Einwanderungspolitik. Die Migrationspolitik ist in den letzten Jahren zu einem größeren Problembereich geworden. Die Regelung ermöglicht den Erlass von Maßnahmen hinsichtlich des legalen Aufenthalts auf dem Gebiet der Union und die Regelung des Umgang mit illegal sich auf dem EU-Gebiet befindlichen Personen.

Migrationspolitik

Justizielle Zusammenarbeit in Zivilsachen

Das folgende, nur aus Art. 83 AEUV bestehende Kapitel, regelt die justizielle Zusammenarbeit in Zivilsachen. Die Politik ist auf die grenzüberschreitende Anerkennung gerichtlicher und außergerichtlicher Entscheidungen gerichtet. Zur Herstellung des Binnenmarktes ist es notwendig die nationalen Regeln über das internationale Privatrecht zu harmonisieren. Ohne eine Harmonisierung stand z. B. im Falle der Urteilsvollstreckung der lange Zeitraum, welchen die Vollstreckung eines deutschen Urteils (eines Titels) in Spanien benötigt, der Schaffung eines Binnenmarktes im Wege. *Beispiel:* Der säumige Schuldner eines Kaufvertrages hält sich in Madrid auf. Dann muss der deutsche Titel in Spanien von spanischen Behörden durchgesetzt werden. Das Verfahren hierzu richtet sich nach internationalem Zivilvollstreckungsrecht und ist sehr langwierig. Deswegen wurde jetzt die VO über die gerichtliche Zuständigkeit und die Anerkennung und Vollstreckung von Entscheidungen in Zivil- und Handelssachen (ABl. 2001 L 12/1) verabschiedet. Sie trat am 1. März 2002 in Kraft. Besondere Regelungen gelten für den sensiblen Bereich des Familienrechts, Art. 81 III AEUV.

Justizielle Zusammenarbeit in Zivilsachen ist praktisch sehr wichtig.

Justizielle Zusammenarbeit in Strafsachen

Die Perforierung der Staatsgrenzen innerhalb der EU, ermöglicht vor allem durch die Verträge und die, die Personen- und Warenkontrollen an den Grenzen beseitigenden Schengener und das Dubliner Abkommen, erfordert Maßnahmen, die negative Effekte für die innere Sicherheit kompensieren. Wird das staatliche Instrument der Grenzkontrolle abgeschwächt, so ist den Mitgliedstaaten der EU die Wahrnehmung ihrer Garantenfunktion für diese innere Sicherheit erschwert. Die grenzüberschreitende polizeiliche und justizielle Zusammenarbeit als Kompensation der Grenzdurchlässigkeit ist keine Erfindung des Unionsrechts. Bereits seit den fünfziger Jahren gibt es völkerrechtliche Übereinkünfte zwischen europäischen Staaten auf diesem Gebiet, so

Problem der grenzüberschreitenden Kriminalität.

etwa das Europäische Auslieferungsübereinkommen von 1957, welches Bestimmungen über die gegenseitige Auslieferung von Personen enthält, die Gegenstand einer Strafverfolgung in einem Vertragsstaat sind.

Trotzdem blieb die europäische Zusammenarbeit im Bereich der inneren Sicherheit Stückwerk, bis der Maastrichter Unionsvertrag 1992 erstmals Ansätze zu einer systematischen Zusammenarbeit etablierte. Die intergouvernementale Zusammenarbeit in Bezug auf polizeiliche und justizielle Angelegenheiten wurde zur dritten Säule der EU und ist nunmehr voller, supranationaler Bestandteil des Unionsrechts.

Die justitielle Zusammenarbeit in Strafsachen ist vergleichbar der Zusammenarbeit in Zivilsachen an der gegenseitigen Anerkennung gerichtlicher Urteile und Entscheidungen orientiert. Darüber hinausgehend können gemäß Art. 82 II AEUV Mindestvorschriften hinsichtlich der Zulässigkeit von Beweismitteln, der Rechts des Einzelnen und der Rechte der Opfer im Strafverfahren erlassen werden. Dies geht in die Kernzuständigkeit von Staaten über, so dass Abs. 3 besondere Zustimmungsmodalitäten enthält, wenn ein MS erklärt, dass durch die zu treffende Maßnahme grundlegende Aspekte seiner Strafrechtsordnung betroffen seien. Ein Beispiel für eine Maßnahme ist der Europäische Haftbefehl.

Straftaten von besonders schwerer Dimension

Art. 83 AEUV gibt der Union eine Kompetenz zum Erlass von Mindestvorschriften zum Vorgehen gegen Straftaten von besonders schwerer Dimension, denen eine grenzüberschreitende Dimension zukommt. Die Kriminalitätsbereiche sind in Abs. 1 UAbs. 2 abschließend aufgezählt, zu ihnen gehören unter anderem Terrorismus, illegaler Menschenhandel und illegaler Drogenhandel. Wiederum existiert eine Abweichungsmöglichkeit vom Abstimmungsmodus, wenn ein Mitgliedstaat grundlegende Aspekte seiner Strafrechtsordnung bedroht sieht.

Eurojust

Gemäß Art. 85 AEUV hat Eurojust den Auftrag, die Koordinierung und Zusammenarbeit zwischen den nationalen Behörden zu unterstützen und zu verstärken, um die Wirksamkeit von Ermittlungen zu erhöhen. Eurojust ist im Kern nur eine Dokumentationsstelle und wurde aufgrund eines Ratsbeschlusses geschaffen (ABl. 2002 L 63/19). Zu diesem Zweck ist Eurojust mit Richtern, Staatsanwälten und Polizeibeamten besetzt, deren Befugnisse sich nach dem nationalen Recht richten. Sitz ist Den Haag. Es kann nunmehr auch eine Europäische Staatsanwaltschaft geschaffen werden, Art. 86 AEUV.

Polizeiliche Zusammenarbeit

Zur Vervollständigung eines grenzüberschreitenden Sicherheitsmechanismus gehört die Zusammenarbeit der Sicherheitsbehörden. Nach Art. 87 AEUV entwickelt die Union mithin eine polizeiliche Zusammenarbeit zwischen allen zuständigen Behörden der Mitgliedstaaten und kann Maßnahmen bezüglich des Einholens, der Speicherung etc. von sachdienlichen Informationen, der Aus- und Weiterbildung von Personal, Ausrüstungsgegenständen und der kriminaltechnischen Forschung sowie gemeinsamer Ermittlungstechniken im Bereich der schwerwiegenden organisierten Kriminalität erlassen. Der unbestimmte Rechtsbegriff der schwerwiegenden organisierten Kriminalität bedarf noch der Konkretisierung, da ansonsten die Gefahr der zu frühzeitigen Annahme der Tatbestandsvoraussetzungen durch die Union bestünde und somit ein ungerechtfertigter Eingriff in mitgliedstaatliche Kompetenzbereiche vorliegen könnte.

Art. 88 AEUV regelt die Schaffung und den Aufgabenbereich von Europol. Europol wurde aufgrund eines völkerrechtlichen Vertrages gegründet (ABl. 1995 L 62/1) und ist eine internationale Organisation mit Sitz in den Haag. Arbeitsbeginn war der 1. 7. 1999. Europol besitzt Rechtspersönlichkeit und zwei Hauptorgane, einen Direktor, der für das laufende Geschäft verantwortlich ist, und einen Verwaltungsrat. Bisher besteht die Hauptaufgabe von Europol darin Informationen zu sammeln und zu analysieren. Es ist insoweit nur eine Datensammelstelle. Problematisch ist der Datenschutz, dem konsequenterweise im Europolübereinkommen ein großer Stellenwert beigemessen wird. Grundsätzlich ist dieser zweigeteilt, auf aus MS stammende Daten sind die jeweils einschlägigen mitgliedstaatlichen Regeln anzuwenden, auf von Europol selbst gesammelten Daten die im EuropolÜ enthaltenen Bestimmungen. Eine im EuropolÜ genannte allgemeine Kontrollinstanz übt die Rechtsaufsicht aus und entscheidet abschließend über von Bürgern kommende Anträge auf Löschung, Änderung etc. von Daten. Europol stehen nunmehr begrenzte Möglichkeiten des eigenen operativen Tätigwerdens zur Verfügung, dies muss jedoch in Absprache mit den Behörden des betroffenen MS geschehen (Art. 88 III AEUV).

Europol

Schengen-Besitzstand

Stichwort Schengen: Enthielt der Maastrichter EUV noch die Formel, dass die Schengener Abkommen (1985/1990) durch den EUV nicht berührt werden sollen (Art. K.7 EUV), so bezieht das Protokoll Nr. 19 zum VvL den sog. Schengen-Besitzstand nunmehr in die Verträge ein.

Schengener Verträge sind Bestandteil der Verträge

Zum Besitzstand gehört nicht nur das Grundlagenabkommen (Schengen I), sondern auch das Durchführungsabkommen (Schengen II). Die Schengener Abkommen, die völkerrechtliche Verträge sind und unabhängig von der EU abgeschlossen wurden, sind nicht von allen Mitgliedern ratifiziert worden. Sie regeln vor allem die Vereinfachung der Grenzkontrollen an den Binnengrenzen, aber auch Angelegenheiten polizeilicher Zusammenarbeit und das Schengener Daten-Informationssystem SIS. Funktionell ist das Schengener Recht so nah an den Verträgen, dass die Einbeziehung des Schengen-Besitzstandes folgerichtig ist.

9.2. Die Agrarpolitik

Agrarpolitik ist praktisch sehr wichtig.

Der Stellenwert der EU-Agrarpolitik kann kaum überschätzt werden. Knapp 40 % des Jahresetats der Union fließt in die Agrarförderung (im Jahr 2011 59,5 Mrd. € von 142, 6 Mrd. € Gesamthaushalt). Die Landwirtschaft und die Fischerei sind in den Art. 38 ff. AEUV geregelt. Die Regeln des Binnenmarktes sind subsidiär anwendbar, Art. 38 II AEUV, wodurch im Bereich der Agrarpolitik nicht der freie Markt im Vordergrund steht. Die Ziele der EU-Agrarpolitik sind in Art. 39 AEUV aufgezählt und bei der Rechtsetzung zu beachten (*Merkur*, Slg. 1982, 1389).

Probleme des Agrarmarkts

Die besondere Stellung landwirtschaftlicher Produkte in den Verträgen lässt sich historisch dadurch erklären, dass der Landwirtschaft 1956 als Ernährungsfaktor eine besondere Bedeutung in den Mitgliedstaaten zukam. Die dirigistische Agrarpolitik war sehr erfolgreich und führte zu Überproduktionen (Käseberge, Milchseen usw.), was zu einem Umdenken der EU führte. Nunmehr wurde die bis dahin bestehende Kopplung von finanzieller Förderung an die erzeugte Menge aufgehoben und der Landwirt bekommt Unterstützungszahlungen für andere wichtige gesellschaftliche Aufgaben wie die Landschaftspflege (»Entwicklung des ländlichen Raums«). Andere Ziele verfolgt die Fischereipolitik, da der Fischbestand der dauerhaften Gefahr der Überfischung unterliegt. Deswegen liegt der Bestand der Fischvorkommen im Interesse der Union.

Die agrarischen Produkte sind in Art. 38 I und III AEUV, die eine Legaldefinition des Begriffes und eine Verweisung auf eine Aufzählung aller unter den Titel III fallenden Produkte (Anhang I zum AEUV) enthalten, aufgezählt. Nicht darunter fallen Baumwolle, Seide und Holz.

Die in Art. 39 I AEUV genannten Ziele dienen vorrangig den Interessen der Landwirte. Die Sicherstellung eines angemessenen Lebensstandards der Landwirte und die Verhinderung von Überproduktionen sind in der Praxis vorrangige Ziele der EU-Tätigkeit auf dem Gebiet der Agrarpolitik. Absatz 2 von Art. 39 legt die Rahmenbedingungen fest, unter denen die Ziele erreicht werden sollen. Die in lit. a) genannte besondere Eigenart der landwirtschaftlichen Tätigkeit zielt zum einen auf die Struktur der Landwirtschaft als besonders mittelständisch geprägt ab und zum anderen auf die besondere Anfälligkeit für natürliche Einflüsse wie Klima(veränderungen) und Bodengegebenheiten.

Ziele der Agrarpolitik

Die gemeinsame Organisation der Agrarmärkte wird nach Art. 40 AEUV durch gemeinsame Marktordnungen hergestellt. Dadurch soll eine Einheit des Agrarbinnenmarktes nach innen und außen hergestellt werden. Mithin sind die Landwirte gegen billige Einfuhren und Preisschwankungen auf dem Weltmarkt geschützt. Die früher seitens der EG bestehende Praxis für jedes Produkt eine eigene Marktordnung zu schaffen, wurde durch eine einheitliche Marktordnung für alle Produkte abgelöst (VO 1234/2007, ABl. 2007 L 299/1). Die meisten Agrarprodukte unterliegen der Marktordnung, andere, wie z.B. Kartoffeln, noch nicht. Das Rechtsetzungsinstrument für eine Marktordnung ist die Verordnung nach Art. 288 II AEUV.

Gemeinsame Marktordnungen

Bei der Rechtsetzung haben die EU-Organe insbesondere die Querschnittsklauseln wie den Umwelt-, Verbraucher- und Tierschutz (Art. 11 ff. AEUV) zu beachten. Die Agrarkompetenz ist eine konkurrierende Kompetenz. Marktordnungen und Seefischereierhaltungsmaßnahmen sind allerdings von der EU mittlerweile abschließend geregelt.

Wichtig: Querschnittsklauseln

Die Lenkungsmittel der Agrarpolitik sind beispielsweise:

Lenkungsmittel der Agrarpolitik

- Preisfestsetzung (erfolgt durch den Ministerrat)
- Intervention (Ankaufspflicht staatlicher Interventionsstellen für bestimmte Produkte, z.B. Getreide, Milch)
- Beihilfen für bestimmte Produkte, etwa die sog. Erstattung (Exportzuschuss) für Exporte in dritte Länder. Durch eine Erstattung wird ein Produkt konkurrenzfähig gemacht, wenn es ursprünglich teurer als das Drittlandprodukt ist.
- Einfuhrzölle auf Importe aus Drittländern. Sie werden nach der Preisfestsetzung für die Ware berechnet.

Technisch wird die Finanzierung der Erstattungen, der Interventionen und der Maßnahmen nach Art. 39 I lit. a AEUV durch zwei Fonds im Sinne des Art. 40 III AEUV, dem Europäischen Garantiefonds für die

Landwirtschaft (EGFL) und dem Europäischen Landwirtschaftsfonds für die Entwicklung des ländlichen Raums (ELER), vorgenommen. Einzelheiten finden sich in der VO 1290/2005 über die Finanzierung der Gemeinsamen Agrarpolitik (ABl. 2005 L 209/1).

Nach dem Beitritt der EG zur WTO musste das Stützungssystem des AEUV WTO-konform ausgestattet werden, was durch die VO 3290/94 (Abl. 1994 L 6/1) geschah.

Technisch wird die Finanzierung der Erstattungen, der Interventionen und der Maßnahmen nach Art. 39 I lit. a) AEUV durch den »Europäischen Ausrichtungs- und Garantiefonds für die Landwirtschaft« (EAGFL, Art. 40 III AEUV) vorgenommen. Der EAGFL unterteilt sich in zwei Abteilungen. Die eine ist befasst mit der Agrarstrukturpolitik, die andere mit der Finanzierung der Marktpolitik. Agrarstrukturpolitik behandelt das Problem, welche Produkte in welchem Umfang von welchen Betrieben produziert werden sollten. Nach dem Beitritt der EG zur WTO musste das Stützungssystem des EGV WTO-konform ausgestaltet werden, was durch die VO 3290/94 (ABl. 1994 L 6/1) geschah.

Die Rechtsetzung im Bereich der Landwirtschaft wurde durch den VvL in das ordentliche Gesetzgebungsverfahren überführt, Art. 43 AEUV. Allerdings verbleibt allein beim Rat, Art. 43 III AEUV, die Zuständigkeit für die Preisfestsetzung, der Beihilfen, der mengenmäßigen Beschränkungen und der Aufteilung der Fischereifangquoten.

Eingeschränkte Geltung der Wettbewerbsregeln

Die Besonderheit der Landwirtschaft wird auch dadurch unterstrichen, dass die Wettbewerbsregeln in diesem Bereich nur eingeschränkt gelten, Art. 42 AEUV und Art. 175, 180 VO 1234/2007.

Indirekter Verwaltungsvollzug durch die MS

Für den Vollzug der Gemeinsamen Marktordnung sind die MS zuständig. Der sog. indirekte Verwaltungsvollzug geschieht dadurch, dass sie nationale Ausführungsvorschriften zu den VOen erlassen. In Deutschland ist die zuständige Behörde die Bundesanstalt für Landwirtschaft und Ernährung (BLE). Die korrekte Durchführung der Marktordnung wird von der EU überwacht, zuständige Behörde ist die Kommission.

9.3. Die Verkehrspolitik

Das Straßenverkehrsrecht regelt die Zulassung von Personen und Kfz zum Verkehr und die Pflichten der Verkehrsteilnehmer, sorgt also für Sicherheit im Straßenverkehr

Wichtig für das Zusammenwachsen der Wirtschaft zu einem Binnenmarkt ist auch eine entsprechende Verkehrspolitik. Diese ist in den Art. 90 ff. AEUV geregelt. Sie gelten für den Straßen-, Eisenbahn- und Binnenschifffahrtsverkehr wie auch für Kombinationen dieser Verkehrsarten. Der Begriff »Verkehr« meint sowohl den Personen- als auch den gewerblichen Güterverkehr. Der Begriff ist wirtschaftlich zu sehen, nicht etwa straßenverkehrsrechtlich.

Gemeinsame Verkehrspolitik

Auf dem in diesem Titel geregelten Sachgebiet verfolgen die Mitgliedstaaten die Ziele der Verträge im Rahmen einer gemeinsamen Verkehrspolitik.

Der Verkehr ist ein wichtiger Bereich der Gruppe der Wirtschaftssektoren des AEUV. Der freie Warenverkehr hängt maßgeblich von einem freien Verkehr ab. Die Art. 90 ff. AEUV sind allgemeine Bestimmungen, d.h., wenn eine der Grundfreiheiten eingreift, treten sie zurück (*Nouvelles Frontières*, Slg. 1986, 1425). Nur die Dienstleistungsfreiheit ist wegen der ausdrücklichen Vorschrift des Art. 58 I AEUV gegenüber dem Abschnitt über den Verkehr subsidiär.

Verhältnis zu den Grundfreiheiten

Nach Art. 90 I AEUV werden von dem Titel originär nur der Eisenbahn-, Straßen- und Binnenschiffsverkehr umfasst. Nach Absatz 2 der Vorschrift können auch Regelungen für den Seeschifffahrts- und den Luftfahrtsverkehr (innerhalb der Union) erlassen werden. Der Rat hat von dieser Kompetenz vielfältig Gebrauch gemacht und u. a. die Anwendung der Wettbewerbsregeln (Art. 101, 102 AEUV) auf den See- und Luftfahrtverkehr beschlossen.

Durchführungsrechtsetzung Art. 91 AEUV

(1) Zur Durchführung des Artikels 90 werden das Europäische Parlament und der Rat unter Berücksichtigung der Besonderheiten des Verkehrs gemäß dem ordentlichen Gesetzgebungsverfahren und nach Anhörung des Wirtschafts- und Sozialausschusses sowie des Ausschusses der Regionen
a) für den internationalen Verkehr aus oder nach dem Hoheitsgebiet eines Mitgliedstaats oder für den Durchgangsverkehr durch das Hoheitsgebiet eines oder mehrerer Mitgliedstaaten gemeinsame Regeln aufstellen;
b) für die Zulassung von Verkehrsunternehmen zum Verkehr innerhalb eines Mitgliedstaats, in dem sie nicht ansässig sind, die Bedingungen festlegen;
c) Maßnahmen zur Verbesserung der Verkehrssicherheit erlassen;
d) alle sonstigen zweckdienlichen Vorschriften erlassen.
(2) Beim Erlass von Maßnahmen nach Absatz 1 wird den Fällen Rech-

> nung getragen, in denen die Anwendung den Lebensstandard und die
> Beschäftigungslage in bestimmten Regionen sowie den Betrieb der
> Verkehrseinrichtungen ernstlich beeinträchtigen könnte.

Neben diesen Zielen der Verkehrspolitik gelten zusätzlich die allgemeinen Ziele der EU wie Nichtdiskriminierung und Schutz des Wettbewerbs vor Verfälschungen. Das Verfahren zur Rechtsetzung in der Verkehrspolitik ist das ordentliche Gesetzgebungsverfahren, verknüpft mit der Anhörung von WSA und Ausschuss der Regionen.

Rechtsaktformen

Die Rechtsakte, die der Rat erlassen kann, werden Regeln (a), Bedingungen (b), Maßnahmen (c) und sonstige Vorschriften (d) genannt. Diese Handlungsformen sind in Art. 288 AEUV nicht aufgeführt. Dennoch sind aus systematischen Gründen die dortigen Rechtssetzungsformen anzuwenden, da der Oberbegriff »sonstige Vorschriften« in Art. 91 I lit. d) AEUV verbindliche Rechtsakte meint und die EU-Organe solche nur in der Form des Art. 2488 AEUV erlassen können. Die unterschiedliche Begrifflichkeit in Art. 91 AEUV ist folglich nicht technisch zu verstehen.

EP und Rat können Normen bezüglich folgender Materien erlassen: Gemeinsame Regeln für den Verkehr zwischen den MS sowie zwischen MS und Drittländern, Zulassung von Verkehrsunternehmen und sonstigen Vorschriften, etwa fachliche Eignung der Fahrer, Frachttarifregelungen, Verkehrssicherheit.

Wichtig: Die EU hat auch ohne ausdrückliche Nennung im Vertrag die implizite Kompetenz zum Abschluss von völkerrechtlichen Verträgen im Bereich Verkehr (*AETR*, Slg. 1971, 263). Zur Parallelität von Innen- und Außenkompetenzen s. u. S. 89.

Kabotage

Art. 91 I lit. a) und b) AEUV sind Ausprägungen der Dienstleistungsfreiheit. Buchstabe b betrifft den nicht grenzüberschreitenden Transport, die sog. Kabotage. In der Bundesrepublik galt früher ein grundsätzliches Kabotageverbot für ausländische Transportunternehmer (*Pinand Wieger*, Slg. 1991, I-5253), welches inzwischen durch die VO 3118/93 (ABl. 1993 L 279/1) zum 1. 1. 1998 aufgehoben wurde. Die VO legt die Bedingungen für die Zulassung von Unternehmen zum Güterkraftverkehr außerhalb der Mitgliedstaaten, in dem sie ansässig sind, fest. Für die Binnenschifffahrt und den Reiseverkehr mit Bussen sind die Zulassungsbedingungen ebenfalls abschließend geregelt worden. Der Transitverkehr durch die Länder Schweiz und teilweise auch die Nachfolgestaaten des früheren Jugoslawien ist durch völkerrechtliche Verträge mit diesen Staaten geregelt.

Art. 93 AEUV ist eine Ausnahme zum umfassenden Beihilfeverbot des Art. 107 AEUV und ist als solche eng auszulegen.

Zur Verkehrspolitik gehört der EU-Führerschein (RL 2006/126, ABl. 2006 L 403/18). Ausstellen dürfen ihn nur die Wohnsitz-MS, dies können die einzelnen MS überprüfen. Zur Einschränkung des Führerscheintourismus hat der EuGH entschieden, dass nationale Sperrfristen auch gegenüber Führerscheinen aus anderen MS gelten (*Möginger*, Slg. 2008, I-0000 Rn. 45; *Weber*, Slg. 2008, I-0000 Rn. 36).

EU-Führerschein

9.4. Die Wettbewerbspolitik

Die Wettbewerbspolitik ist eines der Herzstücke der Verträge. Sie soll die Verwirklichung eines freien, ungehinderten Wettbewerbs innerhalb des Binnenmarktes ermöglichen. In den Wirtschaftsteilen der Zeitungen liest man fast täglich wieder von Entscheidungen, die die Brüsseler Wettbewerbsbehörde getroffen hat, wie z.B. die Verhängung eines Bußgeldes gegen VW wegen der Anweisung an ihre Händler in Italien, an Deutsche nicht zu verkaufen, um auf diese Weise Reimporte zu verhindern. Für Juristen ist die Wettbewerbspolitik häufig schwer verständlich und kaum nachvollziehbar. Das liegt hauptsächlich daran, dass bei der Auslegung der Wettbewerbsvorschriften nur die Anwendung der einzelnen Tatbestandsmerkmale juristischen Regeln folgt. Das Ausfüllen der Tatbestände richtet sich nach wirtschaftlichen Grundsätzen, z.B. was unter einer »marktbeherrschenden Stellung« (Art. 102 AEUV) zu verstehen ist.

Der Begriff Wettbewerb wird definiert als die Konkurrenz von Marktteilnehmern um Marktanteile, wirtschaftstheoretisch ist er ein Ordnungsprinzip. Die Wettbewerbspolitik der EU, Art. 101-109 AEUV, soll gewährleisten, dass der Wettbewerb ohne Verzerrungen und Verfälschungen stattfindet. Nicht nur die Mitgliedstaaten der EU können den Wettbewerb mit Beihilfen und Abgaben behindern. Auch private Marktabsprachen können ihn hemmen.

Wettbewerb

Vorschriften für Unternehmen

Art. 101 und 102 AEUV sind unmittelbar anwendbar, so dass sich der Einzelne vor einem nationalen Gericht auf sie berufen kann. Auch hier werden, wie bei den Grundfreiheiten, die Tatbestandsmerkmale weit ausgelegt und die Rechtfertigungsgründe eng.

Unmittelbare Anwendbarkeit

Art. 101 AEUV behandelt die Zusammenschlüsse von Unternehmen zu so genannten Kartellen.

Art. 101 AEUV **Beeinträchtigungen des Wettbewerbs**

(1) Mit dem Binnenmarkt unvereinbar und verboten sind alle Vereinbarungen zwischen Unternehmen, Beschlüsse von Unternehmensvereinigungen und aufeinander abgestimmte Verhaltensweisen, welche den Handel zwischen Mitgliedstaaten zu beeinträchtigen geeignet sind und eine Verhinderung, Einschränkung oder Verfälschung des Wettbewerbs innerhalb des Binnenmarktes bezwecken oder bewirken, insbesondere

a) die unmittelbare oder mittelbare Festsetzung der An- oder Verkaufspreise oder sonstiger Geschäftsbedingungen;

b) die Einschränkung oder Kontrolle der Erzeugung, des Absatzes, der technischen Entwicklung oder der Investitionen;

c) die Aufteilung der Märkte oder Versorgungsquellen;

d) die Anwendung unterschiedlicher Bedingungen bei gleichwertigen Leistungen gegenüber Handelspartnern, wodurch diese im Wettbewerb benachteiligt werden;

e) die an den Abschluss von Verträgen geknüpfte Bedingung, dass die Vertragspartner zusätzliche Leistungen annehmen, die weder sachlich noch nach Handelsbrauch in Beziehung zum Vertragsgegenstand stehen.

(2) Die nach diesem Artikel verbotenen Vereinbarungen oder Beschlüsse sind nichtig. [...]

Art. 101 AEUV legt ein Kartellverbot fest. Wenn die Tatbestandsvoraussetzungen erfüllt sind, ist ein Kartell nach Absatz 2 nichtig, und zwar im zivilrechtlichen Sinne. Insoweit ist Art. 101 AEUV ein Verbotsgesetz im Sinne des § 134 BGB. Ein Verstoß hat auch schadensersatzrechtliche Konsequenzen, § 823 II BGB in Verbindung mit Art. 101 AEUV. Ferner entsteht ein unionsrechtlicher Schadensersatzanspruch (*Courage und Crehan*, Slg. 2001, I-6297). Jedermann soll Ersatz des Schadens verlangen können, der ihm durch wettbewerbswidriges Verhalten entstanden ist. Konkurrenten können nach § 33 GWB Unterlassung und Schadensersatz verlangen.

Zusammenspiel AEUV – BGB

Voraussetzung ist, dass ein oder mehrere Unternehmen tätig geworden sind. Der Begriff wird anhand einer wirtschaftlichen Betrachtungsweise bestimmt, unwichtig ist die Rechtsform und die Art der Finanzierung (*Cisal/INAL*, Slg. 2002, I-691). Somit sind Unternehmen alle

Unternehmen

Wirtschaftseinheiten, die nicht nur einzelne Betriebe, Abteilungen und unselbständige Niederlassungen darstellen. Tochtergesellschaften erfüllen den Unternehmensbegriff. Ferner werden private und öffentliche Unternehmen, wie früher z.B. die Post, erfasst. Wirtschaftliche Tätigkeit ist jede Tätigkeit, die darin besteht, Güter oder Dienstleistungen auf einem bestimmten Markt anzubieten (*Pavlov*, Slg. 2000, I-6451).

Diese Unternehmen müssen in einem Wettbewerb zueinander stehen. Das ist nicht der Fall, wenn die Tochtergesellschaft von ihrer Mutter so abhängig ist, dass sie ihr Verhalten auf dem Markt nicht selbständig bestimmen kann.

Überdies ist eine Zusammenarbeit der Unternehmen erforderlich. Von den aufgeführten Merkmalen ist das der »aufeinander abgestimmten Verhaltensweisen« der Oberbegriff, da er die geringsten Erfordernisse stellt. Durch ihn werden auch vorvertragliche Zusammenarbeiten erfasst (*ICI*, Slg. 1972, 619). Unter »Vereinbarungen von Unternehmen« sind Verträge zu verstehen. In der Praxis kommen sie eigentlich nie vor. »Beschlüsse von Unternehmensvereinbarungen« müssen nicht notwendigerweise verpflichtend sein, es genügt, wenn ihre Befolgung durch die Mitglieder der Vereinigung wettbewerbsbeschränkende Auswirkungen hat.

<small>Zusammenarbeit von Unternehmen</small>

Problematisch ist es dann, wenn nur ein faktisches Parallelverhalten der Marktteilnehmer vorliegt. Dann ist auf die wirtschaftliche Betrachtungsweise abzustellen, die ein solches Verhalten dem Tatbestand unterwirft, wenn es sich nur durch eine Abstimmung zwischen den Unternehmen erklären lässt. Falls das Parallelverhalten aus Gründen des Marktes geschieht, liegt eine aufeinander abgestimmte Verhaltensweise nicht vor.

<small>Faktisches Parallelverhalten</small>

Ferner müssen diese Zusammenschlüsse den Handel zwischen den Mitgliedstaaten beeinträchtigen können. Laut dem Gerichtshof sind darunter alle Vereinbarungen zu verstehen, die unmittelbar oder tatsächlich, mittelbar oder der Möglichkeit nach geeignet sind, die Freiheit des Handels zwischen den Mitgliedstaaten in einer Weise zu gefährden, die der Verwirklichung der Ziele eines einheitlichen zwischenstaatlichen Handels nachteilig sein kann (*Consten & Grundig*, Slg. 1966, 321).

Was ist nun unter der »Eignung zur Beeinträchtigung des Handels« zu verstehen? Das bedeutet, dass die Beeinträchtigung spürbar sein muss. Der EuGH hat die Spürbarkeitsgrenze bei einem Marktanteil des Unternehmens von 5 % angesetzt (*Delimitis*, Slg. 1991, I-935). Die

<small>Spürbare Beeinträchtigung</small>

Kommission hat in ihrer, zwar nicht rechtsverbindlichen, sie aber im Wege der Selbstbindung bindenden, de minimis-Bekanntmachung (ABl. 2001 C 368/13) einen Grenzwert von 10 % Marktanteil für das Spürbarkeitserfordernis eingeführt. Falls die Beteiligten unternehmen weniger als diesen Marktanteil haben, ist die Beeinträchtigung nicht »spürbar«. Bei vertikalen Kartellen, die innerhalb eines Unternehmens gegeben sind, wird der Grenzwert auf 15 % festgesetzt. Bei Kernbeschränkungen wie Preisabsprachen, Marktaufteilung etc. gelten die Grenzwerte nicht. Dann sind Beeinträchtigungen immer spürbar.

Grenzüberschreitung

Der letzte Unterpunkt ist die Grenzüberschreitung. Art. 101 AEUV verbietet nur Kartelle, die den Handel zwischen den Mitgliedstaaten einschränken. Das können auch nationale Kartelle sein, wenn sie den Marktzugang für Anbieter aus anderen Mitgliedstaaten erschweren (*Cementvereiniging*, Slg. 1972, 977).

Die Auswirkungen des Kartells müssen wettbewerbswidrig sein; die Auflistung in Art. 101 I AEUV ist nur beispielhaft, wie sich aus dem Wortlaut der Vorschrift (»insbesondere«) ergibt.

Wenn die Erfordernisse des Absatzes 1 erfüllt sind, ist ein Kartell allerdings nicht schlechthin verboten, zuerst sind noch die Rechtfertigungsgründe des Absatzes 3 des Art. 101 zu prüfen. Folglich müssen die wettbewerbsbeschränkenden Vereinbarungen einen guten Effekt für die Konsumenten haben, um gerechtfertigt zu sein. Ein guter Effekt alleine reicht jedoch nicht aus, nach der Umschreibung in den Buchstaben a) und b) muss die Vereinbarung auch verhältnismäßig sein.

Die Behörde, welche die Zusammenschlüsse für rechtmäßig erklären kann, ist nach Art. 105 AEUV die Kommission. Verfahrensfragen inklusive Verbotsbefreiungen regelt die VO 1/2003 (ABl. 2003 L 1/1).

Gruppenfreistellungs- verordnungen

Es ist üblich geworden, dass die Kommission immer gleich ganze Arten von Vereinbarungen in »Gruppenfreistellungsverordnungen« für rechtmäßig erklärt (z. B. VO 2790/99 über Gruppen von vertikalen Vereinbarungen und abgestimmten Verhaltensweisen, ABl. 1999 L 336/21), d.h., dass dann, wenn die Unternehmen sich an die in der VO festgelegten Bedingungen halten, das Kartell unter die Vorschrift des Art. 101 III AEUV fällt und gerechtfertigt ist.

Beachtenswert ist, dass Art. 101 AEUV auf Kartelle, die vor dem Inkrafttreten des EWGV bestanden, nicht angewendet wird, wenn sie bei der Kommission ordnungsgemäß angemeldet sind. Solche Kartelle sind folglich nicht rechtswidrig. Ferner gelten Sonderregelungen für den landwirtschaftlichen Sektor (s. S. 246).

Bei einer Konkurrenz zwischen dem nationalen und dem EU-Kartellrecht geht letzteres nach dem Grundsatz des Vorrangs des Unionsrechts und wegen der Notwendigkeit allgemeiner und gleichmäßiger Geltung des Gemeinschaftsrechts dem nationalen Kartellrecht vor (*Walt Wilhelm*, Slg. 1969, 1). *(Randnotiz: Vorrang des Unionsrechts)*

Nicht freigestellte Vereinbarungen, die unter Art. 105 AEUV fallen, sind nichtig, d.h. vom Vereinbarungszeitpunkt an inexistent. Weitere Folgen werden durch die KartellVO der EU geregelt (VO 1/2003, ABl. 2003 L 1/1). Die Kommission kann Unterlassungsanordnungen mit Zwangsgeld durchsetzen und Geldbußen verhängen.

Wichtig ist: Nach dem Effektivitätsgrundsatz ist die Zuständigkeit zum Kartellverbot der EU auch gegeben, wenn die Kartellabsprache außerhalb des EU-Territoriums stattfindet und sich auf diesem auswirkt (*Ahlström*, Slg. 1988, 5193). *(Randnotiz: Effektivitätsgrundsatz)*

Missbrauch marktbeherrschender Stellung — Art. 102 AEUV

> Mit dem Binnenmarkt unvereinbar und verboten ist die missbräuchliche Ausnutzung einer beherrschenden Stellung auf dem Binnenmarkt oder auf einem wesentlichen Teil desselben durch ein oder mehrere Unternehmen, soweit dies dazu führen kann, den Handel zwischen Mitgliedstaaten zu beeinträchtigen. Dieser Missbrauch kann insbesondere in folgendem bestehen:
>
> a) der unmittelbaren oder mittelbaren Erzwingung von unangemessenen Einkaufs- oder Verkaufspreisen oder sonstigen Geschäftsbedingungen;
>
> b) der Einschränkung der Erzeugung, des Absatzes oder der technischen Entwicklung zum Schaden der Verbraucher;
>
> c) der Anwendung unterschiedlicher Bedingungen bei gleichwertigen Leistungen gegenüber Handelspartnern, wodurch diese im Wettbewerb benachteiligt werden;
>
> d) der an den Abschluss von Verträgen geknüpften Bedingung, dass die Vertragspartner zusätzliche Leistungen annehmen, die weder sachlich noch nach Handelsbrauch in Beziehung zum Vertragsgegenstand stehen.

Mit dem zweiten großen Anwendungsfall einer Wettbewerbsbeschränkung, dem Missbrauch einer marktbeherrschenden Stellung, befasst sich Art. 102 AEUV. Im Gegensatz zu Art. 101 AEUV, der ein Zusammenwirken mehrerer voraussetzt, untersagt Art. 102 AEUV einseitiges Verhalten. Auffallend ist, dass Art. 102 AEUV keine Rechtfertigungsmöglichkeit vorsieht; wenn ein Missbrauch vorliegt, ist das Verhalten verboten und die Rechtsfolge tritt ein.

Marktbeherrschende Stellung

Die erste Voraussetzung des Art. 102 AEUV ist die marktbeherrschende Stellung. Dafür muss für das in Frage stehende Produkt der Markt in sachlicher und räumlicher Hinsicht umschrieben werden. In sachlicher Hinsicht ist die Austauschbarkeit des Produkts im Hinblick auf die gleiche Verwendung entscheidend (Substituierbarkeit, wurde z. B. abgelehnt für Bananen durch Äpfel, *United Brands*, Slg. 1978, 207). Räumlich ist auf das Gebiet abzustellen, in dem der Wettbewerb tatsächlich stattfindet, das kann auch nur ein Hafen sein (*Porta di Genova*, Slg. 1991, I-5889).

Eine Beherrschung ist dann gegeben, wenn das Unternehmen aufgrund seines Marktanteiles die Aufrechterhaltung eines Wettbewerbes auf dem relevanten Markt verhindern kann. Das liegt unzweifelhaft bei einem Marktanteil von mehr als 50 % vor (*AKZO*, Slg. 1991, I-3359). Wenn der Marktanteil darunter liegt, ist auf Hilfskriterien abzustellen, wie der Abstand zum nächsten Konkurrenten (marktbeherrschende Stellung bei 38 % zu 9 % Marktanteil etc.). Eine kollektive Marktbeherrschung kann bei Oligopolen (*Airtours*, Slg. 2002, II-2585) und vertikalen Zusammenschlüssen (*Irish Sugar*, Slg. 1999, II-2969) bestehen.

Missbräuchliche Ausnutzung

Eine missbräuchliche Ausnutzung der marktbeherrschenden Stellung ist weiter erforderlich. Die in Art. 102 AEUV aufgezählten Tatbestände sind nur Beispiele (»insbesondere«) und nicht abschließend. Alles, was objektiv den Markt verfälscht, ist mithin verboten, ein subjektiver Verfälschungswille ist nicht erforderlich. Wichtig ist: Art. 102 AEUV verbietet nicht den wirtschaftlichen Erfolg, sondern nur dessen Ausnutzung für das Erreichen wettbewerbsfeindlicher Ziele.

Geeignet zur Wettbewerbsbehinderung

Zur zwischenstaatlichen Wirkung des Missbrauchs reicht es aus, dass er geeignet ist, den Wettbewerb zu behindern. Eine Rechtfertigungsmöglichkeit sieht Art. 102 AEUV nicht vor, Einschränkungen ergeben sich nur aus Art. 42 und 106 II AEUV. Bei Verstößen gegen die Vorschrift müsste der für Art. 101 AEUV entwickelte Schadensersatzanspruch auch gelten, da die dort entwickelten Grundsätze übertragbar sind. Art. 102 AEUV ist ein Schutzgesetz im Sinne des § 823 II BGB. § 33 GWB gilt auch hier.

Das Konkurrenzverhältnis zwischen Art. 101 und 102 AEUV ist dergestalt zu lösen, dass sie nebeneinander stehen, die eine Norm verdrängt die andere also nicht.

Geistiges Eigentum

Ein Sonderproblem im Bereich des Wettbewerbs stellt das sog. geistige Eigentum dar. Darunter werden Rechte verstanden, die dem Inhaber dauerhaft zustehen, wie z.b. Patente, Urheberrechte, Marken und ähnliches. Diese Rechte gewähren ihrem Eigentümer eine ausschließliche Rechtsposition, die einem wirtschaftlichen Monopol gleichkommt, weil er die Rechte allein ausnutzen darf. Genau dort liegt auch das Problem begründet, weil oben gerade festgestellt wurde, dass das Ausnutzen (und nicht das Innehaben!) von Monopolen vom EU-Wettbewerbsrecht verhindert werden soll. Andererseits ist der Sinn und Zweck der Verleihung der ausschließlichen Befugnis bei einem Patent gerade darin zu sehen, dass die Kreativität belohnt werden soll, um die wissenschaftliche Entwicklung vorantreiben zu können.

Der EuGH bringt die widerstreitenden Interessen dadurch in Einklang, dass er zwischen dem Bestand eines Rechtes und dessen Ausübung unterscheidet. Der Bestand, d. h. die Gewährung des Patentes an ein Unternehmen, wird von den Verträgen nicht geregelt, da es zur nationalen Eigentumsordnung gehört, welche unangetastet bleibt, Art. 345 AEUV. Dagegen kann die Ausübung des Rechtes unter Umständen verboten sein, wenn einer der Tatbestände des Art. 101 oder 102 AEUV berührt ist. Das ist z. B. beim Missbrauch einer marktbeherrschenden Stellung der Fall.

Daneben ist ein Verstoß gegen Art. 34 AEUV möglich.

Beispiel: Ein frz. Autohersteller hat das alleinige Patent an seinen Ersatzteilen. Jetzt ermächtigt er nur seine Vertragshändler in dem Mitgliedstaat I, diese Ersatzteile zu führen, während unabhängige Autoreparaturwerkstätten die Ersatzteile nicht oder nur stark überteuert erhalten. Dann stellt die Ausübung des Patentrechtes einen Missbrauch dar und ein Verstoß gegen Art. 102 AEUV liegt vor. Im Rahmen von Art. 101 AEUV hat die Kommission inzwischen von ihrem Recht auf Gruppenfreistellungen nach Abs. 3 z.B. für Patentlizenzvereinbarungen und Know-how-Lizenzvereinbarungen Gebrauch gemacht.

Zu beachten ist jedoch, dass der Verstoß gegen Wettbewerbsvorschriften nur eine Seite des Problems ist. Die andere ist ein möglicher Verstoß gegen den freien Warenverkehr, Art. 34 AEUV. Durch die oben beschriebene Maßnahme des frz. Autoherstellers wird der Handel zwischen den Mitgliedstaaten im Sinne der Dassonville-Formel berührt, weil in I weniger Teile verkauft werden. Der Binnenmarkt wird durch sein Verhalten aufgeteilt, ein Umstand, den die Verträge mit aller Macht verhindern möchten. Der aufmerksame Leser wird jedoch zu Recht einwenden, dass Art. 36 S. 1 AEUV den Rechtfertigungsgrund

Unterscheidung zwischen Bestand und Ausnutzung eines Rechts

des gewerblichen und kommerziellen Eigentums kennt. Könnten unsere Rechte nicht darunter fallen? Genauso ist es. Zur Lösung wendet der EuGH wiederum das Gegensatzpaar Bestand/Ausübung an. Nur letztere wird vom Vertrag erfasst. Das Ergebnis ist insoweit ebenso wie bei Art. 101, 102 AEUV.

Leider entsteht in der praktischen Rechtsanwendung noch ein anderes Problem. Nehmen wir an, ein Händler im Mitgliedstaat D denkt sich nun, er könne ein Geschäft mit den Originalersatzteilen machen, importiert sie nach I und verkauft sie dort an die unabhängigen Autoreparaturwerkstätten. Der frz. Autohersteller wird dann entsetzt aufschreien und sich auf sein Patent an den Ersatzteilen berufen, welches ausschließlich ihm zusteht. Die Problematik wird mit dem Stichwort Parallelimporte oder »Grauimporte« bezeichnet. Der wirtschaftliche Grund für Parallelimporte liegt in den sehr unterschiedlichen Preisverhältnissen für dasselbe Produkt innerhalb des Binnenmarktes, beispielsweise differieren die Preise für Arzneimittel erheblich in den einzelnen Mitgliedstaaten. Diese Grauimporte sind zulässig. Der EuGH wendet auf diese Fallgestaltungen den so genannten »Erschöpfungsgrundsatz« an. Damit meint er, dass dann, wenn ein Erzeugnis mit Zustimmung des Rechtsinhabers in einem Mitgliedstaat der EU rechtmäßig auf den Markt gekommen ist, der Inhaber nicht gegen den Im- oder Export des Produktes vorgehen kann (*Centrafarm*, Slg. 1974, 1147). Zum nationalrechtlich geschützten Bestand gehört nur das erstmalige Inverkehrbringen. Danach ist das Recht erschöpft und die allgemeinen Regeln sind anwendbar. Die Argumentationsführung des EuGH ist identisch mit seiner Rechtsprechung zu Art. 34 AEUV und der dort entwickelten Cassis-Rechtsprechung. Gemäß Cassis muss ebenfalls ein in einem Mitgliedstaat rechtmäßig in Verkehr gebrachtes Produkt in jedem anderen erhältlich sein. Im Ergebnis ist die Rechtsprechung des EuGH sehr einheitlich.

Besondere Unternehmen

Auf öffentliche Unternehmen und Unternehmen mit besonderen Rechten sind nach Art. 106 I AEUV die Wettbewerbs- und Beihilfevorschriften anwendbar. Für die Prüfung bedeutet dies, dass Art. 106 I AEUV immer in Verbindung mit Art. 101 oder Art. 102 AEUV anzuwenden ist (Rechtsgrundverweisung). »Öffentliche Unternehmen« stehen im Gegensatz zu privaten Unternehmen unter einem besonderen und maßgeblichen staatlichen Einfluss jedweder Art und Rechtsgrundlage, wie sich aus der Definition in Art. 2 der Transparenzrichtlinie

(RL 2000/52/EG, ABl. 2000 L 193/75) ergibt. »Unternehmen mit besonderen Rechten« sind solche, die aufgrund einer vom Staat verliehenen Erlaubnis eine Monopolstellung in einem bestimmten Sektor haben, wie z.B. die frühere Bundesanstalt für Arbeit (*Höfner*, Slg. 1991, I-1979). Art. 106 I AEUV ist in Verbindung mit Art. 101 bzw. Art. 102 AEUV unmittelbar anwendbar. Bei den Unternehmen mit besonderen Rechten ist zu beachten, dass die Verleihung einer Monopolstellung durch einen Mitgliedstaat als solche noch keine Verletzung des Art. 102 AEUV darstellt. Das Ausnutzen einer marktbeherrschenden Stellung muss auch noch »missbräuchlich« sein, d.h. der Staat versetzt das Unternehmen in eine Lage, in der es zwangsläufig gegen Art. 102 AEUV verstoßen muss (*Höfner*, s. o.). Der Begriff der Maßnahme ist weit zu verstehen.

Unternehmen mit besonderen Rechten

Für Unternehmen, die mit Dienstleistungen von allgemeinem wirtschaftlichem Interesse betraut sind (vor allem Telekommunikationsunternehmen, Post, Energie- und Wasserversorgung) oder den Charakter eines Finanzmonopols haben, gilt der besondere Rechtfertigungsgrund des Art. 106 II AEUV. Zu prüfen ist also zuerst, ob ein solches Unternehmen gegen Art. 101 und/oder 102 AEUV verstößt. In einem zweiten Schritt ist dann Art. 106 II AEUV als Rechtfertigungsgrund zu untersuchen (*Remailing*, Slg. 2000, I-825). Auch hier ist eine Abwägung im Rahmen einer Verhältnismäßigkeitsprüfung vorzunehmen. Art. 106 II 1 AEUV ist unmittelbar anwendbar. Problematisch ist die wettbewerbskonforme Ausgestaltung von Diensten der Daseinsvorsorge, die in den MS auf viel Zurückhaltung gestoßen ist (Bsp.: Privatisierung der Energieversorgung, Wasserversorgung). Aus diesem Grund wurde Art. 14 AEUV geschaffen, der helfen soll, die bestehenden Interessenkonflikte zu lösen.

Fusionskontrolle

Die Kontrolle von Fusionen, also rechtlichen Zusammenschlüssen von Unternehmen, ist in den Verträgen nicht ausdrücklich geregelt. Nach einem Urteil des EuGH (*Philipp Morris*, Slg. 1989, 54) sind Art. 101 und 102 AEUV aber auf Fusionen anwendbar. Diese Entscheidung konnte aber die beiden Artikel nicht in eine ausformulierte Rechtsgrundlage für die Fusionskontrolle umwandeln. Deswegen wurde vom Rat eine Verordnung geschaffen (VO 130/2004, ABl. 2004 L 24/1), die für alle Fusionen unionsweiter Bedeutung gilt, bei denen die Unternehmen mehr als 5 Milliarden € Umsatz p. a. erzielen und mindestens zwei, der an der Fusion beteiligten Unternehmen jeweils einen Umsatz von 250 Millionen € haben. Dies gilt nicht, wenn zwei Beteiligte nicht mehr als 2/3 ihres gemeinschaftsweiten Umsatzes allein in einem Mitgliedstaat erzielen (Art. 2 FusionsVO).

Nähere Einzelheiten finden sich in der FusionsVO

Staatliche Beihilfen

Beihilfenbegriff

Das Verbot staatlicher Beihilfen der Art. 107 ff. AEUV ist von besonderer Relevanz, weil durch die Gewährung staatlicher Unterstützung an ein Unternehmen die Wettbewerbsbedingungen innerhalb des Binnenmarktes für miteinander konkurrierende Unternehmen nicht mehr identisch sind und Mitbewerber deswegen Nachteile erleiden. Staatliche Unterstützungen für Unternehmen oder Wirtschaftszweige sind in der EU weit verbreitet. Im Jahre 2009 betrug das Beihilfevolumen der MS (krisenbedingt) 280 Milliarden Euro. Die Verträge definieren den Begriff der Beihilfe nicht. Der Zweck des Beihilfenverbots der Art. 107 ff. AEUV besteht darin, den Wettbewerb vor Verfälschungen zu schützen. Demnach ist der Begriff der »Beihilfe« weit zu fassen und es werden darunter alle unentgeltlichen und freiwilligen staatlichen Zuschüsse an ein Unternehmen oder einen Wirtschaftszweig verstanden, für die das Unternehmen, wenn es sie auf dem freien Markt beschaffen wollte, bezahlen müsste. Das sind zum einen Subventionen an ein Unternehmen, aber auch sonstige geldwerte Leistungen wie z.B. günstige Kredite. Wichtig bei der Beurteilung, ob eine Beihilfe vorliegt, ist die Wirkung der staatlichen Maßnahme (*Denfil*, NJW 1987, 3072), wenn diese begünstigend ist, liegt eine Beihilfe vor. Die Günstigkeit des Zuschusses wird anhand des market investors–Testes vorgenommen, wonach entscheidend ist, ob das begünstigte Unternehmen die staatliche Zuwendung im Zeitpunkt der Entscheidung unter den gleichen Bedingungen auch auf dem freien Markt erhalten hätte. In diesem Fall liegt keine Begünstigung und somit keine Beihilfe vor (*Alfa Romeo*, Slg. 1991, I-1603). Ferner ist der das Merkmal nicht erfüllt, wenn die begünstigende staatliche Maßnahme als Ausgleich anzusehen ist, die ein Unternehmen für Leistungen erhält, die es zur Erfüllung gemeinwirtschaftlicher Verpflichtungen erbracht hat (*Bsp.*: staatliche Zuschüsse an private Linienbusunternehmer; *Altmark Trans*, Slg. 2003, I-7747; allerdings muss das Unternehmen mehrere Voraussetzungen erfüllen).

Staatliche Mittel

Ferner muss die Beihilfe aus staatlichen Mitteln (gleich welcher Körperschaft [Bund, Land, Kommune]) geleistet werden und an bestimmte Unternehmen oder Wirtschaftszweige ausbezahlt werden (verneint für das deutsche Stromeinspeisungsgesetz zur Förderung des »Öko-Stroms«; *Preussen Elektra*, Slg. 2001, I-2099). Allgemeine Maßnahmen der Wirtschaftsförderung, die allen Unternehmen gewährt werden, wie z.B. Steuerermäßigungen oder Straßenneubauten, werden von Art. 107 I AEUV nicht erfasst. Die übrigen Voraussetzungen einschließlich der Rechtfertigung nach Art. 107 II, III AEUV sind denen des Art. 101 III AEUV angeglichen, die obigen Ausführungen gelten entsprechend. Nicht in den Anwendungsbereich fallen »de minimis-Beihilfen«, das sind Beihilfen die innerhalb von drei Jahren nicht den Schwellenwert von 200.000 € erreichen (VO 1998/2006, ABl. 2006 L 379/5) und die nach Art. 42 und 93 AEUV ausgenommenen Bereiche.

Die Ausnahmen vom Beihilfenverbot unterteilen sich in obligatorische und fakultative Ausnahmen. Erstere sind in Absatz 2 der Vorschrift enthalten, letztere in Absatz 3. Besondere Bedeutung für Deutschland hat die Ausnahme des Absatzes 2 lit. c) erlangt, die aber sehr restriktiv auszulegen ist und auf die generelle Benachteiligung der neuen Bundesländer keine Anwendung findet (s. die Beihilfenproblematik des Freistaats Sachsen zur Förderung eines VW-Werkes: KOM: ABl. 1996 L 308/46; EuG: Slg. 1999, II-3663; EuGH: Slg. 2000, I-6857). Die Vorschrift kann nunmehr durch Ratsbeschluss außer Kraft gesetzt werden. Bei der Anwendung der in Art. 107 III AEUV genannten Gründe kommt der Kommission ein weites Ermessen zu.

Ausnahmen vom Beihilfenverbot

Gemäß der in Art. 108 I AEUV enthaltenen Notifizierungspflicht sind alle Beihilfen bei der Kommission zu notifizieren. Von dieser Regel sind – ähnlich wie beim Kartellverbot – bestimmte Gruppen von Beihilfen aufgrund der allgemeinen Gruppenfreistellungsverordnung ausgenommen (VO 800/2008, ABl. 2008 L 214/3). Das Beihilfenverbot wird nach Art. 108 II AEUV von der Kommission ausgesprochen, der Rat kann einstimmig eine Beihilfe für rechtmäßig erklären, Art. 108 II UAbs. 2 AEUV. Die Einzelheiten des Verfahrens der Kommission sind in einer Verordnung niedergelegt (VO 659/1999, ABl. 1999 L 83/1 u VO 794/2004, ABl. 2004 L 149/1). Art. 108 III 1, 3 AEUV sind unmittelbar anwendbar. Bis zur Genehmigung durch die Kommission ist die Beihilfengewährung als rechtswidrig anzusehen.

Notifizierungspflicht

Prozessual gilt, dass ein Betroffener oder ein Konkurrent nach Art. 263 IV AEUV bei einer Beihilfengenehmigung durch die Kommission Klage vor dem EuGH erheben kann (*Sytraval*, Slg. 1998, I-1719). National ist es dem Wettbewerber möglich, eine Konkurrentenklage zu erheben (*Saumon*, Slg. 1991, I-5505). Der Konkurrent kann sich im Wege einer Anfechtungs- oder negativen Feststellungsklage gegen den Beihilfenbewilligungsbescheid wenden, wenn die Beihilfe nicht bei der Kommission notifiziert wurde. In diesem Fall hat er das aus Art. 108

Konkurrentenklage

III 3 AEUV folgende subjektive »Recht auf Wettbewerb« und wäre für eine solche Klage klagebefugt (§ 42 II VwGO) oder hätte ein Feststellungsinteresse. Letztlich hat der Wettbewerber auch einen Unterlassungs- oder Schadensersatzanspruch aus § 1 UWG.

9.5. Die Wirtschafts- und Währungspolitik

Über all dem Vorhergegangenen spannt sich eine allgemeine wirtschaftliche Zielsetzung: Die Wirtschaftspolitik der EU ist in den Art. 119 ff. AEUV geregelt. Sie war vorher, mit Ausnahme der Außenwirtschaftspolitik, weitestgehend Sache der MS. Die Art. 119 ff. AEUV schaffen die vertraglichen Grundlagen für die Errichtung einer umfassenden Wirtschaftsunion.

Die Wirtschaftsunion beinhaltet u. a. die Wahrung der offenen Marktwirtschaft, des freien Wettbewerbs, der stabilen Preise, der soliden öffentlichen Finanzen und der finanzierbaren Zahlungsbilanz. Die Zahlungsbilanz ergibt sich aus dem Verhältnis aller wirtschaftlichen Transaktionen, die innerhalb eines Zeitraums aus einem Staat herausfließen, zu denen, die hineinfließen. Die Wirtschafts- und Währungsunion ist in Art. 119 AEUV skizziert.

Art. 119 AEUV

Kompetenzabgrenzungen

Wirtschafts- und Währungspolitik

(1) Die Tätigkeit der Mitgliedstaaten und der Union im Sinne des Artikels 3 des Vertrags über die Europäische Union umfasst [...] die Einführung einer Wirtschaftspolitik, die auf einer engen Koordinierung der Wirtschaftspolitik der Mitgliedstaaten, dem Binnenmarkt und der Festlegung gemeinsamer Ziele beruht und dem Grundsatz einer offenen Marktwirtschaft mit freiem Wettbewerb verpflichtet ist.

(2) Parallel dazu umfasst diese Tätigkeit [...] eine einheitliche Währung, den Euro, sowie die Festlegung und Durchführung einer einheitlichen Geld- und Wechselkurspolitik, die beide vorrangig das Ziel der Preisstabilität verfolgen und unbeschadet dieses Zieles die allgemeine Wirtschaftspolitik in der Union unter Beachtung des Grundsatzes einer offenen Marktwirtschaft mit freiem Wettbewerb unterstützen sollen.

(3) Diese Tätigkeit der Mitgliedstaaten und der Union setzt die Einhaltung der folgenden richtungsweisenden Grundsätze voraus: stabile Preise, gesunde öffentliche Finanzen und monetäre Rahmenbedingungen sowie eine dauerhaft finanzierbare Zahlungsbilanz.

Die Wirtschaftspolitik bleibt im Grundsatz Sache der Mitgliedstaaten. Sie wird jedoch eine Angelegenheit gemeinsamen Interesses und durch nicht verbindliche Leitlinien des Rates koordiniert, vgl. Art. 121 AEUV. Ein Pfeiler der gemeinsamen Wirtschaftspolitik ist die Haushaltsdisziplin der Mitgliedstaaten.

Koordinierung der Wirtschaftspolitik

Art. 126 AEUV legt fest, dass:
- die Kommission die Haushaltsdefizite der Mitgliedstaaten beobachtet,
- bei übermäßigen Defiziten der Rat Empfehlungen an die betreffenden Mitgliedstaaten richtet,
- dann, wenn ein Defizit innerhalb einer Frist nicht beseitigt wird, der Rat die Empfehlungen veröffentlichen kann,
- der Rat vom Mitgliedstaat Maßnahmen zum Abbau des Defizits verlangen kann,
- der Rat bei Nichtbeachtung seiner Beschlüsse Geldbußen verhängen kann.

Wann ein Defizit übermäßig ist, richtet sich nach Referenzwerten bezüglich des Verhältnisses des öffentlichen Defizits zum Bruttoinlandsprodukt und des öffentlichen Schuldenstands zum Bruttoinlandsprodukt. Das Bruttoinlandsprodukt ist der Wert der im Inland erzeugten Güter und der erbrachten Dienstleistungen. Die Vorschriften des AEUV über das Defizitverfahren werden durch das Protokoll über das Verfahren bei einem übermäßigen Defizit und den Stabilitäts- und Wachstumspakt konkretisiert, der u. a. aus der VO über die Beschleunigung und Klärung des Verfahrens bei einem übermäßigen Defizit besteht (ABl. 1997 L 209/6). Die VO schafft einen strikten Rahmen von Fristen, die beim Defizitverfahren einzuhalten sind. Änderungen des Verfahrens, die keine Änderung der VO selbst sind sondern außerhalb ihres Verfahrens angenommen wurden, sind aus diesem Grund rechtswidrig (wie die berühmten »Schlussfolgerungen« des Rates vom 25. November 2003, in denen der Rat beschloss, das Defizitverfahren gegen Deutschland und Frankreich auszusetzen; C-27/04, *Defizitverfahren*, Slg. 2004, I-6649). Die Krise mehrerer Euro-Teilnehmerländer im Jahre 2010 zeigt wiederum sehr anschaulich die Fragilität des Systems auf.

Übermäßiges Defizit

Nach Art. 119 X AEUV ist, der Rechtsschutz vor dem EuGH stark eingeschränkt. Im Bereich der übermäßigen öffentlichen Defizite ist eine Anrufung des Gerichtshofes nach dieser Vorschrift nicht mehr möglich und die Reduzierung eines übermäßigen Defizits wird alleine

Eingeschränkter Rechtsschutz

vom Rat behandelt. Weil die Wirtschaftspolitik grundsätzlich Sache der Mitgliedstaaten ist, gelten die Vertragsverletzungsverfahren der Art. 258, 259 AEUV nicht für diesen Abschnitt. Vielmehr ist ausschließlich das oben skizzierte Verfahren bei übermäßigen Defiziten eines Mitgliedstaates anzuwenden.

Der Euro und die 16 Teilnehmerländer

Der Euro gilt in 16 der 27 MS der Union und in 6 weiteren Staaten, wie Andorra, San Marino und dem Vatikanstaat. Die Einführung einer gemeinsamen Währung war hoch umstritten und Gegenstand mehrerer Entscheidungen des Bundesverfassungsgerichts. In seiner *Maastricht-Entscheidung* hat es die Möglichkeit einer Einführung einer gemeinsamen Währung grundsätzlich bejaht (BVerfGE 89, 155) und daran auch in späteren Entscheidungen ausdrücklich festgehalten, weil der EGV strikte Voraussetzungen enthalte, die auf eine dauerhafte Stabilität der Währungsunion hinzielen (vgl. BVerfG, EuGRZ, 1998, 164). Der Euro wurde zum 1. 1. 1999 eingeführt und bedeutete das Ende einer dreistufigen Entwicklung.

Konvergenzkriterien

Die Kriterien für die Konvergenz sind in Art. 140 I in Verbindung mit Art. 126 AEUV sowie dem Protokoll über die Konvergenzkriterien und dem Protokoll über das Verfahren bei einem übermäßigen Defizit geregelt. Danach gelten die folgenden Prinzipien:

- Preisstabilität: Die Inflationsrate eines Teilnehmerstaates an der Währungsunion darf nicht um mehr als 1,5 % von der Inflationsrate der stabilsten drei Mitgliedstaaten nach oben abweichen.
- eine auf Dauer tragbare Finanzlage der öffentlichen Hand (Bund, Land, Gemeinde): Das wird anhand der Maßstäbe Defizitkriterium und Schuldenstandkriterium ermittelt. Das Defizitkriterium verlangt, dass das Verhältnis des geplanten oder tatsächlichen Defizits zum Bruttoinlandsprodukt 3 % nicht überschreitet (Ausnahmen: dauernd zurückgehendes Defizit oder nur eine kurzzeitige Überschreitung des Wertes [siehe Deutschland wegen der mit der deutschen Einheit verbundenen Probleme]). Das Schuldenstandkriterium verlangt, dass das Verhältnis öffentliche Schulden zum Bruttoinlandsprodukt 60 % nicht überschreitet.
- mindestens zweijährige Einhaltung des EWS: Die europäischen Währungen befinden sich in einem »Korb«, wonach früher der Kurs des ECU errechnet wurde. Dieser Korb ist das Europäische Währungssystem (EWS) ohne Abwertung gegenüber der Währung eines anderen Mitgliedstaates.

- Dauerhaftigkeit der Konvergenz: Hierbei ist auf das langfristige Zinsniveau in dem Staat zu schauen, welches wie bei der Preisstabilität nicht um mehr als 2 % über dem Satz der »besten drei« liegt.

Die »Härte« der neuen Währung Euro wird durch einen so genannten »Stabilitätspakt« gesichert, der in zwei Verordnungen niedergelegt ist (VO 1466/97, ABl. 1997 L 209/1 und VO 1467/97, s. o. 209/6). Über die Einhaltung der Stabilitätskriterien wacht eine unabhängige Zentralbank mit Sitz in Frankfurt. Unabhängigkeit bedeutet, dass weder eine nationale noch eine EU-Stelle Weisungen gleich welcher Art an die EZB richten darf. Die Art. 143 und 144 AEUV regeln das Tätigwerden im Falle von Zahlungsbilanzschwierigkeiten eines MS.

Das System der Unabhängigkeit ist auf Druck der Bundesregierung wie im deutschen Recht ausgestaltet (vgl. § 12 Satz 2 BBankG) worden. Für die Währungsunion wurde auch das Grundgesetz geändert, siehe den neuen Art. 88 Satz 2 GG. Die EZB hat auch das ausschließliche Recht, die Ausgabe von Banknoten innerhalb der Gemeinschaft zu genehmigen, Art. 128 I 1 AEUV, und ist zusammen mit den nationalen Zentralbanken zur Auslieferung berechtigt.

Unabhängigkeit der EZB

9.6. Die Handelspolitik

Die EU hat eine ausschließliche Regelungskompetenz auf dem Gebiet der gemeinsamen Handelspolitik, Art. 3 I lit. e) AEUV. Allerdings erteilt die EU in Einzelfällen den Mitgliedstaaten die Erlaubnis, eigene Außenhandelspolitik zu betreiben.

GRENZENLOSER AUßENHANDEL

Es ist strittig, ob die Mitgliedstaaten – abgesehen von solchen Ermächtigungen – noch Handelspolitik in irgendeiner Form betreiben dürfen. Da eine ausschließliche Kompetenz der EU gegeben ist, ist die vorzugswürdige Ansicht, dass die Mitgliedstaaten höchstens noch in Randbereichen der Handelspolitik tätig werden dürfen, die die gemeinsame EU-Handelspolitik nicht erfasst.

Art. 206 AEUV gibt die Leitlinien der EU-Handelspolitik vor.

Art. 206 AEUV **Grundsätze der gemeinsamen Handelspolitik**

Durch die Schaffung einer Zollunion nach den Artikeln 28 bis 32 trägt die Union im gemeinsamen Interesse zur harmonischen Entwicklung des Welthandels, zur schrittweisen Beseitigung der Beschränkungen im internationalen Handelsverkehr und bei den ausländischen Direktinvestitionen sowie zum Abbau der Zollschranken und anderer Schranken bei.

Die EU hat bei der Ausführung der Handelspolitik einen weiten Ermessensbereich, innerhalb dessen ihr im Rahmen der unionsrechtlichen Verhältnismäßigkeit auch Maßnahmen möglich sind, die den Drittländerhandel hemmen (*Dürbeck*, Slg. 1981, 1119). Neu ist die Kompetenz bei ausländischen Direktinvestitionen. Die Gestaltung der Handelspolitik erfolgt nach Art. 207 AEUV.

Art. 207 AEUV **Durchführung der gemeinsamen Handelspolitik**

(1) Die gemeinsame Handelspolitik wird nach einheitlichen Grundsätzen gestaltet; dies gilt insbesondere für die Änderung von Zollsätzen, den Abschluss von Zoll- und Handelsabkommen, die den Handel mit Waren und Dienstleistungen betreffen, und für die Handelsaspekte des geistigen Eigentums, die ausländischen Direktinvestitionen, die Vereinheitlichung der Liberalisierungsmaßnahmen, die Ausfuhrpolitik sowie die handelspolitischen Schutzmaßnahmen, zum Beispiel im Fall von Dumping und Subventionen. Die gemeinsame Handelspolitik wird im Rahmen der Grundsätze und Ziele des auswärtigen Handelns der Union gestaltet. [...]

Außenhandel

Der Begriff der Handelspolitik umfasst nicht nur den Warenverkehr mit dritten Ländern, sondern auch den Handel mit Dienstleistungen und die Handelsaspekte des geistigen Eigentums. Dadurch wird klargestellt, dass alle drei Hauptverträge der WTO, GATT, GATS und TRIPS, deren Mitglied die EU ist, der ausschließlichen Kompetenz der Union unterfallen. Nach Abs. 4 können auch Abkommen über den

Handel mit kulturellen und audiovisuellen Dienstleistungen und den Handel mit Dienstleistungen des Sozial-, des Bildungs- und des Gesundheitssektors schließen. Nicht umfasst ist der Personenverkehr, siehe auch Gutachten 1/94, *WTO*, Slg. 1994, I-5267. Dienstleistungen sind nunmehr komplett der Handelspolitik zuzurechnen, wenn sie eine grenzüberschreitende Erbringung von Dienstleistungen sind. Hier ist der Personenverkehr mitumfasst. Geistiges Eigentum ist Handelspolitik, wenn es um nachgeahmte Waren geht, ansonsten sind nur die handelsbezogenen Aspekte erfasst.

<small>Dienstleistungen</small>

Das Wort »insbesondere« in Art. 207 I AEUV bedeutet, dass die nachfolgende Aufzählung nur beispielhaft ist. Es können also auch später noch weitere Themen in die Handelspolitik aufgenommen werden und damit in die Kompetenz der EU übergehen.

Die EU hat insbesondere die Kompetenz für die Änderungen der Zollsätze nach außen, den Abschluss von völkerrechtlichen Zoll- und Handelsabkommen mit dritten Staaten im Namen der EU, die Vereinheitlichung der Liberalisierungsmaßnahmen (einheitlicher Abbau mengenmäßiger Beschränkungen und anderer Grenzhemmnisse), die Ausfuhrpolitik und so genannten handelspolitischen Schutzmaßnahmen.

Das Außenwirtschaftsrecht der Mitgliedstaaten (In Deutschland: Außenwirtschaftsgesetz [AWG] und -verordnung [AWV]. Das AWG legt den Grundsatz der außenwirtschaftlichen Freiheit fest, gibt dem Staat aber gleichzeitig die Möglichkeit zu Außenhandelskontrollen und -verboten.) bleibt neben dem EU-Recht bestehen, wenngleich sich die Mitgliedstaaten im Rahmen des EU-Rechts halten müssen. Bei Kollisionen, also wenn auf einen Sachverhalt Tatbestände beider Rechtsordnungen anwendbar sind, geht nach dem Grundsatz des Anwendungsvorrangs das EU-Recht vor.

<small>Außenwirtschaftsgesetz</small>

Die gemeinsame Handelspolitik beruht auf zwei Pfeilern:

- Die autonome Handelspolitik: Durch Sekundärrechtsetzung werden Rechtsakte über Ein- und Ausfuhrpolitik erlassen; soweit die EU noch keine Kompetenzen hat, gehen die EU- Mitgliedstaaten in internationalen Organisationen bzw. bei Konferenzen der OECD, dem Internationalen Währungsfonds etc. gemeinsam vor, soweit es um Probleme geht, die den Binnenmarkt betreffen (etwa Entwicklungszusammenarbeit)

<small>Autonome Handelspolitik</small>

- Die vertragliche Handelspolitik: Durch völkerrechtliche Verträge der EU mit Drittstaaten, diese werden nach Richtlinien des Rates

<small>Vertragliche Handelspolitik</small>

von der Kommission ausgearbeitet; die Abkommen binden EU-Organe und Mitgliedstaaten.

Die Harmonisierung der Förderung von Exporten in Drittstaaten ist ebenfalls Teil der gemeinsamen Handelspolitik.

Ausfuhrsubventionen

Die Leistung von Ausfuhrsubventionen an einzelne Unternehmen zur Förderung ihrer Konkurrenzfähigkeit liegt allerdings weiterhin in der Kompetenz der Mitgliedstaaten. Nach Ansicht des EuGH sind aber die Art. 107 ff. AEUV (verbotene Beihilfen) grundsätzlich darauf anwendbar, weil eine Ausfuhrbeihilfe den Handel zwischen den EG-Mitgliedstaaten beschränken könne (*Belgien/Kommission*, Slg. 1990, I-959).

Embargomaßnahmen

Ein Sonderproblem der Handelspolitik sind Embargomaßnahmen der EU gegenüber dritten Staaten. Was für den Kapital- und Zahlungsverkehr Anwendung findet (s. o. S. 237), muss natürlich auch für Waren gelten, da ansonsten ein Ungleichgewicht entstehen würde. Die EU hat einige Embargomaßnahmen getroffen, z.B. gegen die Republik Jugoslawien.

Rechtlich ist zu beachten, dass durch das Embargo der Handel mit einem dritten Staat mit bestimmten Gütern nicht mehr möglich ist. Einem potentiellen Exporteur wird folglich das Recht verweigert, mit einem anderen Staat zu handeln. Das unterfällt problemlos der Handelspolitik des Art. 207 AEUV und somit einer Kompetenz der Gemeinschaft. Allerdings ist der Grund des Tätigwerdens politischer Art und das Handeln stellt auch Außenpolitik dar. Zur Lösung dieses Dilemmas wird ein zweistufiges Verfahren angewandt. Die politische Entscheidung über die Verhängung eines Embargos wird im Rahmen der Gemeinsamen Außen- und Sicherheitspolitik nach Art. 28 EUV vom Rat (in der Regel einstimmig, vgl. Art. 31 EUV) getroffen. Dann kann der Rat auf der zweiten Stufe mit qualifizierter Mehrheit die erforderlichen Maßnahmen nach Art. 215 AEUV treffen.

Sicherheitsratbeschlüsse

Häufig dienen die Maßnahmen der Umsetzung eines VN-Sicherheitsratsbeschlusses nach Kapitel VII SVN (L/R, VölkerR, S. 101 ff.). Alle MS als Mitglieder der VN sind nach Art. 25 SVN verpflichtet, Beschlüsse des Sicherheitsrates auszuführen, für die EU als Nichtmitglied gilt dies nicht. Aus Art. 305 II 1 AEUV und dem Grundsatz der Gemeinschaftstreue heraus, der auch für die Gemeinschaft gegenüber den MS gilt, ist die EU verpflichtet, völkerrechtliche Verpflichtungen der MS, die diese mangels Kompetenz nicht mehr selbst erfüllen können, zu erfüllen. Allerdings gilt dies nur insoweit, als der völkerrechtliche Rechtsakt nicht gegen fundamentale Grundsätze der Union wie den Grundrechtsschutz verstößt (*Kadi*, Slg. 2008, I-6351 Rn. 285). Daneben besteht die Möglichkeit des Tätigwerdens der MS nach Art. 347 3. Fall AEUV.

Leider gilt dieses System nicht für Waren, die sowohl für militärische als auch für zivile Zwecke eingesetzt werden können. Das sind die sog. dual-use Güter, die vor allem im Golfkrieg Berühmtheit erlangten. Gerätschaften für den Aufbau einer Düngemittelfabrik sind häufig auch für die Herstellung bakteriologischer Waffen einsetzbar. Für diese Waren hat der EuGH eine ausschließliche Kompetenz der Gemeinschaft nach Art. 207 AEUV angenommen (*Leifer*, Slg. 1995, I-3231; jetzt VO 428/2009, ABl. 2009 L 134/1), wodurch das einheitliche Sachgebiet Embargo leider wieder aufgespalten wird. Eindeutige Kriegsmaterialien fallen unter die alleinige Kompetenz der Mitgliedstaaten nach Art. 346 I lit. b) EGV.

<small>Dual-use Güter</small>

In der Bundesrepublik gestaltet sich die Rechtslage nach der Rechtsprechung des BGH wegen des Vorrangs des Europarechts folgendermaßen: § 69a AWV (Außenwirtschaftsverordnung), der die Embargomöglichkeit für Deutschland normiert, hat nur noch deklaratorischen Charakter, die Rechtswirkungen eines Embargos betreffen allein die EU (BGHZ 125, 27). Das heißt für Exporteure: Sie müssen sich für Schadensersatzklagen u. ä. an die EU und nicht an die Bundesrepublik wenden.

9.7. Sonstige Politiken, insbesondere Umweltpolitik

Die EU hat auch für weitere Politikbereiche Kompetenzen:
- Sozialpolitik, Art. 151-161 AEUV
- Europäischer Sozialfonds, Art. 162-164 AEUV
- Bildungspolitik, Art. 165-166 AEUV
- Kulturpolitik, Art. 167 AEUV
- Gesundheitspolitik, Art. 168 AEUV
- Verbraucherschutz, Art. 169 AEUV
- Transeuropäische Netze, Art. 170-172 AEUV
- Industriepolitik, Art. 173 AEUV
- Wirtschaftlicher, sozialer und territorialer Zusammenhalt, Art. 174-178 AEUV
- Forschung, technologische Entwicklung und Rumfahrt, Art. 179-190 AEUV
- Umweltpolitik, Art. 191-193 AEUV
- Energie, Art. 194 AEUV
- Tourismus, Art. 195 AEUV
- Katastrophenschutz, Art. 196 AEUV
- Verwaltungszusammenarbeit, Art. 197 AEUV
- Beschäftigungspolitik, Art. 145-150 AEUV
- Entwicklungszusammenarbeit und humanitäre Hilfe, Art. 208-214 AEUV

Häufig eingeschränkte Kompetenzen

In diesen Politikbereichen sind die Kompetenzen der Union häufig nicht besonders weit reichend und sie stellen häufig keinen Vorbehalt gegenüber der Ausübung der Grundfreiheiten oder der anderen Politiken dar (für die Kulturpolitik: C-531/07, *Buchpreisbindung*, Slg. 2009, I-0000). Es handelt sich hauptsächlich um Zuständigkeiten, die es der EG ermöglichen, einen groben Rahmen für die Mitgliedstaaten abzustecken. Die EU-Kompetenzen sind aber durch spätere Vertragsänderungen ausbaufähig. Dies geschah insbesondere im Bereich der Umweltpolitik.

Art. 191 AEUV   **Umweltpolitische Ziele, Schutzmaßnahmen**

(1) Die Umweltpolitik der Union trägt zur Verfolgung der nachstehenden Ziele bei:
- Erhaltung und Schutz der Umwelt sowie Verbesserung ihrer Qualität;
- Schutz der menschlichen Gesundheit;

> - umsichtige und rationelle Verwendung der natürlichen Ressourcen;
> - Förderung von Maßnahmen auf internationaler Ebene zur Bewältigung regionaler oder globaler Umweltprobleme. [...]

Nach Art. 191 II 2 AEUV beruht die unionale Umweltpolitik auf den Grundsätzen der Vorsorge und Vorbeugung, der Ursprungsbekämpfung von Umweltbeeinträchtigungen und dem Verursacherprinzip. Die früher in Art 191 AEUV enthaltene Querschnittsklausel, nach der alle Politiken den Umweltschutz als Ziel verfolgen müssen, ist nun in Art. 11 AEUV gesondert herausgestellt worden. Hierdurch wird die Klausel – und damit die Belange des Umweltschutzes – deutlich aufgewertet. Demnach ist die Umweltpolitik nicht eine sektorielle Politik von vielen, sondern im Rahmen aller Unionspolitiken zu beachten.

Die Umweltpolitik verfolgt drei Prinzipien:
- *Vorbeugung,*
- *Bekämpfung des Verschmutzungsursprungs, nicht der Symptome und*
- *Kostentragung der Beseitigung durch den Verursacher, nicht die Allgemeinheit*

Die Rechtsetzung in der EU-Umweltpolitik ist in Art. 192 AEUV geregelt. Prinzipiell ist das ordentliche Gesetzgebungsverfahren anwendbar, die in Abs. 2 genannten besonderen Materien werden vom Rat alleine und einstimmig beschlossen. Die Durchführung und die Finanzierung der Umweltpolitik obliegt den MS, Art. 192 IV AEUV. Die Vorschrift legt keine Rechtsaktart fest, zur Herstellung einer Mindestharmonisierung verwendet die EU allerdings häufig Richtlinien, nur selten wird die VO gewählt.

Problematisch ist das Verhältnis von Art. 192 AEUV zu Art. 114 AEUV. Art. 114 III AEUV schreibt bei der Rechtsangleichung die Beachtung des Umweltschutzes vor. Die Vorschrift des Art. 192 II AEUV (»unbeschadet des Artikels 114«) hilft nur insoweit weiter, als sie lex specialis zu Binnenmarktkompetenz ist. Ihr Anwendungsbereich ist jedoch auf Umweltstandards reduziert, Produktnormen u. ä. die auch die Sicherstellung des Umweltschutzes gewährleisten können, sind dort nicht erfasst. Dies ist bedeutsam, weil Art. 193 EGV gegenüber den Absätzen 4 – 6 des Art. 114 in der praktischen Anwendung bezüglich der Einführung strikterer Umweltstandards deutlich einfacher zu handhaben ist. Das häufig in diesem Zusammenhang zitierte Urteil *Titandioxid* (Slg. 1991 I-2867) ist aufgrund inzwischen geänderter Rechtslage nicht mehr weiterführend. Die Abgrenzung sollte in einem ersten Schritt nach dem Schwerpunkt der Maßnahme getroffen werden, wenn sich dieser nicht eindeutig feststellen lässt ist auf Hilfskriterien abzustellen. Entscheidend für diesen zweiten Schritt ist zum einen, dass Art. 114 AEUV selbst subsidiär ist (soweit in diesem Vertrag nichts anderes bestimmt ist) und nur die Binnenmarktangleichung umfasst, und dass zum anderen Art. 192 durch die Anwendung des Art.

Verhältnis von Art. 192 AEUV zu Art. 114 AEUV

Abgrenzungskriterien

114 AEUV nicht seines Anwendungsbereiches beraubt werden darf. Ergebnis dieser Abwägung bleibt dann eine Anwendung von Art. 114 auf umweltschutzbezogene Maßnahmen, die auf die Herstellung gleicher Wettbewerbsbedingungen gerichtet sind (vgl. *Streinz*, Europarecht, 8. Aufl., 2008, Rdnr. 946).

EU und Mitgliedstaaten arbeiten mit dritten Staaten und Organisationen zusammen und schließen im Umweltbereich auf der Basis von Art. 192 AEUV vermehrt völkerrechtliche Verträge.

Wichtig: Umweltrechtliches Sekundärrecht

Das umweltrechtliche Sekundärrecht hat den Umweltschutz in den MS deutlich vorangebracht. Berühmtheit haben u. a. die UVP-RL 85/337/EWG (ABl. 1985 L 175/40) und die IVU-RL 2008/1 /ABl. 2008 L 24/8) erlangt, die verfahrensrechtliche Bestimmungen enthalten. Hierzu gehören auch die UmweltinformationsRL 2003/4, (ABl. 2003 L 41/26), die UmwelthaftungsRL 2004/35 (ABl. 2004 L 143/56) und die RL zum strafrechtlichen Schutz der Umwelt (2008/99, ABl. 2008 L 328/28). Diese nicht vollständige Übersicht zeigt deutlich die Spannbreite der umweltrechtlichen Rechtsetzung der Union auf.

Medienbezogener Umweltschutz

Neben dem »verfahrensbezogenen Umweltschutz« ist die EU im Bereich des »medienbezogenen Umweltschutzes« sehr aktiv. Die Rechtsakte sind wiederum kaum überschaubar, Berühmtheit haben die FFH-RL (Flora-Fauna-Habitat, RL 92/43, ABl. 1992 L 206/7) und das Abfallrecht erlangt. Abfall ist eine Ware im Sinne der Verträge und Art. 34 AEUV findet Anwendung auf die grenzüberschreitende Abfallverbringung. Zur Bekämpfung des Klimawandels hat die Union zur Umsetzung des Kyoto-Protokolls zum Rahmenübereinkommen de Vereinten Nationen über Klimaveränderungen die EmissionshandelsRL 2003/87/EG erlassen, die in Dtld. durch das TreibhausgasemissionshandelsG und das ZuteilungsG umgesetzt wurden (zu rechtl. Problemen s. BVerwG, DVBl. 2005, 1383; BVerfG, DVBl. 2007, 821).

EuGH schützt die Umwelt durch extensive Auslegung.

Der EuGH ist im Bereich des Umweltschutzes, der dem Gesundheitsschutz der Unionsbürger dienen soll, mit der Annahme subjektiver Rechte sehr großzügig. Bei der Überschreitung von Grenzwerten hat es im Anwendungsbereich der Luftqualitätsrichtlinie 96/62 dem klagenden Unionsbürger entgegen der Ansicht des BVerwG (E 128, 278) ein subjektives Recht auf Erstellung eines Aktionsplans eingeräumt (*Janecek*, Slg. 2007, I-6237). Das BVerwG hatte argumentiert, dass Aktionspläne im Allgemeininteresse aufzustellen seien und die Aufstellung nicht dem Schutz subjektiver Rechte Dritter zu dienen bestimmt sei (§ 47 BImschG, der die Bestimmungen der RL insoweit umsetzt).

Auch würde sich ein subjektives Recht weder aus Art. 7 III RL 96/62, noch aus Erwägungen des Gesundheitsschutzes ergeben. Dem trat der EuGH entgegen. Art. 7 III RL 96/62 lege den MS die eindeutige, unbedingte und hinreichend genaue Verpflichtung zur Erstellung von Aktionsplänen auf (Art. 7 III lautet: »Die MS erstellen Aktionspläne, in denen die Maßgaben angegeben werden, die [...] kurzfristig zu ergreifen sind [...]«).

10. Der Rechtsschutz gegen Unionsrecht

EG-Gerichtsbarkeit

Die Verträge enthalten ein sehr effektives Rechtsschutzsystem. Die verschiedenen Klagemöglichkeiten vor den Gerichten gewährleisten, dass die Gerichte ihrer Aufgabe gerecht werden können. Nach Art. 19 I 1 EUV gibt es drei Gerichtstypen, den Gerichtshof (EuGH), das Gericht (EuG) und die Fachgerichte, insbesondere das Gericht über den öffentlichen Dienst (GöD).

Die Jurisdiktion von EuGH und EuG spielt im Hinblick auf den Grundsatz des institutionellen Gleichgewichts eine tragende Rolle im Funktionsschema der EU. Die Abgrenzungsnorm betreffend der Zuständigkeit ist Art. 256 AEUV. Zu beachten ist Art. 51 SatzungEuGH, wonach abweichend von Art. 256 I AEUV für Klagen der Mitgliedstaaten oder der Unionsorgane der EuGH zuständig bleibt. Im Ergebnis ist das EuG somit für alle Klagen von natürlichen und juristischen Personen im ersten Rechtszug zuständig.

Der Gerichtshof befasst sich mit:
- Klagen, die direkt an ihn gerichtet sind, bei denen er also erste und gleichzeitig letzte Instanz ist,
- Vorabentscheidungsersuchen, dies sind Anträge eines Gerichts eines Mitgliedstaats auf die verbindliche Auslegung von Unions-

recht, auf Überprüfung der Rechtsgültigkeit einer Handlung eines Unionsorgans, oder auf Satzungen von vom Rat geschaffenen Einrichtungen und
- Gutachten über die Vereinbarkeit eines von der EU geplanten völkerrechtlichen Vertrages mit dritten Staaten oder Organisationen mit dem Gemeinschaftsrecht.

Der Gerichtshof folgt, wenn er im Rahmen seiner Tätigkeit das Gemeinschaftsrecht interpretiert, grundsätzlich den gängigen und bereits besprochenen Auslegungsmethoden (s. o. S. 138). Generell gibt der Gerichtshof eher der Auslegungsmethode den Vorzug, die letztendlich die Ziele der Verträge begünstigt und das Funktionieren der Union sichert (*Leberpfennig*, Slg. 1970, 825): »... in den Fällen, in denen etwa die Gemeinschaftsbehörden einen Mitgliedstaat oder alle Mitgliedstaaten durch Entscheidung zu einem bestimmten Verhalten verpflichten, würde die nützliche Wirkung (»effet utile«) einer solchen Maßnahme abgeschwächt, wenn die Angehörigen dieses Staates sich vor Gericht hierauf nicht berufen und die staatlichen Gerichte sie nicht als Bestandteil des Gemeinschaftsrechts berücksichtigen könnten.« Der Gerichtshof legt Normen des Unionsrechts oft nach ihrem Sinn und Zweck unter Berücksichtigung der Auslegungsmaxime des »effet utile« aus.

Auslegungsmethoden

»effet utile«

Die Klagemöglichkeiten sind abschließend in den Verträgen aufgezählt. Keine Zuständigkeit zur Überprüfung der Rechtshandlungen besteht im Bereich der Gemeinsamen Außen- und Sicherheitspolitik (Art. 275 AEUV) und bei staatlichen Zwangsmaßnahmen im Rahmen des Raums der Freiheit, der Sicherheit und des Rechts (Art. 276 AEUV).

Abschließende Aufzählung der Klagemöglichkeiten

Zu den Klagemöglichkeiten gehören:
- (Aufsichts-) Klage der Kommission oder (Vertragsverletzungs-) Klage eines Mitgliedstaates gegen einen Mitgliedstaat wegen Vertragsverletzung (Art. 258, 259 AEUV)
- Nichtigkeitsklage gegen Handlungen von EU-Organen (Art. 263 AEUV)
- Untätigkeitsklage gegen Untätigkeit von EU-Organen (Art. 265 AEUV)
- Amtshaftungsklage gegen die EU wegen Verletzungen der Amtspflicht durch Organe oder Beamte (Art. 268, 340 II, III AEUV)
- Klagen von EU-Beamten gegen die Eu (Art. 270 AEUV)
- Gewisse Streitigkeiten betreffend die EIB und die EZB (Art. 271 AEUV)

- Streitigkeiten nach Schiedsklauseln (Art. 272 AEUV)

Wichtig: Vorabentscheidungsverfahren

Neben diesen Klagemöglichkeiten, die direkt vor dem Gerichtshof ihren Anfang nehmen, gibt es das sog. Vorabentscheidungsverfahren (Art. 267 AEUV). Das 267-Verfahren ist keine Klagemöglichkeit. Der EuGH wird in einem solchen Verfahren um Klärung einer Rechtsfrage des Unionsrechts ersucht. Der Hauptanwendungsfall des Art. 267 AEUV ist folgender: Ein nationales Gericht setzt ein Verfahren aus (Unterbrechung), weil in diesem Verfahren möglicherweise Unionsrecht einschlägig ist und das Gericht sich nicht sicher ist, ob Unionsrecht anwendbar ist, wie es auszulegen ist, oder ob etwaiges für das Verfahren anwendbares sekundäres Unionsrecht gültig und rechtmäßig ist.

Gutachtenverfahren

Ferner gibt es das Gutachtenverfahren des Art. 218 XI AEUV. Beim Abschluss von Abkommen mit dritten Staaten durch die EU kann der EuGH zuerst um ein Gutachten ersucht werden. Dies ist etwa im Falle des EWR-Vertrages geschehen (Gutachten 1/91, *EWR I*, Slg. 1991, I-6079).

Einstweilige Anordnung

In Eilfällen kann der EuGH auch einstweilige Anordnungen treffen, Art. 279 AEUV. Eine Klageerhebung hat keine automatische aufschiebende Wirkung, der Gerichtshof kann jedoch gemäß Art. 278 AEUV eine solche anordnen, wenn dies im Einzelfall erforderlich erscheint.

Die Tätigkeiten des EuGH sind somit: die Auslegung des Unionsrechts, die Kontrolle des Handelns der Organe der Union und der Mitgliedstaaten.

Die Urteile des EuGH, des EuG und die Schlussanträge der Generalanwälte werden in der »Amtlichen Sammlung der Entscheidungen des Gerichtshofs« abgedruckt, in der Regel ein halbes bis ein Jahr nach Urteilsverkündung. Am Tag der Urteilsverkündung sind sie auch im Internet erhältlich.

Unterscheidung zwischen der Zulässigkeit und der Begründetheit einer Klage.

Grundsätzlich ist wie im deutschen Prozessrecht zwischen der Zulässigkeit und der Begründetheit einer Klage zu unterscheiden. Die verschiedenen Klagemöglichkeiten legen die einzelnen Zulässigkeitsvoraussetzungen fest. Nur eine zulässige Klage wird vom Gerichtshof noch dahingehend untersucht, ob ein Rechtsverstoß vorliegt. Für die Fallbearbeitung ist also immer zweigleisig zu verfahren: Erst die Zulässigkeit prüfen und danach die Begründetheit untersuchen!

Die Zulässigkeit einer Klage prüft allgemein auch jedes staatliche Gericht, bevor es den materiellen Teil des Sachverhaltes bearbeitet. Festzustellen ist, ob die Inspruchnahme des Gerichts überhaupt berechtigt ist, ob vielleicht ein anderes Gericht zuständig ist oder ob vorher noch bei einer Behörde etwas erreicht werden kann. Das Gericht darf immer nur das letzte rechtliche Mittel zur Durchsetzung eines Anspruchs sein.

Der materielle Teil, auch Begründetheit genannt, befasst sich mit der Frage, ob tatsächlich ein Rechtsverstoß vorliegt.

10.1. Vertragsverletzungsverfahren

Das Vertragsverletzungsverfahren kommt in der Rechtsprechung des Gerichtshofes eher selten vor. Der Grund liegt darin, dass sich weder die Mitgliedstaaten noch ein Organ der EU gerne öffentlich »anschwärzen« (oder angeschwärzt werden) und viele Streitigkeiten in diesem Bereich schon im Vorfeld erledigt werden. Dennoch macht die Kommission von ihrem Recht aus Art. 258 AEUV vermehrt Gebrauch.

Anrufung des Gerichtshofs durch die Kommission Art. 258 AEUV

Hat nach Auffassung der Kommission ein Mitgliedstaat gegen eine Verpflichtung aus den Verträgen verstoßen, so gibt sie eine mit Gründen versehene Stellungnahme hierzu ab; sie hat dem Staat zuvor Gelegenheit zur Äußerung zu geben.

Kommt der Staat dieser Stellungnahme innerhalb der von der Kommission gesetzten Frist nicht nach, so kann die Kommission den Gerichtshof anrufen.

Antragsteller, -gegner und Streitgegenstand ergeben sich aus dem Wortlaut.

Die Klagebefugnis der Kommission ist gegeben, wenn sie der Auffassung ist, dass ein Vertragsverstoß vorliegt. Sie muss von der Vertragsverletzung in tatsächlicher und rechtlicher Hinsicht überzeugt sein. Vermutungen oder Zweifel sind nicht ausreichend.

Das Vorverfahren gliedert sich in mehrere Schritte: Vorverfahren

- Die Kommission kommt zu der Ansicht, dass ein Mitgliedstaat gegen eine Norm aus den Verträgen verstoßen hat
- sie sendet ein Mahnschreiben an den Mitgliedstaat, um den Mitgliedstaat zur Stellungnahme zu veranlassen (Vorverfahren)
- nimmt der Staat nicht Stellung oder kann er die Kommission nicht von der Rechtmäßigkeit seines Handelns überzeugen

- dann sendet die Kommission eine mit Gründen versehene formelle Stellungnahme an den Mitgliedstaat und setzt ihm darin eine Frist, den genau benannten Rechtsverstoß zu bereinigen. Die Frist muss den Umständen des Falles nach angemessen sein, zwei Monate sind in der Regel ausreichend
- Kommt der Mitgliedstaat dieser Stellungnahme nicht nach, so darf die Kommission ihn vor dem EuGH verklagen

Mahnschreiben, Stellungnahme und Klage müssen die gleichen Beanstandungen und Begründungen enthalten. Wenn alle diese Voraussetzungen erfüllt sind, ist die Klage zulässig, d.h., der EuGH wird sich auch mit dem materiellen Teil beschäftigen.

Begründetheit der Klage

Als Voraussetzungen für die Begründetheit gelten:
- Die von der Kommission behaupteten Tatsachen müssen zutreffen
- diese Tatsachen müssen gegen EU-Recht verstoßen
- die Tatsachen müssen dem Mitgliedstaat zurechenbar sein, d.h., er muss dafür verantwortlich sein (Handeln von Gesetzgebungsorganen: *Kommission/Italien*, Slg. 1970, 966; Behörden von Gliedstaaten: *Costanzo/Milano*, Slg. 1989, 1939):

Beispiel: Ein nationales Gericht weigert sich, eine – unmittelbar geltende – Verordnung auf einen Fall anzuwenden, obwohl sie anwendbar ist, und wendet stattdessen nationales Recht an. Wegen des Vorrangs des Unionsrechts ist nationales Recht in diesem Bereich nicht mehr anwendbar. Durch die Anwendung nationalen Rechts hat ein Organ des Mitgliedstaates (das Gericht) gegen Unionsrecht verstoßen, nämlich gegen Art. 288 II AEUV. Dieser besagt, dass Verordnungen allgemein und unmittelbar gelten. Ist die Klage begründet, erlässt der EuGH ein mit einem Zwangsgeld durchsetzbares Feststellungsurteil (Art. 260 AEUV).

Feststellungsurteil und Zwangsgeld

Ein Feststellungsurteil wird deshalb erlassen, weil die EU keine Möglichkeit der Urteilsvollstreckung eines Urteils hat. Die Verpflichtung des Staates zur Befolgung des Urteils ergibt sich aus Art. 260 I AEUV i.V.m. Art. 4 III EUV. Kommt der Mitgliedstaat der Feststellungsverpflichtung nicht nach, so kann der EuGH die Zahlung eines Zwangsgeldes verhängen, Art. 260 II AEUV, dessen Höhe im Rahmen eines festgelegten Spielraumes in seinem Ermessen liegt (Für die Bundesrepublik schlägt die Kommission ein Zwangsgeld zwischen 13.188 bis 791.253 Euro/Tag vor. Die Bandbreite richtet sich nach der Schwere des Verstoßes; s. ABl. 1996 C 242/6 und ABl. 1997 C 63/2; Bsp.: *KOM/Frankreich*, Slg. 2005, I-6263). Nach Art. 260 III AEUV kann die Kommission bei bestimmten Verstößen bereits im Verfahren nach Art. 258 AEUV die Höhe des Zwangsgeldes benennen.

Die Vertragsverletzungsklage Mitgliedstaat gegen Mitgliedstaat läuft ähnlich ab.

Anrufung durch einen Mitgliedstaat Art. 259 AEUV

Jeder Mitgliedstaat kann den Gerichtshof anrufen, wenn er der Auffassung ist, dass ein anderer Mitgliedstaat gegen eine Verpflichtung aus den Verträgen verstoßen hat.

Bevor ein Mitgliedstaat wegen einer angeblichen Verletzung der Verpflichtungen aus diesem Vertrag gegen einen anderen Staat Klage erhebt, muss er die Kommission damit befassen.

Die Kommission erlässt eine mit Gründen versehene Stellungnahme; sie gibt den beteiligten Staaten zuvor Gelegenheit zu schriftlicher und mündlicher Äußerung in einem kontradiktorischen Verfahren.

Gibt die Kommission binnen drei Monaten nach dem Zeitpunkt, in dem ein entsprechender Antrag gestellt wurde, keine Stellungnahme ab, so kann ungeachtet des Fehlens der Stellungnahme vor dem Gerichtshof geklagt werden.

Dieses Verfahren ist gegenüber der Klage der EU-Kommission gem. Art. 258 AEUV selbständig. Beide Verfahren können für eine Vertragsverletzung gleichzeitig stattfinden.

10.2. Die Nichtigkeitsklage

Mit dieser Klage kann die Nichtigerklärung eines Rechtsaktes eines EU-Organs erreicht werden, soweit die Klage zulässig und begründet ist. Erstinstanzlich zuständig für Klagen von natürlichen und juristischen Personen ist nach Art. 256 AEUV das EuG, vgl. Art. 51 Satzung EuGH.

Weitere Zuständigkeit; Klagefrist Art. 263 AEUV

Der Gerichtshof der Europäischen Union überwacht die Rechtmäßigkeit der Gesetzgebungsakte sowie der Handlungen des Rates, der Kommission und der EZB, soweit es sich nicht um Empfehlungen oder Stellungnahmen handelt, und der Handlungen des Europäischen Parlaments und des Europäischen Rates mit Rechtswirkung gegenüber Dritten. Er überwacht ebenfalls die Rechtmäßigkeit der Handlungen der Einrichtungen oder sonstigen Stellen der Union mit Rechtswirkung gegenüber Dritten.

Zu diesem Zweck ist der Gerichtshof [...] für Klagen zuständig, die ein Mitgliedstaat, das Europäische Parlament, der Rat oder die Kommission wegen Unzuständigkeit, Verletzung wesentlicher Formvorschriften, Verletzung der Verträge oder einer bei seiner Durchführung anzuwendenden Rechtsnorm oder wegen Ermessensmissbrauchs erhebt.

Der Gerichtshof [...] ist unter den gleichen Voraussetzungen zuständig für Klagen des Rechnungshofs, der EZB und des Ausschusses der Regionen, die auf die Wahrung ihrer Rechte abzielen.

Jede natürliche oder juristische Person kann unter den Bedingungen nach den Absätzen 1 und 2 gegen die an sie gerichteten oder sie unmittelbar und individuell betreffenden Handlungen sowie gegen Rechtsakte mit Verordnungscharakter, die sie unmittelbar betreffen und keine Durchführungsmaßnahmen nach sich ziehen, Klage erheben.

In den Rechtsakten zur Gründung von Einrichtungen und sonstigen stellen können besondere Bedingungen und Einzelheiten für die Erhebung von Klagen von natürlichen oder juristischen Personen gegen Handlungen dieser Einrichtungen und sonstigen Stellen vorgesehen werden, die eine Rechtswirkung gegenüber diesen Personen haben.

Die in diesem Artikel vorgesehenen Klagen sind binnen zwei Monaten zu erheben; diese Frist läuft je nach Lage des Falles von der Bekanntgabe der betreffenden Handlung, ihrer Mitteilung an den Kläger oder in Ermangelung dessen von dem Zeitpunkt an, zu dem der Kläger von dieser Handlung Kenntnis erlangt hat.

Klagegegner

Klagegegner können nur die in Absatz 1 genannten Organe sein, welche den streitigen Rechtsakt erlassen haben.

Klagegegenstand

Jeder Akt mit Rechtswirkung

Klagegegenstand ist jeder Akt eines Organs oder einer Einrichtung der Union mit Rechtswirkung gegenüber Dritten. Lediglich feststellende Handlungen von EU-Organen entfalten keine Rechtswirkungen (*Irish Cement*, Slg. 1988, 6502). Die privilegiert klagebefugten Organe können gemäß Art. 263 II AEUV wegen Unzuständigkeit, Verletzung wesentlicher Formvorschriften, Vertragsverletzung, Verletzung von Durchführungsnormen oder Ermessensmissbrauchs klagen. Diese Rechtsfelder müssen sich aus einem Rechtsakt eines EU-Organs oder einer Einrichtung ergeben.

Klagebefugnis

Bei dieser Klageart ist vor allem wichtig, dass man zwischen den privilegierten (Abs. 2) und nichtprivilegierten (Abs. 4) Klagebefugten unterscheidet. Im EU-Recht bedeutet klagebefugt, mit einem anderen Wort ausgedrückt, klageberechtigt.

Unterscheidung zwischen privilegierten und nichtprivilegierten Klägern

Die Systematik der Klageberechtigung stellt sich wie folgt dar:
- Privilegiert klagebefugt sind die Mitgliedstaaten, Rat, Parlament und Kommission (Art. 263 II AEUV)
- die EZB und der Rechnungshof können nur wegen Verletzung eigener Rechte klagen (Art. 263 III AEUV) und sind damit teilprivilegiert
- nichtprivilegiert klagebefugt sind natürliche Personen (Menschen) und juristische Personen (die nach EU-Recht oder nach den mitgliedstaatlichen Gesetzen rechtsfähig sind, also in der Bundesrepublik Aktiengesellschaften, eingetragene Vereine, auch Gemeinden etc.), Art. 263 IV AEUV.

Privilegiert klagebefugt bedeutet, dass der gerügte Rechtsakt sich nicht gegen den Kläger richten muss. Die Klagebefugnis ist gerade nicht Voraussetzung für die Zulässigkeit solcher Klagen.

Privilegiert klagebefugt

Die nichtprivilegiert Klagebefugten können dagegen nur dann klagen, wenn sie klagebefugt sind. Das ist nach Art. 230 IV, V AEUV zu beurteilen. Abs. IV kennt zwei Varianten. Mach der ersten ist eine Klagebefugnis gegeben, wenn die streitgegenständliche Handlung an den Kläger gerichtet ist oder sie ihn unmittelbar und individuell betreffen. Unmittelbar betroffen ist man dann, wenn die Handlung keines mitgliedstaatlichen Umsetzungsaktes, wie z.B. eines Gesetzes, mehr bedarf (*Simmenthal*, Slg. 1979, 777). Individuelles Betroffensein liegt vor, wenn der betreffende Rechtsakt einen Einzelnen wegen bestimmter persönlicher Eigenschaften oder anderer, ihn aus dem Kreis aller übrigen Personen heraushebender Umstände berührt (*Plaumann*, Slg. 1963, 213).

Nichtprivilegiert klagebefugt

Unmittelbar und individuell betroffen

Beispiel: Die EU würde eine VO erlassen, die das Produzieren von Autos in dem Mitgliedstaat Irland verbietet. Ein nationaler Umsetzungsakt ist nicht vorgesehen. In Irland gibt es allerdings nur einen lizenzierten Autoproduzenten P. Richtet sich diese VO dann nicht individuell und unmittelbar gegen ihn? Der Produzent ist nicht Adressat des Rechtsaktes und die VO regelt auch den unbestimmten Fall des Autoproduzierens in Irland. Dennoch erscheint der Ausschluss einer

Klagemöglichkeit für P nicht gerecht. Immerhin hätte die EU auch eine gegen ihn gerichtete Entscheidung erlassen können, welche er dann nach Art. 263 AEUV hätte angreifen können. Den Ausweg aus dieser Zwickmühle sehen die Tatbestandsmerkmale unmittelbar und individuell vor. P ist der einzige lizenzierte Autoproduzent in Irland, deswegen wird er aus dem Kreis herausgehoben und er ist individuell betroffen. Unmittelbar betroffen ist er ebenfalls, da die VO keines mitgliedstaatlichen Umsetzungsaktes mehr bedarf. P könnte also die Nichtigkeitsklage erheben.

Verordnungen und Rechtsakte mit Verordnungscharakter

Fraglich ist allerdings, ob die erste Variante auf VOen überhaupt anwendbar ist, weil die zweite Variante ausdrücklich von »Rechtsakten mit Verordnungscharakter« spricht. Die Bedeutung dieses Begriffs ist umstritten. Nach einer Ansicht sind damit Verordnungen gemeint, da der Wortlaut insoweit zwingend sei. Die entgegenstehende Meinung sieht darin nur Rechtsakte, die nicht Gesetzgebungsakte im Sinne des Art. 289 III AEUV sind. Hierfür spricht die Entstehungsgeschichte, da die Vorschrift des Art. 263 IV AEUV mit Art. III-365 IV Verfassungsvertrag identisch ist und dieser als Verordnung nur Rechtsakte ohne Gesetzescharakter mit allgemeiner Geltung ansah. Somit würde es bei der restriktiven Auslegung der Merkmale unmittelbar und individuell bleiben, an der seitens der der Generalanwälte vermehrt Kritik geübt wurde.

Bei der Klage einer berufsständischen Vereinigung für ihre Mitglieder gegen eine Verordnung entwickelte sich ein Rechtsprechungskonflikt (*Pequenos Agriculturos*, Slg. 2002, I-6677). Die VO betraf die Mitglieder der Klägerin nur in ihrer objektiven Eigenschaft als Wirtschaftsteilnehmer, ein Herausheben aus dem Kreis aller übrigen Personen im Sinne der Plaumann-Rechtsprechung lag nicht vor. Jedoch stand der Klägerin im konkreten Einzelfall kein anderer Rechtsbehelf zur Verfügung, um die Rechtmäßigkeit der VO überprüfen zu können. GA Jacobs argumentierte, dass das Recht des Einzelnen auf effektiven Rechtsschutz, wie es in Art. 6, 13 EMRK verbürgt ist, zu den allgemeinen Grundsätzen des Gemeinschaftsrechts gehört und dass das Gemeinschaftsrecht, abgesehen von Art. 263 IV AEUV, keinen Rechtsschutz gegen normatives Unrecht gewähre. Unter Bezugnahme auf ein Urteil des EuG (*Jégo-Quéré*, Slg. 2002, II-2365) schlug er vor, Art. 263 IV AEUV in Einklang mit diesem Rechtsgrundsatz auszulegen. Eine individuelle Betroffenheit läge vor, wenn die streitgegenständliche Bestimmung die Rechtsposition der Klägerin unzweifelhaft und gegenwärtig beeinträchtige und dadurch ihre Rechte einschränke oder ihr Pflichten auferlege. Dies würde zu einer Erweiterung der Klagebefugnis bei Verordnungen führen. Der EuGH lehnte diese Neuausrichtung ab. Begründet wurde dies damit, dass die Verträge ein vollständiges System von Rechtsbehelfen geschaffen haben. In diesem System haben natürliche oder juristische Personen, die nicht klagebefugt nach Art. 263 IV AEUV sind, die Möglichkeit einer Inzidentkontrolle des fraglichen Rechtsaktes nach Art. 277 AEUV oder über das Vorlageverfahren nach Art. 267 AEUV vorzugehen. Folglich sei es Sache der MS ein System von Rechtsbehelfen vorzusehen, mit dem die Einhaltung des Rechts auf effektiven Rechtsschutz gewährleistet werden könne. Ferner seien die nationalen Gerichte nach dem aus Art. 4 III EUV folgenden Grundsatz der loyalen Zusammenarbeit verpflichtet, die nationalen Vorschriften so auszulegen und anzuwenden, dass jede nationale Maßnahme, die auf Unionsrecht beruht, angefochten werden kann. Letztlich würde die vom GA vorgeschlagene Auslegung zur Aufhebung des Merkmals individuelle Betroffenheit in Art. 263 IV AEUV führen, wozu der EuGH nach Art. 19 EUV nicht befugt sei (*Pequenos Agriculturos*, a. a. O.; bestätigt durch die Rechtsmittelentscheidung in C-263/02 P, *Jégo-Quéré*, Slg. 2004, I-3425). Dies kann nur im Wege der Vertragsänderung durch die MS vorgenommen werden. Angesichts der ansonsten vom EuGH doch angewandten sehr weiten Sichtweise von Tatbeständen und das Finden von Einschränkungen (s. nur *Staatshaftung* und *Cassis*) eine eher überraschende Begründung, die auch nicht vollends überzeugt, da die Merkmale in der vom GA vorgeschlagenen Weise nur anders ausgelegt, aber nicht formal aufgehoben würden.

Restriktive Auslegung der Klagebefugnis durch den EuGH

Falls eine Entscheidung an Dritte adressiert ist, liegt eine individuelle und unmittelbare Betroffenheit dann vor, wenn dem Kläger im vorhergehenden Verwaltungsverfahren vor der Kommission Beteiligungsrechte zukamen (*Metro*, Slg. 1977, 1875).

Entscheidung an Dritte adressiert

Unter die möglichen nichtprivilegierten Kläger fallen auch rechtsfähige Untergliederungen eines Bundesstaates, wie etwa Bundesländer, Regionen, Bezirke (*Wallonien*, Slg. 1988, 1573; *Freistaat Sachsen*, Slg. 1999, II-3663).

Eine besondere Klagebefugnis gilt bei den Klagen des Rechnungshofs, der EZB und des Ausschusses der Regionen, die nur klagen können, wenn ein Rechtsakt in ihre Rechte eingreift.

Klagefrist

Zweimonatsfrist

Die letzte Voraussetzung der Zulässigkeit einer Klage nach Art. 263 AEUV ist die Einhaltung der Zweimonatsfrist, Absatz 5. Dazu gerechnet wird die Entfernungsfrist, Art. 81 § 2 VerfOEuGH (od. Art. 102 VerfOEuG).

Bei Ablauf der Klagefrist des Art. 263 V AEUV ist es in bestimmten Fällen noch möglich, die Unanwendbarkeit einer Verordnung vor dem EuG geltend zu machen, siehe Art. 277 AEUV. Das liegt darin begründet, dass die rechtswidrige Verordnung mit Ablauf der Klagefrist bestandskräftig wird und nicht mehr aus der Welt geschafft werden kann. Das Gericht kann dann nur noch aussprechen, dass die rechtswidrige Verordnung nicht angewendet wird. Voraussetzung ist allerdings, dass die Frage der Rechtmäßigkeit einer Verordnung in einem anderen Rechtsstreit als einer Nichtigkeitsklage aufgeworfen wird. Die Nichtigkeitsklage kann wegen Verfristung nicht mehr erhoben werden.

Der Fristbeginn bestimmt sich nach Art. 80 § 1 und Art. 81 § 1 VerfOEuGH od. Art. 101, 102 VerfOEuG und je nach Sachverhalt:

- mit Bekanntgabe des Rechtsaktes im Amtsblatt der EU, Serie L (législation = Gesetzgebung, L 1 oder L 2), so bei Verordnungen und Richtlinien,
- bei Mitteilung an den Kläger, so bei der Bekanntgabe einer Entscheidung etwa durch eingeschriebenen Brief oder förmliche Zustellung an den Kläger,
- falls weder Amtsblattbekanntgabe noch Mitteilung in Frage kommen (etwa bei einer Entscheidung, die einen Dritten unmittelbar und individuell betrifft), sobald der Dritte und Kläger von der Handlung Kenntnis erlangt hat.

Mit der Prüfung der genannten Voraussetzungen ist der Zulässigkeitskomplex einer Klage abgeschlossen.

Die Zulässigkeitsvoraussetzungen zusammengefasst:

- Klageberechtigung/befugnis (wer darf klagen?)
- richtiger Klagegegner (wen verklagt er?)
- Gegenstand der Klage (weswegen klagt er?)
- Klagefrist (klagt er rechtzeitig?)

Rechtsverletzung des Klägers

Weiter zur Begründetheit, der materiellen Seite der Klage. Die Klage ist begründet, wenn der oder die Beklagten Rechte des Klägers durch eine Handlung verletzt haben.

Eine Verletzung kann liegen in:
- einer Unzuständigkeit des Organs für die Rechtshandlung (z.B.: das Parlament erlässt allein eine Verordnung),
- einer Verletzung wesentlicher Formvorschriften,
- einer Handlung, die den Verträgen oder einer Durchführungsnorm zuwiderläuft. Das bedeutet, die fragliche Rechtshandlung darf nicht gegen eine höherrangige EU-Norm verstoßen (z.B. eine Entscheidung nicht gegen eine Verordnung, eine Verordnung nicht gegen das Primärrecht),
- einem Ermessensmissbrauch eines Organs.

Formvorschriften sind solche, die nicht ein materielles Recht einem Rechtssubjekt zuordnen, sondern die nur etwas Verfahrenstechnisches regeln. (Ein Beispiel ist die Pflicht der EU-Organe, ihre Rechtsakte bei der Veröffentlichung mit einer Begründung zu versehen, Art. 296 AEUV.) Wesentlich sind die Formvorschriften dann, wenn die Verletzung der Formvorschrift den Inhalt des Rechtsaktes betroffen haben kann.

Formvorschriften

Ermessen im Sinne der Vorschrift ist jeder Beurteilungs-, Gestaltungs- oder Entscheidungsspielraum, den eine Norm einem Organ bezüglich eines Sachverhaltes gibt. Ermessensspielraum hat ein Organ etwa, wenn es bei einem Sachverhalt zwischen zwei Rechtsfolgen wählen kann. Ermessensspielraum hat ein Organ im Unionsrecht auch, wenn es einen unbestimmten Rechtsbegriff, wie etwa »öffentliche Sicherheit«, auszulegen hat. Das Ermessen hat aber Grenzen. Außerhalb des Ermessensspielraums bewegt sich ein EU-Organ, wenn absichtlich ein nach den Verträgen rechtswidriges Ziel verfolgt wird oder wenn die Organkompetenzen in schwerwiegender Weise für andere Ziele eingesetzt werden als diejenigen, die in den Verträgen vorgesehen sind (*Lux*, Slg. 1984, 2465).

Ermessen

Ist eine Nichtigkeitsklage zulässig und begründet, so erklärt das Gericht die entsprechende rechtswidrige Handlung für (ex tunc) nichtig, d.h. rechtlich nicht existent (s. Art. 264 AEUV). Die Konsequenz ist, dass alle Beteiligten so verfahren, als hätte es den Rechtsakt nie gegeben. Somit bleibt es bei der Rechtslage wie vor Erlass des Rechtsaktes.

10.3. Die Untätigkeitsklage

Diese Klageart kommt in Frage, wenn das Parlament, der Europäische Rat, der Rat, die Kommission oder die EZB es primärrechtswidrig unterlassen, einen Beschluss zu fassen. Die Untätigkeitsklage ist gegenüber der Nichtigkeitsklage subsidiär (*Lütticke*, Slg. 1966, 28). Wie bei Art. 263 AEUV wurde der Kreis der Handelnden um die Einrichtungen und sonstigen Stellen der Union erweitert, wenn dies es in rechtswidriger Weise unterlassen, tätig zu werden. wurde.

Subsidiär gegenüber der Nichtigkeitsklage

Wie bei der Schwestervorschrift des Art. 263 AEUV gibt es privilegierte und nichtprivilegierte Kläger. Privilegiert sind die Mitgliedstaaten und die EU-Organe (Abs. 1), nichtprivilegiert sind natürliche und juristische Personen (Abs. 3). Sie können nur geltend machen, dass ein Organ es unterlassen hat, eine n anderen Akt als eine Empfehlung oder eine Stellungnahme an sie zu richten. Demnach ist erforderlich, dass ein Rechtsakt sich unmittelbar und individuell an die nichtprivilegierten Kläger richtet.

Zur Zulässigkeit der Klage ist es weiter erforderlich, dass das Organ erfolglos zum Beschluss der Rechtshandlung (*Verkehrspolitik*, Slg. 1985, 1592) aufgefordert worden ist, Abs. 2 Satz 1. Hat das betreffende Organ zwei Monate nach der Aufforderung noch nicht Stellung genommen, so ist innerhalb weiterer zwei Monate eine Klage möglich.

Erfolglose Aufforderung

Problematisch ist, ob nichtprivilegierte Kläger sich einen Rechtsakt einklagen können, der gar nicht an sie adressiert werden würde, sie aber gleichwohl unmittelbar und individuell beträfe (*FNVP*, Slg. 1979, 2429). Das System des Unionrechtsschutzes, das allen unmittelbar und individuell Betroffenen Klagemöglichkeiten gibt, spricht deutlich dafür, eine Klagebefugnis zu bejahen.

Bei Erfolg der Unterlassungsklage erreicht der Kläger ein feststellendes Urteil, dass ein Organ gegen die Verträge verstoßen hat. Den beantragten Akt kann das Gericht nicht erlassen. Das betreffende Organ hat gem. Art. 266 AEUV die entsprechenden Maßnahmen zu ergreifen.

Feststellungsurteil

10.4. Die Amtshaftungsklage

Nicht nur die Kassation (Aufhebung) eines EU-Rechtsakts oder die Verurteilung der EU zum Tätigwerden können klageweise erreicht werden. Die EU kann in bestimmten Fällen auch für die ihr zurechenbaren Handlungen haftbar gemacht werden, d.h., soweit eine Schadensersatzklage zulässig und begründet ist, muss sie Schadensersatz in Geld leisten. Diese Klagemöglichkeit besteht unabhängig von einer parallelen Nichtigkeitsklage oder Untätigkeitsklage (*Schöppenstedt*, Slg. 1971, 978).

Art. 268 AEUV verweist auf die Möglichkeit einer solchen Klage bezüglich der außervertraglichen Haftung.

Zuständigkeit bei Schadensersatzforderungen   Art. 268 AEUV

Der Gerichtshof der Europäischen Union ist für Streitsachen über den in Artikel 340 Absätze 2 und 3 vorgesehenen Schadensersatz zuständig.

Haftung der EU   Art. 340 AEUV

[...] (2) Im Bereich der außervertraglichen Haftung ersetzt die Union den durch ihre Organe oder Bediensteten in Ausübung ihrer Amtstätigkeit verursachten Schaden nach den allgemeinen Rechtsgrundsätzen, die den Rechtsordnungen der Mitgliedstaaten gemeinsam sind.
(3) [...] ersetzt die EZB den durch sie oder ihre Bediensteten in Ausübung ihrer Amtstätigkeit verursachten Schaden. [...]

Daraus ergeben sich folgende Klagemöglichkeiten:
- von natürlichen oder juristischen Personen des öffentlichen oder des Privatrechts, (Mitglied- oder Dritt-) Staaten oder Organisationen gegen die EU wegen einer fehlerhaften Amtstätigkeit, die nicht im Bereich eines völkerrechtlichen Abkommens liegt, d.h. außervertragliche Haftung (Abs. 2, Art. 268 und Art. 266 II AEUV),
- von denselben möglichen Klägern/innen gegen die EZB wegen fehlerhafter Amtstätigkeit der EZB oder ihrer Bediensteten (Abs. 3).

In der Zulässigkeit der Klagen ist das Rechtsschutzbedürfnis zu beachten: Der Kläger muss tatsächlich Schadensersatz begehren. Wenn seine Klage nur ein Vorwand ist, um einen Unionsrechtsakt aufheben zu lassen, ist die Klage unzulässig.

Rechtsschutzbedürfnis

Aus dem Begriff »außervertragliche Haftung« ist zu folgern, dass die Schadensersatzforderung auf einem rechtswidrigen Rechtsakt der Organe der EU beruhen muss. Der eingetretene Schaden muss der Gemeinschaft zurechenbar sein. Eine Zurechnung ist möglich, wenn die EU selbst handelt oder eine mitgliedstaatliche Behörde Unionsrecht vollziehen muss. Das ist beispielsweise bei einer verbindlichen Weisung der Fall. Unter »Amtstätigkeit« ist jedes Verhalten der Unionsorgane oder -bediensteten zu verstehen, welches eine unmittelbare innere Beziehung zu den ihnen auferlegten Aufgaben aufweist. Schäden die nur »bei Gelegenheit« der Amtstätigkeit auftreten *(Bsp.: Dienstreise mit einem privaten PKW)*, werden hiervon nicht erfasst. Schaden ist jeder immaterielle oder materielle Vermögensnachteil des Geschädigten (*Kampffmeyer*, Slg. 1967, 331). Entgangener Gewinn wird auch umfasst.

Klage gegen VO möglich

Nach Art. 266 i.V.m. Art 340 II AEUV können natürliche und juristische Personen auch gegen Verordnungen und Richtlinien klagen. Das ist, siehe oben, bei Art. 263 IV AEUV nicht oder nur eingeschränkt möglich. Das individuelle Betroffensein durch den Sekundärrechtsakt ist bei Art. 340 II AEUV also nicht Voraussetzung. Bei rechtswidrigen Verordnungen soll wenigstens der entstandene Schaden wieder gutgemacht werden.

Allerdings löst nicht jede Rechtsverletzung die Schadensersatzverpflichtung aus. Ansonsten bestünde die Gefahr, dass der Ermessensspielraum des Unionsgesetzgebers durch drohende Schadensersatzansprüche zu sehr eingeengt würde und die EU auf einigen Gebieten überhaupt nicht mehr tätig würde. Die widerstreitenden Interessen der Rechtmäßigkeit des Handelns der Organe auf der einen Seite und deren Gesetzgebungsaufgabe auf der anderen müssen demnach miteinander in Einklang gebracht werden. Die Voraussetzungen ähneln insoweit

Voraussetzungen entsprechen denen des Staatshaftungsanspruchs (s. o. S. 167).

der Staatshaftung wegen nicht umgesetzten Richtlinien (s. S. 166). Es sind:

- ein hinreichend qualifizierter Verstoß gegen eine Rechtsnorm,
- die bezweckt dem Einzelnen Rechte zu verleihen,
- ein Schaden,
- ein Kausalzusammenhang zwischen dem Unionsrechtsverstoß und dem Schaden.

Rechtsakte der EU müssen gem. Art. 296 II AEUV mit einer Begründung versehen werden. Begründungsmängel geben einer Klage nach

Art. 340 II AEUV aber regelmäßig keine Grundlage (*Kind*, Slg. 1982, 2918).

Die Verjährung eines Schadensersatzanspruchs beseitigt nicht den Anspruch selbst, sondern sie hemmt nur seine Durchsetzung. Ansprüche nach Art. 340 II AEUV verjähren fünf Jahre nach dem angeblich schädigenden Ereignis, Art. 46 SatzungEuGH. Anders als im dt. Recht prüft der EuGH das Vorliegen der Verjährungsvoraussetzungen im Rahmen der Zulässigkeit einer Klage (*Holcim*, Slg. 2007, I-2980). Wichtig ist: Wegen des Grundsatzes der Eigenständigkeit der Klagen wird die Verjährung des Schadenensersatzanspruchs nicht durch die Erhebung anderer Klagen beeinflusst. Deswegen ist die Erhebung der Schadenersatzklage neben anderen Klagen zu empfehlen.

Verjährung

10.5. Das Vorabentscheidungsverfahren

Das Verfahren nach Art. 267 AEUV ist kein Klageverfahren. Bei der Vorabentscheidung wird dem EuGH von einem Gericht eines Mitgliedstaates eine möglichst konkrete Rechtsfrage zur Beantwortung vorgelegt.

Vorabentscheidung   **Art. 267 AEUV**

Der Gerichtshof [...] entscheidet im Weg der Vorabentscheidung

a) über die Auslegung der Verträge,

b) über die Gültigkeit und die Auslegung der Handlungen der Organe, Einrichtungen und sonstigen Stellen der Union,

Wird eine derartige Frage einem Gericht eines Mitgliedstaats gestellt und hält dieses Gericht eine Entscheidung darüber zum Erlass seines Urteils für erforderlich, so kann es diese Frage dem Gerichtshof zur Entscheidung vorlegen.

Wird eine derartige Frage in einem schwebenden Verfahren bei einem einzelstaatlichen Gericht gestellt, dessen Entscheidungen selbst nicht mehr mit Rechtsmitteln des innerstaatlichen Rechts angefochten werden können, so ist dieses Gericht zur Anrufung des Gerichtshofs verpflichtet. [...]

Trennen:
- *Auslegungsfragen*
- *Gültigkeitsfragen*

Für Vorabentscheidungsersuchen mitgliedstaatlicher Gerichte ist der EuGH zuständig.

Ein Beispiel für eine Vorlagefrage eines Gerichts lässt sich gut am Fall *van Gend & Loos* erkennen. Dort wollte sich eben diese niederländi-

Ein Klassiker: van Gend & Loos

sche Transportfirma unmittelbar auf Art. 25 E[W]GV (= Art. 30 AEUV) berufen, der neue Zölle und Abgaben gleicher Wirkung verbietet. Das niederländische Gericht war sich nicht sicher, ob Art. 25 E[W]GV unmittelbar anwendbar ist. Es legte dem EuGH folgende Frage vor: »...1) ob Artikel 25 E[W]G-Vertrag interne Wirkung hat, mit anderen Worten, ob die Einzelnen aus diesem Artikel unmittelbar Rechte herleiten können, die vom Richter zu beachten sind, [...]«.

Art. 267 AEUV mag dem einen oder anderen unkompliziert wie ein Moped vorkommen. Wenn man das Moped aber in seine Einzelteile zerlegt, so wird man feststellen, dass es mindestens so viele Teile wie ein Auto hat. Scheinbar einfach ist folgender, hier vereinfachter Sachverhalt, der dem EuGH zur Entscheidung vorlag (*Foto-Frost*, Slg. 1987, 4199):

Beispiel: Ferngläser nehmen bisweilen seltsame Umwege, bis sie an den Mann bzw. an die Frau gebracht werden. Die Firma Frost importierte aus Dänemark und dem Vereinigten Königreich Ferngläser, die in der DDR hergestellt worden waren. Frost meinte, diese Ferngläser seien im Rahmen des damals bestehenden begünstigten innerdeutschen Handels ohne Entrichtung von EU-Abgaben nach Deutschland einführbar.

Die deutschen Zollbehörden waren anderer Meinung. Das Justizministerium war nicht sicher, wie die Rechtslage zu beurteilen sei. Auf Anfrage bei der Kommission entschied diese, die Frost-Ferngläser fielen nicht unter den innerdeutschen Handel und es müsste nachträglich eine EU-Einfuhrabgabe erhoben werden.

Gegen den daraufhin erlassenen Zollbescheid klagte Frost vor dem Finanzgericht in Hamburg. Das FG teilte die Auffassung Frosts. Es war sich aber nicht sicher, ob es nun die Sache dem EuGH vorlegen sollte oder gar müsste. Schließlich rang sich das Gericht dazu durch, setzte das Verfahren aus und legte dem EuGH u. a. die Frage vor, ob ein nationales Gericht eine Entscheidung der Kommission auf ihre Gültigkeit hin überprüfen und in seinem Verfahren gegebenenfalls entgegen der Kommission entscheiden darf.

Einheitliche Auslegung des Unionsrechts

Art. 267 AEUV hat in der Praxis des Unionsrechts überragende Bedeutung im Hinblick auf die Einheitlichkeit des Unionsrechts erlangt. Die einheitliche Auslegung ist die erste Voraussetzung für die gleiche Anwendung des Rechts und damit letztlich für Rechtssicherheit und Gleichbehandlung der Rechtsunterworfenen.

Ablauf des Verfahrens

Der Ablauf des Vorlageverfahrens beginnt damit, dass ein mitgliedstaatliches Gericht (die Parteien des Verfahrens haben keinen Einfluss auf die Fragen, *Fratelli Grassi*, Slg. 1972, 443) dem EuGH eine oder mehrere exakte (*Foglia/Novelo II*, 1981, 3054) Fragen vorlegt, die in einem Verfahren aufgetaucht und entscheidungserheblich sind. Die Beurteilung der Erforderlichkeit eines Vorabentscheidungsersuchens bestimmt alleine das nationale Gericht. Nur wenn die erbetene Auslegung des Unionsrechts offensichtlich in keinem Zusammenhang mit der Realität oder dem Gegenstand des Ausgangsrechtsstreit steht, wenn das Problem hypothetischer Natur ist oder wenn der EuGH nicht über die tatsächlichen und rechtlichen Angaben verfügt, die für eine zweckdienliche Beantwortung der ihm vorgelegten Fragen erforderlich sind (*van der Weerd*, Slg. 2007, I-4233, Rn. 22).

Beim EuGH nimmt ein Generalanwalt zu dem Verfahren Stellung und legt dem Gerichtshof eine konkrete rechtliche Empfehlung zur Beantwortung der Rechtsfrage vor. Danach erst entscheidet der Gerichtshof. Anschließend führt das staatliche Gericht seinen Prozess fort und entscheidet unter Berücksichtigung des EuGH-Urteils.

Zu den einzelnen Absätzen des Art. 267 AEUV:

Abs. 1: Der EuGH entscheidet über Fragen bezüglich

- der Auslegung der Verträge (Primärrecht), (a)
- der Rechtmäßigkeit und Auslegung der Handlungen der Organe, der Einrichtungen oder sonstigen Stellen der Union, also das Sekundärrecht (b)
- der Auslegung und Gültigkeit völkerrechtlicher Verträge der EU, (b), *Kupferberg I*, Slg. 1990, I-3497
- der Auslegung nichtbindender Akte, (b), *Frecassetti*, Slg. 1976, S. 983

Der EuGH darf keinesfalls über die Auslegung nationalen Rechts befinden (*Costa/ENEL*, Slg. 1964, 1251). Daher darf ein nationales Gericht dem EuGH nicht die abstrakte Frage vorlegen, ob eine gewisse nationale Regelung mit dem EU-Recht vereinbar sei. Da aber ein derartiges Problem oft gegeben ist, kann man dieses Verbot umgehen: Das nationale Gericht darf den EuGH fragen, ob eine bestimmte nationale Maßnahme, die auf dem fraglichen nationalen Gesetz fußt, mit dem Unionsrecht vereinbar ist.

_{Keine Auslegung des nationalen Rechts}

Abs. 2: Vorlageberechtigung

- Nationale Gerichte sind wie alle Staatsorgane verpflichtet, das gesamte EU-Recht anzuwenden, soweit es einschlägig ist, also auf den dem Gericht vorliegenden Fall passt

Beispiel: Das EU-Recht kann z. B. vor einem nationalen Gericht bedeutsam werden, wenn der Kläger einen nationalen Verwaltungsakt aufgrund einer Verordnung erhalten hat. Klagt er gegen den Verwaltungsakt mit der Begründung, die Verordnung decke den Verwaltungsakt nicht, so muss das Gericht prüfen, ob das der Fall ist. Dazu muss es das Unionsrecht auslegen und prüfen, ob es gültig ist. Hat es bei der Auslegung oder bei der Gültigkeit Zweifel, so muss es dem EuGH eine konkrete Frage vorlegen.

[Gericht]

- Der Gerichtsbegriff des Abs. 2 wird aus unionsrechtlicher Sicht definiert: ein Spruchkörper, der dauerhaft besteht und auf gesetzlicher Grundlage Rechtssachen nach Normen entscheidet (*Nordsee*, Slg. 1982, 1095). Auch staatliche Schiedsgerichte erfüllen den Gerichtsbegriff (*Vaassen-Göbbels*, Slg. 1966, 378), nicht dagegen private.
- Das nationale Gericht darf nur vorlegen, wenn es eine Frage des Unionsrechts für klärungsbedürftig für seinen Fall hält. Ob das Gericht eine Vorlage für erforderlich hält, steht in seinem eigenen Ermessen. Das vorlegende Gericht – und nicht die Parteien des anhängigen Rechtsstreits – bestimmt auch alleine die Fassung der Vorlagefragen.
- Fragen nach Auslegung dürfen das ganze EU-Recht betreffen.

Fragen nach der Gültigkeit dürfen nur das Sekundärrecht und völkerrechtliche Verträge der EU betreffen, denn das Primärrecht ist der Frage nach der Gültigkeit entzogen.

[Vorlagepflicht bei Gültigkeitszweifeln]

- Bezweifelt ein Gericht die Gültigkeit eines Unionsrechtsaktes oder die Ungültigkeit eines vom EuGH für ungültig erklärten Aktes (*ICC*, Slg. 1981, 1191), so muss es immer vorlegen. Der Wortlaut des Abs. 2 besagt dies zwar nicht ausdrücklich. Hätte ein nationales Gericht aber die Möglichkeit, bei Gültigkeitszweifeln ohne Vorlage einen Unionsrechtsakt nicht anzuwenden, so verstieße das gegen das Interpretations- und Verwerfungsmonopol des EuGH. Ausschließlich der EuGH kann auf Vorlage EU-Recht aufheben. Gäbe es diese Möglichkeit für nationale Gerichte, wäre eine Rechtszersplitterung zu erwarten. Eine Vorlagepflicht besteht hingegen nicht, wenn das Gericht den Unionsrechtsakt für gültig hält. Dann besteht auch die Gefahr der Rechtszersplitterung nicht (*Foto-Frost*, Slg. 1987, 4199)

Abs. 3: Vorlageverpflichtung

- Eine Pflicht zur Vorlage besteht dagegen für letztinstanzliche Gerichte, wenn eine Frage des EU-Rechts bei ihrer Entscheidung maßgeblich ist. Letztinstanzlich ist jedes Gericht, dessen Entscheidung nicht mit Rechtsmitteln wie Berufung oder Revision angegriffen werden kann (konkrete Theorie; *Morson*, Slg. 1982, 3723). Im Einzelfall kann also auch ein erstinstanzliches Gericht, gegen dessen Entscheidung es aber keine Rechtsmittel gibt, gleichzeitig ein letztinstanzliches sein (Beispiel: eine verlorene Klage erfüllt nicht die Anforderungen an die Möglichkeit der Berufung – ausreichender Summenwert der abgewiesenen Klage – oder Revision – ausreichender Summenwert oder grundsätzliche Bedeutung – an ein höheres Gericht)
- Gegen die konkrete Theorie wird eine abstrakte Meinung vertreten. Danach sind nur abstrakt letztinstanzliche Gerichte vorlageverpflichtet, etwa der Bundesgerichtshof (Zivil- und Strafsachen), das Bundesarbeitsgericht, das Bundesverwaltungsgericht, der Bundesfinanzhof (Steuersachen) etc. Der Wortlaut des Abs. 3 lässt wohl eine abstrakte Deutung zu, Sinn und Zweck der Vorlagepflicht kann eine derartige Verkürzung der Rechtsvereinheitlichung durch den EuGH aber nicht sein. Die Verfassungsbeschwerde an das Bundesverfassungsgericht ist kein Rechtsmittel i.S.d. Art. 267 III AEUV. Die Möglichkeit ihrer Einlegung schließt folglich die Vorlagepflicht nicht aus

Abstrakte und konkrete Theorie

Verfassungsbeschwerde ist nicht umfasst.

- Bei Auslegungsfragen besteht die Vorlagepflicht letztinstanzlicher Gerichte ausnahmslos, es sei denn, die Auslegungsfrage war vorher bereits Gegenstand einer ähnlichen oder gleichen Vorlage eines anderen Gerichts (*Da Costa en Schaake*, Slg. 1963, 63) oder eine gesicherte Rechtsprechung des EuGH zu der Frage liegt vor (*CILFIT*, Slg. 1982, 3415). Ferner entfällt die Vorlageverpflichtung, wenn die Anwendung des Unionsrechts so offenkundig ist, dass keinerlei Raum für einen vernünftigen Zweifel an der gestellten Frage besteht (*CILFIT*, s. o.). Die Offenkundigkeit liegt vor, wenn alle übrigen Gerichte der Mitgliedstaaten und der EuGH die gleiche Gewissheit haben. Wie ist dies nun festzustellen?

Ausnahmen von der Voralgepflicht bei Auslegungsfragen

Offenkundigkeit der Auslegung

Der EuGH gibt dem nationalen Richter folgende Leitlinien an die Hand:

- Alle Sprachfassungen müssen zum selben Ergebnis kommen,

- die besondere Terminologie des Unionsrechts muss beachtet werden und
- die Systematik und der Telos (Sinn) der Vorschrift des Unionsrechts ist von dem nationalen Richter bei ihrer Auslegung besonders zu beachten (*CILFIT*, s. o.).

Enge Ausnahmevoraussetzungen

Diese engen Ausnahmevoraussetzungen werden von einem nationalen Richter wahrscheinlich nie erfüllt werden können, so dass die Ausnahme von der Vorlagepflicht eher theoretischer Natur ist (vgl. aber BGH ZIP 2009, 2158 mit sehr knapper Begründung).

- Bei Gültigkeitszweifeln besteht im Hauptverfahren ausnahmslos die Vorlagepflicht

Nach denselben Leitlinien gestaltet sich die obligatorische Vorlagepflicht bei vorläufigen Rechtsschutzverfahren; das sind solche Verfahren, in denen nur vorläufig unter Vermeidung einer endgültigen Entscheidung ein Sachverhalt geregelt wird. Diese Verfahren gibt es im Zivil- und im öffentlichen Recht, um Rechte bis zu einem endgültigen Urteil zu sichern und/oder vollendete Tatsachen zu verhindern. Bei Auslegungsfragen besteht keine Vorlagepflicht nach Abs. 3, wenn im Hauptverfahren eine Vorlage möglich ist.

Anders ist das bei Gültigkeitsfragen. Nach dem *Zuckerfabrik Süderdithmarschen*-Urteil des EuGH (Slg. 1991, S. I-415) darf ein nationales Verwaltungsgericht die Vollziehung eines auf EU-Recht beruhenden staatlichen Verwaltungsaktes nur dann vorläufig aussetzen, wenn es erhebliche Zweifel an der Gültigkeit des Sekundärrechtsaktes hat, keine vollendeten Tatsachen durch die Aussetzung geschaffen werden, und wenn die Voraussetzungen für einstweilige EuGH-Anordnungen (Art. 279 AEUV) beachtet werden, insbesondere Dringlichkeit und hinreichende Erfolgsaussicht im Hauptsacheverfahren. Jedoch muss das nationale Gericht weiterhin vorlegen.

Einstweiliger Rechtsschutz

EuGH ist gesetzlicher Richter im Sinne des Art. 101 I 2 GG

- Eine Verletzung der Vorlagepflicht ist eine Vertragsverletzung und kann nach Art. 258 oder Art. 259 AEUGV zu einer Klage gegen den Gerichtsstaat führen. Außerdem hat die Verletzung der Vorlagepflicht im innerstaatlichen Recht Konsequenzen. Da der EuGH »gesetzlicher Richter« im Sinne des Art. 101 I 2 GG ist (BVerfGE 73, 339, *Solange II*), wird mit der rechtswidrigen und gleichzeitig willkürlichen (BVerfGE 75, 223, *Kreditvermittlerin*) Unterlassung der Vorlage das Recht auf den gesetzlichen Richter verletzt. Nach der Rspr. des BVerfG kann Willkür in drei Fallge-

Willkür

staltungen vorliegen. Erstens, wenn ein letztinstanzliches Gericht seine Vorlageverpflichtung grundsätzlich verkennt. Zweitens, wenn zu einer entscheidungserheblichen Frage des Unionsrechts noch keine einschlägige Rechtsprechung des EuGH vorliegt. Der dritte und in der praktischen Anwendung häufigste Fall beschäftigt sich mit der möglichen Weiterentwicklung der Rechtsprechung des Gerichtshofes. Wenn diese zu einer bestimmten Fragestellung noch möglich erscheint, so liegt Willkür vor, wenn das letztinstanzliche Gericht den ihm zukommenden Beurteilungsspielraum in unvertretbarer Weise überschritten hat. Dies kann insbesondere dann möglich sein, wenn mögliche Gegenauffassungen zu der entscheidungserheblichen Frage des Unionsrechts gegenüber der vom Gericht vertretenen Meinung eindeutig vorzuziehen sind (1 BvR 1036/99, BVerfG, Beschluss v. 9. 1. 2001, Rdnr. 18). Ein die Vorlagepflicht verletzendes Urteil würde somit vom BVerfG aufgehoben und zur erneuten Entscheidung zurückverwiesen.

Das dem EuGH vorlegende Gericht ist an dessen Entscheidung gebunden ist (*Wünsche III*, Slg. 1986, 947). Andere Gerichte sind nur gebunden, wenn der EuGH in der Vorabentscheidung einen EU-Rechtsakt für ungültig erklärt hat (*Wünsche*, s. o.). — Bindung an die Entscheidung des EuGH

Ein Gericht kann auch mehrmals in einem Verfahren vorlegen, etwa, wenn nacheinander verschiedene EU-Rechtsfragen auftreten oder wenn die Entscheidung des EuGH unklar ist (*Wünsche*, s. o.).

Also doch so viele Teile wie ein Auto. Nach diesem Aufriss des Art. 267 AEUV dürfte die Lösung des Falles Frost nicht mehr allzu schwer fallen (Foto-Frost wurde noch nach dem EWGV entschieden):

Fraglich ist, ob das Finanzgericht (FG) die Ungültigkeit einer Kommissionsentscheidung feststellen und die Anwendung der Entscheidung unterlassen darf. Nach der Auffassung des FG verstieß die Kommissionsentscheidung gegen eine Verordnung der EWG.

Art. 267 AEUV überträgt dem EuGH das Recht zur Vorabentscheidung. Die Absätze 2 und 3 bestimmen die fakultative bzw. obligatorische Vorlage durch die nationalen Gerichte. Die Vorschrift selbst gibt keine Antwort auf die Frage, ob nationale Gerichte selbst Unionsrechtsakte bei Gültigkeitszweifeln unangewendet lassen dürfen. Sicher ist, dass nationale Gerichte Zweifel der Parteien an der Gültigkeit sekundären Unionsrechts zurückweisen dürfen. Damit stellen sie die Wirksamkeit des Unionsrechts nicht in Frage.

Eine Befugnis zur Ungültigerklärung besteht aber nicht, weil das Unionsrecht in den Mitgliedstaaten gleichmäßig angewandt werden muss. Wenn einzelne Gerichte ausscheren, stellen sie die Einheit der Unionsrechtsordnung in Frage und damit das grundlegende Erfordernis der Rechtssicherheit. Der Art. 267 AEUV ist speziell zur Gewährleistung der Rechtseinheit konzipiert.

Außerdem weist Art. 263 AEUV allein dem EuGH das Recht zu, einen Unionsrechtsakt für ungültig zu erklären. Die sog. Kohärenz, der Gleichlauf des Rechtsschutzsystems, verlangt, dass auch in allen anderen Bereichen der EuGH das Verwerfungsmonopol hat.

Somit haben nationale Gerichte nicht das Recht, Unionsrechtshandlungen zu verwerfen oder unangewendet zu lassen. Bei Gültigkeitszweifeln müssen sie in jedem Fall vorlegen.

Verfahren vor dem Europäischen Gerichtshof

1. Klageverfahren

Vertragsverletz-ungsverfahren gegen Mitgliedstaaten	Nichtigkeits-klage gegen Rechtsakte mit Außenwirkung gegeneinander	Untätigkeits-klage auf Handlungen eines Organs	Amtshaftungs-klage gegen Gemeinschaft	Beamtenklage Streit zwischen Gemeinschaft u. Bediensteten
Art. 258 AEUV • Kommission Art. 259 AEUV • Mitgliedstaat	Art. 263 II AEUV (privilegiert) • Mitgliedstaaten • Rat • Kommission • Parlament Art. 263 III AEUV (privilegiert) • EZB • Rechnungshof Art. 263 IV AEUV (nichtprivilegiert) • nat. Personen • jurist. Personen • auch Rechtsper-sonen des öffent-lichen Rechts	Art. 265 AEUV (privilegiert) • Mitgliedstaaten • Organe (nichtprivilegiert und lediglich Be-schwerderecht) • nat. Personen • jurist. Personen	Art. 268 AEUV Art. 340 AEUV • Mitgliedstaaten • Drittstaaten • nat. Personen • jurist. Personen • auch Personen des öffentlichen Rechts	Art. 270 AEUV • Kommission • EU-Angestellte

2. Vorabentscheidungsverfahren

Pflicht (obligatorisch) Art. 267 III AEUV, letztinstanzliche staatliche Gerichte	Verbindliche Auslegung des EU-Rechts durch EuGH auf Antrag staatlicher Gerichte, Vorlage einer Frage an den EuGH	Möglichkeit (fakultativ) Art. 267 II AEUV, alle staatlichen Gerichte

3. Gutachtenverfahren

Art. 218 XI AEUV auf Antrag: Rat; Kommission; Mitgliedstaat

11. Die EU als internationaler Akteur

Völkerrechtsfähigkeit der EU

Die Union besitzt nach Art. 47 EUV die sog. Völkerrechtsfähigkeit, d.h., sie ist auf der Ebene des Völkerrechts ein Inhaber von Rechten und Pflichten. Sie ist damit ein Völkerrechtssubjekt.

»EG INTERNATIONAL«

Art. 47 EUV

Rechtspersönlichkeit der Union

Die Union besitzt Rechtspersönlichkeit.

Die Völkerrechtsfähigkeit wird auch in den Art. 207 AEUV (handelspolitische Kompetenz) und Art. 218 AEUV (Abkommen mit dritten Staaten oder Organisationen) vorausgesetzt, aber nicht begründet. Die EU unterhält eigene Beziehungen zu anderen Staaten und internationalen Organisationen, also solchen Organisationen, die durch völkerrechtliche Verträge zwischen Staaten gegründet wurden.

Ausschließliche Kompetenz

Dienstleistungsfreiheit

Die EU ist ein aktiver Partner auf der internationalen Bühne und schließt sehr viele völkerrechtliche Abkommen ab, die hauptsächlich Handelsfragen betreffen (Aufzählung bei *Grabitz/Hilf-Vedder-Lorenzmeier*, Art. 133 EGV). Ob die Kompetenz der EG dabei eine ausschließliche ist, oder die Mitgliedstaaten auch zum Handeln befugt sind, richtet sich nach Art. 3 AEUV. Beispielsweise ist die Kompetenz für den Handelsverkehr nach Art. 207 AEUV eine ausschließliche. Ein Kompetenz der EU zum Tätigwerden nach außen kann sich nach dem

Grundsatz der Parallelität von Innen- und Außenkompetenzen aus einer Innenkompetenz ergeben.

Rechts- und Geschäftsfähigkeit der Gemeinschaft Art. 335 AEUV

Die Union besitzt in jedem Mitgliedstaat die weitestgehende Rechts- und Geschäftsfähigkeit, die juristischen Personen nach dessen Rechtsvorschriften zuerkannt ist; sie kann insbesondere bewegliches und unbewegliches Vermögen erwerben und veräußern sowie vor Gericht stehen. Zu diesem Zweck wird sie von der Kommission vertreten. [...]

Die Union ist mithin in ihren Mitgliedstaaten geschäftsfähig, sie kann z.B. Miet- und Kaufverträge abschließen. Sie ist auch prozessfähig, kann also klagen und verklagt werden. Im Rahmen ihrer Geschäftsfähigkeit wird die EU von der Kommission vertreten.

Verhalten in politischen Krisensituationen Art. 347 AEUV

Die Mitgliedstaaten setzen sich miteinander ins Benehmen, um durch gemeinsames Vorgehen zu verhindern, dass das Funktionieren des Binnenmarktes durch Maßnahmen beeinträchtigt wird, die ein Mitgliedstaat bei einer schwerwiegenden innerstaatlichen Störung der öffentlichen Ordnung, im Kriegsfall, bei einer ernsten, eine Kriegsgefahr darstellenden internationalen Spannung oder in Erfüllung der Verpflichtungen trifft, die er im Hinblick auf die Aufrechterhaltung des Friedens und der internationalen Sicherheit übernommen hat.

Art. 347 AEUV erfasst drei Situationen, in denen ein Mitgliedstaat marktschädigende Maßnahmen ergreift: *Ausnahmevorschrift*

- eine Gefährdung der inneren Sicherheit des Staates oder
- im Kriegs- oder Spannungsfall oder
- bei Erfüllung internationaler Verpflichtungen (Beschlüsse des UN-Sicherheitsrates, der NATO, der WEU etc.).

Mitgliedstaatliche Embargomaßnahmen etwa sind bei Vorliegen der Voraussetzungen des Art. 347 AEUV gerechtfertigt, auch wenn sie marktschädigend sind. Die ausschließlichen handelspolitischen Kompetenzen der EU der Art. 215 und 207 AEUV stehen dem mangels Anwendbarkeit nicht entgegen. Im Ergebnis wird das Kompetenzsystem der Verträge in bestimmten Krisensituationen durchbrochen und die Mitgliedstaaten berechtigt, die notwendigen Maßnahmen zu treffen. Ob eine Embargomaßnahme gegen sonstiges Völkerrecht, etwa GATT (1994), verstößt, ist eine Frage, die unabhängig von den Kompetenzgrundlagen der Verträge zu beantworten ist.

12. Ein Übungsfall

Noch einmal zurück zur Dienstleistungsfreiheit. In diesem Bereich gibt es eine sehr ausdifferenzierte Rechtsprechung des EuGH. Ein Beispiel dafür ist folgender Fall:

Tatbestand erfassen mit Definition, Auslegung

Der Belgier Raymond Van der Elst betreibt in Brüssel ein Spezialabbruchunternehmen. In seiner Firma beschäftigt Van der Elst nicht nur Belgier, sondern seit Jahren auch einige Arbeiter marokkanischer Staatsangehörigkeit.

Der Aufenthalt und die Tätigkeit dieser Arbeiter in Belgien ist rechtmäßig. Sie besitzen alle eine Aufenthaltsgenehmigung und eine Arbeitserlaubnis, nehmen am belgischen Sozialversicherungssystem teil und werden in Brüssel bezahlt.

Im Jahr 1989 sandte Van der Elst zur Erledigung eines Auftrags eine Gruppe von vier belgischen und vier marokkanischen Arbeitern nach Reims in Nordostfrankreich. In Reims waren an einem Gebäude, dem »Château Lanson«, einmonatige Abbruch- und Baustoffrückgewinnungsmaßnahmen durchzuführen.

Alle acht Arbeiter waren dauernd bei Van der Elst beschäftigt. Für die marokkanischen Arbeiter hatte er vorher vom französischen Konsulat in Brüssel einen Monat gültige Sichtvermerke für den Aufenthalt besorgt.

Im April 1989 kontrollierte die französische Gewerbeaufsichtsbehörde die Baustelle im »Château«. Die Beamten monierten, dass die vier Marokkaner eine französische Arbeitserlaubnis benötigt hätten. Daher verstoße ihre Tätigkeit gegen das französische Recht. Der Sichtvermerk sei nicht ausreichend.

Nach französischem Recht müssen Ausländer für eine Arbeitnehmertätigkeit in Frankreich einen Sichtvermerk, einen amtlich beglaubigten Arbeitsvertrag, ein ärztliches Zeugnis und weitere Papiere dem OMI (Office des Migrations Internationales – Büro für internat. Wanderungsbewegungen) vorlegen. Ausländische Arbeitnehmer, die diese Voraussetzungen nicht erfüllen, dürfen von niemandem beschäftigt werden. Bei Zuwiderhandlungen wird ein hoher Sonderbeitrag zugunsten des OMI fällig.

Das OMI erhob von Van der Elst einen Beitrag von 121.520 französischen Francs, etwa 17.500 €. Dieser Beitrag wurde zwar nachträglich um 3/4 reduziert, Van der Elst war aber trotzdem nicht damit einverstanden. Nach seinem Einspruch beim OMI, der zurückgewiesen wurde, klagte er beim Tribunal Administratif (TA, Verwaltungsgericht) gegen den Bescheid.

Zur Begründung seiner Klage führte Van der Elst an, die streitigen Normen des französischen Arbeitsgesetzbuches (Code du Travail) verstießen gegen die Art. 56 ff. AEUV.

Fragen:
1. *Wie wird das Verwaltungsgericht mit der Rechtsbehauptung Van der Elsts umgehen?*
2. *Hat er mit seiner Behauptung Recht?*

Zwei Fallfragen

Frage 1:

Zu prüfen ist, welche Schritte das VG in Bezug auf die Rechtsbehauptung vornehmen wird.

Gemäß Art. 267 AEUV sind nationale Gerichte stets verpflichtet, bei der Bearbeitung ihrer Fälle das Unionsrecht zu beachten und anzuwendenden.

Ergibt sich in einem Prozess für ein Gericht eine Rechtsfrage des Gemeinschaftsrechts, so ist fraglich, ob das Gericht dem EuGH nach Art. 267 II AEUV die Frage vorlegen kann, wenn es das für nötig hält, oder nach Abs. 3 vorlegen muss, oder trotz Abs. 3 die Frage selbständig entscheiden darf. Der EuGH sichert mit der zentralen Auslegung und Gültigkeitsbeurteilung des Unionsrechts die Rechtseinheit in den Verträgen.

Im Sachverhalt handelt es sich um eine Auslegungsfrage des Unionsrechts, nämlich:

Läuft es den Art. 56/57 AEUV zuwider, dass ein Mitgliedstaat in einem anderen Mitgliedstaat ansässige Unternehmen, die zur Erbringung einer Dienstleistung auf seinem Gebiet tätig werden und die Angehörige von Drittstaaten ordnungsgemäß und dauerhaft beschäftigen, unter Androhung einer Geldbuße dazu verpflichtet, bei einer nationalen Behörde für diese Arbeiter eine Arbeitserlaubnis einzuholen?

Auslegungsfrage

Nationale nicht letztinstanzliche Gerichte sind berechtigt, solche Auslegungsfragen dem EuGH vorzulegen, Art. 267 II, 1 lit. a AEUV. Ob das französische VG ein letztinstanzliches Gericht ist, ist nach dem Sachverhalt nicht zu beantworten, daher kann auch in einer Prüfungsarbeit keine Antwort erwartet werden. Es spielt hier also keine Rolle, ob man der konkreten oder der abstrakten Betrachtung der Letztinstanzlichkeit folgt.

Da Van der Elst in Frankreich eine Dienstleistung erbringt, wäre es durchaus denkbar, dass seine Tätigkeit und damit die seiner Arbeiter vom AEUV erfasst wird. Eine gesicherte Rechtsprechung des EuGH besteht für die vorliegende Fallkonstellation nicht. Daher ist zu erwarten, dass das TA dem EuGH vorlegen wird.

Im Fall Van der Elst ist das TA Châlons-Sur-Marne dementsprechend verfahren.

Frage 2:
Zu prüfen ist, ob das betroffene französische Gesetz gemeinschaftsrechtswidrig ist, genauer, ob es gegen Art. 56/57 AEUV verstößt.

Grenzüberschreitende Dienstleistung

Dazu müsste Van der Elst grenzüberschreitend eine Dienstleistung erbringen, die entgeltlich und zeitlich beschränkt ist. Die Arbeiter der Firma begeben sich zur Leistungserbringung in einen anderen Mitgliedstaat, Art. 57 III AEUV. Die Firma arbeitet entgeltlich und nur für die Dauer der Renovierung des »Château Lanson«. Zwar arbeitet Van der Elst nicht persönlich, jedoch erstreckt sich die Freiheit des Art. 49 auf die Eliminierung aller Beschränkungen, die geeignet sind, eine grenzüberschreitende Dienstleistung zu hemmen. Dabei kommt es auf die persönliche Dienstleistung nicht an, die Freiheit gilt für das ganze Unternehmen mit dienstleistender Tätigkeit (Säger, Slg. 1991, I-4221).

Diskriminierung/ Behinderung

Weiterhin müsste eine Diskriminierung vorliegen. Die Tätigkeit Van der Elsts ist insofern behindert, als dass die französischen Behörden von den marokkanischen Arbeitern Arbeitserlaubnisse, Sozialabgaben und Gesundheitszeugnisse verlangen. Folglich müssen die Arbeiter, die ja bereits in Belgien ordnungsgemäße Aufenthalts- und Arbeitsgenehmigungen haben und an der Sozialversicherung teilnehmen, all diese Voraussetzungen für ihre Tätigkeit doppelt erfüllen. Daher liegt eine Diskriminierung vor, die Van der Elst mittelbar betrifft.

Unter dem Gesichtspunkt der strengeren Anforderungen der Niederlassungsfreiheit stehen Frankreich keine Rechte zu, denn die Arbeitertätigkeit ist eindeutig zeitlich begrenzt, die Arbeiter wollen sich nicht niederlassen.

Van Wesemael Formel

Fraglich ist, ob sich eine Berechtigung für die Einschränkung der Dienstleistungsfreiheit in diesem Fall ergibt. Dies ist nach der »van Wesemael«-Formel (kumulativ drei Voraussetzungen zur Rechtfertigung) des EuGH (Slg. 1979, 35), abgesehen von Art. 62 AEUV nur dann zulässig,

- *wenn zwingende Gründe des Allgemeinwohls vorliegen (die nicht schon vom Heimatstaat des Dienstleistungserbringers normativ gewahrt werden),*
- *die einschränkenden Regelungen für aus- und inländische Dienstleistungserbringer gelten,*
- *und die Einschränkungen verhältnismäßig im engeren Sinn, das bedeutet, angemessen, sind.*

Zu untersuchen ist, ob zwingende Gründe des Allgemeinwohls gegeben sind. Als ein solcher Grund kommt hier der Schutz des französischen Arbeitsmarktes vor Dienstleistungen aus anderen Mitgliedstaaten zu Dumpingpreisen in Frage. Zwingende Gründe des Allgemeinwohls

Laut EuGH sei dieser Grund schon nicht gegeben, weil die vier Marokkaner nicht auf den französischen Arbeitsmarkt drängen würden, sondern nur temporär eine Dienstleistung erbracht werde. Diese Argumentation ist allerdings angreifbar, denn die Arbeiter okkupieren trotz der zeitlichen Begrenztheit einen Teil des französischen Arbeitsmarktes.

Somit ist weiter prüfen, ob nicht das belgische Recht das Allgemeinwohl schützt, etwa durch die Verhinderung von Dumpingangeboten unter Einsatz von Arbeitnehmern dritter Nationalität. Dies ist allerdings aus dem Sachverhalt nicht erkennbar.

Die französische Regelung ist aber jedenfalls unverhältnismäßig, denn sie differenziert nicht in Bezug auf Dumpingangebote und im Hinblick auf Arbeitnehmer, die schon in einem anderen EU-Mitgliedstaat an der Sozialversicherung teilnehmen.

Danach stellt sich die französische Regelung als ein Verstoß gegen Art. 56 AEUV dar. Van der Elst hat also mit seiner Rechtsbehauptung ins Schwarze getroffen. Die französische Regelung ist im Fall Van der Elst nicht anwendbar, die Verhängung des Sonderbeitrages rechtswidrig. Ergebnis

Problematisch bleibt aber, das nur als Nachtrag und Denkanstoß für das folgende Kapitel, ob nicht die französische Regelung von Art. 35 AEUV gedeckt ist. So haben einige Mitgliedstaaten im Verfahren Van der Elst *argumentiert. Eine klare Abgrenzung der Normen ist der EuGH aber schuldig geblieben.*

13. Wiederholungsfragen

- 1. Was sind die Politiken der Union? Lösung S. 192
- 2. Welche Rechte verleiht die Unionsbürgerschaft? Ist sie eine Staatsbürgerschaft? Lösung S. 194
- 3. Welche Grundfreiheiten enthält der AEUV? Lösung S. 198
- 4. Was bedeutet der Begriff Zollunion? Lösung S. 200
- 5. Sind mengenmäßige Beschränkungen ein Handelshemmnis und untersagt? Lösung S. 203
- 6. Was bedeuten »Dassonville«, »Cassis de Dijon« und »Keck«? Lösung S. 206
- 7. Sind Verstöße gegen Art. 34 AEUV rechtfertigbar? Lösung S. 207
- 8. Gilt die Arbeitnehmerfreizügigkeit horizontal? Was ist ein Arbeitnehmer? Lösung S. 211
- 9. Was ist der Unterschied zwischen der Niederlassungs- und der Dienstleistungsfreiheit? Lösung S. 219
- 10. Sind Kapital- und Zahlungsverkehr rechtlich unterschiedlich? Lösung S. 234
- 11. Was ist der Raum der Freiheit, der Sicherheit und des Rechts? Welche Elemente enthält er? Lösung S. 239
- 12. In welchen Bereichen gilt die EU-Wettbewerbspolitik? Lösung S. 249
- 13. Wieviel Mitgliedstaaten hat der Euro? Lösung S. 262
- 14. Kommt der EU eine Außenhandelskompetenz zu? Lösung S. 264
- 15. Ist die Umweltpolitik wirksam? Lösung S. 269
- 16. Wie ist der Rechtsschutz strukturiert? Lösung S. 272
- 17. Welche Verfahrensarten gibt es? Lösung S. 273
- 18. Können Personen gegen eine EU-Verordnung klagen? Lösung S. 279
- 19. Wie ist der Ablauf des Vorabentscheidungsverfahrens? Welche Voraussetzungen kennt es? Lösung S. 288

Vom Grundgesetz zum Europarecht

1. Grundgesetz und Europa　　　　　304

2. Wiederholungsfragen　　　　　　319

1. Grundgesetz und Europa

Bei der Frage, wie Europarecht und Grundgesetz (GG) zusammenhängen, geht es um den völkerrechtlichen Charakter des Europarechts. Alle europäischen Organisationen beruhen auf völkerrechtlichen Verträgen zwischen den jeweiligen Mitgliedstaaten, beispielsweise EU, EURATOM, Europarat, NATO usw. Auch wenn es manchmal so scheint, als ob diese internationalen, völkerrechtlichen Verträge und das internationale, zwischen Staaten geltende Recht überhaupt mehr oder weniger in der Luft schweben, so haben sie doch ganz konkrete rechtliche Befestigungspunkte im GG.

Die Rechtsbeziehungen zwischen Staaten und anderen Völkerrechtssubjekten, wie etwa Internationalen Organisationen, bestimmen sich grundsätzlich nach dem Völkerrecht; bei der EU wird das Völkerrecht allerdings größtenteils überlagert vom spezielleren Gemeinschaftsrecht (zum Völkerrecht s. L/R, VölkerR, 2002).

Art. 23 GG

Entscheidende Vorschrift: Art. 23 GG

Das Rechtsverhältnis zwischen der Bundesrepublik Deutschland und der Europäischen Union wird seit Ende 1992 durch Art. 23 GG ausgestaltet, der bis dahin den Beitritt anderer Teile Deutschlands zur Bundesrepublik regelte und der nach dem Beitritt der fünf neuen Bundesländer in seiner damaligen Fassung obsolet wurde. Bei der Formulierung des neuen Art. 23 GG ging die gemeinsame Verfassungskommission von Bundestag und Bundesrat davon aus, dass der (damals neue) Maastrichter Unionsvertrag eine so weitgehende Integration der Bundesrepublik mit sich bringen würde, dass dies nicht mehr durch Art. 24 I GG gedeckt wäre. Art. 24 I GG verlangt für die Hoheitsrechtsübertragung ein einfaches Bundesgesetz (siehe L/R, VölkerR, S. 253 ff.).

Übertragung von Hoheitsrechten

Mit der sich vertiefenden Integration ging jedoch eine so umfangreiche Übertragung von Hoheitsrechten an die EU einher, dass die Begründung der Union und die weitere Kompetenzübertragung einer eigenen, breiteren Grundlage im Grundgesetz bedurften. Diese Grundlage stellt seitdem Art. 23 GG dar, der für die europäische Integration und deren Fortgang geschaffen wurde (BVerfGE 89, 155/172).

Der Artikeltext ist das Ergebnis eines politischen Kompromisses und sehr umfangreich geworden. Am besten liest man die sieben Absätze nicht alle sofort nacheinander, sondern jeden Absatz mehrmals hintereinander und dann erst den nächsten. So vermeidet man, dass sich die Absätze gedanklich miteinander vermischen.

Verwirklichung eines vereinten Europas   Art. 23 GG

(1) Zur Verwirklichung eines vereinten Europas wirkt die Bundesrepublik Deutschland bei der Entwicklung der Europäischen Union mit, die demokratischen, rechtsstaatlichen, sozialen und föderativen Grundsätzen und dem Grundsatz der Subsidiarität verpflichtet ist und einen diesem Grundgesetz im wesentlichen vergleichbaren Grundrechtsschutz gewährleistet. Der Bund kann hierzu durch Gesetz mit Zustimmung des Bundesrates Hoheitsrechte übertragen. Für die Begründung der Europäischen Union sowie für Änderungen ihrer vertraglichen Grundlagen und vergleichbare Regelungen, durch die dieses Grundgesetz seinem Inhalt nach geändert oder ergänzt wird oder solche Änderungen oder Ergänzungen ermöglicht werden, gilt Art. 79 Abs. 2 und 3.

(1a) Der Bundestag und der Bundesrat haben das Recht, wegen Verstoßes eines Gesetzgebungsakts der Europäischen Union gegen das Subsidiaritätsprinzip vor dem Gerichtshof der Europäischen Union Klage zu erheben. Der Bundestag ist hierzu auf Antrag eines Viertels seiner Mitglieder verpflichtet. Durch Gesetz, das der Zustimmung des Bundesrates bedarf, können für die Wahrnehmung der Rechte, die dem Bundestag und dem Bundesrat in den vertraglichen Grundlagen der Europäischen Union eingeräumt sind, Ausnahmen von Artikel 42 Abs. 2 Satz 1 und Artikel 52 Abs. 3 Satz 1 zugelassen werden.

(2) In Angelegenheiten der Europäischen Union wirken der Bundestag und durch den Bundesrat die Länder mit. Die Bundesregierung hat den Bundestag und den Bundesrat umfassend und zum frühestmöglichen Zeitpunkt zu unterrichten.

(3) Die Bundesregierung gibt dem Bundestag Gelegenheit zur Stellungnahme vor ihrer Mitwirkung an Rechtsetzungsakten der Europäischen Union. Die Bundesregierung berücksichtigt die Stellungnahmen des Bundestages bei den Verhandlungen. Das Nähere regelt ein Gesetz.

(4) Der Bundesrat ist an der Willensbildung des Bundes zu beteiligen, soweit er an einer entsprechenden innerstaatlichen Maßnahme mitzuwirken hätte oder soweit die Länder innerstaatlich zuständig wären.

(5) Soweit in einem Bereich ausschließlicher Zuständigkeiten des Bundes Interessen der Länder berührt sind oder soweit im Übrigen der Bund das Recht zur Gesetzgebung hat, berücksichtigt die Bundesregierung die Stellungnahme des Bundesrates. Wenn im Schwerpunkt Gesetzgebungsbefugnisse der Länder, die Einrichtung ihrer Behörden oder ihre Verwaltungsverfahren betroffen sind, ist bei der Willensbildung des Bundes insoweit die Auffassung des Bundesrates maßgeblich zu berücksichtigen; dabei ist die gesamtstaatliche Verantwortung des

Bundes zu wahren. In Angelegenheiten, die zu Ausgabenerhöhungen oder Einnahmeminderungen für den Bund führen können, ist die Zustimmung der Bundesregierung erforderlich.

(6) Wenn im Schwerpunkt ausschließliche Gesetzgebungsbefugnisse der Länder betroffen sind, soll die Wahrnehmung der Rechte, die der Bundesrepublik Deutschland als Mitgliedstaat der Europäischen Union zustehen, vom Bund auf einen vom Bundesrat benannten Vertreter der Länder übertragen werden. Die Wahrnehmung der Rechte erfolgt unter Beteiligung und in Abstimmung mit der Bundesregierung; dabei ist die gesamtstaatliche Verantwortung des Bundes zu wahren.

(7) Das Nähere zu den Absätzen 4 bis 6 regelt ein Gesetz, das der Zustimmung des Bundesrates bedarf.

Art. 23 GG verlangt sowohl für die Zustimmung des Parlaments zum Abschluss des Unionsvertrages wie für spätere Kompetenzübertragungen eine Zweidrittelmehrheit sowohl im Bundestag als auch im Bundesrat, siehe Art. 23 I, 79 II GG.

Verfassungsrechtliche Voraussetzungen der Integration

Innerhalb seines Anwendungsbereiches ist Art. 23 I 2 GG lex specialis zu Art. 24 I und 32 GG. Darüber hinaus enthält Art. 23 I GG eine Staatszielbestimmung und einen rechtlich verbindlichen Auftrag zur Verwirklichung eines vereinten Europas. Staatszielbestimmung bedeutet, dass der Staat bei seinem Handeln allgemein (aber nicht rechtlich!) verpflichtet ist, die Einigung voranzutreiben.

Jedoch ist die Integration in ein vereintes Europa nicht unbegrenzt möglich. Die Schranken ergeben sich aus den in Art. 23 I 1 und I 3 GG in Verbindung mit Art. 79 III GG genannten Bedingungen. Der Verweis auf die Vorschrift des Art. 79 II GG regelt nur die notwendigen Mehrheitsverhältnisse und stellt keine inhaltliche (materielle) Begrenzung dar.

Zuerst zu Art. 23 I 2 GG, der dem Bund die Befugnis zur Übertragung von Hoheitsrechten gewährt. Der Begriff »Hoheitsrechte« ist weit zu verstehen und umfasst die Ausübung öffentlicher Gewalt im innerstaatlichen Bereich durch alle drei Staatsgewalten. Aus der systematischen Gesamtschau mit Art. 23 V 2, VI 1 GG ergibt sich, dass auch die Hoheitsrechte der Länder mitumfasst sind. Übertragung bedeutet die Weitergabe und Öffnung der deutschen Rechtsordnung für unionsrechtliche Rechtsakte, so dass diesen unmittelbare Geltung und Anwendbarkeit in der deutschen Rechtsordnung zukommen kann (vgl. BVerfGE 37, 271/279). Das erwähnte innerstaatliche Gesetz muss ein Bundesgesetz sein, Art. 23 I 2 GG. Für die formelle Rechtmäßigkeit dieses Gesetzes ist Art. 23 I 3 i.V.m. Art. 79 II GG zu beachten, die sog. verfassungsändernde Mehrheit ist dafür erforderlich. Die Vorschrift erfasst jede textliche Veränderung des europäischen Primärrechts.

Die an das Integrationsgesetz zu stellenden materiellen Anforderungen regelt Art. 23 I 1 und 3 GG. Die Struktursicherungsklausel des Absatzes 1 Satz 1 schreibt vor, welche Elemente das vereinte Europa haben muss, damit Deutschland dort Mitglied sein kann und die Übertragung von Hoheitsrechten verfassungsrechtlich zulässig ist. Jedoch ist nicht erforderlich, dass die dort genannten Voraussetzungen auf europäischer Ebene in gleicher Weise ausgestaltet sind wie auf nationaler. Unterschiede sind möglich. Ein gutes Beispiel hierfür ist das Demokratiegebot. Die europäische Integration darf weder zu einer Aushöhlung des Demokratieprinzips in Dtld. führen, noch darf die EU grundlegende demokratische Anforderungen verfehlen (BVerfG, *Lissabonvertrag*, Rdnr. 244). Wie oben bereits unter dem Stichwort Demokratiedefizit erläutert (s. S. 122) ist die Demokratie im Bereich der Union noch nicht derart ausgebildet, wie man es von Nationalstaaten gewohnt ist, dennoch entspricht sie grundlegenden demokratischen Anforderungen.

Materielle Anforderungen

Von besonderer Relevanz ist auch der Grundrechtsschutz. Nach Abs. 1 Satz 1 müssen die Grundrechte des Europäischen Gemeinschaftsrechts den deutschen Grundrechten des GG »im wesentlichen« entsprechen. Dies ist ein Hinweis auf den »Solange II«-Beschluss des BVerfG (BVerfGE 73, 339 ff.). Darin hat das Gericht ausgeführt, dass die Grundrechte des GG gegen Rechtsakte des sekundären Gemeinschaftsrechts so lange nicht angeführt werden können, wie der Grundrechtskatalog des Gemeinschaftsrechts dem des GG vergleichbar gut ist. Nach dem Inkrafttreten des Art. 23 GG hat das BVerfG noch einmal zum Verhältnis der Grundrechte zum Gemeinschaftsrecht Stellung genommen, und zwar im Urteil zu den Verfassungsbeschwerden gegen die Zustimmung zum EUV (BVerfGE 89, 155 ff.). Dort hat es wiederum von einem Kooperationsverhältnis zwischen BVerfG und EuGH beim Grundrechtsschutz gesprochen. Es hat aber auch festgestellt, dass es einen wirksamen Grundrechtsschutz der Bürger der Bundesrepublik gegen hoheitliche Akte der Gemeinschaften generell sicherstellen wird. Durch diese Formulierung weist das Gericht darauf hin, dass primär für den Grundrechtsschutz gegenüber Rechtsakten der Gemeinschaft der EuGH zuständig ist. Erst wenn der gebotene Grundrechtsstandard seitens des EuGH nicht gewährt werden sollte, ist eine Verfassungsbeschwerde an das BVerfG möglich. Dessen Prüfungsmaßstab ist selbstredend nicht der EUV/AEUV, sondern das GG, hier dann Art. 23 I GG. Prüfungsgegenstand sind alle Maßnahmen der deutschen öffentlichen Gewalt, die das Gemeinschaftsrecht vollziehen, sowie in Grundrechte eingreifende Akte der Gemeinschaftsorgane (BVerfGE 89,

Grundrechtsschutz

155/175). Dies führt zu einer parallelen Rechtsprechungszuständigkeit von EuGH und BVerfG und der Möglichkeit eines Justizkonfliktes, der durch das vom BVerfG postulierte Kooperationsverhältnis zwischen BVerfG und EuGH entschärft wird (BVerfGE 89, 155/175). Zur Beurteilung der Zulässigkeit eine Verfassungsbeschwerde sind die im »Bananenmarktordnungsbeschluss« (BVerfGE 102, 147/164) genannten Kriterien heranzuziehen. Danach sind Verfassungsbeschwerden nach Art. 93 I Nr. 4 GG und konkrete Normenkontrollen nach Art. 100 I GG unzulässig, wenn in der Begründung nicht im Einzelnen dargelegt wird, dass der Standard des Gemeinschaftsrechts einschließlich der Rechtsprechung des EuGH unter den erforderlichen Grundrechtsstandard abgesunken und somit der unabdingbar gebotene Grundrechtsschutz generell nicht gewährleistet ist. Nach dem BVerfG ist zur Beurteilung eine Gegenüberstellung des Grundrechtsschutzes auf nationaler und auf gemeinschaftsrechtlicher Ebene erforderlich. In praxi führt diese Rechtsprechung zu einem kaum zu überwindenden Hindernis, so dass Vorbringen nach Art. 93 I Nr. 4a GG und Art. 100 I GG gegen gemeinschaftsrechtliche Rechtsakte in aller Regel als unzulässig anzusehen sind und der oben erwähnte Justizkonflikt so entschärft wird. Im Falle der Ungültigkeitserklärung einer Richtlinie durch den EuGH verbleibt Raum für eine Prüfung an den deutschen Grundrechten (BVerfGE 118, 79/97). Die Struktursicherungsklausel verlangt demnach nur nur eine grundsätzliche Übereinstimmung der in Abs. I S. 1 genannten Prinzipien.

Ewigkeitsgarantie

Neben der Struktursicherungsklausel ist auch noch Art. 23 I 3 GG i.V.m Art. 79 III GG, die sog. »Ewigkeitsgarantieklausel«, zu beachten. Danach darf sich der deutsche Gesetzgeber nur in ein vereintes Europa integrieren, welches die dort genannten Grundsätze nicht verletzt. Die Vorschrift ist eine absolute Integrationsschranke. Bei einem Verstoß ist das deutsche Zustimmungsgesetz nichtig, im Verhältnis zur EU bestimmen sich die Rechtsfolgen nach dem Völkerrecht (Art. 27, 46 WVK als Ausdruck von Völkergewohnheitsrecht).

Beteiligung von Bundestag und Bundesrat

Die Absätze 2-6 der Vorschrift betreffen nicht die Übertragung von Hoheitsrechten an die Gemeinschaften, respektive auch nicht die Schaffung von Kompetenzen bei Union oder Gemeinschaften, sondern sie richten sich nach innen. Es geht um die innerstaatliche Kompetenzverteilung bei der Gestaltung der deutschen Mitwirkung in den Gemeinschaften und der Union. Die Regelungen sind aus zwei Gründen von besonderer Relevanz. Zum einen geht aufgrund des föderalen Staatsaufbaus der Bundesrepublik grundsätzlich alle Staatsgewalt von den Ländern aus (vgl. Art. 30 GG). In einigen Sachmaterien, die innerstaatlich in den Kompetenzbereich der Länder fallen, wurde jedoch in den Verträgen eine Regelungskompetenz für die Gemeinschaft geschaffen. Durch das in Art. 4 III AEUV enthaltene Prinzip des Vorrangs des Unionsrechts (s. o. S. 92) besteht somit die Gefahr der praktischen Aushöhlung der innerstaatlich gewährleisteten Länderkompetenzen. Im Bereich konkurrierender Kompetenzen könnten die Länder bei Bestehen gemeinschaftsrechtlicher Rechtsakte keine eigenen, die gleiche Sachmaterie regelnden Vorschriften mehr erlassen. Konkurrierende Zuständigkeit heißt, dass zwei unterschiedliche Ebenen gleichrangig zum Erlass einer Rechtsvorschrift berechtigt sind, die untere Ebene aber im Falle des Tätigwerdens der höheren nicht mehr tätig werden darf. Im Bereich ausschließlicher Gesetzgebungsbefugnisse der EU wäre dies von vornherein ausgeschlossen. Zum anderen besteht die Gefahr, da laut Art. 16 II EUV nur ein Vertreter auf Ministerebene den betreffenden Mitgliedstaat im Rat vertritt, die Interessen des Bundestages als Kontrollorgan der Regierung und Legislativorgan des Bundes auf unionsrechtlicher Ebene nicht beachtet werden und somit ein Verstoß gegen das in Art. 20 GG niedergelegte Demokratiegebot vorliegen würde.

Innerstaatliche Kompetenzverteilung

Zweck der Regelungen des Art. 23 Abs. IV-VI GG: Ausgleich für Kompetenzverluste, die den Ländern durch die »bundesstaatsblinde« Rechtsetzung der Europäischen Gemeinschaft entstehen.

Den geschilderten Gefahren sollen die Absätze 2 bis 6 entgegenwirken. Nach Absatz 2 wirken in Angelegenheiten der Europäischen Union der Bundestag und über den Bundesrat die Länder mit.

Mitwirkung von Bundestag und Bundesrat

Der VvL stärkt die Rechte der nationalen Parlamente, indem er ihnen im Parlamentsprotokoll (ABl. 2007 C 308/148) und im Subsidiaritätsprotokoll (ABl. 2007 C 308/150), die beide gemäß Art. 51 EUV Bestandteil des EUV sind, direkte Mitwirkungsrechte gegenüber den Organen der EU einräumt. Nationale Parlamente sind in Dtld. die gesetzgebenden Körperschaften Bundestag und Bundesrat. Zur Wahrnehmung der Rechte wurde das »Gesetz über die Wahrnehmung der Integrationsverantwortung des Bundestages und des Bundesrates in Angelegenheiten der Europäischen Union« (BGBl. 2009 I, 3822) beschlossen. Daneben besteht zum einen das »Gesetz über die Zusammenarbeit von Bundesregierung und deutschem Bundestag in Angelegenheiten der Europäischen Union« (BGBl. 1993 I, 311) und zum anderen das »Gesetz über die Zusammenarbeit von Bund und Ländern in Angelegenheiten der Europäischen Union« (BGBl. 1993 I, 313).

Bundestag

Hinsichtlich des Tätigwerdens des Bundestages ist Absatz 3 die entscheidende Vorschrift. Dabei sind die Stellungnahmen des Bundestages zu Rechtsetzungsakten der Europäischen Union seitens der Bunin dem gemäß Art. 23 II 3 GG erlassenen »Gesetz zur Zusammenarbeit von Bundesregierung und Deutschem Bundestag in Angelegenheiten der Europäischen Union« in § 5 S. 3 dahingehend näher erläutert, dass die Bundesregierung im Rat der EU die Stellungnahme des BT bei den Verhandlungen zugrunde legt. Eine rechtliche Bindung der BReg. an die Meinung des BT folgt daraus allerdings nicht. Einzelheiten werden durch das »Gesetz über die Zusammenarbeit von Bundesregierung und Deutschem Bundestag in Angelegenheiten der Europäischen Union« (BGBl. 1993 I, 311, 2009 I, 3026) und das »Gesetz über die Wahrnehmung der Integrationsverantwortung des Bundestages und des Bundesrates in Angelegenheiten der Europäischen Union« (Integrationsverantwortungsgesetz – IntVG (BGBl. 2009, 3022), festgelegt, welche durch eine Interorganvereinbarung zwischen dem BT und der BReg. konkretisiert wird (BGBl. 2006 I, 2177).

Integrationsverantwortungsgesetz

Bundesrat/Länder

Nach Absatz 4 ist der BR an der Willensbildung des Bundes zu beteiligen, wenn er innerstaatlich mitzuwirken hätte oder soweit die Länder staatlich zuständig wären. Dies ist insofern interessant, als der BR dogmatisch eigentlich ein Bundesorgan ist und keine zweite Kammer, in der die Länder vertreten sind.

Ein Bundesorgan als Länderkammer?

Im Folgenden ist eine Unterscheidung vorzunehmen. Im Bereich ausschließlicher Gesetzgebungszuständigkeiten des Bundes (z.B. Art. 73 GG), zu denen auch die konkurrierende und die Rahmengesetzgebung gehören, wenn die Voraussetzungen von Art. 72 II GG erfüllt sind, kann der BR eine von der BReg. zu berücksichtigende Stellungnahme abgeben. Eine rechtliche Bindung der Regierung liegt auch hier nicht vor.

Ausschließliche Kompetenzen des Bundes

Wenn demgegenüber im Schwerpunkt Gesetzgebungsbefugnisse der Länder etc. betroffen sind (s. Art. 23 V 2 GG), ist die Auffassung des BRes maßgeblich zu berücksichtigen. Eine schwierige Vorschrift mit vielen unbestimmten Rechtsbegriffen. Hierzu gehört einerseits die »Betroffenheit im Schwerpunkt«. Eine feststehende Definition existiert nicht, eindeutig ist nur, dass diese im jeweiligen Einzelfall festzustellen ist.

Gesetzgebungsbefugnisse der Länder

Andererseits ist dies auch bei dem Merkmal »maßgeblich berücksichtigen« der Fall. Aus der systematischen Auslegung ergibt sich, dass »maßgeblich berücksichtigen« ein Mehr gegenüber dem in Absatz 3 genannten »berücksichtigen« darstellt. In § 5 II 3-5 des »Gesetz(es) über die Zusammenarbeit von Bund und Ländern in Angelegenheiten der Europäischen Union« (BGBl. 1993 I, 313; 2009 I, 3031, konkretisiert durch eine Vereinbarung zwischen der BReg. und den Regierungen der Länder, BAnz. 226 v. 2.12.1993, 10425) ist insoweit festgelegt, dass die Meinung des BRes maßgeblich für die BReg. ist, wenn der Beschluss des BR mit Zweidrittelmehrheit getroffen wurde (sog. »Beharrungsbeschluss«). Diese Norm führt dazu, dass aus »maßgeblich berücksichtigen ein »maßgebend« wird und dem BR ein Letztentscheidungsrecht zukommt. Dies überzeugt aufgrund des engeren Wortlautes von Art. 23 V 2 GG nicht, der nur von »maßgeblich berücksichtigen« spricht. Der Wortlaut ist die absolute Grenze jedweder Auslegung. Insoweit ist § 5 II 5 verfassungskonform und einschränkend auszulegen, da er ansonsten mit der Vorschrift des Art. 23 V 2 GG nicht vereinbar wäre. Unter »maßgeblicher Berücksichtigung« ist nach hier vertretener Ansicht nur zu verstehen, dass sich die BReg. im Rat der EU für den Standpunkt des BR einsetzen muss, von diesem aber bei Vorliegen zwingender Erwägungen, wie dem Nichtzustandekommen eines erforderlichen Kompromisses oder bei Gefahr des Überstimmtwerdens, abweichen darf. Die Abweichung ist, falls es die konkreten Umstände erlauben, erst nach vorheriger Rücksprache mit dem BR vorzunehmen (ähnlich BVerfGE 92, 203 ff.).

Beharrungsbeschluss

Wichtig ist auch noch die Vorschrift des Art. 23 VI GG, die von Art. 23 V 2 GG zu unterscheiden ist, die die Vertretung der Bundesrepublik im Rat der EU regelt. Bei den dortigen Abstimmungen soll ein vom BR ernannter Vertreter der Länder anwesend sein, wenn im Schwerpunkt ausschließliche Gesetzgebungsbefugnisse der Länder betroffen sind. Zu den »ausschließlichen Kompetenzen« (s. Art. 70 GG) gehören z. B. die Polizei oder das Kultuswesen. »Soll wahrgenommen werden« bedeutet, dass die Wahrnehmung in der Regel durch den Ländervertreter vorzunehmen ist. Ausnahmefälle bedürfen besonderer Begründung. Das nähere wird in § 6 des oben genannten Gesetzes geregelt. Daneben gilt für die Länder ebenfalls das IntVG.

Art. 23 VI GG und Art. 23 V 2 GG sind strikt zu trennen.

Zusätzlich ist nach Art. 23 V 3 und VI 2 GG die gesamtstaatliche Verantwortung des Bundes durch den BR in seiner Stellungnahme bzw. seiner Rechtewahrnehmung zu wahren.

Die Beteiligungsrechte des BR sind nur innerstaatlich relevant, die Gültigkeit von Rechtsakten der EU wird durch einen etwaigen Verstoß nicht berührt. Bei einem Verstoß kann der BR seine Rechte laut Art. 93 I Nr. 1 (Organstreitverfahren) und I Nr. 3 (Bund-Länder-Streit) GG verfolgen.

Grenzen der Integration

Die Integration der Bundesrepublik in die Europäische Union unterliegt verfassungsrechtlichen Grenzen, solange die die EU kein Bundesstaat sondern nur ein Staatenverbund ist. Ein Staatenverbund ist eine enge, auf Dauer angelegte Verbindung souverän bleibender Staaten,

Wichtig: Die Grenzen der Integration

Klare Integrationsgrenze

die auf vertraglicher Grundlage öffentliche Gewalt ausübt, deren Grundordnung jedoch allein der Verfügung der Mitgliedstaaten unterliegt und in der die Völker – das heißt die staatsangehörigen Bürger – der Mitgliedstaaten die Subjekte demokratischer Legitimation bleiben (BVerfG, Vertrag von Lissabon). Die EU darf keine Rechtsakte erlassen, die gegen die verfassungsrechtliche Identität der Bundesrepublik verstoßen würden (BVerfG, Vorratsdatenspeicherung, Urt. v. 2.3.2010, Rdnr. 218). Das BVerfG prüft die Rechtmäßigkeit von Hoheitsakten der EU daran, ob sie sich sich unter Wahrung des Subsidiaritätsprinzips in den Grenzen der ihnen im Wege der begrenzten Einzelermächtigung eingeräumten Hoheitsrechte halten.

Das Urteil zum Vertrag von Lissabon

Ein weiteres wichtiges Urteil des BVerfG

In dem bereits mehrfach erwähnten Urteil vom 30.6.2009 hat das BVerfG die Verfassungsmäßigkeit des deutschen Zustimmungsgesetzes zum VvL festgestellt, wobei jedoch einige Normen des VvL restriktiv ausgelegt werden müssen, um das deutsche Demokratieprinzip nicht zu verletzen. Prozessual waren mehrere Verfassungsbeschwerden und ein Organstreit gegen den Vertrag erhoben worden, was dazu führte, dass das BVerfG nur die Vereinbarkeit des Vertrages mit Art. 38 I 1 GG als grundrechtsgleichem Recht und mit den im GG verbürgten Rechten des BT prüfen konnte.

Materiell urteilte das Gericht in einer sehr umfangreichen Begründung, dass Art. 38 I 1 GG einen Anspruch auf demokratische Selbstbestimmung, auf freie und gleiche Teilhabe an der deutschen Staatsgewalt und auf Einhaltung des Demokratiegebots beinhalte. Bestandteil des Demokratieprinzips ist die Einfügung Deutschlands in eine europäische Friedensordnung. Mithin wird die Bundesrepublik durch Art. 23 GG an der Beteiligung eines Staatenverbundes ermächtigt. Das BVerfG zieht jedoch eine klare Integrationsgrenze. Das GG gestatte nicht den Eintritt in einen europäischen Bundesstaat und damit die Aufgabe der völkerrechtlichen Souveränität des deutschen Volkes. Dies gehe nur nach einem Referendum, in dem der unmittelbar erklärte Wille des deutschen Volkes zum Ausdruck komme. Folglich ist die Übertragung einer Kompetenz-Kompetenz auf die EU verfassungsrechtlich deutlich untersagt. Die MS der EU sind die Herren der Verträge, demzufolge muss der Kerngehalt der Verfassungsidentität der MS gewahrt bleiben. Die Staatselemente Dtld. bleiben erhalten und die Unionsbürgerschaft ist nur eine abgeleitete, keine originäre. Das BVerfG behält sich überdies die zukünftige Prüfungskompetenz vor, ob die Integration zu weit fortgeschritten ist.

Weiter führt das BVerfG aus, dass die EU nicht »staatsanalog« aufgebaut sei und deshalb im Rahmen der Wahlrechtsgrundsätze nicht dem strikten Verständnis eines Bundesstaates folgen muss, so dass die nicht proportionale Sitzverteilung im EP unschädlich ist. Die EU als internationale, supranationale Organisation darf nur dem Prinzip der begrenzten Einzelermächtigung folgen. Die neu eingeführten Vertragsänderungsverfahren (Art. 48 VI EUV) dürfen nicht zu einer Ausdehnung der EU-Kompetenzen führen und Bedürfen eines Gesetzes im Sinne von Art. 23 I 1 GG. Gleiches gilt für die Wahrnehmung sog. »Brückenklauseln« und der Vertragsabrundungskompetenz (Art. 352 AEUV). Durch die Erklärung Nr. 17 erkennt Dtld. nicht den verfassungsrechtlich bedenklichen unbedingten Geltungsvorrang an, sondern bestätigt nur die bislang geltende Rechtslage.

Das Urteil ist insgesamt zu begrüßen, da es Rechtssicherheit auf europäischer Ebene schafft. Es stellt klar, dass die EU kein Staat, sondern nur staatsanalog ausgestaltet ist. Die Integrationsfreundlichkeit des BVerfG und des GG äußert sich darin, dass das Gericht problematische Klauseln des VvL nicht für verfassungswidrig ansieht, sondern sie restriktiv verfassungskonform auslegt. Dies gilt insbesondere für die Erklärung Nr. 17, die aus unionsrechtlicher, aber gerade nicht zwingend aus verfassungsrechtlicher, Sicht den unbedingten Vorrang des EU-Rechts vor den nationalen Verfassungen postuliert. Das BVerfG behält sich zu Recht weiterhin die Letztüberprüfungskompetenz für »ausbrechende Rechtsakte«, die nicht von den EU-Kompetenzen gedeckt sind, vor. Hinsichtlich der oftmals weiten Auslegung von Vorschriften des EUV/AEUV seitens des EuGH ist die inzwischen gefestigte Rechtsprechung des BVerfG ein notwendiger Pfeiler zur Korrektur von zu weit gehenden Akten der EU, die zumindest begrifflich noch durch den Begriff der Identitätskontrolle erweitert wurde, wodurch in den durch Art. 79 III GG besonders geschützten staatlichen Kernbereich eingreifende EU-Maßnahmen rechtswidrig sind.. Der statuierte ausreichende Raum der MS zur eigenständigen politischen Gestaltung wurde ausdrücklich auf die zentralen Lebensbereiche der Bürger (Wirtschaft, Kultur und Soziales) erstreckt.

Letztüberprüfungskompetenz für ausbrechende Rechtsakte

Die Vorgaben des BVerfG wurden seitens des Gesetzgebers durch das IntVG umgesetzt. In den im Gesetz genannten Bereichen (vereinfachtes und besonderes Vertragsänderungsverfahren, Brückenklauseln, Kompetenzerweiterungsklauseln, Flexibilitätsklauseln und dem Notbremsemechanismus) gilt innerstaatlich der dort vorgesehene Mechanismus für die Willensbildung der Bundesrepublik. Gleiches gilt für die Subsidiaritätsrüge und die Subsidiaritätsklage, welche auf Antrag von BTag oder BRat durch die BReg vor dem EuGH erhoben wird. In allen vom IntVG erfassten Materien hat die BReg den BTag und den BRat umfassend, zum frühestmöglichen Zeitpunkt und fortlaufend zu informieren, § 13 IntVG.

Ein Übungsfall

Die EU-Kommission hat eine Richtlinie ausgearbeitet, nach der Fernsehanstalten im EU-Gebiet pro Sendestunde nur noch sechs Minuten Werbung senden dürfen. Bevor die Abstimmung über die Richtlinie im Ministerrat der EU ansteht, wird der Richtlinienentwurf auch in der Bundesrepublik von staatlicher Seite diskutiert.

Die Bundesregierung hat ebenfalls über die Werbebeschränkung beraten und ist damit einverstanden. Sie bittet anschließend den Bundesrat um seine Stellungnahme. Der Bundesrat lehnt die Richtlinie ab und meint im Übrigen, das Ganze sei sowieso Sache der Bundesländer.

Die Bundesregierung nimmt die Stellungnahme des Bundesrates in ihrer folgenden Sitzung zur Kenntnis. Ihre eigene Meinung ändert sie aber nicht. Man beschließt, zur Ministerratssitzung in Brüssel den Bundeswirtschaftsminister mit der Maßgabe zu entsenden, der Richtlinie zuzustimmen.

Der Bundesrat ist der Ansicht, auf deutscher Seite hätte bei der Sitzung des Rates angesichts der Rundfunkhoheit der Länder keinesfalls ein Vertreter des Bundes handeln dürfen. Hinzu komme, dass sich der Bundesrat vor der Ratssitzung einhellig gegen eine deutsche Zustimmung zu der fraglichen Richtlinie ausgesprochen habe, da diese nur ein weiteres unnötiges Beispiel europäischer Regulierungswut darstelle. Hierüber hätte sich die Bundesregierung angesichts der betroffenen Regierungsmaterie nicht hinwegsetzen dürfen. Die Bundesregierung entgegnet, es sei keineswegs die Rundfunkhoheit der Länder berührt, vielmehr befasse sich die Richtlinie durch Harmonisierung der Werbezeiten allein mit Problemen der Werbewirtschaft. Die ablehnende Stellungnahme des Bundesrats habe sie zwar zur Kenntnis genommen, im Hinblick auf ihre integrationspolitische Verantwortung habe sie sich aber nicht in der Lage gesehen, dem Anliegen Rechnung zu tragen. Ohnedies wäre die Richtlinie auch im Falle einer deutschen Gegenstimme mit der Stimmenmehrheit der anderen EU-Mitgliedstaaten wirksam zustande gekommen.

In der Kabinettssitzung ist auch die Beraterin D des Außenministers zugegen. Sie flüstert ihrem Chef ins Ohr, diese Verfahrensweise der Regierung, insbesondere die Entsendung des Wirtschaftsministers, sei nicht mit dem GG vereinbar und somit rechtswidrig.

Hat sie Recht?

Bei der Bearbeitung ist davon auszugehen, dass die Richtlinie in europarechtlicher Hinsicht keinen Bedenken begegnet.

Fraglich ist, ob die Bundesregierung rechtswidrig gehandelt hat. Da der Sachverhalt von dem Verfahren zur Mitarbeit der Bundesrepublik im Ministerrat handelt, ist zu prüfen, ob dieses Verfahren dem Grundgesetz entsprochen hat. Das ist der Fall, wenn die Voraussetzungen von Art. 23 V 2, VI GG eingehalten worden sind.

A. Zuständigkeit der Bundesregierung zur Stimmabgabe

Fraglich ist, ob die Bundesregierung zur Stimmabgabe berechtigt war. Die Nichtübertragung der EU-Mitwirkungsrechte an einen Vertreter des Bundesrates stellt möglicherweise einen Verstoß gegen Art. 23 VI GG dar.

I. Ausschließliche Gesetzgebungsbefugnisse der Länder

Dann müssten im Schwerpunkt ausschließliche Gesetzgebungsbefugnisse der Länder betroffen sein, Art. 23 VI 1 GG. Das ist der Bereich von Materien, für den keine Zuständigkeit des Bundes nach der innerstaatlichen Kompetenzverteilung gegeben ist. Zu prüfen ist daher die innerstaatliche Kompetenzverteilung nach Art. 70 ff. GG in Bezug auf die Regelungsmaterie der Richtlinie.

1. Ausschließliche Gesetzgebungszuständigkeit, Art. 73 Nr. 7 GG

Die Regelungsmaterie der Richtlinie (Fernsehwerbung) könnte die ausschließliche Gesetzgebungskompetenz des Bundes aus Art. 73 Nr. 7 GG betreffen. Danach hat der Bund die ausschließliche Gesetzgebungszuständigkeit für das Postwesen und die Telekommunikation. Allerdings bezieht sich Art. 73 Nr. 7 GG allein auf rein sendetechnische Aspekte des Rundfunkwesens. (st. Rspr. des BVerfG seit dem ersten Fernsehurteil, BVerfGE 12, 205); eine Befugnis zur Regelung von Programminhalten kann daraus nicht abgeleitet werden. Also liegt eine ausschließliche Gesetzgebungszuständigkeit nach Art. 73 Nr. 7 GG nicht vor.

2. Konkurrierende Gesetzgebungszuständigkeit, Art. Art. 74 I Nr. 11 GG i.V.m. Art. 72 II GG

Zu untersuchen ist, ob dem Bund eine konkurrierende Gesetzgebungsbefugnis nach Art. 74 I Nr. 11 GG zukommt. Die Bundesregierung beruft sich vorliegend darauf, die Richtlinie befasse sich mit Problemen der Werbewirtschaft. Die Klammeraufzählung in Art. 74 I Nr. 11 GG wird allgemein als nicht abschließend angesehen, so dass auch andere Materien unter das »Recht der Wirtschaft« subsumiert werden können. Insbesondere könnte die Veranstaltung von Fernsehsendungen und damit auch die Fernsehwerbung unter den Begriff »Wirtschaft« i.S.v. Art. 74 I Nr. 11 GG fallen.

Die noch hM lehnt dies aus systematischen Erwägungen heraus ab. Aus Art. 5 I 2 GG lasse sich ersehen, dass die Veranstaltung von Rundfunksendungen nicht als wirtschaftliche Betätigung im eigentlichen Sinne angesehen wird. Rundfunk und Fernsehen seien mehr als bloße

<small>Die aA beruft sich darauf, dass Werbung nicht zum Programminhalt gehöre und nicht dem speziellen Schutz des Art. 5 I 2 GG unterfalle.</small>

wirtschaftliche Betätigung, sondern auch Betätigung der freien Meinungsäußerung.

Nach der hM scheidet eine Bundeskompetenz nach Art. 74 I Nr. 11 GG aus.

4. Zwischenergebnis:
Der Bund hatte kein innerstaatliches Recht zur Gesetzgebung; Nach der Kompetenzregelung der Art. 70 ff. GG lag die Befugnis zur Gesetzgebung vielmehr ausschließlich bei den Ländern.

II. Im Schwerpunkt betroffen
Art. 23 VI GG greift nur ein, wenn im Schwerpunkt Gesetzgebungsbefugnisse der Länder betroffen sind. Dies ist im Einzelfall unter sorgfältiger Abwägung der Einzelelemente und des Regelungszweckes der Gemeinschaftsmaßnahme festzustellen. Das Merkmal ist insbesondere erfüllt, wenn die betreffende Materie im Mittelpunkt des Vorhabens steht.

Die Richtlinie regelt die Fernsehwerbezeiten: Hierfür liegt keine Bundeskompetenz vor, deshalb liegt die geregelte Materie allein im Zuständigkeitsbereich der Länder und eine Betroffenheit im Schwerpunkt ist zu bejahen.

III. »Soll« die Wahrnehmung der Rechte
Die Wahrnehmung der Rechte geht laut Art. 23 VI GG nicht automatisch auf einen Vertreter der Länder über, die Norm stellt nur eine »Soll«-Vorschrift dar. »Soll« bedeutet, dass in der Regel die Wahrung der Mitgliedschaftsrechte in der Europäischen Union vom Bund auf einen vom BRat benannten Vertreter der Länder zu übertragen ist. Eine Ausnahme liegt nur vor, wenn besondere, etwa durch die Gemeinschaftstreue begründete, Ausnahmen einschlägig sind. Gründe administrativer oder politischer Opportunität genügen nicht, da dadurch das Prinzip der Übertragung ausgehebelt werden könnte. Im vorliegenden Fall hat die Bundesregierung keinen Sonderfall geltend gemacht, sondern einfach an Stelle des Bundesrates gehandelt; ein Sonderfall läge wohl auch nicht vor.

Soll-Vorschrift

IV. Berufung auf eine gesamtstaatliche Verantwortung
Art. 23 VI 2 GG verhindert nicht die Übertragung als solche, vielmehr hat der Ländervertreter bei Wahrnehmung der deutschen Mitgliedschaftsrechte auch auf die gesamtstaatliche Verantwortung zu achten. Ob dies der Fall gewesen ist, ist eine Frage der materiellen Prüfung.

V. Zwischenergebnis

Die Bundesregierung war für den Beschluss auf gemeinschaftsrechtlicher Ebene unzuständig. Sie hat durch Nichtübertragung der Wahrnehmung der Mitgliedschaftsrechte den Bundesrat in seinen Rechten aus Art. 23 VI GG verletzt.

B. Verfahren

Das Verfahren könnte aufgrund der Nichtberücksichtigung der ablehnenden Stellungnahme des Bundesrates bei der Willensbildung des Bundes fehlerhaft sein. Gemäß Art. 23 V 2 GG ist bei der Willensbildung des Bundes die Stellungnahme des Bundesrates maßgeblich zu berücksichtigen, wenn durch ein Regelungsvorhaben der Europäischen Gemeinschaft im Schwerpunkt Gesetzgebungsbefugnisse der Länder betroffen sind.

Wie oben bereits festgestellt wurde, betrifft die Richtlinie im Schwerpunkt Gesetzgebungsbefugnisse der Länder. Fraglich ist, ob die Bundesregierung die Stellungnahme des Bundesrates hier maßgeblich berücksichtigt hat.

I. Maßgebliche Berücksichtigung

Fraglich ist, was unter maßgeblicher Berücksichtigung zu verstehen ist. Anerkanntermaßen bedeutet der Begriff, dass die Stellungnahme des BRates Vorrang vor der des BTages hat. Die näheren Einzelheiten sind sehr umstritten.

1. Letztentscheidungsrecht

Nach einer Ansicht steht dem BR das verbindliche Letztentscheidungsrecht zu. Dies überzeugt nicht, da die Meinung des BRates nur zu »berücksichtigen« ist. Der Wortlaut impliziert, dass die Verantwortung bei der BReg. verbleibt und diese ihren politischen Handlungsspielraum, wenn auch eingeschränkt, behält.

2. Bestimmung von Ziel und Richtung

Nach hM bedeutet »maßgebliche Berücksichtigung«, dass die Auffassung des BRates Ziel und Richtung der deutschen Position bestimmt. Dem muss die BReg. fortlaufend Rechnung tragen, sei es bei den Verhandlungen im Rat, sei es bei ihrer Willensbildung. Bei Abweichung von der Position des BRates muss die BReg. den Ausgleich suchen und Rücksprache halten.

Das EuZBLG sieht in § 5 ein ausgeklügeltes Verfahren der Berücksichtigung vor. Fraglich ist, ob § 5 II 5 verfassungsgemäß ist, da er einen zwangsläufigen Vorrang der Meinung des BRates bestimmt. Im

Bejahensfalle ist § 5 vorliegend verletzt, da die BReg. das Verfahren der Vorschrift nicht eingehalten hat und eine maßgebliche Berücksichtigung nicht vorlag.

Zum gleichen Ergebnis gelangt man, wenn man auf die oben wiedergegebene allgemeine Definition abstellt, da die BReg. einen Ausgleich nicht gesucht hat.

II. Integrationspolitische Erwägungen

Auch die Berufung der Bundesregierung auf die Tatsache, dass die Richtlinie auch bei einer deutschen Gegenstimme verabschiedet worden wäre, kann nicht durchdringen. Entscheidend ist vielmehr allein, dass die Bundesregierung das Verfahren zur »maßgeblichen Berücksichtigung« nicht eingehalten hat.

Die Bundesregierung hat den Bundesrat in seinen Beteiligungsrechten aus Art. 23 V 2 GG verletzt.

C. Ergebnis

Das Vorgehen der BReg. ist formell verfassungswidrig. Eine Änderungspflicht für die Vergangenheit seitens der BReg. lässt sich aus dem Urteil allerdings nicht herleiten.

> Art. 23 II, IV und V GG i.V.m. § 5 EUZBLG stellen eine Konkretisierung des ungeschriebenen verfassungsrechtlichen Grundsatzes der Bundestreue und der Pflicht zur redlichen Zusammenarbeit zwischen den Bundesorganen dar. Dabei gestaltet Art. 23 GG i.V.m. dem EUZBLG (falls es nicht gegen das GG verstößt!) die aus dem Grundsatz der Bundestreue geschuldete gegenseitige Rücksichtnahme von Bund und Ländern näher aus und hebt sie auf die Ebene des Verhältnisses zwischen Bundesorganen.

2. Wiederholungsfragen

- 1. Warum wurde der neue Art. 23 in das GG eingefügt? Lösung S. 304
- 2. Was ist eine Struktursicherungsklausel? Lösung S. 307
- 3. Was sagt der »Solange II«-Beschluss zum Verhältnis europarechtlicher und deutscher Grundrechte aus? Lösung S. 307
- 4. Wie äußert sich das Maastricht-Urteil des BVerfG zu dieser Frage? Lösung S. 307
- 5. Besteht die Gefahr der Aushöhlung von Länderkompetenzen? Lösung S. 308
- 6. Betreffen die Abs. 2-6 des Art. 23 GG die Übertragung von Hoheitsrechten an Union? Wie wird der Bundestag an der Rechtsetzung in Europa beteiligt? Lösung S. 308
- 7. Gibt es eine gesetzliche Konkretisierung des Art. 23 GG? Lösung S. 310
- 8. Kann der Bundesrat u.U. einen Vertreter zur Abstimmung im EU-Ministerrat bestimmen? Lösung S. 311
- 9. Wie unterscheiden sich Abs. 5 und 6 des Art. 23 GG? Lösung S. 311
- 10. Was bedeutet im Schwerpunkt betroffen? Lösung S. 311
- 11. Was bedeutet maßgebliche Berücksichtigung? Lösung S. 311
- 12. Welche Grenzen der Integration hat das BVerfG in seinem Lissabon-Urteil festgestellt? Lösung S. 313

Klausurfall

1.	**Tipps für Klausuren und Hausarbeiten**	**322**
1.1.	Die Situation in der Klausur	322
1.2.	Die Hausarbeit	326
2.	**Fall: »Rückforderung von Beihilfen«**	**328**
3.	**Deutsches Verwaltungsrecht und Unionsrecht**	**335**

1. Tipps für Klausuren und Hausarbeiten

Bereits in der Einführung dieses Buches wurden die wichtigsten Schritte zur erfolgreichen Fallbearbeitung dargestellt. In einer Klausur oder Hausarbeit kommen aber noch weitere Schwierigkeiten auf einen zu. Dabei ist vor allem darauf zu achten, dass man die treffenden Antworten ordentlich und schnell zu Papier bringt.

Transferleistung wird belohnt.

Treffende Antworten: Um eine erfreuliche Note zu erlangen, ist es erforderlich, seinen juristischen Sachverstand in geeigneter Weise umzusetzen. Auch enzyklopädisches Wissen garantiert keinen Erfolg, honoriert wird vielmehr die Transferleistung.

Die Bewertung der Leistung liegt einzig und allein beim Korrektor. Infolgedessen sollte man das zu Papier bringen, was der Korrektor vermutlich positiv bewerten wird – nicht mehr und nicht weniger. Positiv bewerten wird er nur das juristische Wissen, das aufgrund des vorgegebenen Falles verlangt ist, nicht aber ungefragtes Lehrbuchwissen.

Ordentliche Form: Der Korrektor wird immer – zumindest unterbewusst – von der äußeren Form beeinflusst: Dem sollte ausreichend Rechnung getragen werden.

Tempo: Zumindest in Klausuren herrscht erheblicher Zeitdruck. Damit ist präzises, aber auch schnelles Arbeiten gefordert. Jeder wird im Laufe der Zeit seine eigenen Methoden entwickeln. Die folgenden Hinweise sind als erste Orientierung gedacht.

1.1. Die Situation in der Klausur

Erfassen des Sachverhalts

Der Schlüssel zur guten Klausur ist die wirkliche Durchdringung des Sachverhalts, die nur durch mehrfaches, analytisches Lesen möglich ist. Gehen Sie grundsätzlich davon aus, dass alle Sachverhaltsangaben wichtig sind, auch wenn sie auf den ersten Blick unbedeutend erscheinen.

Schon beim ersten Lesen sollte man sich eine Skizze über die rechtlichen Beziehungen der Personen untereinander anfertigen. Eine grafische Darstellung ist nützlich, sobald mehrere Personen beteiligt sind. Die Namen der Personen kürzt man mit ihrem Anfangsbuchstaben ab. Die rechtlichen Beziehungen werden durch die einschlägigen Vorschriften symbolisiert. Im Sachverhalt angegebene Daten kann man in einer Zeittafel auflisten.

Bearbeitervermerk

Nun kann zur Lösung des Falles geschritten werden. Dabei ist dem Bearbeitervermerk größte Aufmerksamkeit zu schenken. Beantworten Sie wirklich nur das, was gefragt ist. Sehr häufig gibt der Bearbeitervermerk Hilfestellungen, indem die einzelnen Fragen schon eine Grobgliederung vorzeichnen. Deshalb sollte bei der Beantwortung auch nicht von der Reihenfolge der Fragen abgewichen werden, es sei denn, es besteht offensichtlich kein Zusammenhang zwischen den Fragen.

Nur die im Bearbeitervermerk angegebenen Fragen beantworten

Lösungsskizze

Vor der Reinschrift der Lösung ist eine so genannte Lösungsskizze anzufertigen. Darin wird die im Bearbeitervermerk enthaltene Aufgabe stichpunktartig gelöst. In der Lösungsskizze wird dabei immer mit den (streit-) entscheidenden Normen begonnen, deren Auffinden manchmal überaus problematisch sein kann.

Es folgt die Subsumtion, auf die bei der Lösung größten Wert gelegt werden muss. Zu prüfen ist dabei, ob alle gesetzlichen Voraussetzungen der zu prüfenden Norm im Sachverhalt gegeben sind. Nur wenn alle Voraussetzungen tatsächlich erfüllt sind, können Sie die Rechtsfolge bejahen.

Von überragender Wichtigkeit ist die Subsumtion.

Das Hin- und Hergeblätter in den Verträgen und den in vielen Sekundärrechtsakten verstreuten Bestimmungen ist zeitintensiv; schnelles Arbeiten ist daher ein Schlüssel zum Erfolg. Ein gewisser Zeitdruck für die Falllösung ist von den Prüfungsstellern beabsichtigt. Die Zeit ist so bemessen, dass sie gerade reicht, um die gestellten Fragen zu beantworten. Auch aus diesem Grund sind überflüssige Ausführungen zu vermeiden.

Markieren Sie sich die wichtigsten Artikel der Textausgabe durch Registeretiketten und versehen Sie die in der konkreten Klausur immer wieder benötigten Stellen eventuell mit Klebezetteln.

Kontrolllesen: Bevor Sie sich daran machen die Niederschrift zu Papier zu bringen, sollten Sie nach allen Vorüberlegungen und mit der Lösungsskizze im Kopf noch einmal den Sachverhalt durchlesen. Denn nach der juristischen Durchdringung des Falles wird so manches klarer oder es zeigt sich, dass vermeintliche Nebensächlichkeiten doch eine tiefere Bedeutung haben. Möglich ist auch, dass Sie Probleme übersehen haben. Das jetzige Durchlesen sollte der Kontrolle dienen, ob Sie jede Sachverhaltsinformation in Ihrer Lösungsskizze untergebracht haben.

Denken Sie daran, dass der Klausurensteller den Sachverhalt so konstruiert und formuliert hat, dass alle Angaben im Sachverhalt in der Falllösung von Bedeutung sind (»Echoprinzip«).

Echoprinzip

Gliederung

Hat man den Fall gedanklich gelöst, kann die Gliederung erstellt werden, die das Fundament einer guten Arbeit ist. Alles, was später aufs Papier gebracht wird, kann nur so gut sein, wie die Gliederung es vorgibt. Die Gliederung ist zwingende Voraussetzung für ein strukturiertes Vorgehen, welches in »Jura« unerlässlich ist.

In der Regel ergibt sich der grobe Aufbau der Gliederung aus den im Bearbeitervermerk gestellten Fragen. Aus den zu prüfenden Vorschriften ergeben sich dann die Feinheiten der Gliederung. Welche Form der Untergliederung man wählt, bleibt dem Bearbeiter selbst überlassen; üblich ist: A, I, 1, a) aa). Wichtig ist, dass man die Form konsequent beibehält.

Niederschrift

Nach einem Drittel der Arbeitszeit sollten die Lösungsskizze und die Gliederung stehen, dann empfiehlt es sich, mit der Niederschrift zu beginnen. Nehmen Sie sich diese Zeiteinteilung vor. Abstriche in Richtung auf einen späteren »Schreibstart« stellen sich meistens von ganz alleine ein. Zu vermeiden ist jedenfalls das Ärgernis, die Klausur vorzüglich gelöst und durchdacht zu haben, aber dann nur die Hälfte hinschreiben zu können. Wenn Sie an irgendeinem Problem nicht weiterkommen, das nicht unabdingbar für die Gesamtlösung ist, schieben Sie es lieber auf. Wenn Sie die Niederschrift des Restes beendet und noch Zeit übrig haben, können Sie sich noch immer näher damit befassen. Der Zeitdruck sollte auch bei der Ausführlichkeit der Niederschrift im Hinterkopf bleiben. Natürlich muss der Subsumtionsvorgang wiedergegeben werden, aber das darf nicht dazu führen, jede Selbstverständlichkeit auszubreiten. Wenn der Sachverhalt die Tatsache mitteilt, dass der Kläger gegen eine Richtlinie vorgeht, ist nicht mehr zu prüfen, ob der Rechtsakt eine Richtlinie im Sinne des Art. 288 II AEUV darstellt. Zu untersuchen bleibt jedoch, ob diese Richtlinie auch rechtmäßig ist. Das »Echoprinzip« schlägt sich insoweit wiederum bei der Benotung nieder – nur die sachgemäße Gewichtung in der Klausurlösung führt zum Bestehen bzw. zu guten Noten. Darüber hinaus führt eine falsche Schwerpunktbildung unweigerlich zu neuen Zeitproblemen.

Richtige Schwerpunktsetzung

Von Vorbemerkungen, welcher Art sie auch seien mögen, ist prinzipiell abzusehen. Aufbau und System einer Arbeit müssen aus sich heraus verständlich sein. Vorbemerkungen sind meistens ein Zeichen dafür, dass der Verfasser die Arbeit ungenügend strukturiert hat.

Zeichnen Sie Ihre Klausur durch die Verwendung der gebotenen juristischen Terminologie aus und vermeiden Sie laienhafte Ausdrücke. Formulieren Sie knapp und präzise.

Unerlässlich ist der Gutachtenstil. Das heißt: es darf nie das Ergebnis vorweggenommen, sondern es muss im Konjunktiv darauf hingeführt werden. Andererseits sollte bei Selbstverständlichkeiten die Subsumtion auf ein Minimum reduziert werden.

Immer beachten: den Gutachtenstil

Alle Behauptungen, Zwischen- und Endergebnisse sollten mit einschlägigen Artikelzitaten versehen werden. Die beste Argumentation hilft nichts, wenn sie »in der Luft hängt«. Außerdem geben Sie dem Korrektor die Gelegenheit, hinter Ihre so untermauerten Ergebnisse ein Häkchen machen zu können.

Formalien

Bemühen Sie sich um eine leserliche Schrift. Die Bedeutung der äußeren Form bei Klausuren wird häufig unterschätzt, doch kann man ihren Stellenwert gar nicht hoch genug ansetzen. Denn ein Korrektor, der mitunter Hunderte von Klausuren zu bewerten hat, wird zumindest unbewusst von der Form beeinflusst.

Achten Sie stets auf Übersichtlichkeit der Falllösung und stellen Sie Gliederungspunkte deutlich als Überschriften heraus. So merkt auch der Korrektor, dass die Linie stimmt und dass die Schlüsselbegriffe vorhanden sind.

Geizen Sie nicht mit den Absätzen – der Korrektor will nicht 10 oder 20 Seiten Fließtext lesen. Beschreiben Sie das Papier nur einseitig und lassen Sie ein Drittel Rand. So können Sie auf der Rückseite noch Zusätze anfügen.

Übersichtliche Strukturierung

Nummerieren Sie die Seiten, damit der Korrektor auch beim Auseinanderfallen der Klausur die Reihenfolge nachvollziehen kann. Um letzteres zu vermeiden, ist es sinnvoll, die Klausur mit einem Schnellhefter zusammenzuklammern.

1.2. Die Hausarbeit

Normalerweise stehen für eine Hausarbeit vier bis acht Wochen zur Verfügung. Das erscheint anfänglich als großzügiger Zeitrahmen, endet jedoch oft in einer der berühmten Fünf-vor-Zwölf-Aktionen. Stellen Sie sich selbst einen realistischen Zeitplan auf.

Literatur – der Unterschied zur Klausur

Der große Unterschied zur Klausur ist, dass bei der Hausarbeit der Zeitdruck nicht im selben Maße auf dem Bearbeiter lastet. Dem müssen Sie in der Weise Rechnung tragen, dass Sie umso sorgfältiger bei der Ausarbeitung vorgehen.

Es genügt nicht die nackte – wenn auch richtige – Lösung des Falles; gefordert sind Quellennachweise. Das bedeutet zum einen, dass auch relativ eindeutige juristische Bewertungen mit Verweisen auf Lehrbücher (z. B. Streinz: Europarecht), Kommentare (z.B. der »Calliess/Ruffert« zum EUV) oder Zeitschriften (z.B. Europäische Grundrechtezeitschrift – EuGRZ) untermauert werden. Zum anderen wird man aber auf Probleme stoßen, die ohne Literaturstudium überhaupt nicht lösbar sind. Diese Rechtsprobleme sind dann auch meistens umstritten. Nicht sinnvoll ist es, nach dem ersten Lesen der Angabe gleich in die Bibliothek zu stürzen, um Berge von Entscheidungen und Aufsätzen zu kopieren, die entweder gar nichts mit dem Thema zu tun haben oder letztendlich gar nicht gelesen werden.

Keine Blindzitate

Versuchen Sie sich zuerst nur mit dem Gesetz und eventuell mit einem Standardkommentar. Zu diesem Zeitpunkt werden häufig die besten Ideen entwickelt. Prüfen Sie stets, ob eine Literaturstelle den zu lösenden Fall betrifft. Zitieren Sie nicht »blind«, sondern prüfen Sie alle angegeben Zitate. Auch von »heißen« Ideen der Studienkollegen sollten Sie sich nicht verrückt machen lassen. Setzen Sie auf sich selbst!

Formalien

Jeder Hausarbeit ist das Deckblatt, die Gliederung und das Literaturverzeichnis voranzustellen. Das Deckblatt enthält Namen, Vornamen und Anschrift des Verfassers. Es folgt das Semester, die Bezeichnung der Übung, der Name des Dozenten etc. Näheres gibt meistens der jeweilige Dozent vor.

Nach dem Deckblatt kommt die Gliederung. Sie sollte keine ausformulierten Sätze, aber aussagekräftige Überschriften enthalten. Der Korrektor sollte schon aus der Gliederung die Lösung in groben Zügen entnehmen können. Am rechten Rand sind die Seitenzahlen der einzelnen Gliederungspunkte anzugeben.

Auf die Gliederung folgt das Literaturverzeichnis. Es muss alle Quellen enthalten. Lehrbücher und Kommentare müssen mit Autor, Titel, Auflage, Erscheinungsort und -datum zitiert werden. Bei Loseblattkommentaren werden die Auflage und das Erscheinungsjahr nicht zitiert. Beispiel: Grabitz/Hilf: Kommentar zum EUV, Loseblatt, München.

<small>Richtiges Zitieren ist unerlässlich.</small>

Im eigentlichen Gutachten werden die dargelegten Auffassungen mit Fußnoten, die auf die Literaturquellen verweisen, belegt. Gerade bei Kommentaren arbeiten häufig mehrere Autoren mit, so dass auch deren Name auftauchen muss. Beispiel: Grabitz/Hilf Lorenzmeier, Art. 300 EGV.

Die fertig gestellte Hausarbeit sollte in einem Schnellhefter oder spiralgeheftet abgegeben werden.

2. Fall: »Rückforderung von Beihilfen«

Das Unternehmen Alcan (A) betreibt eine Aluminiumhütte in Rheinland-Pfalz. Wegen stark gestiegener Strompreise beschloss es im Jahre 1982, die Hütte zu schließen. Um Arbeitsplätze zu erhalten, bot ihr das Land Rheinland-Pfalz mit Wissen und Billigung der Bundesregierung eine Beihilfe von 8 Mio. DM an. Daraufhin setzte A die Aluminiumherstellung fort. Die Kommission erfuhr durch Presseberichte von der Maßnahme und fragte bei der Bundesregierung nach weiteren Informationen an, da sie gemäß Art. 108 III AEUV über Beihilfen vorher unterrichtet werden müsse. Ferner untersagte sie eine Auszahlung der Beihilfe, bevor eine endgültige Stellungnahme vorliege. Dennoch bewilligte das Land Rheinland-Pfalz die Beihilfe und zahlte sie aus. Daraufhin schrieb die Kommission 1983 an die Bundesregierung, dass die Gewährung der Beihilfe unzulässig gewesen sei. Die Gewährung verstoße gegen 108 III AEUV und die Auszahlung sei mit Art. 107 AEUV unvereinbar. Die Kommission ordnete die Rückforderung der Beihilfe an. Im Jahre 1986 teilte die Bundesregierung der Kommission mit, dass eine Rückforderung wegen des Grundsatzes des Vertrauensschutzes unmöglich sei. 1987 erhob dann die Kommission Klage wegen einer Vertragsverletzung (Art. 258 AEUV), welcher vom EuGH stattgegeben wurde (Alcan I, Slg. 1989, 175). Sodann nahm das Land Rheinland-Pfalz im Jahre 1989 den Bescheid über die Gewährung der Beihilfe zurück und verlangte von A per Bescheid die Rückzahlung der 8 Mio. DM. Dagegen ging nun A gerichtlich vor, indem es das Verwaltungsgericht anrief. Ihrer Ansicht nach verstößt die Rücknahme gegen § 48 VwVfG/Rheinland-Pfalz (Der Wortlaut des § 48 VwVfG ist identisch mit dem des § 48 VwVfG des Bundes.). A macht geltend, das Geld bereits verbraucht zu haben. Zusätzlich verstoße die Rücknahme durch eine Behörde, die die Rechtswidrigkeit des Bescheides selbst veranlasst habe, gegen den Grundsatz von Treu und Glauben. Letztlich sei auch die Rücknahmefrist des § 48 IV VwVfG schon lange überschritten.

Zum Verfahren s. BVerwGE 106, 328, BVerwG, EuGRZ 2000, 175

Wie wird das VG entscheiden?

Lösungsvorschlag

Das VG wird der Klage der A stattgeben, wenn sie zulässig und begründet ist.

A. Zulässigkeit

Dann müsste die Klage zuerst die Zulässigkeitsvoraussetzungen erfüllen.

I. Eröffnung des Verwaltungsrechtswegs, § 40 I 1 VwGO

Der Verwaltungsrechtsweg ist eröffnet, wenn es sich um eine öffentlich-rechtliche Streitigkeit nichtverfassungsrechtlicher Art handelt. Eine Streitigkeit ist öffentlich-rechtlich, wenn die streitentscheidende Norm dem öffentlichen Recht zuzuordnen ist (Sonderrechtstheorie oder mod. Subjektstheorie). Das ist der Fall, wenn Berechtigter oder Verpflichteter ein Träger öffentlichen Rechts ist. Die streitentscheidende Norm ist § 48 VwVfG, welche staatliches Sonderrecht darstellt, so dass sie dem öffentlichen Recht zuzuordnen ist. Eine Streitigkeit ist nichtverfassungsrechtlich, wenn nicht ausschließlich Verfassungsorgane um ihre Rechte und Pflichten aus der Verfassung streiten (keine doppelte Verfassungsunmittelbarkeit). Das ist vorliegend der Fall, da die Firma A kein Verfassungsorgan ist. Demnach ist der Verwaltungsrechtsweg nach der Generalklausel des § 40 I 1 VwGO eröffnet.

Öffentlichrechtliche Streitigkeit

Nichtverfassungsrechtlicher Art

II. Statthafte Klageart

Die statthafte Klageart richtet sich nach dem Begehren des Klägers, § 88 VwGO. A begehrt die Aufhebung des Rückforderungsbescheides. Für dieses Begehren könnte die Anfechtungsklage die statthafte Klageart sein. Das ist laut § 42 I 1. Fall VwGO der Fall, wenn der Bescheid des Landes Rheinland-Pfalz die nach § 35 S. 1 Rh.-Pf. VwVfG an einen Verwaltungsakt zu stellenden Voraussetzungen erfüllt. Das ist bei dem Bescheid des Landes als hoheitlicher Maßnahme unproblematisch gegeben. Somit ist die Anfechtungsklage die statthafte Klageart.

III. Klagebefugnis

Fraglich ist, ob A klagebefugt ist. Nach § 42 II VwGO ist dafür erforderlich, dass der Kläger geltend macht, durch den angegriffenen Verwaltungsakt in seinen Rechten verletzt zu sein. Für »geltend machen« ist die Möglichkeit einer Rechtsverletzung ausreichend (»Möglichkeitstheorie«). Es könnte sein, dass A durch die Rückforderung in ihren Rechten aus Art. 2 I GG, der nach Art. 19 III GG auch für juristische Personen gilt, verletzt ist, da die Rückforderung ihre allgemeine Handlungsfreiheit in finanzieller Hinsicht beeinträchtigt.

Möglichkeitstheorie

IV. Vorverfahren, § 68 VwGO

Ein Vorverfahren gegen den Rückforderungsbescheid muss nicht durchgeführt werden, da er von einer obersten Landesbehörde erlassen worden ist, § 68 I Nr. 1 VwGO.

V. Klagegegner, § 78 VwGO

Klagegegner ist das Land Rheinland-Pfalz, § 78 I Nr. 1 VwGO. [In Bayern im Rahmen der Begründetheit prüfen.]

VI. Sonstige Prozessvoraussetzungen

Die weiteren Prozessvoraussetzungen wie Form- und Fristerfordernisse sind mangels näherer Angaben im Sachverhalt als gegeben anzusehen.

> Hier darf man etwas unterstellen, sonst nie.

VII. Zwischenergebnis

Die Klage von A gegen den Bescheid ist als Anfechtungsklage zum VG zulässig.

B. Begründetheit

Die Klage ist begründet, wenn der Verwaltungsakt rechtswidrig und der Kläger dadurch in seinen Rechten verletzt ist, § 113 I 1 VwGO.

I. Rechtsgrundlage

Als in die Rechte des Einzelnen eingreifendes Verwaltungshandeln bedarf der Rückforderungsbescheid einer Rechtsgrundlage, welche hier in § 48 I, II VwVfG zu sehen ist.

II. Formelle Rechtmäßigkeit

Mangels Hinweisen im Sachverhalt ist davon auszugehen, dass der Rücknahmebescheid formell rechtmäßig ist.

III. Materielle Rechtmäßigkeit

Zu untersuchen ist, ob der Bescheid auch materiell rechtmäßig ist.

1. Rechtswidriger Verwaltungsakt

Die Beihilfegewährung war rechtswidrig, wie der EuGH in seinem Urteil Alcan I (s.o.) rechtsverbindlich festgestellt hat.

2. Gewährung einer Geldleistung

Der ursprüngliche Bescheid gewährte eine Geldleistung in Höhe von 8 Mio. DM, so dass dieses Erfordernis ebenfalls erfüllt ist.

3. Vertrauensschutz

Ferner müsste A in schutzwürdiger Weise auf die Rechtmäßigkeit der Geldleistung vertraut haben.

a) Schutzwürdiges Vertrauen

Fraglich ist, ob das Vertrauen der Firma A in die Rechtmäßigkeit des Bescheides schutzwürdig ist. Zuerst ist dazu festzustellen, dass der Grundsatz des Vertrauensschutzes auch ein Rechtsgrundsatz des Gemeinschaftsrechts ist, da er zu den allgemeinen Rechtsgrundsätzen gehört, die den Rechtsordnungen der Mitgliedstaaten gemeinsam sind (vgl. Art. 340 AEUV, Art. 6 EUV) und die vom EuGH zur Auslegung von Unionsrecht herangezogen werden. Somit muss der Grundsatz von der KOM bei ihren Entscheidungen beachtet werden und A kann sich darauf berufen.

aa) Grobe Fahrlässigkeit

Das Vertrauen ist jedoch nach § 48 II 3 Nr. 3 VwVfG nicht schutzwürdig, wenn der Begünstigte die Rechtswidrigkeit des Verwaltungsaktes kannte oder infolge grober Fahrlässigkeit nicht kannte. Grob fahrlässiges Handeln liegt vor, wenn der Beihilfeempfänger die nach seinen individuellen Kenntnissen und Fähigkeiten zu beurteilende, erforderliche Sorgfalt in besonders schwerem Maße verletzt hat (vgl. auch die Definition in § 45 II 3 Nr. 3 SGB X). Die A hat sich nicht erkundigt, ob die Beihilfe des Landes bei der Kommission notifiziert worden ist. — Verletzung der Sorgfalt in besonders schwerem Maße

Nach der ständigen Rechtsprechung des EuGH obliegt dem beihilfebegünstigten Unternehmen als sorgfältigem Wirtschaftsteilnehmer die Rechtspflicht, sich zu vergewissern, ob das Notifizierungsverfahren eingehalten worden ist (BUG, Slg. 1990, I-3437). Das ergebe sich auch aus der allgemeinen Mitteilung der Kommission im Amtsblatt der EU im Jahre 1983 (ABl. C 318, S. 3), wo sie darauf hinwies, dass Beihilfeempfänger bei Nichtbeachtung des in Art. 108 AEUV niedergelegten Verfahrens mit der Rückzahlung der Beihilfe zu rechnen haben. — Vergewisserungspflicht

Hiernach wäre A mangels Erkundigung als bösgläubig anzusehen. An dieser Ansicht des EuGH wird Kritik geübt, da kleinere und mittlere Unternehmen, die häufig auch keine Rechtsabteilung haben, der oben beschriebenen Kontrollpflicht kaum nachkommen können. Solche Unternehmen werden auch nicht zum Leserkreis des Amtsblattes gehören. Eine besonders schwere Sorgfaltspflichtverletzung ist in diesen Fällen wohl kaum zu bejahen.

Folgt man der letzteren Ansicht wäre A grob fahrlässiges Handeln nicht vorzuwerfen. Dann müsste weiterhin untersucht werden, ob A in schutzwürdiger Weise auf den Bestand des Verwaltungsaktes vertraut hat, § 48 II 1, 2 VwVfG.

bb) Verbrauchen der Beihilfe

Nach § 48 II 1 VwVfG darf ein rechtswidriger Verwaltungsakt, der eine Geldleistung zum Gegenstand hat, nicht mehr zurückgenommen werden, wenn der Begünstigte auf den Bestand des Bescheides vertraut hat und sein Interesse und sein Vertrauen unter Abwägung mit dem öffentlichen Interesse an einer Rücknahme schutzwürdig ist. Nach Satz 2 ist das Vertrauen in der Regel schutzwürdig, wenn der Begünstigte gewährte Leistungen verbraucht hat. Die A hat die 8 Mio. DM inzwischen ausgegeben. In der Regel bedeutet das, dass der gesetzliche Fall nur dann nicht eintritt, wenn besondere Umstände dagegen sprechen. Bei gemeinschaftsrechtswidrigen Beihilfen ist zu beachten, dass ein — Hierzu die weiteren Ausführungen unter bb) und cc).

beihilfebegünstigtes Unternehmen nur dann auf die Ordnungsgemäßheit der Beihilfe vertrauen darf, wenn diese unter Beachtung des in Art. 108 AEUV vorgesehenen Verfahrens gewährt wurde. Ansonsten würde der Einwand des Wegfalls der Bereicherung dazu führen, dass die Rückforderung der Beihilfe praktisch unmöglich gemacht würde, was gegen den unionsrechtlichen Grundsatz des Effizienzgebotes verstoßen würde (Deutsche Milchkontor, Slg. 1983, 2633). Die Beihilfe wurde jedoch nicht unter Beachtung des Verfahrens des Art. 108 AEUV gewährt, ein Vertrauensschutztatbestand liegt somit nicht vor. Demnach muss die Regelwertung des § 48 II 2 VwVfG europarechtskonform wegen des Vorrangs des Unionsrechts so ausgelegt werden, dass ein atypischer Fall gegeben ist und der Beihilfeempfänger sich nicht auf den Wegfall der Bereicherung berufen kann.

Effizienzgrundsatz

cc) Allgemeine Interessenabwägung
Bei Nichteingreifen der Regelwertung des Satz 2 bleibt noch die allgemeine Abwägung des Satz 1 des § 48 II VwVfG vorzunehmen. Im deutschen Recht ist es so, dass die zu berücksichtigenden öffentlichen Interessen an der Rücknahme zum einen ein fiskalisches Interesse und zum anderen das Interesse an der Gesetzmäßigkeit der Verwaltung sind. Diese Interessen überwiegen das Vertrauensschutzinteresse des Bürgers im Großteil der zu beurteilenden Fälle nicht. Allerdings wird auch diese Abwägung durch europarechtliche Prinzipien modifiziert. Bei der Rücknahme von unionsrechtlichen Beihilfen gilt als weiteres – überragendes – Abwägungskriterium das der Wiederherstellung der unionsrechtlichen Wettbewerbsordnung (BUG, Slg. 1990, I-3437). Das Interesse des Bürgers überwiegt dann nur bei Vorliegen besonderer Umstände. Solche sind dem Sachverhalt nicht zu entnehmen. Folglich ist nach der europarechtskonformen Auslegung des § 48 II 1 VwVfG zu sagen, dass das öffentliche Rücknahmeinteresse den Vertrauensschutz der Firma A überwiegt.

Wiederherstellung der unionsrechtlichen Wettbewerbsordnung als Abwägungskriterium

b) Zwischenergebnis
Nach beiden Ansätzen kann sich die Firma A nicht auf Vertrauensschutz berufen, da sie entweder bösgläubig war oder die Voraussetzungen des § 48 II 1,2 VwVfG nicht gegeben sind.

4. Ermessen

Ermessensreduzierung auf Null

Nach § 48 I VwVfG »kann« ein rechtswidriger Verwaltungsakt zurückgenommen werden. Bei unionsrechtswidrigen Beihilfen reduziert sich dieses Ermessen auf Null, weil ansonsten die Grundsätze der nichtdiskriminierenden und effektiven Durchsetzung des Gemeinschaftsrechts nicht gewahrt werden könnten. Bei mit dem Gemeinsamen Markt unvereinbaren staatlichen Maßnahmen beschränkt sich die

Rolle der nationalen Behörden auf die Durchführung der Entscheidungen der Kommission. Bei der Rücknahmeanordnung eines Bewilligungsbescheides durch die Kommission besteht folglich kein Ermessen seitens der nationalen, hier deutschen Behörde.

Fraglich ist nun, ob die Verpflichtung zur Rücknahme auch dann besteht, wenn eine (deutsche) Behörde für die Rechtswidrigkeit der Beihilfe in einem solchen Maße verantwortlich ist, dass nach deutschem Recht eine Rücknahme gegen den Grundsatz von Treu und Glauben verstoßen würde. Die Beihilfe wurde A praktisch aufgedrängt, um eine Betriebsstilllegung zu verhindern und Arbeitsplätze zu retten. Jedoch obliegt A die Überprüfungspflicht, ob das Verfahren des Art. 108 AEUV eingehalten worden ist. Dieser Verpflichtung ist A nicht nachgekommen. Die Vergewisserung ist von dem Verhalten der Behörde unabhängig. Folglich greift der Grundsatz von Treu und Glauben bei Berücksichtigung der Überprüfungspflicht As vorliegend nicht ein und es besteht weiterhin eine Rücknahmeverpflichtung für die (zuständige) deutsche Behörde.

5. Rücknahmefrist, § 48 IV VwVfG

Allerdings könnte ein Verstoß gegen die Rücknahmefrist des § 48 IV VwVfG gegeben sein. Die Rücknahme eines Verwaltungsaktes ist nur innerhalb eines Jahres möglich, wenn die Behörde von Tatsachen Kenntnis erlangt, die die Rücknahme eines Bescheides rechtfertigen. Der Fristlauf beginnt mit dem Zeitpunkt der Kenntniserlangung durch die Behörde. Das Schreiben der Kommission, in dem es auf die Rechtswidrigkeit der Beihilfegewährung hinwies, datiert aus dem Jahre 1983. Damit hätte die zuständige Behörde bei »ungetrübter« Anwendung des § 48 IV VwVfG 1983 von der Rechtswidrigkeit des Bescheides Kenntnis erlangt und eine Rücknahme wäre mangels Verfristung nicht mehr möglich. Allerdings muss auch die Rücknahmefrist europarechtskonform ausgelegt werden. Zu beachten ist auch hier, dass A die Einhaltung des Notifizierungsverfahrens durch das Land Rheinland-Pfalz nicht überprüft hat. Ein berechtigtes Vertrauen in die Ordnungsgemäßheit der Beihilfe bestand also von Anfang an nicht. Ferner wird die nationale Behörde nur als »Erfüllungsgehilfe« der Kommission tätig, da sie kein Ermessen hinsichtlich der Rücknahme hat. Sie muss zurücknehmen. Diese Situation ist nicht mit der im deutschen Recht herrschenden vergleichbar, wo der Begünstigte nicht weiß, ob und wann die Behörde eine Entscheidung treffen wird. Ab der Kommissionsentscheidung ist der Beihilfeempfänger nicht mehr im Ungewissen, ob die ihm gewährte Beihilfe rechtmäßig oder rechtswidrig war. Also kann die Jahresfrist in dieser Konstellation nicht anwendbar sein. Ansonsten würde die Rückforderung der zu Unrecht gezahlten Beträge praktisch unmöglich gemacht, was auch hier einen

> Keine Anwendung der Jahresfrist

Verstoß gegen das Effizienzgebot bedeuten würde. Im Ergebnis lässt sich somit feststellen, dass der Rücknahmebescheid noch nicht verfristet ergangen ist.

C. Ergebnis

Eine Rechtsbeeinträchtigung der Firma A ist nicht gegeben. Folglich ist ihre Klage zwar zulässig, aber unbegründet.

3. Deutsches Verwaltungsrecht und Unionsrecht

Der Verwaltungsvollzug von Gemeinschaftsrecht wirft noch einige weitere Fragen auf, die in dem obigen Beispielsfall nicht weiter erörtert worden sind. Hierauf soll im Folgenden jedoch noch eingegangen werden.

1. Rückforderung von Gemeinschaftsbeihilfen

Eine Besonderheit ergibt sich für den Fall der Rückforderung von Unionsbeihilfen, das sind Beihilfen, die die Gemeinschaft gegenüber einzelnen Marktteilnehmern gewährt. Diese sind z.B. im Agrarbereich sehr häufig anzutreffen. Nach dem Urteil in der Rechtssache *Oelmühle* (EuGH, 1998-I, 4767) ist eine Berufung auf den Wegfall der Bereicherung dann möglich, wenn

- der Empfänger der Beihilfe bereits zum Zeitpunkt der Bewilligung der Beihilfe den sich daraus ergebenden Vermögensvorteil durch die Zahlung des nach Unionsrecht vorgesehenen Richtpreises weitergegeben hat und
- ein eventueller Regressanspruch gegen seine Lieferanten wertlos wäre.

Hierfür ist jedoch Voraussetzung,

- dass zunächst der gute Glaube des Empfängers nachgewiesen ist und
- dass insoweit die gleichen Voraussetzungen gelten wie bei der Rückforderung rein nationaler finanzieller Leistungen.

Das letzte Element kommt dem Leser sicherlich schon bekannt vor, es ist wiederum das Prinzip der Nichtdiskriminierung. Zu beachten ist, dass dieses Urteil nach Aussage des EuGH nicht auf staatliche Beihilfen zu übertragen ist, der Anwendungsbereich dieser Rechtsprechung ist auf den Bereich der Unionsbeihilfen beschränkt. Die beiden Beihilfearten seien nicht vergleichbar, da insbesondere den Agrarbeihilfen der Wettbewerbsvorteil, welcher nationalen Unternehmen durch staatliche Beihilfen eingeräumt werde, fehle (EuGH, a.a.O.).

2. Rückzahlung der gezahlten Beihilfe

Nach der letzten Änderung des VwVfG sind nach § 49a I 1 VwVfG bereits erbrachte Leistungen zu erstatten, wenn ein Verwaltungsakt mit Wirkung für die Vergangenheit zurückgenommen worden ist. Nach dieser Vorschrift müsste A in dem geschilderten Fall die gewährte Beihilfe in Höhe von 8 Millionen DM zurückzahlen. Die Rückzahlung erfolgt nach den Vorschriften des Bürgerlichen Gesetzbuches über die Herausgabe einer ungerechtfertigten Bereicherung, § 49 a II 1 VwVfG.

Problematisch ist jedoch, dass nach dem vorliegend anwendbaren § 818 III BGB A das bereits verbrauchte – das heißt ausgegebene – Geld, nicht zurückzuzahlen braucht. Diese Berufung auf den »Wegfall der Bereicherung« steht allerdings wiederum, wie der Vertrauensschutz des § 48 II VwVfG, unter dem Vorbehalt der Schutzwürdigkeit des Vertrauens. § 49 a II 2 VwVfG regelt, dass sich der Begünstigte, nicht auf den Wegfall der Bereicherung berufen kann, soweit er die Umstände kannte oder infolge grober Fahrlässigkeit nicht kannte, die zur Rücknahme des Verwaltungsaktes geführt haben. In diesem Zusammenhang wären dann wiederum die gleichen Gesichtspunkte anzuführen, die der Gewährung von Vertrauensschutz nach § 48 II VwVfG entgegenstanden und in der Klausur weiter oben bereits aufgezählt wurden. Insoweit wäre dann in einer Klausurlösung nur nach oben zu verweisen und im Ergebnis festzuhalten, dass die A die gezahlten Leistungen wieder zurückzahlen muss.

Wichtig: Unterschied bzgl. des Vertrauensschutzes, ob eine Gemeinschaftsbeihilfe oder eine staatliche Beihilfe vorliegt

3. Aufschiebende Wirkung von Rechtsmitteln

§ 80 I VwGO schreibt die aufschiebende Wirkung von gegen einen Verwaltungsakt eingelegten Rechtsmitteln (Widerspruch / Anfechtungsklage) vor. Bei Verwaltungsakten, die auf Unionsrecht gestützt sind, verstößt dieses Prinzip gegen den Grundsatz der einheitlichen Anwendung von EU-Recht in allen Mitgliedstaaten und, was vielleicht noch schwerer wiegt, gegen den Grundsatz der effektiven Durchsetzung des Unionsrechts. Aus diesem Grunde ist nach der vorzugswürdigen h.M. § 80 II Nr. 4 VwGO unionsrechtskonform dahingehend auszulegen, dass das dort genannte »öffentliche Interesse« auch das Unionsinteresse an einer einheitlichen und effektiven Rechtsanwendung umfasst. Die anderen vertretenen Auffassungen schaffen unnötige Anwendungsprobleme im Rahmen des § 80 VwGO, indem sie entgegen dem Wortlaut der Vorschrift entweder von einem ungeschriebenen Anordnungsgrund der Erfüllung gemeinschaftsrechtlicher Pflichten ausgehen oder Rechtsbehelfen keinen automatischen Suspensiveffekt mehr zukommen lassen wollen.

4. Einstweiliger Rechtsschutz im Verwaltungsverfahren

Eine weitere Besonderheit bei der Anwendung deutschen Verwaltungsprozessrechts ergibt sich in den Verfahren des einstweiligen Rechtsschutzes der VwGO. Verwaltungsgerichte müssen vorläufigen Rechtsschutz gewähren, wenn eine nationale Regelung gegen das Unionsrecht verstößt.

4.1. Anordnung/Wiederherstellung der aufschiebenden Wirkung, § 80 V VwGO

Die Entscheidung nach § 80 V VwGO bewirkt, dass die aufschiebende Wirkung eines Rechtsmittels angeordnet oder wiederhergestellt wird. Danach wird der zugrunde liegende Verwaltungsakt vorübergehend nicht vollzogen. Der EuGH hat in einer wichtigen Entscheidung *(Zuckerfabrik Süderdithmarschen*, Slg. 1991, I-415) klargestellt, dass ein nationales Gericht einen Verwaltungsakt nicht vollziehen muss, wenn

- es erhebliche Zweifel an der Rechtmäßigkeit der zugrunde liegenden Unionsnorm hat und es dem EuGH die Frage der Gültigkeit nach Art. 267 AEUV vorgelegt hat,
- dem Antragsteller ferner ein schwerer und nicht wiedergutzumachender Schaden droht
- und es das Interesse der Union an einer einheitlichen Rechtsanwendung berücksichtigt.

Diese Kriterien sind kumulativ und orientieren sich an denen, die nach Art. 278 S. 2, 279 AEUV für den Erlass einer einstweiligen Anordnung durch den EuGH notwendig sind.

4.2. Einstweilige Anordnung nach § 123 VwGO

Der Gerichtshof hat die oben erwähnten Grundsätze auch in dem Verfahren nach § 123 VwGO für anwendbar erklärt *(Atlanta*, Slg. 1995, I-3761).

5. Klagebefugnis, § 42 II VwGO

Eine unmittelbar wirksame Unionsrechtsnorm (z.B. eine Richtlinie) kann vor nationalen Gerichten durch den Bürger durchgesetzt werden. Nach § 42 II VwGO direkt oder analog ist dann das Vorliegen einer Klagebefugnis, d.h. der Kläger muss in einem subjektiv-öffentlich Recht verletzt sein, erforderlich für die Zulässigkeit der Klage.

Die im deutschen Recht vorherrschende Theorie zur Bestimmung des subjektiv-öffentlichen Rechts ist die Schutznormtheorie (vergleiche: BVerwG NJW 1990, 2249; Kopp/Schenke, VwGO-Kommentar, 16. Aufl. 2009, Rdnr. 83 ff. zu § 42 VwGO). Sie verleiht Rechte an einen Einzelnen dann, wenn die in Rede stehende Norm nicht nur die Interessen der Allgemeinheit sondern auch die Interessen des (betroffenen) Bürgers schützt.

Dem EuGH ist dieses Verständnis zur Bestimmung des subjektiv-öffentlichen Rechtes fremd. Seiner Ansicht nach ist zur Bestimmung des Tatbestandsmerkmals das Rechtsinstitut der »Betroffenheit« anzuwenden. Ein subjektives Recht wird durch eine unmittelbar wirksame Richtlinie nur dann begründet, wenn der Kläger durch die (Nicht-)Anwendung der unionsrechtlichen Norm in seinem persönlichen Lebensbereich berührt wird (*Verholen*, Slg. 1991, I-3757).

Folglich ist bei Klagen, die auf einer unmittelbar wirksamen Unionsnorm beruhen, das subjektiv-öffentliche Recht des § 42 II VwGO im Sinne der »Betroffenheit des Klägers«, wie es durch den EuGH verstanden wird, auszulegen. Die Schutznormtheorie ist nicht anzuwenden, die a.A. gestaltet sie europarechtskonform aus.

Beispiel: § 3 I UIG setzt die UmweltinformationsRL 2003/4/EG (ABl. 2003 L 41, 26) um. Danach kann «jedermann» klagen und nicht nur ein betroffener Einzelner, wie es nach der Schutznormtheorie erforderlich wäre. Dennoch ist § 3 I UIG ein eine Klagebefugnis begründendes Recht. Dies kann als Übergang von der Verletztenklage zur Interessentenklage gedeutet werden.

Zu beachten ist, dass der EuGH im Umweltrecht großzügig in der Annahme der unmittelbaren Wirksamkeit von Unionsrecht ist, wenn dieses dazu dient, die menschliche Gesundheit zu schützen (Janecek, Slg. 2008, I-0000, Rn. 44). Dies ist auch wichtig in der aktuellen Diskussion um die Konsequenzen aus der Nichtdurchführung einer UVP-Prüfung. Das BVerwG vertritt hier einen restriktiven Ansatz, wonach eine Aufhebung der zugrunde liegenden Sachentscheidung nur dann vorzunehmen ist, wenn die konkrete Möglichkeit besteht, dass die Behörde ohne den Fehler anders entschieden hätte (BVerwG, NVwZ 2008, 563). Ob dies im Hinblick auf die Vorabentscheidung in der Sache Janecek noch zu halten ist, ist zumindest sehr fraglich.

Das Umweltrecht kennt überdies noch die Besonderheit des Verbandsklagerechts in § 2 I Nr. 1 UmwRG zur Umsetzung der UmweltrechtsbehelfsRL 2003/35/EG (ABl. 2003 L 156/17). Der Gesetzgeber hat sich dabei einer restriktiven Richtlinienumsetzung bedient, deren Rechtmäßigkeit im Anwendungsbereich des Unionsrechts zumindest zweifelhaft ist. Nach § 2 I Nr. 1 UmwRG dürfen Verbände, ohne eine Verletzung eigener Rechte geltend zu machen, Rechtsbehelfe gegen bestimmte Entscheidungen einlegen, wenn sie geltend machen, dass eine diesbezügliche Entscheidung oder ihre Unterlassung den Umweltschutz dienende Rechtvorschriften «Rechte Einzelner» begründen. Die weiterhin bestehende Schutznormakzessorietät der Stellvertreterklage begrenzt die praktische Wirksamkeit der Vorschrift in erheblicher Weise. Das OVG Münster hat die Problematik zur Vorabentscheidung vorgelegt (NVwZ 2009, 987).

Bei unmittelbar geltenden Unionsrechtsakten, die dem einzelnen kein subjektives Recht verleihen, aber ohne Umsetzung in den nationalen Rechtsordnungen wirksam sind (s. o. S. 164 bei »Richtlinien«) ist dann die Klagebefugnis mangels Eingreifens von EU-Recht anhand der Schutznormtheorie zu bestimmen und die Begründetheit der Klage, d.h. die Rechtsverletzung, anhand der in Rede stehenden Unionsnorm zu untersuchen.

Register

A

Abgaben gleicher Wirkung
sind die wegen des Grenzübertritts einer Ware auferlegten finanziellen Belastungen, soweit sie keinen Zoll darstellen. ⇨ 21 ff., 200 ff., 288

Abkommen
nennt man völkerrechtliche Verträge zwischen Völkerrechtssubjekten. ⇨ 153, 169 ff., 214, 227, 241 ff., 264, 266, 274, 296

Abwägung
für eine gesetzgeberische oder behördliche Entscheidung, bei der eine Kollision von Interessen oder Rechten vorliegt, ist eine Güterabwägung der widerstreitenden Belange vorzunehmen. ⇨ 53, 58, 63, 66 f., 90, 102, 110, 198, 208, 210, 223, 232, 257, 270, 316

ABl.
⇨Amtsblatt der EU⇨ 121, 142, 175 f., 232, 282

Acquis Communautaire
bezeichnet das gesamte geltende Unionsrecht; wörtlich: das, was die Gemeinschaft erworben hat. ⇨ 29, 153

AdR
⇨ Regionenausschuss

AETR
Entwurf eines Abkommens über die im internationalen Straßenverkehr beschäftigten Fahrzeugbesatzungen. ⇨ 169, 248

AG
Abk. für Aktiengesellschaft. Die Aktiengesellschaft ist eine juristische Person des Privatrechts. Die AG ist eine handelsrechtliche Gesellschaft, für deren Verbindlichkeiten den Gläubigern nur das Gesellschaftsvermögen und nicht etwa eine Person haftet. Das Grundkapital der AG ist in Aktien zerlegt, siehe Aktiengesetz. Die AG ist jetzt auch als Europäische Aktiengesellschaft möglich. ⇨ 225

Agrarpolitik der EU
Landwirtschafts- und Fischereipolitik der EU. ⇨ 244 f.

Aktives Wahlrecht
ist das Recht, zu wählen. ⇨ 67, 196

Allgemeine Rechtsgrundsätze
Rechtsquelle, die es jeweils im Europa- Völker- und innerstaatlichen Recht gibt. Ein Rechtsgrundsatz wird zum allgemeinen R. durch gleichförmige Geltung in mehreren Staaten (Völkerrecht / Europarecht) oder in mehreren Rechtsgebieten (innerstaatl.). ⇨ 99, 108 ff., 157 f.

Amtliche Sammlung der Entscheidungen des Gerichtshofs
Publikation, in der die Urteile des EuGH und des EuG veröffentlicht werden. ⇨ 139

Amtsblatt Teil C
Amtliches Veröffentlichungsblatt der Union, in dem unverbindliche Handlungen der Organe abgedruckt sind, z.B. Empfehlungen und Stellungnahmen, Sitzungsberichte und Entwürfe des Parlaments etc.; C bedeutet »communications«, Mitteilungen. ⇨ 121

Amtsblatt Teil L 1/2
Amtliches Veröffentlichungsblatt der Union, in dem verbindliche Rechtsakte der Organe bekannt gegeben werden, z.B. Verordnungen, Richtlinien und völkerrechtliche Verträge der EG; L bedeutet »législation«, Rechtsetzung. ⇨ 175, 282

Amtshaftungsklage
Klage gegen die EU auf Schadenersatz wegen einer rechtswidrigen Handlung eines EU-Organs oder einer/s EU-Bediensteten; als Staatshaftung auch gegen MS möglich. ⇨ 285

Amtssprachen der EU
sind die Sprachen, die zur Verwendung bei den Organen zugelassen sind, sie sind durch eine Verordnung geregelt: Dänisch, Deutsch, Englisch, Estnisch, Finnisch, Französisch, Griechisch, Italienisch, Lettisch, Litauisch, Maltesisch, Niederländisch, Polnisch, Portugiesisch, Schwedisch, Slowakisch, Slowenisch, Spanisch, Tschechisch und Ungarisch. ⇨ 139

Analogie
Füllen einer Gesetzeslücke mit Hilfe der entsprechenden Anwendung einer gleichgelagerten Norm. ⇨ 54, 64, 68, 210

Angonese
Grundlegendes Urteil des EuGH zur Arbeitnehmerfreizügigkeit. ⇨ 165, 211

Antifolterkonvention
Übereinkommen gegen Folter und andere grausame, unmenschliche oder erniedrigende Behandlung oder Strafe. ⇨ 58

Anwendungsvorrang
siehe ⇨ Vorrang.

Arbeitnehmerfreizügigkeit
Recht der Arbeitnehmer, in einem anderen Mitgliedstaat ein Arbeitsverhältnis einzugehen und ihm nachzugehen. Dazu gehören eine Reihe von Begleitrechten. ⇨ 211 ff., 227

Assoziierung
Herstellung besonderer privilegierter Beziehungen zu einem Drittstaat. ⇨ 29, 170, 214

Aufenthaltsbescheinigung
Bescheinigung, die einige EU-Mitgliedstaaten für sich dort aufhaltende EU-Ausländer vorschreiben. Das Recht, sich aufzuhalten, besteht aber unabhängig von der Bescheinigung. ⇨ 215

Aufenthaltserlaubnis
Erlaubnis, von der das Einreisen in und das Aufenthaltsrecht von Nicht-EU-Bürgern im Gebiet der Mitgliedstaaten abhängig gemacht wird. ⇨ 215

Aufsichtsklage
Klage der EU-Kommission gegen einen Mitgliedstaat wegen einer Verletzung des Gemeinschaftsrechts. ⇨ 273

Ausland
ist jedes nicht zum eigenen Staatsgebiet gehörende Territorium. ⇨ 21, 23, 70, 195 ff., 202, 205 ff., 238, 298

Auslegung
Normen sind abstrakt, deshalb muss man manchmal die Normen näher konkretisieren, um feststellen zu können, ob ein Sachverhalt unter den Tatbestand einer Norm fällt. Der dazu einzig zulässige Weg ist die Auslegung. ⇨ 22 f., 48 ff., 82, 159 ff., 162 ff., 204, 207, 212, 249, 272 f., 298 f., 310 ff.

Auslegungsmethoden
derer gibt es vier: Wortlaut, Systematik (nach dem Verhältnis zu anderen Normen), Historisch (weniger wichtig) und nach dem Sinn und Zweck. Im Gemeinschaftsrecht legt man eine Norm auch nach ihrer besten Wirkung (»effét utile«) aus. ⇨ 67, 162, 165, 273

Ausschließliche Kompetenz
exklusive Kompetenz der EU, eine Materie zu regeln. Es besteht kein Regelungsrecht der Mitgliedstaaten mehr. ⇨ 90, 158, 263 f., 296, 310

Ausschuss der Regionen
⇨ Regionenausschuss

Ausschuss der Ständigen Vertreter der Mitgliedstaaten
genannt ⇨ COREPER, unterstützt den Ministerrat.

Außenwirtschaftsrecht
Regelungen über den wirtschaftlichen Verkehr mit anderen Staaten, jetzt größtenteils EU-Recht. ⇨ 265

Bananen
Südfrucht, EU-Marktorganisation war Gegenstand mehrerer EuGH-Verfahren. ⇨ 102 f., 254, 308

Beamtenstatut
ist der wichtigste Teil des Personalrechts der EU. ⇨ 135

Bedingung
ist allgemein ein zukünftiges Ereignis, von dessen Eintreten etwas abhängig gemacht wird. ⇨ 29, 115, 125, 151, 157, 181, 194 ff., 247 ff., 253, 258, 278, 306

Begründetheit
einer Klage ist nach der Zulässigkeit zu prüfen. Begründet ist eine Klage, wenn die Begehr tatsächlich auf einer anwendbaren Rechtsgrundlage beruht. ⇨ 75 f., 274 ff., 281 ff.

Beihilfen
Staatliche Unterstützungsleistungen jeglicher Art an Unternehmen, werden von der EU-Kommission kritisch beäugt. ⇨ 15, 133, 245 f., 249, 256 ff., 266

Berufsfreiheit
unionsrechtliches Grundrecht, welches Ausbildung zum und Ausübung des erlernten Berufes schützt. ⇨ 59

Beschluss
verbindlicher Akt der EU an einen einzelnen oder mehrere (natürliche, juristische Personen, Mitgliedstaaten) gerichtet. ⇨ 32, 51, 83, 95 f., 128 f., 169 f.

Bestandskraft
nennt man die formelle Unanfechtbarkeit eines Verwaltungsaktes oder einer Verwaltungsentscheidung, es ist kein Rechtsbehelf mehr möglich. Bei Gerichtsentscheidungen wird von Rechtskraft gesprochen. Beides wird vom Vorrang des Unionsrechts durchbrochen. ⇨ 94

Betriebliche Altersversorgung
Zahlung von Ruhegeldern von einem Betrieb an ehemalige Arbeitnehmer des Betriebs; es gibt unterschiedliche Rechtsgrundlagen. ⇨ 105

Beurteilungsspielraum
der begrenzte Spielraum, den hoheitliche Stellen bei der Auslegung eines unbestimmten Rechtsbegriffes in einer Norm haben. Beispiel: Öffentliche Sicherheit. ⇨ 66

BGBl.
Bundesgesetzblatt. ⇨ 7, 36, 38, 40, 43, 48, 50, 99, 119, 309 f.

BGH
Bundesgerichtshof, höchstes deutsches Zivil- und Strafgericht, Sitz: Karlsruhe. ⇨ 291

Binnenmarkt
Raum ohne wirtschaftliche Binnengrenzen. ⇨ 30, 84, 86, 132, 146, 181 ff., 199

Brüssel
Sitz der EU-Kommission und Verwaltung. ⇨ 2, 29, 38, 114, 117, 131, 135, 249

Bruttoinlandsprodukt
Summe der in einem Zeitraum in einem Staat produzierten Güter und erbrachten Dienstleistungen. ⇨ 261 f.

Bundesrat
Vertretung der deutschen Bundesländer, durch den Bundestag wirken die Länder bei der Gesetzgebung mit. Der Bundesrat besteht aus von den Landesregierungen bestellten Regierungsmitgliedern. ⇨ 304 ff., 314 ff.

Bundesstaat
Zusammenschluss von Staaten, die aber ihre Staatlichkeit nicht verlieren. ⇨ 281, 309, 311 f.

Bundestag
direkt gewählte Volksvertretung der Bundesrepublik Deutschland. Die Abgeordneten repräsentieren das Volk und üben seine Rechte aus. ⇨ 38, 119, 121, 304 ff., 308 ff.

Bundesverfassungsgericht
für verfassungsrechtliche Streitigkeiten zuständiges Gericht, Sitz: Karlsruhe. ⇨ 28, 262, 291

Bürgerbeauftragter
des Europäischen Parlaments; nimmt Bürgerbeschwerden entgegen, untersucht sie und leitet sie gegebenenfalls weiter an das Organ, welches die Beschwerden betreffen. ⇨ 121, 197

Bußgeld
Sanktion bei Verletzung einer mit einem Bußgeld bewehrten Norm, wird insbesondere im Kartellrecht verhängt. ⇨ 110, 249

BVerfG
⇨ Bundesverfassungsgericht.

BVerfGE
Entscheidungen des ⇨ Bundesverfassungsgerichts.

Cassis-Formel
nach dem EuGH, gilt für mengenmäßige Beschränkungen und Maßnahmen gleicher Wirkung: der innerunionale Handel ist soweit eingeschränkt, dass Hemmnisse aus bestimmten Rechtfertigungsgründen hingenommen werden müssen. ⇨ 139, 205 ff., 217, 223, 226, 236, 256, 281

Charta der Vereinten Nationen
auch UNO-Charta, völkerrechtlicher Vertrag, mit dem die Vereinten Nationen gegründet wurden. Die Charta stellt so etwas wie das Grundgesetz der Staaten dar. ⇨ 5, 38, 40, 149

Charta von Paris
Erklärung der OSZE-Staaten über gemeinsame Prinzipien, Demokratie als einzige Staatsform, Menschenrechte und Grundfreiheiten als von Geburt an den Menschen eigenen Rechten. ⇨ 42

COREPER
Comité des Représentantes Permanents – Ausschuss der Ständigen Vertreter der Mitgliedstaaten. ⇨ 130, 173

Dassonville-Formel
Definition des EuGH für Maßnahmen gleicher Wirkung: Jede Handelsregelung der Mitgliedstaaten, die geeignet ist, den innerunionalen Handel unmittelbar oder mittelbar, tatsächlich oder potentiell zu behindern, ist wie eine mengenmäßige Beschränkung anzusehen. ⇨ 23, 204, 206, 210, 236, 255

Deklaratorische Wirkung
bestätigende Wirkung. Gegenteil von konstitutiver, schaffender Wirkung. ⇨ 267

Demokratieprinzip
Prinzip, nach dem die Staatsgewalt dem Volk zusteht, Volksherrschaft. Ist beim EP noch nicht vollständig verwirklicht. ⇨ 43, 117, 122, 307, 312

Devisen
sind Zahlungsansprüche im Ausland in fremder Währung. ⇨ 199, 236

Dienstleistungsfreiheit
Recht, im Ausland Dienstleistungen anzubieten und zu erbringen. Geschützt sind auch Begleitrechte. ⇨ 219, 227 ff., 235, 247 f., 296, 298

Diplomatischer/konsularischer Schutz
umfassender Schutz und Betreuung eigener Staatsangehöriger im Ausland. ⇨ 196 f.

Direkter Vollzug
Umsetzung des Gemeinschaftsrechts durch EU-eigene Behörden. Bsp.: Kartellrecht, Beamtenrecht. ⇨ 103, 178

Diskriminierungsverbot
allgemein das Verbot der Schlechterbehandlung einer Person oder Sache gegenüber einer anderen; es gibt im AEUV viele Ausprägungen. ⇨ 104, 186, 195, 199, 214, 220, 232

Dogmatik
wissenschaftliche theoretische Durchdringung und Lehre von der juristischen Materie. ⇨ 172, 206 f., 310

Dritter
ist ein juristischer Terminus für eine am Sachverhalt nicht beteiligte Person, ein Synonym für »die anderen Personen«. ⇨ 169, 187 f., 277 f., 281 f.

Drittwirkung
Rechtswirkung nicht nur zwischen Beteiligten, sondern auch auf andere. ⇨ 53, 105, 186, 211

Dual-Use-Güter
Waren, die zivil und militärisch nutzbar sind. ⇨ 254

Dumping
marktschädigender Import von Erzeugnissen zu einem Preis, der den normalen Wert der Ware und auch den Preis im Exportland unterschreitet. ⇨ 264, 301

EAGFL
Europäischer Ausrichtungs- und Garantiefonds für die Landwirtschaft, der EAGFL finanziert die EU-Ausgaben für den Agrarmarkt. ⇨ 136, 246

ECU
Europäische Währungseinheit, European Currency Unit, Rechnungseinheit des Europäischen Währungssystems (EWS). ⇨ 262

EEA
Einheitliche Europäische Akte, Ergänzung der damaligen Gemeinschaftsverträge im Jahre 1986. Festlegung der EPZ. ⇨ 30, 32, 83 f., 122, 146, 192

Effet utile
Auslegungsregel für das Unionsrecht, wonach eine Norm so auszulegen ist, dass sie möglichst wirksam ist. ⇨ 49, 138, 162, 187, 273

EFTA
European Free Trade Association, Europäische Freihandelszone: Handelsvertrag 4 europäischer Staaten, durch der EWRV mit der EU verbunden. ⇨ 34, 200

EG
Europäische Gemeinschaft, bis 1993 Europäische Wirtschaftsgemeinschaft, seit 1.12.2009 existiert sie nicht mehr. ⇨ 10, 28 ff.

EU-Kommissare/innen
Mitglieder des EU-Organs Kommission, jede/r Kommissar/in ist für verschiedene Materien zuständig. ⇨ 124, 131, 134 ff.

EU-Kommission
Organ der Gemeinschaften, quasi die »Hüterin der Unionsverträge«. ⇨ 19, 125, 136, 173, 277

EGKS
Europäische Gemeinschaft für Kohle und Stahl, auch Montanunion genannt. Der Vertrag lief 2002 aus, seitdem unterfallen Kohle und Stahl auch dem AEUV ⇨ 29, 34, 40, 82, 100

EGKSV
Vertrag über die ⇨ EGKS

EGMR
Europäischer Menschenrechtsgerichtshof, Gerichtshof der EMRK, Sitz: Straßburg. ⇨ 48 ff., 68 ff.

EGMRE
Entscheidungen des ⇨ EGMR

EU-Präsidentschaft
die Präsidentschaft führt den Vorsitz im Europäischen Rat und im Ministerrat und hat daher eine gute Möglichkeit, politische Impulse zu geben. ⇨ 32, 127

EIB
Europäische Investitionsbank – Bank zur Förderung strukturschwacher Gebiete. ⇨ 146, 273

Eigentum, geistiges
immaterielles, urheberrechtlich schützbares geistiges Werk. ⇨ 71, 224, 235, 255, 264 f.

Eigentumsgrundrecht
Grundrecht auf Schutz des persönlichen Eigentums. ⇨ 102, 224, 264

Einheitliche Europäische Akte
⇨ EEA

Embargo
Verbot der Ausfuhr bestimmter Waren in bestimmte Länder. ⇨ 237, 266 f., 297

Empfehlung
unverbindlicher Akt der Organe Parlament, Kommission, Ministerrat. ⇨ 144, 159, 169 f., 261, 277, 284

EMRK
Europäische Konvention zum Schutze der Menschenrechte und Grundfreiheiten. ⇨ 7, 15, 46, 48 f.

EMRK-Zusatzprotokolle
völkerrechtliche Zusatzverträge zur EMRK. ⇨ 15, 48, 77, 101

EP
Europäisches Parlament ⇨ 17, 32, 50, 83 f., 88 f., 91, 107, 115, 117 ff., 134, 143, 150, 153, 173, 182, 196, 221 f., 237, 284

EPZ
Europäische Politische Zusammenarbeit in der Außenpolitik der Mitgliedstaaten, mit der EEA eingeführt, mit dem Unionsvertrag durch die GASP ersetzt. ⇨ 30, 83

ER
⇨ Europäischer Rat.

Erga-omnes-Prinzip
Liberalisierung des Kapital- und Zahlungsverkehrs ggü. Drittstaaten. ⇨ 236

Erkenntnisquelle
Im Gegensatz zu Rechtsquelle lediglich ein unverbindlicher Ursprung von Erkenntnissen bezüglich einer Rechtsfrage. ⇨ 100 f., 107

Ermessen
Spielraum hoheitlicher Organe, bei der Anwendung einer Norm zwischen mehreren Rechtsfolgen wählen zu können; gibt es nur, wenn eine entsprechende Norm einen Ermessensspielraum gewährt; im Gemeinschaftsrecht auch Rechtsumgehung. ⇨ 94, 98, 145, 157, 168, 203, 231, 259, 264, 276, 278, 283, 286, 290

Escape-Klausel
Ausnahmetatbestand von der EU-Harmonisierung. ⇨ 184

ESZB
Europäisches System der Zentralbanken, besteht aus der EZB und den nationalen Zentralbanken. ⇨ 143 f.

EU
Europäische Union, umfasst den EUV und den AEUV. ⇨ 80

EuG
⇨ Gericht

EuGH
Der Gerichtshof der EU, ein Hauptorgan der Union, sichert die Wahrung des EG-Rechts. ⇨ 31, 51, 139 ff., 156 ff., 194 ff., 307 f.

Euratom
Vertrag zur Gründung der Europäischen Atomgemeinschaft. ⇨ 4 f., 10, 21, 28 f., 82, 85, 115, 304

Euro
Gemeinsame Währung von sechzehn MS ⇨ 84 ff., 260 ff.

Europa
geographisch oder politisch zu betrachtender Begriff. ⇨ 3

Europäische Aktiengesellschaft
»Societas Europeana«, Juristische Person des EU-Rechts. ⇨ 217

Europäische Freihandelsassoziation
⇨ EFTA

Europäische Genossenschaft
Geplante juristische Person des EG-Rechts. ⇨ 226

Europäische Investitionsbank
⇨ EIB

Europäische Politische Zusammenarbeit
⇨ EPZ

Europäische Sozialcharta
Europäischer völkerrechtlicher Vertrag über individuelle soziale Rechte. ⇨ 45

Europäische Verfassung
Eigentlich ein Verfassungsvertrag, der die Union deutlich verändern sollte. ⇨ 30 f., 43, 85

Europäische Union
⇨ EU

Europäische Währungseinheit
⇨ ECU

Europäische Wirtschaftliche Interessenvereinigung
⇨ EWIV

Europäische Wirtschaftsgemeinschaft
⇨ EWG

Europäische Zentralbank
⇨ EZB

Europäischer Gerichtshof
⇨ EuGH

Europäischer Rat
politisches Leitorgan der EU. ⇨ 32 f., 116, 173

Europäischer Sozialfonds
Arbeitnehmer- und Bildungsförderungsfonds. ⇨ 268

Europäischer Wirtschaftsraum
⇨ EWR

Europäisches Gericht 1. Instanz
⇨ Gericht

Europäisches Parlament
Hauptorgan der EG ⇨ 127

Europäisches Unionsrecht
Primärrecht/Sekundärrecht der EU. ⇨ 5

Europäisches Währungssystem
⇨ EWS

Europäisches Zentralbanksystem
⇨ ESZB

Europarat
beruht auf völkerrechtlichem Vertrag von 1949, soll die jetzt 48 europäischen Mitgliedstaaten im Sinne der gemeinsamen Wertvorstellungen enger zusammenbinden.
⇨ 7, 43, 46 ff., 125, 304

Europarecht
speziell in Europa geltendes Recht; auch:
⇨ Europäisches Unionsrecht

EUROPOL
Europäische polizeiliche Datenbank, Informationsdrehscheibe. ⇨ 243

EUV
Vertrag über die Europäische Union. ⇨ 7

EVG
Europäische Verteidigungsgemeinschaft, 1954 gescheiterte verteidigungspolitische Parallele zur EGKS ⇨ 40

EWG/EG
Europäische (Wirtschafts)Gemeinschaft. ⇨ 10, 28 f., 36, 82 f., 95 f., 170, 187, 194, 200, 293

EWI
Europäisches Währungsinstitut, Verbindung zwischen den nationalen Zentralbanken, überwacht Funktionieren des EWS. ⇨ 82, 132, 146

EWIV
Juristische Person des EU-Rechts. ⇨ 226

EWR
Vertrag zwischen EG, EGKS und EFTA zur Schaffung einer großen Freihandelszone, insgesamt 30 Staaten.
⇨ 29, 34 f., 214, 274

EWS
Europäisches Währungssystem, soll die Währungsstabilität sichern, besteht aus dem ECU, einem Wechselkurs-/Interventionsmechanismus und einem Kreditvergabemechanismus. ⇨ 262

Exekutive
handelnde Staatsgewalt, die anderen Gewalten sind
⇨ Legislative und ⇨ Judikative. ⇨ 118, 132, 175

EZB
Europäische Zentralbank, Teil des europäischen Zentralbanksystems. Die Bank soll in Zukunft für Geldwertstabilität sorgen. ⇨ 82, 115 f., 122, 132, 143 f., 146, 173, 263, 273, 277 ff., 281, 284 f., 295

Faccini Dori
EuGH-Urteil über die horizontale Drittwirkung von Richtlinien ⇨ 165, 185 ff.

Faires Verwaltungsverfahren
Grundsatz des Verwaltungsrechts. ⇨ 110

Fair-trial-Grundsatz
Grundsatz des Strafverfahrens. ⇨ 62

Föderalismus
ist in einem Bundesstaat die Tendenz, die Gliedstaaten durch die Zuweisung von Kompetenzen so weit wie möglich zu stärken. ⇨ 74, 85, 308

Formelles Recht
das Recht, das den Weg der Durchsetzung materieller Rechte oder ein Verfahren regelt.

Francovich-Urteil
Grundsatzurteil des EuGH zur Staatshaftung dem Bürger gegenüber bei nicht rechtzeitig umgesetzten Richtlinien.
⇨ 110, 166 f.

Freie Berufe
Berufsarten, die mit vorwiegend geistiger Tätigkeit verbunden sind, eine anspruchsvolle Ausbildung verlangen und hauptsächlich durch die persönliche Arbeit des/r Freiberuflers/in geprägt sind (Beispiel: Rechtsanwalt, Arzt, Steuerberater, nicht unbedingt: Apotheker, wenn Gewerbe (Verkauf) im Vordergrund steht). ⇨ 199

Freier Warenverkehr
grenzüberschreitender Verkehr von Waren ohne staatliche Hemmnisse an der Grenze. ⇨ 21, 199, 210

Freihandelszone
⇨ EFTA

Freizügigkeit
Arbeitnehmerfreizügigkeit und Niederlassungsfreiheit.
⇨ 183 f., 195, 198, 211 ff., 227 f.

Fusionskontrollverordnung
EU-Verordnung bezüglich der Kontrolle von Unternehmenszusammenschlüssen. ⇨ 257 f.

Fusionsvertrag
Vertrag der Mitgliedstaaten zur Zusammenlegung Fusionierung der Ministerräte und der Kommissionen der damaligen drei Gemeinschaften. ⇨ 83 f.

GASP
Gemeinsame Außen- und Sicherheitspolitik der EU.
⇨ 28, 30, 84 f. , 117, 127 , 149 ff. , 159

GATT
General Agreement on Tariffs and Trade, Internationales Zoll- und Handelsabkommen, mitgliederstärkstes Handelsabkommen der Welt. ⇨ 36, 169, 203, 227, 264, 297

GC (Grundrechtscharta)
Charta der Grundrechte der Europäischen Union. ⇨ 52

Gebietskörperschaft
Organisationsform des öffentlichen Rechts, die durch einen räumlich abgegrenzten Teil des Staatsgebiets bestimmt wird, etwa Gemeinde, Landkreis, Bezirk, Land. ⇨ 145

Geistiges Eigentum
⇨ Eigentum, geistiges

Geldwertstabilität
Vermeidung von Inflation bzw. Deflation. ⇨ 144

Gemeinsamer Markt
ehemals bestehende Vorstufe des Binnenmarktes. ⇨ 16, 82, 181

Gemeinsamer Standpunkt
zu einer außen- oder sicherheitspolitischen Frage, festgelegt durch den Ministerrat der Union. ⇨ GASP

Gemeinsamer Zolltarif
⇨ GZT

Gemeinschaftsgrundrechte
⇨ Grundrechte

Unionsunmittelbare Vollziehung
Umsetzung, Vollzug von Normen durch unionseigene Verwaltungsbehörden. ⇨ 178

Gemischte Abkommen
völkerrechtliche Abkommen der EU und der Mitgliedstaaten mit Drittstaaten. ⇨ 171 f.

Generalanwalt
beim EuGH, die Anwälte unterstützen den EuGH, indem sie Stellungnahmen, sog. Schlussanträge, in den EuGH-Verfahren abgeben. ⇨ 109, 124, 137, 140 ff. , 274, 280, 289

Generalsekretariat
unterstützt den Ministerrat. ⇨ 130 f.

Gericht
Vor Inkrafttreten des Vertrags von Lissabon als Europäisches Gericht 1. Instanz bezeichnet. ⇨ 31, 124, 142, 173

Gesamtschuldner
Mehrere Schuldner haften jeweils für die gesamte Schuld, leistet einer, sind die anderen ihm ausgleichspflichtig. ⇨ 172

Geschäftsfähigkeit
ist die Fähigkeit, durch eigenes Handeln wirksame Rechtsgeschäfte vorzunehmen. ⇨ 93, 297

Gesetz
im formellen Sinne ist es ein nach dem im Grundgesetz vorgesehenen Verfahren verabschiedetes Gesetz; ein Gesetz im materiellen Sinne liegt vor, wenn eine Norm für viele Fälle (abstrakt) und viele Personen (generell) etwas regelt.

Gesetzmäßigkeit der Verwaltung
allgemeiner Rechtsgrundsatz des Unionsrechts, nach dem die Behörden sich immer an das gesamte Unionsrecht zu halten haben. ⇨ 109

Gewaltenteilung
Trennung der Staatsgewalt in mehrere, sich gegenseitig kontrollierende Teile. Im GG: ⇨ Exekutive, ⇨ Legislative, ⇨ Judikative. ⇨ 115, 121

Gleichheitsgrundsatz
unionsrechtliches Grundrecht, Gleiches ist gleich zu behandeln, Ungleiches darf ungleich behandelt werden. ⇨ 105

GO-Kom
Geschäftsordnung der Kommission. ⇨ 133, 136

GO-Rat
Geschäftsordnung des Rates. ⇨ 126 f. , 130

Grundfreiheiten
Warenverkehrsfreiheit, Arbeitnehmerfreizügigkeit, Dienstleistung-, Niederlassungs- , Kapital- und Zahlungsverkehrsfreiheit. ⇨ 34, 43, 99, 140, 157, 184, 194, 198 ff. , 206, 210, 212, 223, 227 ff. , 234 ff. , 247

Grundrechte
des Europäischen Unionsrechts. ⇨ 46 f. , 52 ff. , 99 ff.

GZT
Gemeinsamer Zolltarif der EU im Handel mit Drittstaaten. ⇨ 143, 200 ff.

Haftung
Verpflichtung, für ein Handeln oder Unterlassen rechtlich einzustehen. ⇨ 62, 95, 110, 166 ff., 285 f.

Handelspolitik
der EU, gemeinsame Politik im Verhältnis zu Drittstaaten. ⇨ 133, 263 ff.

Harmonisierung
Angleichung der dem Binnenmarkt zugrundeliegenden nationalen Rechtsvorschriften durch Rechtsakte der EU. ⇨ 88, 159 ff., 184 ff., 241

Hohe Behörde
früherer Name der ⇨ Kommission.

Hoheitsrechte
alle dem Staat in Ausübung seiner Staatsgewalt zustehenden Befugnisse. ⇨ 49, 93, 95, 127, 304 ff., 312

Horizontale Wirkung
Wirkung unter Gleichgeordneten, nicht nur im Über-Unterordnungsverhältnis. ⇨ 7, 105, 165, 186 f., 211, 218, 221, 227

Immanente Schranken
sich aus dem Tatbestand der Norm selbst ergebende Einschränkungen des Schutzbereichs. ⇨ 22

Implied powers
Kompetenz der EU nicht aufgrund ausdrücklicher Ermächtigung, sondern auch in dem Fall, wo das Fehlen einer Kompetenz ausdrückliche EU-Kompetenzen sinnlos und unbrauchbar machen würde. ⇨ 89

Indirekter Vollzug
Umsetzung des Unionsrechts durch die Behörden der Mitgliedstaaten. ⇨ 178 f., 246

Individualbeschwerde
vor dem EGMR, Rechtsmittel gegen staatliches Handeln. ⇨ 73 ff.

Industrie
Gesamtheit aller gewerblichen Betriebe, die sich vor allem durch automatisierte Massenproduktion auszeichnen. ⇨ 146, 268

Inflation
die sich durch Vermehrung der Geldmittelmenge ergebende Geldentwertung; eine Geldvermehrung kann dann inflatorische Wirkung haben, wenn ihr keine entsprechende Erzeugung von Waren gegenübersteht. ⇨ 71, 262

Instanz
Rechtszug im gerichtlichen Verfahren. 31, 48, 63, 74 f., 94, 137, 167, 272, 291

Intergouvernementale Zusammenarbeit
Kooperation der Mitgliedstaaten. ⇨ 150, 171 f., 242

Internationales Privatrecht (IPR)
Nationale Regelungen, die festlegen, welches nationale Recht bei grenzüberschreitenden privatrechtlichen Sachverhalten anzuwenden ist. ⇨ 3 f., 241

Internationales Recht
Recht, welches nicht national begrenzt, sondern staatenübergreifend gilt. ⇨ 3 ff.

Intervention
Einmischung in die inneren Angelegenheiten eines Staates, auch das militärische Eindringen in ein anderes Staatsgebiet. ⇨ 102, 245 f.

IWF
Internationaler Währungsfonds, Nebenorganisation der UNO, Ziele sind Förderung der währungspolitischen Zusammenarbeit, ausgeglichenen Wachstums des Welthandels etc. ⇨ 265

Judikative
rechtsprechende Gewalt, Gerichte; die anderen beiden Gewalten sind ⇨ Exekutive und ⇨ Legislative. ⇨ 167 f.

Juristische Personen
sind Gebilde, denen erst eine Norm die Rechtspersönlichkeit verleiht. Bsp.: Aktiengesellschaft. ⇨ 16, 34, 54, 56, 71, 102, 104, 121, 161, 174, 218 ff., 225, 227, 229, 278 f., 281, 284 f.

Kabinett
Verwaltungsbehörde der EU, unterstützt die Kommissare/innen. ⇨ 135

Kabotage
Transport durch mitgliedstaatsfremde Unternehmen. ⇨ 248

Kapital- und Zahlungsverkehrsfreiheit
Grundfreiheit des AEUV, gilt für den freien grenzüberschreitenden Fluss von Kapital und finanziellen Zuwendungen. ⇨ 234, 236

Kartell
Absprache unter verschiedenen Unternehmen. ⇨ 51, 103, 111, 113, 159, 178, 250 ff., 259

Keck-Urteil
des EuGH, Einschränkung der Dassonville-Formel auf produktbezogene Beschränkungen. ⇨ 23 f., 206, 210, 223, 230

Klagebefugnis
ist vor einem Gericht nur gegeben, wenn die Verletzung eigener Rechte gerügt wird, es soll nicht jeder des anderen Rechte einklagen können. ⇨ 74, 77, 260, 275, 278 ff.

Klausel
anderes Wort für eine Norm oder einen Teil einer Norm oder eines Vertrages, meistens in dem Fall verwandt, wo die Klausel eine entscheidende Bestimmung ist. ⇨ 17, 19, 40, 46, 52, 65, 89, 149, 152, 174, 192, 232, 245, 269, 274, 307 f., 313

Kodifikation
systematische Zusammenfassung von Normen in einem Gesetz, Vertrag o.ä. ⇨ 3, 54

Kohärenz
Gleichlauf. ⇨ 52, 84, 115 f., 135, 149, 192, 294

Kollektive Sicherheit
wird gewährleistet durch internationale Verträge, in denen sich die Mitglieder gegenseitig zu Beistand im Falle eines Angriffs eines anderen Staates verpflichten. ⇨ 38 f., 152

Komitologie-Beschluss
Ratsbeschluss bezüglich der Übertragung von Durchführungsbefugnissen vom Rat an die Kommission. ⇨ 121, 125

Kommission
Organ der Europäischen Union. ⇨ 32, 131 ff.

Kommunales Wahlrecht
Wahlrecht auf Gemeinde- und Stadtebene. ⇨ 196

Kompetenz-Kompetenz
die Befugnis, sich selbst eine neue Befugnis zu geben. ⇨ 312

Konferenz für Sicherheit und Zusammenarbeit in Europa
⇨ OSZE

Konkurrierende Kompetenz
Kompetenz der Union, solange die Union diese Kompetenz nicht genutzt hat, dürfen die Mitgliedstaaten auf diesem Gebiet Regelungen erlassen. ⇨ 145, 245, 309

Konvergenz
Prinzip der WWU. ⇨ 262 f.

KSZE
⇨ OSZE

KSZE-Folgetreffen
Konferenzen der KSZE nach dem ersten Treffen in Helsinki 1975. ⇨ 41

KSZE-Schlussakten
schriftlich niedergelegte Ergebnisse der KSZE-Konferenzen, rechtlich nicht bindend. ⇨ 41

Legal
rechtmäßig, dem Recht entsprechend. ⇨ 241,

Legislative
gesetzgebende Gewalt, die anderen beiden Gewalten sind Exekutive und Judikative. ⇨ 167

Legitim
moralisch zulässig, nicht zu verwechseln mit legal, was rechtlich zulässig meint. ⇨ 70, 209, 312

Legitimation
allgemein der Nachweis einer Berechtigung. ⇨ 312

Lex posterior derogat legi priori
Rechtsgrundsatz: die spätere Norm bricht die frühere Norm. ⇨ 16

Lissabonner Vertrag
Neufassung und Neunummerierung des EUV und AEUV ⇨ 10, 28, 31 f., 82, 85, 133

Lissabon-Urteil
Urteil des BVerfG zur Verfassungsmäßigkeit des Lissabonner Vertrags ⇨ 123, 307, 312

Luxemburg
Sitz des EuGH und des GeI.

Luxemburger Vereinbarungen
rechtlich nicht bindende Vereinbarungen der Mitgliedstaaten, wonach auch bei nach den Verträgen vorgesehenen Mehrheitsabstimmungen bis zur Einstimmigkeit zu verhandeln ist. ⇨ 83, 129 f.

Maastrichter Vertrag
Vertrag zur Gründung der EU. ⇨ 28 ff., 82 ff., 145, 194, 196, 242 f., 304

Maastricht-Urteil des BVerfG
Urteil auf Verfassungsbeschwerden wegen der Behauptung, das Zustimmungsgesetz zum Unionsvertrag verletze das GG. ⇨ 96, 307

Marktbürger
Bürger eines Mitgliedstaates der EU. ⇨ 84, 104, 110, 112, 157

Maßnahmen gleicher Wirkung
alle staatlichen Maßnahmen, die sich beim Import einer Ware wie mengenmäßige Beschränkungen auswirken. ⇨ 21 ff., 203 ff., 210

Materielles Recht
ist das Recht, welches den Rechtsträgern Rechte zuweist. ⇨ 192 ff.

Mechanismus der menschlichen Dimension
⇨ OSZE

Mehrheitswahlrecht
der Kandidat, der die meisten Stimmen auf sich vereinigt, ist gewählt; beim Verhältniswahlrecht werden jeder Partei, die Stimmen erhält, im Verhältnis zur Stimmenanzahl Sitze zugewiesen. ⇨ 119

Mehrwertsteuer
ist eine Konsumsteuer, die vom Endverbraucher zu tragen ist; eine indirekte Steuer, d.h., sie wird nicht vom Einkommen oder Gewinn abgezogen, sondern lastet auf jeder Ware, wie auch auf Dienstleistungen; die MwSt ist EU-weit harmonisiert durch die Umsatzsteuerrichtlinie. ⇨ 143, 202

Meinungsfreiheit
Grundrecht des Unionsrechts. ⇨ 103

Meistbegünstigung
Verpflichtung, dritten Staaten die Handelserleichterungen einzuräumen, die man anderen Staaten gibt.

Ministerrat
Auch: Rat der Union/Rat genannt. Organ der Union, Rechtsetzungsorgan der EG. ⇨ 19, 32, 127

Modus vivendi
Art und Weise, mit der beide oder alle Seiten eine Streitfrage oder einer Differenz umgehen, um damit zu »leben«. ⇨ 41

Montanunion
⇨ EGKS

MS(en)
⇨ Mitgliedstaat(en)

MrK
⇨ Kommission für Menschenrechte.

Nationalstaat
ist ein Staat, dessen Bevölkerung ganz überwiegend zur selben Nation (die im Land geborene Bevölkerung) gehört. ⇨ 10, 239, 307

NATO
North Atlantic Treaty Organization, die Sicherheitsorganisation, die auf dem Nordatlantikvertrag fußt. ⇨ 38 f.

Natürliche Personen
sind Menschen im rechtlichen Sinne, natürliche Personen sind Rechtspersonen. ⇨ 16, 54, 56, 71, 73, 102, 121, 157, 161, 165, 219, 279, 281, 284

Ne bis in idem
allgemeiner Rechtsgrundsatz, der besagt, dass man einen Anspruch oder eine Strafverfolgung nicht zweimal wegen derselben Sache durchführen darf. ⇨ 110

Nichtigkeitsklage
Klage gegen einen Rechtsakt der Union. ⇨ 273, 277, 280, 282 ff., 295

Niederlassungsfreiheit
Grundfreiheit, die das Recht gibt, sich in allen Mitgliedstaaten zur Ausübung einer selbständigen Tätigkeit niederzulassen. ⇨ 198 f., 211, 218 ff., 226 ff., 235

Nizza-Vertrag
Sollte die left-overs von Maastricht und Amsterdam beseitigen, nicht vollständig gelungen. ⇨ 28, 30, 84 f., 107, 118

Nold-Entscheidung
Wichtige Entscheidung des EuGH zur Gewinnung der Grundrechte. ⇨ 100 ff.

Nordatlantikvertrag
Grundlage der NATO. ⇨ 38

Norm
ist jedes allgemein und nicht einzelfallbezogen geltende Recht, etwa internationale Verträge, nationale Gesetze, nationale Rechtsverordnungen, nationale Satzungen, Verordnungen und Richtlinien der EU. ⇨ 3

Normexterne Voraussetzungen
Voraussetzungen der Anwendung einer Norm, die nicht in der Norm zu finden sind, sondern in anderen Normen. ⇨ 18 ff.

Notwehr
Recht, sich gegen einen rechtswidrigen Angriff auf Leib oder Leben mit einem an sich rechtswidrigen Verhalten zu wehren. ⇨ 58

Nulla poena sine lege
Strafrechtlicher Grundsatz, nach dem die Strafbarkeit einer Tat nur besteht, soweit dies vor ihrer Begehung gesetzlich festgelegt war. ⇨ 64 f.

OECD
Organization for Economic Cooperation and Development, Europäische Organisation für wirtschaftliche Zusammenarbeit und Entwicklung. ⇨ 36 f., 265

OEEC
Organization for European Economic Development, Vorläuferin der ⇨ OECD.

Öffentliches Recht
Rechtsgebiet, welches einerseits die Beziehungen des Staates zum Bürger und andererseits die Beziehungen innerhalb des Staatswesens regelt. ⇨ 7

Ombudsman
Beauftragter für Bürgerbeschwerden. ⇨ 121

Ordentliches Gesetzgebungsverfahren
Hauptgesetzgebungsverfahren der Union. ⇨ 120, 175 ff., 195, 222, 224, 240 f., 246 ff., 269

Organe
sind die Handlungsträger, durch die einer Organisation erst handlungsfähig wird.

OSZE
bis 31.12.1995 KSZE, von einer Konferenz zur internationalen Organisation mutierend, befasst sich vorwiegend mit den Themen Sicherheit und Menschenrechte. ⇨ 41 f., 46

Parallele Kompetenz
sowohl Gemeinschaften wie Mitgliedstaaten haben auf einem Gebiet die Regelungskompetenz, bei Widersprüchen gilt der Vorrang des Unionsrechts. ⇨ 308

Passive Dienstleistungsfreiheit
das Recht, Dienstleistungen aus einem anderen Mitgliedstaat in Anspruch zu nehmen.

Passives Wahlrecht
das Recht, sich für ein öffentliches Amt wählen zu lassen. ⇨ 67, 196

Petition
Rechtsmittel ohne anschließendes formelles Verfahren; Eingabe an das Europäische Parlament, die sich auf den Tätigkeitsbereich der EU beziehen muss ⇨ 121, 197

Politik des leeren Stuhls
vor den »Luxemburger Vereinbarungen« blockierte Frankreich die Arbeit im Ministerrat durch das Fernbleiben seines Vertreters. ⇨ 83

Politiken
die Bereiche, in denen die EU tätig werden darf, d.h. Kompetenzen hat. ⇨ 21, 34 f., 84, 133, 143, 147, 173 f., 192, 239, 268 ff.

Präambel
ist die einem Vertrag oder der Verfassung vorangestellte Erklärung der Schöpfer, was sie mit der Schöpfung beabsichtigen und wovon sie geleitet wurden. ⇨ 43

Primärrecht
Unionsverträge und allgemeine Rechtsgrundsätze, Völkerrecht, soweit die EU daran gebunden ist. ⇨ 7, 21, 82, 88, 95, 99, 107 f., 114, 156 ff., 165 f., 170, 175, 196, 234, 283 f., 289 f., 307

Prinzip der begrenzten Einzelermächtigung
Kompetenzprinzip der EU, nur ausdrücklich festgeschriebene Kompetenzen. ⇨ 46, 88 f., 98, 109, 116, 158, 169, 192, 312

Privatrecht
Rechtsgebiet, welches die Beziehungen der Privatpersonen zueinander regelt. ⇨ 3 f., 165, 285

Prozess
gerichtliches Verfahren. ⇨ 48, 59, 62 ff.

Ratifikation
In der Bundesrepublik: Ausfertigung einer Urkunde durch den Bundespräsidenten, dass das Zustimmungsgesetz zu einem völkerrechtlichen Vertrag dem Verfahren des Grundgesetzes entsprechend angenommen wurde. Generell: Zustimmung und Ausfertigung einer Urkunde durch ein zuständiges Organ darüber, wirksam an einen Rechtsakt gebunden zu sein. ⇨ 18, 28 ff., 46 ff., 57, 72, 82, 84, 99, 147, 153, 244

Rechnungshof
Organ der Union, zuständig für die Prüfung der Einnahmen und Ausgaben der Union. ⇨ 124, 142 f., 173, 278 ff.

Recht
im objektiven Sinne eine Summe von Normen, im subjektiven Sinne ein Recht eines einzelnen. ⇨ 3

Rechtliches Gehör
allgemeiner Rechtsgrundsatz des Unionsrechts, nach dem vor einem Rechtsakt, der Rechte einer Person betrifft, die Person angehört werden muss, um ihr Gelegenheit zur Stellungnahme zu geben. ⇨ 62, 110, 178

Rechtsangleichung
nimmt die EU zum besseren Funktionieren des Binnenmarktes vor, für die Rechtsangleichung gibt es eigene Kompetenznormen. ⇨ 88, 181 ff., 186, 239, 269

Rechtsfolge
ist der Teil einer Norm, der festlegt, welche rechtlichen Folgen sich ergeben, wenn der Lebenssachverhalt mit dem Tatbestand übereinstimmt. ⇨ 12 f., 16 ff., 19 ff., 90, 157, 254, 308

Rechtshilfeverkehr
Justizielle grenzüberschreitende Zusammenarbeit. ⇨ 28, 241

Rechtskraft
eines Urteils ist dann gegeben, wenn es nicht mehr mit Rechtsmitteln wie Berufung oder Revision angegriffen werden kann. ⇨ 48, 94, 167

Rechtslage
ist die Beurteilung eines Lebenssachverhaltes unter allen möglichen rechtlichen Gesichtspunkten. ⇨ 15

Rechtspersonen
sind fähig, Rechte zu haben, und an sie können auch Ansprüche gestellt werden. ⇨ 7, 221, 295

Rechtsquelle
Ursprung, Entstehungsmodus einer Norm. ⇨ 53, 88, 108, 111, 156, 170

Rechtsschutzbedürfnis
Voraussetzung der Zulässigkeit einer Klage, kann der Kläger auch ohne das Gericht sein Ziel erreichen, hat er kein Rechtsschutzbedürfnis. ⇨ 74, 77, 285

Rechtssicherheit
allgemeiner Rechtsgrundsatz des Gemeinschaftsrechts, nach dem Personen darauf Anspruch haben, dass sie erkennen können, welche rechtlichen Folgen ihr Verhalten haben wird. ⇨ 94, 99, 110, 112, 288, 294, 313

Rechtsstaatsprinzip
allgemeiner Rechtsgrundsatz des Gemeinschaftsrechts, nach dem Personen Anspruch darauf haben, dass der Staat eine Rechtsordnung aufstellt und wahrt und dass diese Rechtsordnung gewisse weitere Grundsätze festlegt, nämlich die Merkmale eines Staates, in dem alles nach den Gesetzen vor sich geht. ⇨ 43, 53

Regionenausschuss
besteht aus Vertretern regionaler und lokaler Gebietskörperschaften, wird in den im AEUV vorgesehenen Fällen bei der Rechtsetzung gehört. ⇨ 116, 124, 144 f., 248, 281

Religionsfreiheit
Recht, ein weltanschauliches Bekenntnis zu haben und zu praktizieren. ⇨ 67, 103

Richtlinie
Rechtsakt der Gemeinschaften, der den Mitgliedstaaten einen Handlungsrahmen vorgibt. ⇨ 7, 21, 125, 140, 159, 161 ff.

RL
⇨ Richtlinie

Römische Verträge
EWG- und EURATOM- Vertrag (1957). ⇨ 36

Rückwirkungsverbot
nulla poene sine lege ⇨ 64

Sachen
bewegliche oder unbewegliche körperliche Gegenstände, die sinnlich wahrnehmbar sind, bewegliche Sachen sind auch Waren. ⇨ 71

Sachverhalt
bezeichnet die Fakten einer Begebenheit des Lebens, die rechtlich geprüft werden soll. ⇨ 4, 7, 12 ff.

Schengener Abkommen
zwei Abkommen, vorwiegend dem Abbau der innerunionalen Grenzkontrollen gewidmet. ⇨ 241, 243 f.

Schranken eines Grundrechts
Beschränkungen des Schutzbereichs. ⇨ 101 f.

Sekundärrecht
vom Primärrecht der EU abgeleitetes Recht. ⇨ 7, 21, 88 ff., 95 f., 103, 136, 156, 158 f., 174 ff., 194, 198, 210, 223 f., 234, 236, 265, 270, 286, 289 ff.

Ser.
Series (Sammlung des ⇨ EGMR).

Self-executing
selbstausführend, so bezeichnet man Normen, die keiner weiteren Ausführungsnormen bedürfen und unmittelbar anwendbar sind, der Begriff stammt aus dem Völkerrecht. ⇨ 164, 170

Sicherheitsrat
Hauptorgan der UNO. ⇨ 254

Sichtvermerk
bedeutet Visum, die amtliche Bestätigung des Rechts zur Einreise, Ausreise oder zum Aufenthalt in einen/m Staat. ⇨ 212, 298

Sitte
meint zweierlei, erstens eine länger dauernde Übung, zweitens dem Anstandsgefühl aller billig und gerecht Denkenden entsprechenden Vorstellungen von Moral. ⇨ 207 ff.

Slg.
Sammlung des Gerichtshofs der Europäischen Union ⇨ EuGH

Solange I und II – Beschlüsse des BVerfG
beinhalten Äußerungen zum Verhältnis der Unionsgrundrechte zu den Grundrechten des GG. ⇨ 95 ff., 292, 307

Souveränität
allgemein die Eigenschaft eines Staates, dass ihm auf seinem Hoheitsgebiet die alleinige Entscheidungsgewalt zukommt, kein Rechtssubjekt steht über ihm; der Begriff wurde von Jean Bodin geprägt. ⇨ 41, 93, 112, 239, 312

Staaten
sind ursprüngliche Inhaber der Rechtspersönlichkeit auf der Ebene des Völkerrechts. ⇨ 3 ff.

Staatenbeschwerde
staatliche Beschwerde gegen einen anderen Staat im Rahmen der EMRK. ⇨ 73, 77

Staatshaftung
Haftung der Staaten gegenüber Personen für rechtswidriges Handeln. ⇨ Francovich-Urteil. ⇨ 62, 95, 166 ff., 286

Staatszielbestimmung
eine nicht konkret bindende Norm, mit der sich ein Staat ein Ziel vorgibt: etwa Umweltschutz. ⇨ 306

Stellungnahme
Akt der Gemeinschaften, mit dem zu einer Frage Stellung genommen wird, nicht bindend. ⇨ 159, 169, 177

Steuern
sind einmalige oder laufende Geldleistungen eines Steuerpflichtigen, die keine Gegenleistung darstellen und vom öffentlich-rechtlichen Gemeinwesen allen auferlegt werden. ⇨ 71, 183

Straßburg
Sitz des Europäischen Parlaments, der EU-Verwaltung, des Europarates und des Europäischen Menschenrechtsgerichtshofes. ⇨ 29, 43, 99, 117

Struktursicherungsklausel
Norm oder Teil einer Norm, nach der/m nur bei Erhaltung der Strukturen einer Organisation ein Staat an die Organisation gebunden sein will. ⇨ 307 f.

Subsidiarität
bedeutet allgemein, dass etwas erst in zweiter Linie gilt oder anwendbar ist; Prinzip der EU, dass sie selbst bei Vorliegen einer Kompetenz nur dann etwas regeln darf, wenn die Materie besser als auf nationaler regionaler Ebene zu erfassen ist. ⇨ 77, 90 f., 114, 145, 192, 199, 227, 240, 244, 247, 269, 284, 305, 309, 312 f.

Subsumtion
Technik der Gesetzesanwendung auf einen Sachverhalt. ⇨ 12, 16 ff., 22, 315

Supranationales Recht
Normen, die im Gegensatz zum Völkerrecht (Gleichordnung der Staaten) auch gegen den Willen eines Staates wirken und deshalb »über« den Staaten stehen. ⇨ 4, 16, 127, 150, 178, 242, 313

TA Luft
deutsche Verwaltungsvorschrift über Grenzwerte für Schadstoffe in der Luft, Folge einer Richtlinie der EU. ⇨ 163

Tatbestand
Teil einer Norm, der die Lebenstatsachen umreißt, die Voraussetzung für die Anwendung der Norm sind. ⇨ 12 f., 16 ff.

Tatbestandsmerkmal
meistens enthält ein Tatbestand mehrere Merkmale, die erfüllt sein müssen, damit die Rechtsfolge eintritt; Merkmale sind die abstrakt gefassten Teile eines Lebenssachverhalts. ⇨ 13, 17 ff., 89, 160, 167, 182, 202, 223, 249, 280

Territoriale Integrität
Unversehrtheit des Territoriums eines Staates vor Eingriffen anderer Staaten. ⇨ 41

Transeuropäische Netze
staatenübergreifende Kommunikations- und Verkehrsnetze. ⇨ 268

Übergangszeit
früher in vielen Bestimmungen des E[W]GV vorgesehen; die Übergangszeit ließ den Mitgliedstaaten einen zeitlichen Spielraum, sich auf die E[W]G-Regelungen vorzubereiten und ihr Recht anzupassen. ⇨ 118 f., 128, 153

Übermaßverbot
bei einem hoheitlichen Eingriff in Rechte ist der Grundsatz der ⇨ Verhältnismäßigkeit zu beachten.

Überseeische Länder und Hoheitsgebiete
der Mitgliedstaaten Belgien, Dänemark (Grönland), Frankreich (Neukaledonien, Frz. Polynesien etc.), Italien, Niederlande (Aruba, Niederländische Antillen) und Vereinigtes Königreich (Falkland-Inseln, St. Helena etc.) sind überwiegend Kolonien dieser Mitgliedstaaten; die ÜLG sind der EU assoziiert.

Ungeschriebene Tatbestandsvoraussetzungen
sind Merkmale eines Tatbestandes, die nicht ausdrücklich im Tatbestand niedergelegt, sondern durch die Rechtsprechung gefestigt sind; solche Merkmale werden bei Tatbeständen, die versehentlich unvollständig gesetzlich festgelegt wurden, hinzugefügt. ⇨ 18

Unionsbürgerschaft
von wirtschaftlicher Betätigung der Unionsbürger unabhängige Rechte ⇨ 194 ff., 312

Unionsvertrag
völkerrechtlicher Vertrag zur Gründung der Europäischen Union durch die Mitgliedstaaten der Europäischen Gemeinschaften. ⇨ 28, 30, 82, 84, 122, 145, 242, 304, 306

Unmittelbare Anwendbarkeit und Geltung
einer Norm des Unionsrechts liegt dann vor, wenn die Norm bestimmt und unbedingt ist, so dass zu ihrer klaren Anwendbarkeit keine weiteren Voraussetzungen hinzukommen müssen. Die Norm kann dann subjektive Rechte verleihen. ⇨ 164 f., 170, 211, 218, 227, 249

Unmittelbare Wirksamkeit
Oberbegriff für unmittelbare Anwendbarkeit und unmittelbare Geltung. Geltung einer Norm ohne Umsetzungsakt. ⇨ 167

Unschuldsvermutung
strafprozessuales Prinzip, niemand wird als schuldig behandelt ohne Gerichtsurteil. ⇨ 51, 63 f.

Untätigkeitsklage
Klage gegen Organe der Union. ⇨ 284 f.

Van der Elst-Urteil
EuGH-Entscheidung zur Dienstleistungsfreiheit. ⇨ 298 ff.

Verbleiberecht
Begleitrecht der EU-Bürger bei Nutzung der Arbeitnehmerfreizügigkeit, Niederlassungs- und Dienstleistungsfreiheit. ⇨ 215

Verfassungsbeschwerde
Beschwerde von natürlichen oder juristischen Personen des Privatrechts, u.U. auch des öffentlichen Rechts (Rundfunk) vor dem BVerfG, mit der Behauptung, ihre Grundrechte aus dem Grundgesetz seien durch einen staatlichen Eingriff verletzt worden. ⇨ 53, 74, 95 ff., 291, 307 f., 312

Verhältnismäßigkeit
für hoheitliche Eingriffe in Rechte der einzelnen gilt der Grundsatz der Verhältnismäßigkeit, d.h. der Eingriff muss geeignet (zielführend) und erforderlich (mildestes Mittel), und er muss verhältnismäßig im engeren Sinne sein; der Eingriff darf nicht weiter gehen, als der Zweck der Maßnahme es rechtfertigt (Abwägung der Interessen und Rechte). ⇨ 53, 65, 77, 90 f. ,102, 110, 114, 192, 194, 208 ff., 217, 231, 233, 237, 257, 264

Verhältniswahlrecht
die politischen Gruppierungen erhalten entsprechend ihrer Stimmenanzahl Sitze im Parlament; Gegensatz ist das Mehrheitswahlrecht, wonach nur die Kandidaten/innen mit den meisten Stimmen in einem Wahlkreis einen Parlamentssitz erhalten, die Stimmen für unterlegene Kandidaten/innen fallen also quasi unter den Tisch. ⇨ 119

Verkehrspolitik
⇨ 227, 246 ff.

Vermittlungsausschuss
vermittelt zwischen Rat und Parlament bei der Rechtsetzung. ⇨ 177

Verordnung
Sekundärrechtsakt der Union. ⇨ 7, 12 f., 88, 108, 111, 132, 159 ff.

Vertrag
kommt durch die Abgabe zweier oder mehrerer sich inhaltlich deckender Willenserklärungen zustande.

Vertragslückenschließungsverfahren
so kann der Ministerrat eine Kompetenz nutzen, die nicht ausdrücklich in den Verträgen festgelegt ist; es gibt für die Begründung einer solchen Kompetenz mehrere Voraussetzungen.

Vertragsverletzungsklage
Klage eines Mitgliedstaates gegen einen anderen wegen Verletzung des EU-Rechts. ⇨ 277

Verwaltungsakt
ist eine hoheitliche Maßnahme, die eine Behörde zur Regelung eines Einzelfalles auf dem Gebiet des öffentlichen Rechts trifft und die auf unmittelbare Rechtswirkung auf einen anderen Rechtsträger gerichtet ist. ⇨ 94, 111, 207, 209, 290, 292

Visum
⇨ Sichtvermerk

Völkerrecht
ist das Recht der Staatengemeinschaft, Internationale Verträge, Gewohnheitsrecht und allgemeine Rechtsgrundsätze. ⇨ 4, 28

Völkerrechtssubjekt
Träger von Rechten und Pflichten des Völkerrechts, Staaten, Internationale Organisationen, Vatikan, u.U. auch Einzelpersonen. ⇨ 5, 46, 169, 296

Vollstreckung
Durchsetzung eines durch Gesetz, Urteil oder Verwaltungsakt festgelegten Anspruches mit Zwangsmitteln. ⇨ 14 ff., 51, 57, 241, 276

Vollziehende Gewalt
⇨ Exekutive; die Gewalt die das Recht umsetzt.

Vollzug
praktische Um- und Durchsetzung des Rechts. ⇨ 15, 51, 103, 112, 157, 178 ff., 246

Vorabentscheidung
Entscheidung des EuGH über ihm von mitgliedstaatlichen Gerichten vorgelegte Fragen. ⇨ 94, 97, 137, 139, 167, 272, 274, 287 ff., 293, 295

Vorbehalt
Zusatz zu einer Willenserklärung mit dem Inhalt, sich die Zustimmung zu einer vertraglichen Bestimmung vorzubehalten. ⇨ 38, 48, 67, 109, 133, 174, 218, 222 f., 268

Vorbehalt des Gesetzes
in die Rechte der Rechtsunterworfenen darf von staatlicher Seite nur aufgrund Gesetzes oder darauf beruhender Normen eingegriffen werden. ⇨ 109

Vorlage
⇨ Vorabentscheidung

Vorrang des Unionsrechts
der Vorrang bedeutet, dass das Unionsrecht dem mitgliedstaatlichen Recht, soweit sich die Regelungsbereiche überschneiden, vorgeht; gibt es etwa eine EU-Regelung für eine Materie und ebenfalls eine mitgliedstaatliche Regelung, so ist diese nicht mehr anwendbar. ⇨ 50, 85, 92 ff., 253, 313

Vorrang des Gesetzes
Normen dürfen nicht gegen höherrangige Normen verstoßen. ⇨ 109 f., 283

Waren
Bewegliche Sachen des Handelsverkehrs. ⇨ 20 ff., 34, , 198 ff., 231, 264 ff.

Warschauer Pakt
ehemaliges Verteidigungsbündnis der ehemaligen Ostblock-Staaten, Gegenstück zur NATO. ⇨ 38, 41

Wettbewerbsrecht
⇨ 34, 51

WEU
Westeuropäische Union, europäische Sicherheitsorganisation. ⇨ 40, 297

Wiener Vertragsrechtskonvention
Internationaler völkerrechtlicher Vertrag bezüglich des völkerrechtlichen Vertragsrechts. ⇨ 48, 82

Wirtschafts- und Währungspolitik
⇨ 143, 260

Internetadressen

Das Portal der Europäischen Union	**www.europa.eu**
Gerichtshof der Europäischen Union	**curia.europa.eu**
Europäische Freihandelsassoziation	**www.efta.int**
EFTA Court	**www.eftacourt.int**
Nordatlantikpakt-Organisation	**www.nato.int**
Western European Union	**www.weu.int**
Organization for Security and Co-operation in Europe	**www.osce.org**
Organisation for Economic Co-operation and Development	**www.oecd.org**
Europäische Bank für Wiederaufbau und Entwicklung	**www.ebrd.com**

Die hier aufgeführten Adressen wurden am 4. Oktober 2010 mit unterschiedlichen Systemkonfigurationen überprüft. Für den weiteren Betrieb und die Inhalte der Angebote Dritter können wir naturgemäß keine Gewähr übernehmen. Das Abrufen der Internetangebote erfolgt auf eigene Gefahr.

Bei Problemen mit der Darstellung aktualisieren Sie bitte die Browsersoftware (etwa »Internet Explorer«, »Firefox« oder »Safari«).

Printed by Printforce, the Netherlands